高等院校会计专业（新准则）通用规划教材

公司财务管理

Corporate Financial Management

徐　斌　◎　主　编

杨丽君　邹冰瑶
严子越　戚云霞　◎　副主编

上海财经大学出版社

图书在版编目(CIP)数据

公司财务管理/徐斌主编．—上海：上海财经大学出版社，2021.8
高等院校会计专业(新准则)通用规划教材
ISBN 978-7-5642-3810-0/F·3810

Ⅰ.①公… Ⅱ.①徐… Ⅲ.①公司-财务管理-高等学校-教材
Ⅳ.①F276.6

中国版本图书馆CIP数据核字(2021)第114460号

□ 责任编辑 廖沛昕
□ 封面设计 贺加贝 杨雪婷

公司财务管理

徐 斌 主编

上海财经大学出版社出版发行
(上海市中山北一路369号 邮编200083)
网 址：http://www.sufep.com
电子邮箱：webmaster@sufep.com
全国新华书店经销
上海颛辉印刷厂有限公司印刷装订
2021年8月第1版 2021年8月第1次印刷

787mm×1092mm 1/16 22.5印张 576千字
印数：0 001—4 000 定价：58.00元

本书编委会

主　编:徐　斌

副主编:杨丽君　邹冰瑶　严子越　戚云霞

编　委:徐　斌　杨丽君　邹冰瑶　严子越

戚云霞　鞠　威　徐　洲　郭　由

陈佳妮

前　言

“公司财务管理”是公司(企业)理财的一门重要课程,是一门充满挑战和变化的激动人心的课程。其包含的内容涉及会计学、管理学、经济学(特别是微观经济学)、营销学、金融学、数理统计、税法和计算机技术等相关学科。随着市场经济特别是资本市场的不断发展,财务学已经成为经济管理界最热门的领域之一。公司财务管理在现代公司管理中正变得越来越重要。

在西方发达国家,财务学主要由三大领域构成,即公司财务(Corporation Finance)、投资学(Investments)和宏观财务(Macro Finance)。其中,公司财务在我国常被译为“财务管理学”“公司财务管理”“财务管理”“公司理财学”“微观金融学”等。当今正处于资本全球化的阶段,同时也是数字化的时代,每个公司都涉及如何当好家、理好财的问题,而这些问题均需要用专门的方法并用数字来表达。正如英国的凯尔文勋爵(Lord Kelvin)说的那样:“当你能衡量你所谈论的东西并能用数字加以表达时,你才真的对它有了几分了解;而当你还不能衡量、不能用数字来表达它时,你的了解就是肤浅和不能令人满意的。这种了解也许是认知的开始,但在思想上则很难说已经步入了科学的阶段。”公司财务学正是一门用数字说话的管理学科,因此被现代公司管理者所重视。

特别对我国来说,从改革开放至今,管理体制、管理模式、管理理念以及经济和金融资本市场的发展都有了空前的变化。在取得改革成就的同时,我们也意识到,我们的改革仍在摸索、探究的阶段。正是在这样的情况下,如何在广泛吸收财务学领域最新成果的基础上,编写一本既能系统地介绍本学科的基本理论和基本方法,体现现代公司财务管理核心内容,重点突出、详略得当并兼顾实用性和可操作性,又不至于太庞杂且力求“少而精”的财务管理教材,的确是一项艰巨的工作。我们集多年的公司财务管理教学经验,力求让本书做到系统、全面、精简、实用。本书用丰富的案例,理论联系实际,使之能够引领读者的理财思路。

本书具有如下特点:

第一,理论联系实际。

在介绍财务管理学一般原理的基础上,结合我国实际,花较多篇幅介绍如何把它们具体运用到相关财务决策中,以帮助读者在了解理论的同时,学会某些运用的方法,反过来再加深对原理的理解。同时本书也借鉴了大量西方国家当今的财务学研究成果,并通过案例让读者学会在国内运用,切实做到“洋为中用”。

第二,定性分析与定量分析相结合。

定性分析与定量分析相结合是财务决策的关键。对数量的精确分析和决策,能有重点地预测、分析、管理资金流,做出正确的财务计划和决策。这些,显然离不开计算机技术的应用。只有做到定性分析与定量分析相结合,财务管理才具备可操作性,使学生学会做出有效、精确的财务决策。

第三，着重几种财务决策方法的比较，以供决策选择。

本书不仅在财务决策的运用方法上列举相关途径，而且通过各种决策方法的适当比较，让读者掌握各种决策方法的特点和精髓，根据具体情况，灵活运用。

第四，适用面广泛。

本书既可作为高校本、专科财务管理、会计、工商管理、物流管理、保险、金融等财经类专业的教材，又可作为国家会计专业技术资格考试和注册会计师考试的参考用书，还可作为各类管理人员和财会人员学习提高财务管理能力的培训教材。本书每章后都配有习题，这些习题都是精心编写的，无论在题型上还是在难度上都与CPA考试类似，不少习题就是直接精选自历年的CPA“财务成本管理”试卷。

本书共十一章，由徐斌担任主编，负责全书的总体框架设计、提纲细目的确定和组织撰写，并对全书各章节的内容进行审阅和总纂；由杨丽君、邹冰瑶、严子越、戚云霞担任副主编。各章执笔人依次为：第一章由徐斌、鞠威编写；第二章由徐斌、戚云霞、徐洲共同编写；第三章、第四章由徐斌、杨丽君编写；第五章、第六章由徐斌、严子越、邹冰瑶共同编写；第七章由徐斌、陈佳妮编写；第八章由徐斌、郭由、戚云霞编写；第九章、第十章由徐斌、杨丽君编写；第十一章由徐斌、鞠威编写。各章自测题与附录中的系数表由徐斌、鞠威编写。

本书的写作参考了大量文献，在此谨对这些文献的作者表示感谢。由于时间仓促，书中可能存在不妥之处，恳请专家、学者、同仁、读者不吝指教、斧正。作者电子邮箱：sh_xb@126.com。

本书能得以出版，得到了上海财经大学出版社和上海财经大学继续教育学院的大力支持，在此表示衷心的感谢！本书的顺利出版也离不开家人和朋友们的支持，特别要感谢我的太太Alina在生活上对我的长年照顾，并承担了大部分的家庭事务，使我有时间能够写作。也要感谢三位法国朋友——上海财经大学的Count De Felix、Jeanne和Cholet，本书中的很多照片、资料以及萨克森公司的案例均由他们提供，这些案例和资料增强了本书的特色。还要感谢上海财经大学出版社的王芳，为本书的出版做了很多工作，在此特致谢忱！

徐　斌
于上海财经大学继续教育学院
2021年7月

目录

第一章　公司财务管理总论

我们的骄傲多半是基于我们的无知！

——莱辛

(Gotthold Ephraim Lessing)

学习目标

◇ 了解公司财务管理的历史演进；
◇ 掌握公司财务管理的定义和内容；
◇ 掌握公司财务管理目标的主要观点；
◇ 理解公司如何协调使各方目标一致；
◇ 了解公司组织形式以及财务经理的职责；
◇ 熟悉公司财务管理的环境；
◇ 理解公司财务管理与会计的联系及区别。

引导案例

影视产品公司(The Video Product Company)是专门设计和制造通用电子游戏机控制台的软件公司。公司成立于1997年,此后不久,其游戏软件"牛蛇"就上了《广告牌》这一杂志的封面。1999年公司的销售收入超过2 000万美元。公司创办时,曾用其仓库做抵押向种子公司(Seed Ltd.,一家风险资本公司)借款200万美元。现在,公司的财务经理认识到当时的融资数额太小了。长远来看,公司计划将其产品扩展到教育和商业领域。然而,目前公司的短期现金流量有问题,甚至无法购买20万美元的材料来满足其假期的订货。

影视产品公司的经历反映了公司理财研究的以下几个基本问题:

(1)公司应该采取什么样的长期投资战略?

(2)如何筹集投资所需要的资金?

(3)公司需要多少短期现金流量来支付账单?

当然，公司理财的问题远不止于此，但无论如何它们是财务经理首先要解决的问题。

公司筹集资金进行投资的一个重要方式是发行证券。这些证券，有时称“金融工具”或“索取权”，可以划分为“权益”或“负债”，简称“股票”或“债券”，权益和负债的区别是现代公司理财中的基本分类。公司所有的证券都是依存于或伴随于公司的价值。

本章我们主要描述金融市场的基本特征，讨论不同的企业组织形式和决定组建公司的利弊；同时将进一步分析公司的目标，并讨论为什么公司价值最大化可能是公司的首要目标。在此后，我们假设公司的经营业绩取决于它为股东所创造的价值，当公司的决策提高了股份的价值时，股东将获得更多的利益。

第一节　公司财务管理的历史演进

随着市场经济特别是资本市场的不断发展，财务学已经成为经济管理界最热门的领域之一。财务管理在现代公司管理中正变得越来越重要。在西方发达国家，财务学主要由三大领域构成，即公司财务（Corporation Finance）、投资学（Investments）和宏观财务（Macro Finance）（见图 1—1—1）。其中，公司财务在我国常被译为“财务管理学”“公司财务管理”“公司财务管理”“公司理财学”“微观金融学”等。

图 1—1—1　财务学三大领域

公司财务管理（Corporation Financial Management）是在一定的整体目标下，关于资产的购置（投资）、资本的融通（筹资）和经营中现金流量（营运资金）以及利润分配的经济管理工作。

一、公司财务管理的产生与发展

（一）财务管理的萌芽时期

公司财务管理大约起源于 15 世纪末、16 世纪初。当时西方社会正处于资本主义萌芽时期，地中海沿岸的许多商业城市出现了由公众入股的商业组织，入股的股东有商人、王公、大臣和市民等。商业股份经济的发展客观上要求公司合理预测资本需求量，有效筹集资本。但由于这时公司对资本的需求量并不是很大，筹资渠道和筹资方式比较单一，因此，公司的筹资活动仅仅附属于商业经营管理，并没有形成独立的财务管理职业，这种情况一直持续到 19 世纪末、20 世纪初。

(二)筹资财务管理时期

19世纪末、20世纪初,工业革命的成功促进了公司规模的不断扩大、生产技术的重大改进和工商活动的进一步发展,股份公司迅速发展起来,并逐渐成为占主导地位的公司组织形式。股份公司的发展不仅引起了资本需求量的扩大,而且也使筹资的渠道和方式发生了重大变化,公司筹资活动得到进一步强化,如何筹集资本扩大经营成为大多数公司关注的焦点。于是,许多公司纷纷建立了一个新的管理部门——财务管理部门,财务管理开始从公司管理中分离出来,成为一种独立的管理职业。当时公司财务管理的职能主要是预计资金需求量和筹措公司所需资金,融资是当时公司财务管理理论研究的根本任务。因此,这一时期称为融资财务管理时期或筹资财务管理时期。

这一时期的研究重点是筹资,主要财务研究成果有:1897年,美国财务学者格林(Green)出版了《公司财务》,详细阐述了公司资本的筹集问题,该书被认为是最早的财务著作之一;1910年,米德(Meade)出版了《公司财务》,主要研究公司如何最有效地筹集资本,该书为现代财务理论奠定了基础。

(三)法规财务管理时期

1929年爆发的世界性经济危机和20世纪30年代西方经济整体的不景气,造成众多公司破产,投资者损失严重。为保护投资人利益,西方各国政府加强了证券市场的法制管理。如美国1933年和1934年出台了《联邦证券法》和《证券交易法》,对公司证券融资做出了严格的法律规定。此时财务管理面临的突出问题是金融市场制度与相关法律规定等问题。财务管理首先研究和解释各种法律法规,指导公司按照法律规定的要求,组建和合并公司,发行证券以筹集资本。因此,西方财务学家将这一时期称为"守法财务管理时期"或"法规描述时期"。

这一时期的研究重点是法律法规和公司内部控制。主要财务研究成果有:美国洛弗(W. H. Lough)的《公司财务》,首先提出了公司财务除筹措资本外,还要对资本周转进行有效的管理;英国罗斯(T. G. Rose)的《公司内部财务论》,特别强调公司内部财务管理的重要性,认为资本的有效运用是财务研究的重心。20世纪30年代后,财务管理的重点开始从扩张性的外部融资向防御性的内部资金控制转移,各种财务目标和预算的确定、债务重组、资产评估、保持偿债能力等问题,开始成为这一时期财务管理研究的重要内容。

(四)资产财务管理时期

20世纪50年代以后,面对激烈的市场竞争和买方市场趋势的出现,财务经理普遍认识到,单纯靠扩大融资规模、增加产品产量已无法适应新的形势发展需要,财务经理的主要任务是解决资金利用效率问题,公司内部的财务决策上升为首要问题,西方财务学家将这一时期称为"内部决策时期"(Internal Decision-Making Period)。在此期间,资金的时间价值引起了财务经理的普遍关注,以固定资产投资决策为研究对象的资本预算方法日益成熟,财务管理的重心由重视外部融资转向注重资金在公司内部的合理配置,使公司财务管理发生了质的飞跃。由于这一时期资产管理成为财务管理的重中之重,因此称为资产财务管理时期。50年代后期,对公司整体价值的重视和研究,是财务管理理论的另一显著发展。实践中,投资者和债权人往往根据公司的盈利能力、资本结构、股利政策、经营风险等一系列因素来决定公司股票和债券的价值。由此,资本结构和股利政策的研究受到高度重视。

哈里·马科维茨

弗兰科·莫迪利安尼

夏普

这一时期的主要财务研究成果有:1951 年,由美国财务学家迪安(Joel Dean)出版的最早研究投资财务理论的著作《资本预算》,对财务管理由融资财务管理向资产财务管理的飞跃发展发挥了决定性影响。1952 年,哈里·马科维茨(H. M. Markowitz)发表论文《资产组合选择》,认为在若干合理的假设条件下,投资收益率的方差是衡量投资风险的有效方法,从这一基本观点出发,1959 年,马科维茨出版了专著《组合选择》,从收益与风险的计量入手,研究各种资产之间的组合问题。马科维茨也被公认为资产组合理论流派的创始人。1958 年,弗兰科·莫迪利安尼(Franco Modigliani)和默顿·米勒(Merto H. Miller)在《美国经济评论》上发表《资本成本、公司财务和投资理论》,提出了著名的 MM 理论。莫迪利安尼和米勒因为在研究资本结构理论上的突出成就,分别在 1985 年和 1990 年获得了诺贝尔经济学奖。1964 年,威廉·夏普(William Sharpe)、约翰·林特纳(John Lintner)等在马科维茨理论的基础上,提出了著名的资本资产定价模型(CAPM),系统阐述了资产组合中风险与收益的关系,区分了系统性风险和非系统性风险,明确提出了非系统性风险可以通过分散投资而减少等观点。资本资产定价模型使资产组合理论发生了革命性变革,夏普因此与马科维茨一起共享第 22 届诺贝尔经济学奖的荣誉。总之,在这一时期,以研究财务决策为主要内容的"新财务论"已经形成,其实质是注重财务管理的事先控制,强调将公司与其所处的经济环境密切联系,以资产管理决策为中心,将财务管理理论向前推进了一大步。

(五)投资财务管理时期

第二次世界大战结束后,科学技术迅速发展,产品更新换代速度加快,国际市场迅速扩大,跨国公司增多,金融市场繁荣,市场环境更加复杂,投资风险日益增加,公司必须更加注重投资效益,规避投资风险,这对已有的财务管理提出了更高要求。20 世纪 60 年代中期以后,财务管理的重点转移到投资问题上,因此称为投资财务管理时期。

如前所述,投资组合理论和资本资产定价模型揭示了资产的风险与其期望收益率之间的关系,受到投资界的欢迎。它不仅将证券定价建立在风险与收益的相互作用基础上,而且大大改变了公司的资产选择策略和投资策略,被广泛应用于公司的资本预算决策。其结果,导致财务学中原来比较独立的两个领域——投资学和公司财务管理的相互组合,使公司财务管理理论跨入了投资财务管理的新时期。前述资产财务管理时期的财务研究成果同时也是投资财务管理初期的主要研究成果。

布莱克

20 世纪 70 年代后，金融工具的推陈出新使公司与金融市场的联系日益加强。认股权证、金融期货等广泛应用于公司筹资与对外投资活动，推动财务管理理论日益发展和完善。70 年代中期，费雪·布莱克(Fischer Black)等人创立了期权定价模型(Option Pricing Model, OPM)，斯蒂芬·罗斯(Stephen Ross)提出了套利定价理论(Arbitrage Pricing Theory)。在此时期，现代管理方法使投资管理理论日益成熟，主要表现在：建立了合理的投资决策程序，形成了完善的投资决策指标体系，建立了科学的风险投资决策方法。

一般认为，20 世纪 70 年代是西方财务管理理论走向成熟的时期。由于吸收自然科学和社会科学的丰富成果，因此财务管理进一步发展成为集财务预测、财务决策、财务计划、财务控制和财务分析于一身，以筹资管理、投资管理、营运资金管理和利润分配管理为主要内容的管理活动，并在公司管理中居于核心地位。1972 年，尤金·法玛(Eugene F. Fama)和默顿·米勒出版了《财务理论》一书，这部集西方财务管理理论之大成的著作，标志着西方财务管理理论已经发展成熟。

(六)财务管理深化发展的新时期

20 世纪 70 年代末，公司财务管理进入深化发展的新时期，并朝着国际化、精确化、电算化、网络化方向发展。70 年代末和 80 年代初期，西方世界普遍遭遇了旷日持久的通货膨胀。大规模的持续通货膨胀导致资金占用迅速上升，筹资成本随利率上涨，有价证券贬值，公司筹资更加困难，公司利润虚增，资金流失严重。严重的通货膨胀给财务管理带来了一系列前所未有的问题，因此这一时期财务管理的任务主要是对付通货膨胀。通货膨胀财务管理一度成为热点问题。

80 年代中后期以来，进出口贸易筹资、外汇风险管理、国际转移价格问题、国际投资分析、跨国公司财务业绩评估等，成为财务管理研究的热点，并由此产生了一门新的财务学——国际财务管理，国际财务管理成为现代财务学的分支。80 年代中后期，拉美、非洲和东南亚发展中国家相继陷入沉重的债务危机，苏联和东欧国家政局动荡、经济濒临崩溃，美国经历了贸易逆差和财政赤字，贸易保护主义一度盛行。这一系列事件导致国际金融市场动荡不安，使公司面临的投融资环境具有高度不确定性。因此，公司在其财务决策中日益重视财务风险的评估和规避，其结果，效用理论、线性规划、对策论、概率分布、模拟技术等数量方法在财务管理工作中的应用与日俱增，财务风险问题与财务预测、决策数量化受到高度重视。随着数学方法、应用统计、优化理论与电子计算机等先进方法和手段在财务管理中的应用，公司财务管理理论发生了一场“革命”，财务分析向精确方向飞速发展，80 年代诞生了财务管理信息系统。

90 年代中期以来，计算机技术、电子通信技术和网络技术发展迅猛。财务管理的一场伟大革命——网络财务管理，已经悄然到来。

二、我国公司财务管理的历史演进

综观西方发达国家百年以来，以及我国改革开放以来财务管理实务的发展历史，我们不难发现，财务管理实务随着经济尤其是资本市场的发展和公司竞争的加剧而日益丰富，财务管理理论也随着财务管理实务的发展而日臻完善。

一国财务学(包含财务学研究方法)的发展归根结底取决于该国的经济发展水平。在我国，由于现代公司制度建设尚处于探索阶段，资本市场还不够完善，公司竞争也还不尽规范，因此，目前不少公司的财务管理仍比较传统，但是，这些不足和缺陷正是今后市场经济建设过程中需逐步解决和完善的地方。

(一)计划经济时代的财务管理

20 世纪 50 年代初期，受苏联的影响，财务课程作为财政学的分支开始建立。当时是计划经济，实行统收统支的财务体制，公司筹集资金、使用资金、分配资金(收益)的职能相当一部分被国家财政所代替。财务管理以"资金运动"作为研究对象，成为会计专业、财政专业、金融专业的主要专业课。这时财务管理学着重阐述公司资金运动的内容和规律性，财务管理的基本原则和管理体制，各种财务计划的内容、编制要求和编制程序等。

(二)中国式市场经济时代的财务管理

20 世纪 90 年代初期，伴随着经济体制变革和经济全球化、一体化发展，我国财务管理学的模式与研究内容也发生了根本性变化。经过十几年教学实践的检验、修正、充实和完善，财务管理课程体系更趋于系统性、权威性、实用性和开拓性。

我国现阶段的财务学理论研究为实践服务，加强单位内部控制制度建设是各单位正确贯彻执行国家财务学法律、法规、规章、制度的重要基础，也是强化单位内部管理、保证财务工作规范有序进行的重要措施。建立健全单位内部控制制度，有许多问题需要加以解决。我国公司财务管理基础性理论问题还有待于进一步研究，即使就规范研究和实证研究而言，我国现阶段乃至相当长的历史时期内，规范研究仍应占据主导地位。

第二节　公司财务管理的相关概念与内容

一、财务与公司财务管理

(一)财务的概念

在权威的韦氏大词典(Webster's)中，"财务"一词对应的英文是"Finance"。"Finance"一词可以译成财务，也可以译成财政或者金融，Finance 的本意是融通资金，因此，公司理财(Corporate Finance)的直译是公司(或公司法人)的融资。或者说，融资决策是公司理财的最基本的功能，并由此带来公司理财的其他活动。从狭义的角度定义，公司理财，即公司财务管理，它是公司组织财务活动、处理财务关系的各项管理工作的总称。但是，"财"也可以理解为"财富"，因此，从广义上讲，公司理财是公司价值创造的过程。

财务现象广泛存在于我们的日常经济生活中，如发行、购买股票、债券、国库券、基金，存款和取款，借款和还款，收账或付账，工资确认与发放，股利确认与分配，税款计算与缴纳，材料、设备的购买与处置等。从主体上看，国家有国家的财务活动，公司有公司的财务活动，任何一个经济组织、经济实体或利益主体都有其特定的财务内容，面临着各种财务问题。财务与我们的日常生活密切相关，对国家、公司经济的发展关系重大。

（二）公司财务管理的概念

了解公司财务管理的含义，必须从公司财务、财务活动、财务关系入手。

公司财务是公司在生产经营活动中客观存在的资金运动及其所体现的经济利益关系，前者称为财务活动，后者称为财务关系。

公司财务管理是基于公司再生产过程中客观存在的财务活动和财务关系而产生的，是公司组织财务活动、处理同各方面的财务关系的一项经济管理工作，是公司管理的重要组成部分。

公司生产经营的复杂性决定了公司管理内容的多样性，有的侧重于劳动因素的管理（如生产管理、人力资源管理），有的侧重于信息的管理（如技术管理），有的侧重于使用价值的管理（如设备、物资管理），有的侧重于价值的管理（如资金管理）。鉴于公司在再生产过程中客观存在的资金运动，于是对公司资金运动的管理就逐渐独立化，形成了公司的财务管理。财务管理利用资金、成本、收入等价值指标来组织公司中价值的形成、实现和分配，并处理这种价值运动中的各种经济关系。财务管理区别于其他管理的特点在于它是一种资金管理或价值管理，是对公司再生产过程中的价值运动所进行的管理。

二、公司财务管理的内容与特征

（一）财务管理的内容

公司财务管理的内容包括以下几个方面：

1. 筹资管理

筹资管理是指公司为组织筹资活动和协调相关财务关系而开展的管理活动。筹资管理的具体内容包括筹资需要量预测、筹资来源与方式分析、筹资风险分析与控制、筹资合约签订、资金到位监督等。筹资管理的内在要求是对筹资的成本、风险与效益进行权衡，力求以较低的筹资成本获得及时足额的资金，并将财务风险控制在适度水平。

需要注意的是实现筹资要求的两个限制因素：其一，筹资代价最小的筹资方式不一定是最佳筹资方式（成本风险与收益相对等原理）；其二，资金需求量与供应量之间存在矛盾，以有限的供应满足无限的需求，需要从效益性、科学性、及时性等方面把握。

2. 投资管理

投资管理是指公司为组织投资活动和协调相关财务关系而开展的管理活动。投资管理的具体内容包括选项、可行性分析、决策计划、实施、效果评价等。投资管理的内在要求是对投资项目的风险与收益进行权衡，力求以较低的投资额和投资风险获取较高的投资收益。

投资收益的实现，一方面可直接增加公司资产的价值，另一方面可间接提高公司的市场价值。做好投资管理应从前瞻性、积极性、投资量、产出效应等方面进行综合考虑。

3. 营运资金管理

营运资金管理主要是对公司流动资产的管理，包括对现金、应收账款、短期有价证券和存货的管理。由于流动资产在公司经营中随着经营过程的进行不断变换其形态，在一定时期内资金周转越快，利用相同数量的资金获得的报酬就越多，流动资产的周转速度和使用效率直接影响公司的经营收益，因此，公司必须对其流动资产周转速度和使用效率进行管理。

4. 收益分配管理

收益分配管理是指公司为组织收益分配活动和协调相关财务关系而开展的管理活动。收益分配管理的内容包括收入实现管理和利润分配管理两个方面，前者包括销售政策与管理的制定与执行、货款回笼的监督等，后者包括利润分配政策与策略的制定、现金流量的安排、利润分配的实施等。

收益分配的内在要求是在兼顾公平性与效益性、规范性与灵活性的基础上，确定合理的分配比例和分配形式，处理好各利益主体之间的关系，处理好收益分配与长远发展的关系。

（二）公司财务管理的特征

讨论公司财务管理的特征主要是为了区别公司财务管理与公司管理其他内容的差别。从这一出发点，价值管理就成为公司财务管理的基本特征，因为除公司财务管理以外的其他公司管理活动都侧重于物的管理，如物资管理、生产管理、劳动人事管理等。

公司财务管理的价值管理形式还使得它可以深入到公司管理的各个不同层面和不同内容，并将公司管理的全部内容以一定的价值量连接起来，以至于财务管理在公司管理活动中无处不在，并由此而派生出公司财务管理的内容广泛性、功能多样化、管理综合性等特征。

三、公司财务活动与公司财务关系

本书所讲述的财务主要是指公司财务，公司财务是各种经济单位或经济组织财务最完备、最基本的形态。

（一）公司财务活动

按照一般公认的观点，纷繁复杂的公司财务活动大致可以概括为四个基本方面，即公司筹资活动、投资活动、营运资金活动、收益分配活动。

对公司主要财务活动的描述可以借助于公司资产负债表的框架，如图 1－2－1 所示：

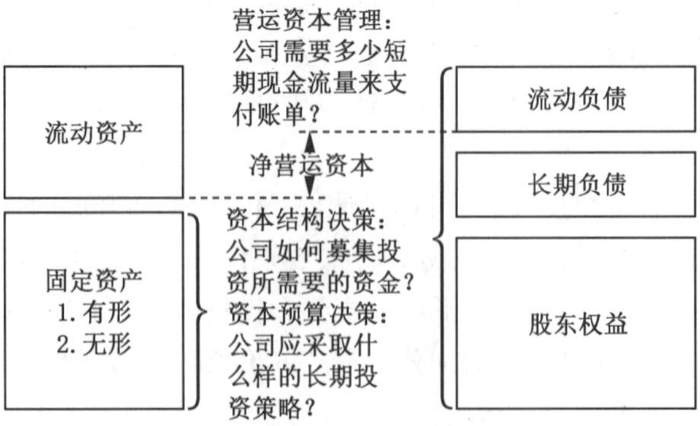

图 1－2－1　公司财务活动

1. 筹资活动

拥有一定的资产(包括流动资产和固定资产)是公司经营的前提,而公司在投资任何一种资产之前必须获得资金,即必须通过资金的筹措来满足投资及经营所产生的资金需求。因此,筹资活动是公司最基本的财务活动之一,其内容包括短期与长期负债融资、权益资本融资,其结果反映在资产负债表的右边。与此相对应,公司财务管理要研究的基本问题之一,就是要回答公司应当如何筹措长期资产投资所需要的资金,这就是所谓的筹资决策。

资本市场为公司融资提供了多种来源(即不同的融资工具或方式)。由于不同的来源有不同的特点,因此筹资决策的主要任务之一是选择合适的筹资工具,即回答"What"的问题。从财务的角度看,各种筹资工具可以归纳成两类,即债务资本筹资和权益资本筹资。因此,筹资决策的另一项主要任务是确定公司的资本结构(即债务资本与权益资本的比例),这就是"How much"的问题。

2. 投资活动

资产是公司所拥有或控制的经济资源,是公司创造价值的基础,它大致可分为流动资产(即短期资产)和固定资产(即长期资产)两类。资产的形成是由投资所致,因此,投资是公司另一项基本的财务活动,其结果反映在资产负债表的左边。

公司的资产有短期资产和长期资产之分,与此相对应,公司的投资活动也分为短期投资和长期投资。投资决策的主要对象是公司的长期资产,即回答公司应当投资于哪些长期资产的问题,短期投资活动则归于营运资本管理的范畴。因此,公司的投资决策一般是指长期投资决策,又称为资本预算决策(Capital Budgeting),其结果反映为资产负债表左下方的固定资产。

3. 营运资金活动

公司的营运资金,主要是为满足公司日常生产经营活动的需要而垫支的资金,营运资金的周转与生产周期具有一致性。在一定时期内,资金周转越快,资金的利用效率就越高,就能生产出更多的产品,取得更多的收入,获得更多的报酬。

资金控制是指公司短期资金的筹措与使用,即公司营运资本管理。在公司理财中,营运资本的概念有多种定义。一是人们通常所说的流动资金;二是净营运资本(Net Working Capital),即流动资产与流动负债之差;三是营运资本需求(Working Capital Requirement,WCR),它是非货币流动资产(主要是应收账款、存货等)减去非货币流动负债(主要是应付账款等)的余额,即公司在生产经营中占用的资金净额。但是无论何种定义,营运资本反映了公司流动资产和流动负债的使用状况。因此,营运资本管理的内容包括了公司流动资产的管理(现金管理及应收账款管理等)和流动负债的管理(短期借款管理和应付账款管理等)。显然,它涵盖了公司财务管理的日常活动,其结果反映为资产负债表的左上方的流动资产和右上方的流动负债。

在公司的经营过程中,资金的流入和流出在数量和时间上是不匹配的,并且存在着较大的不确定性。因此,保持现金流量的平衡是营运资本管理的基本任务。或者说,资金控制的核心是现金缺口的控制。

4. 收益分配活动

公司通过投资和生产经营活动可以取得相应的收入,并实现资金的增值。公司用取得的收入补偿成本、缴纳税金后,还应依据有关法律对剩余收益进行分配。广义的资金分配是指公司对各种收入进行分割和分派的过程。而狭义的资金分配仅指对公司净利润的分配。利润反映了公司的经营成果。因此，利润分配要解决的是如何妥善处理利润的问题。公司可以将利润用于再投资，以期在未来创造更多的收益，也可以将其作为投资回报发放给股东。对有限责任公司和股份有限公司而言，这种回报通常是以股利形式支付的，所以利润分配往往被称为股利决策。显然，股利决策的实质是公司盈利的分配决策，即决定将公司盈利部分中的多少作为股利发放给股东，多少用于公司的再投资。

从实践的角度看，股利分配直接影响公司留存盈余的水平，从而影响公司外部融资需求的数量。因此，股利决策也可以视为融资决策的一个组成部分。

上述财务活动的四个方面，不是互相割裂、互不相关的，而是相互联系、相互依存的。正是上述相互联系又有一定区别的四个方面，构成了完整的公司财务活动，这四个方面也是财务管理的基本内容。

（二）公司财务关系

公司在资金筹集、投放与使用、收回、分配的过程中，必然与有关各方发生广泛的经济联系，这种联系的核心是经济利益，它是因公司的财务活动而引起的。我们将公司在财务活动中与有关各方所发生的经济利益关系称为财务关系。公司的财务关系主要包括以下八个方面：

1. 公司与投资者之间的财务关系

公司与投资者之间的财务关系表现为投资者按约定向公司投入资金，公司向投资者支付投资报酬所形成的经济关系。投资者因向公司投入资金而成为公司的所有者，拥有对公司的最终所有权，享受公司收益的分配权和剩余财产的支配权；公司从投资者那里取得的资金，形成公司的自有资金（资本），拥有法人财产权，公司以其全部法人财产权，依法自主经营、自负盈亏、照章纳税，对投资者承担资产保值、增值责任，向投资者支付投资报酬。因此，公司与投资者之间的财务关系实质上是一种经营权与所有权的关系。

如果同一公司有多个投资者，他们的出资比例不同，就决定了他们各自对公司所承担的责任不同，相应地对公司享有的权利和利益也不同，但他们通常都要与公司发生以下财务关系：

（1）投资者可以参与公司净利润的分配；

（2）投资者对公司的剩余资产享有索取权；

（3）投资者可以对公司进行不同程度的控制或施加影响；

（4）投资者对公司承担一定的经济法律责任。

2. 公司与债权人之间的财务关系

公司与债权人之间的财务关系表现为公司按合同、协议向债权人借入资金，并按借款合同的规定按时支付利息和归还本金所形成的经济关系。债权人向公司投入资金的目的除了安全收回本金外，更重要的是为了获取固定的利息收入。公司除利用资本进行经营活动外，还要借入一定数量的资金，以便降低公司的资本成本，改善资本结构，扩大公司的经营规模。公司的债权人主要有本单位发行的公司债券持有人、贷款机构、商业信用提供者、其他出借资金给公司的单位和个人。公司利用债权人的资金形成借入资金（资本），按约定的利息率，及时向债权人支付利息；债务到期时，要合理调度资金，按时归还债权人本金。公司同债权人之间的财务关系实质上是一种债务与债权的关系。

3. 公司与受资者之间的财务关系

公司与受资者之间的财务关系是指公司以购买股票或直接投资的形式向其他公司投资所形成的经济关系。

随着市场经济的不断深入发展，公司经营规模和经营范围的不断扩大，这种关系将会越来越广泛。公司向其他单位投资，应按照约定履行出资义务，并依据其出资份额参与受资者的经营管理和利润分配。公司与受资者的财务关系体现的是所有权性质的投资与受资的关系。

4. 公司与债务人之间的财务关系

公司与债务人之间的财务关系是指公司将其资金以购买债券、提供借款或商业信用等形式出借给其他单位所形成的经济关系。

公司将资金借出后，有权要求债务人按照合同、协议约定的条件支付利息和归还本金。公司同其债务人的关系体现为债权与债务的关系。

5. 公司与供货商、客户之间的财务关系

公司与供货商、客户之间的财务关系主要是指公司在购销活动中，从供货商采购商品或劳务，向客户销售商品或提供劳务所形成的经济关系。

公司在业务往来中，由于延期收付款项而与有关企事业单位发生商业信用，形成了应收账款和应付账款。业务往来中公司与供货商、客户之间的财务关系是一种购销关系。若长期占用对方资金，也会演变成债权债务关系。债务人不仅要支付货款，还要支付占用资金时间的利息。

6. 公司与政府之间的财务关系

公司与政府之间的财务关系主要体现在政府作为社会管理者，为维护正常的社会、经济秩序，组织和管理社会活动，以及文化、教育、公共事业等职能而向公司征收各种税金而形成的利益关系。政府依据这一身份，通过向公司收缴各种税款，无偿地参与公司的利润分配。公司必须按照国家税法的有关规定，按时、足额地向政府缴纳各种税款，包括所得税、流转税、资源税、财产税和行为税等，履行公司应尽的义务。由此而形成的关系体现为一种强制与无偿的分配关系。

7. 公司内部各单位之间的财务关系

公司内部各单位之间的财务关系表现为公司内部各单位之间在生产经营各环节，因互相提供产品或劳务而形成的经济利益关系。

公司在实行内部经济核算制和内部经营责任制的条件下，公司内部各单位之间相互提供产品、劳务必须进行合理的计价结算，严格分清各单位的经济利益与经济责任，以充分发挥激励机制和约束机制的作用。由此形成的财务关系体现了公司内部各单位之间的利益关系。

8. 公司与职工之间的财务关系

公司与职工之间的财务关系表现为职工向公司提供劳动，公司向职工支付劳动报酬而形成的经济利益关系。公司按照按劳分配原则，以职工提供的劳动数量和质量作为分配的依据，向职工支付工资、奖金、津贴等劳动报酬，由此形成的财务关系实质上是一种劳动成果的分配关系。

第三节 公司财务管理的目标

一、公司财务管理目标的概述

公司财务管理的目标是在特定的理财环境中，通过组织财务活动、处理财务关系要达到的目的。

从根本上说，财务管理目标取决于公司生存目的或公司目标，取决于特定的社会经济模式。公司理财是有意识的管理行为，因而必须具有明确的目标。同时，公司财务决策应当服从于公司整体发展战略，从这个意义上讲，公司理财的目标也就是公司的目标。公司理财否定了传统的利润最大化目标，而把价值最大化作为目标选择，并根据这一目标提出了相应的财务决策模型和方法。不过，在充分肯定价值最大化目标的同时，也不能否认该目标定位所存在的不足。

根据现代公司财务管理理论和实践，有关公司财务管理目标的代表性观点主要有以下三种：

(一)利润最大化

利润最大化，即假设在公司投资预期收益确定的情况下，公司财务管理行为将朝着有利于公司利润最大化的方向发展，以追逐利润最大化作为公司财务管理的目标。

利润最大化目标的观点认为：利润代表了公司新创造的财富，利润越多说明公司的财富增加得越多，越接近公司的目标。在实践中，人们也习惯于将利润指标作为考核公司经营绩效的主要指标。

从经济学的角度讲，将利润最大化作为公司的目标具有一定的合理性，因为利润是公司生存与发展的必要条件，也是考核公司经营绩效的一个可行指标。公司是一个以盈利为目标的组织，逐利是公司与生俱来的本性，其出发点和归宿都是盈利。没有利润就没有生存的意义，因为对利润的追求是公司发展的最原始的动力；没有利润就没有生存的可能，因为公司生存下去的基本条件(即以收抵支与到期偿债)无法得到满足。

但从管理的角度看，利润指标存在许多根本性的缺陷，这使得它无法准确地反映公司的真实财务业绩。这些缺陷可以归纳为两类：一类是定义本身的问题，一类是利润核算的问题，即所谓的利润操纵。正是由于上述缺陷的存在，以利润最大化为目标的管理(即利润管理)可能导致一些牺牲公司长期利益的管理行为。

利润最大化目标在实践中存在的问题主要包括：

(1)这里的利润是指公司一定时期内实现的利润总额，它没有考虑资金的时间价值；

(2)由于没有反映获得的利润与投入的资本之间的关系，因而不利于不同资本规模的公司之间或同一公司的不同期间之间进行比较；

(3)没有考虑风险因素，高额利润往往要承担过大的风险；

(4)片面追求利润极大化，可能导致公司的短期行为，如忽视公司的新产品、新技术、新工艺开发、人才培养和储备、设备更新与改造、安全生产、生活福利设施、履行公司的社会责任等。

(二)资本利润率最大化或每股收益最大化

资本利润率是净利润与资本额的比率,每股收益是净利润与普通股股数的比值。所有者作为公司的投资者,其投资目标是取得资本收益,具体表现为净利润与出资额或股份数(普通股)的对比关系。这一目标的优点是将公司实现的利润额与投入的资本或股本数进行对比,能够反映投入资本获取回报的能力,便于不同资本规模的公司或同一公司不同期间之间进行比较,揭示其盈利水平的差异。

这个目标存在的问题主要包括:

(1)没有考虑资金的时间价值;

(2)没有考虑风险因素;

(3)不能避免公司的短期行为。

(三)公司价值最大化

公司价值,即公司的内在价值,与资产的内在价值相似,一个公司的内在价值是由该公司预期未来所能创造的价值大小决定的。但是,在实践中,人们习惯于用一个公司资产负债表上列示的总资产账面价值来反映公司的价值,其实这是一种错误的观点。虽然公司所拥有的各类资产是公司价值形成的基础,但公司价值并不等于由账面上反映的各种资产价值的加总,其理由为:

(1)资产的账面价值只是反映了获得该项资产的历史成本,它是面向过去的,不等于内在价值。例如,同样的资产放在不同的企业,其创造价值的能力是不一样的。

(2)一个公司不仅是各种有形资产的简单堆积,更重要的还是一个有机的整体,存在着资源与资源、人与人、资源与人的协调关系,而资产负债表无法反映这种关系的价值所在。

(3)公司的价值不仅取决于存量资产的价值,而且取决于其未来的增长机会。例如,两家拥有同样存量资产的公司,若处于不同行业,则它们未来面对的增长机会将不同,从而也影响到其价值。

(4)公司存在大量的表外资产或表外负债(Off-Sheet Assets or Liabilities)。一方面,公司拥有的无形资产或智力资本(如健全的组织结构、强大的销售网络、良好的商业信誉等)已经成为公司创造价值的主要来源,但却没有在资产负债表上得到适当的反映;另一方面,公司的许多隐性负债(如为关联企业的担保、涣散的士气、落后的管理等)也往往无法在资产负债表上体现出来。

因此,美国著名的财务学教授罗伯特·希金斯(Robert Higgins)曾指出,除非一个企业将要破产,否则其价值取决于该企业未来创造的收益流,而其拥有多少资产并没有什么意义,它们只是创造收益流的必要条件之一。没有任何资产却能创造收益流的企业是最好的企业。也就是说,一个公司的内在价值是由该公司未来预期产生的自由现金流决定的,而不是资产负债表反映的账面价值。

公司价值是由该公司预期未来所能创造的价值大小决定的,而公司未来预期产生的自由现金流所决定的公司价值永远是一个未知数,公司估价就成为公司理财的一项基础性工作,因为估价的结果是进行财务决策(如投资并购)的依据,而估价的过程则是理解公司价值创造驱动因素的过程，从而对价值创造的管理提供思路。

公司价值估算的方法有许多种，主流的方法是贴现现金流法（Discounted Cash Flow Method，DCF法）。根据该方法，公司的价值V等于其未来预期创造的一系列自由现金流的现值之和，即：

$$V=FCF_1/(1+k)+FCF_2/(1+K)^2+\cdots$$

其中，$FCF_t(t=1,2,\cdots)$是预计的自由现金流，k是折现率，它反映了企业风险的资本成本（即投资者预期回报率）。

如果未来公司的自由现金流以一个固定的增长率g稳定持续增长，则可以化简为：

$$V=FCF_1/(k-g)$$

从上述估值公式可以看出，影响企业价值的基本因素有三个，即当前现金收益、增长和风险。

投资者在评价企业价值时，是以投资者预期投资时间为起点，并将未来收入按预期投资时间的同一口径进行折现，未来收入的多少按可能实现的概率进行计算。可见，这种计算办法考虑了资金的时间价值和风险因素。公司所得的收益越大，实现收益的时间离现在越近，应得的报酬越是确定，则企业的价值或股东财富越大。

以公司价值最大化作为财务管理的目标，其优点主要包括：

(1)该目标考虑了资金的时间价值和投资的风险价值，有利于统筹安排长短期规划，合理选择投资方案，有效筹措资金，制定合理的股利政策等。

(2)该目标反映了对公司资产保值、增值的要求。从某种意义上说，股东财富越多，公司市场价值就越大，追求股东财富最大化的结果可促使公司资产保值或增值。

(3)该目标有利于克服管理上的片面性和短期行为。

(4)该目标有利于社会资源的合理配置。社会资本通常流向公司价值最大化的公司或行业，从而有利于实现社会资源的合理配置。

以公司价值最大化作为财务管理的目标存在以下问题：

(1)公司价值的确定比较困难，特别是对于非上市公司，只有对公司进行专门的评估才能真正确定其价值。但在评估公司资产时，由于受评估标准和评估方式的影响，这种评估不易做到客观准确。

(2)对于上市公司，虽然可通过股票价格的变动来揭示公司价值，但股票价格是多种因素影响的结果，即期市场上的股票价格不一定能直接揭示公司的获利能力，只有长期趋势才能做到这一点。

(3)为了控股或稳定购销关系，不少现代公司采用环形持股的形式，相互持股。法人股东对股价的敏感程度远远低于个人股东，对股价最大化目标没有足够的兴趣。

需要指出的是，在确定公司财务管理目标时不能忽视相关利益群体的利益，公司价值最大化目标是在权衡公司相关者利益的约束下实现所有者权益或股东权益的最大化。

本书以公司价值最大化作为财务管理目标。虽然在理论上较为流行的公司理财目标是公司价值最大化，但近年来许多人对公司实际的财务管理目标进行了实证分析，结果都表明公司的财务经理并不总是按照股东的最大意愿去操作。

【案例 1—3—1】 一个高度国际化的研究小组曾对法国、日本、荷兰、挪威和美国 5 个国家的 4 个工业部门中的 87 家企业的财务经理做过调查，以了解他们对于各种不同的公司理财目标重要性的评价。结果表明，绝大多数国家的财务经理都非常注重提高企业每股收益的增长(Growth of Earnings per Share)。但在挪威，这一目标却未被列入前 5 位，而把资本可获得性(Availability of Capital)放在首位。资本可获得性在法国排在第 2 位，在日本和荷兰排在第 3 位，但在美国却未被列入前 5 位。

最大化销售利润率(Return on Sales)，这个指标是唯一被 5 个国家都列入前 5 位的理财目标。它在日本排在第 2 位，在法国和挪威排在第 3 位，在荷兰和美国排在第 5 位。与销售利润率相类似的是投资收益率(Return on Investment)，除法国以外的 4 个国家把这一目标排在前 5 位，在荷兰、挪威和美国排在第 2 位，在日本排在第 3 位。

股票价格升值和股利这一理财目标在法国和美国排在第 3 位，股票市场价格最大化在美国排在第 4 位。资本可获得性在法国、荷兰和挪威都排在重要地位，如表 1—3—1 所示：

表 1—3—1　　5 个国家的 5 种公司财务管理目标排序

序号	法国	日本	荷兰	挪威	美国
1	每股收益增长	每股收益增长	每股收益增长	资本可获得性	每股收益增长
2	资本可获得性	销售利润率	投资收益率	投资收益率	投资收益率
3	股价升值和股利	投资收益率	资本可获得性	息税前收益	股价升值和股利
4	销售利润率	资本可获得性	市盈率	销售利润率	股票市场价值
5	息税前收益	账面价值	销售利润率	股价升值和股利	销售利润率
样本数	8	20	13	26	20

资料来源：Arthur I. Stonehill and David K. Eitman，Finance：An International Perspective，pp. 8—9，Reprinted with permission from the McGraw-Hill Companies，Inc.

二、公司财务管理目标的协调

企业财务管理的目标是企业价值最大化。企业在实现财务管理目标的过程中，相关利益群体由于各自的目标和关注的焦点不同，会产生利益冲突。财务活动所涉及的不同利益主体如何进行协调是财务管理必须解决的问题。协调相关利益群体利益冲突的原则是，力求企业相关利益群体的利益分配均衡，减少各相关利益群体之间利益冲突所导致的企业总体收益和价值的下降，使利益分配在数量上和时间上达到动态的协调平衡。

(一)所有者与经营者的矛盾与协调

企业价值最大化直接反映了企业所有者的利益，与企业经营者没有直接的利益关系。对所有者来说，它所放弃的利益就是经营者所得的利益。在西方，这种被放弃的利益也被称为所有者支付给经营者的享受成本。但问题的关键不是享受成本的多少，而是在增加享受成本的同时，能否更多地提高企业的价值。因此，经营者和所有者的主要矛盾在于，经营者希望在提高企业价值和股东财富的同时，能更多地增加享受成本；而所有者或股东则希望以较小的享受成本带来更高的企业价值或股东财富。

为了协调这一矛盾，应采用将经营者的报酬与绩效挂钩的方法，并辅之以一定的监督措施。通常可以采用解聘、接收、激励等措施。

1. 解聘

解聘是一种通过所有者约束经营者的办法。所有者对经营者予以监督，如果经营者未能使企业价值达到最大，就解聘经营者。为此，经营者会因为害怕被解聘而努力实现财务管理目标。

2. 接收

接收是一种通过市场约束经营者的办法。如果经营者经营决策失误、经营不力，未能采取一切有效措施提高企业的价值，该企业有可能被其他企业强行接收或兼并，经营者也会被解聘。经营者为避免这种接收，必须采取一切必要措施提高企业价值。

3. 激励

激励是指将经营者的报酬与其绩效挂钩，使经营者自觉采取能满足企业价值最大化的措施。激励主要有以下两种基本方式：

(1)“股票选择权”方式。这种方式允许经营者以固定价格购买一定数量的公司股票。公司股价越高，与固定价格的差异越大，经营者的报酬就越高，这对经营者有很大刺激和吸引力。经营者为了获取更大的股票涨价益处，必然会主动采取能提高公司股价的行动。

(2)“绩效股”方式。公司运用每股收益、资产收益率等指标评价经营者的业绩，根据业绩大小给予数量不等的股票作为报酬。如果公司经营业绩未达标，经营者将部分丧失原先持有的“绩效股”。这种方式使经营者为了多得“绩效股”，不仅采取措施提高企业的经营业绩，而且为了使每股市价最大化，千方百计采取各种措施努力使企业股票价格稳步上升。

(二)所有者与债权人的矛盾与协调

所有者的财务目标可能与债权人期望实现的目标发生矛盾。所有者与债权人的矛盾主要表现在：

(1)所有者可能未经债权人同意，要求经营者改变举债资金的原定用途，将其投资于比债权人约定的风险更高的项目。这会增加偿债风险，债权人的负债价值也必然会实际降低。高风险项目一旦投资成功，额外的利润就会被所有者独享；但若失败，债权人却要与所有者共同承担由此而造成的损失。这对债权人来说，风险与收益是不对称的。

(2)所有者或股东未征得现有债权人同意，要求经营者发行新债券或举借新债，致使旧债券的价值降低，相应的偿债风险增加。

为协调所有者与债权人的上述矛盾，通常可采用以下方式：

(1)限制性借款，即在借款合同中加入某些限制性条款，如规定借款的用途、借款的担保条款和借款的信用条件等。

(2)收回借款或停止借款，即当债权人发现公司有侵蚀其债权价值的意图时，采取收回债权和不给予公司增加放款的措施，从而保护自身的权益。

第四节　公司财务管理体制与基本理论

一、公司财务管理体制

(一)公司财务管理体制的概念

公司财务管理体制,是协调公司利益相关主体之间财务关系的基本规则和制度安排,是构建公司财务管理制度的基础和框架。财务管理体制分为微观和宏观两个层面:一是微观财务管理体制,即公司内部财务管理体制,它是规定公司内部财务关系的基本规则和制度安排,主要由投资者和经营者通过公司章程、内部财务制度等正式或非正式的契约确立。二是宏观财务管理体制,它是协调财政部门与公司之间财务关系的基本规则和制度安排,主要由国家以法律法规、规章、规范性文件等形式予以确立,旨在对公司符合市场需求的行为予以引导和扶持。

微观和宏观财务管理体制的制定主体和确立方式虽然不同,但一旦形成,都具有"硬约束力",是公司利益相关主体必须共同遵守的"宪法"。换言之,公司财务管理体制的确定过程,是公司财权的分配调整过程,直接决定了财务管理机制、具体财务制度的构建。

(二)建立公司财务管理体制的基本原则

1. 资本权属清晰

资本权属清晰,即通常所说的公司产权明晰。公司产权是投资者通过向公司注入资本以及资本增值获得的公司所有权,在账面上体现为公司的所有者权益。公司产权明晰,就是要明确所有者权益的归属。例如,国有及国有控股公司应当取得国有资产产权登记证,明确其占有的国有资本金额及主管部门;有限责任公司和股份有限公司应当通过公司章程、出资证明书、发行记名或不记名股票等方式,明确其股东及出资额。公司产权明晰后,投资者"以本求利,将本负亏"也才成为可能。

2. 财务关系明确

财务关系明确是指公司与财政部门的财务隶属关系应当是清楚的。

3. 符合法人治理结构要求

公司财务管理体制是法人治理结构的重要组成内容,因此其设计应符合法人治理结构要求。法人治理结构是指明确划分投资者如股东会(包括股东)、董事会(包括董事)和经营者之间权力、责任和利益,以及明确相互制衡关系的一整套制度安排。由于现代公司制度下所有权和经营权分离,因此,设计合理、实施有效的法人治理结构,成为确保公司有效运作、各方权益不受侵害的关键所在。构建法人治理结构,应遵从法定、职责明确、协调运作、有效制衡等原则。公司在法律法规等国家规定的制度框架内,享有一定的弹性。

(三)投资者的财务管理职责

投资者凭借对公司资本的所有权,对公司进行财务管理,主要是利用对若干重大事项的控制权,约束经营者财务行为,以确保公司资本的安全和增值,最终实现投资者自身的利益。

1. 决策权

投资者的决策权包括基本管理事项决策权和重大财务事项决策权。

基本管理事项主要包括审议批准公司内部财务管理制度、公司财务战略、财务规划和财务预算。这四个事项都是投资者掌握财务控制权的基本体现，因此，其最终决定权必须由投资者行使。

重大财务事项包括筹资、投资、担保、捐赠、重组、经营者报酬、利润分配等。判断一个财务事项是否“重大”，除了看涉及金额相对于公司资产的比例高低之外，更重要的是看它是否容易导致投资者权益受损。公司法人财产权决定了公司拥有自主经营权，投资者不能直接干预公司的经营。自主经营权的行使主体是经营者，理论上，当经营者与投资者制定的财务战略和目标保持一致，勤勉尽责时，投资者与经营者的利益是一致的。但是由于逆向选择、道德风险、内部人控制等诸多问题，因而经营者的决策往往不利于公司长远发展，损害投资者利益。尽管如此，无论是从公司法人治理结构，还是从成本效益原则看，投资者不可能因为两者之间可能的利益冲突，而取代经营者做出每一项决策。因此，投资者只能对一些重大财务事项掌握最终决策权。

2. 建立财务总监制度

财务总监制度是在公司所有权与经营权相分离、组织规模和生产经营规模扩大化和复杂化、财务管理体制级次增多的情况下，投资者为了保障自身利益，按照一定程序向其全资或者控股的公司派出特定人员或机构，代表投资者进行财务监督而形成的制度，是公司法人治理结构的有机组成部分。

建立财务总监制度的根本目标是保障投资者的利益。从财务总监制度的本质来看，财务总监履行部分投资者财务管理职责，具体包括：(1)督促、指导、协助公司建立健全内部财务监督制度；(2)督促公司按照国家规定和投资者战略要求从事财务活动；(3)及时发现和制止公司违反国家规定和可能造成投资者损失的行为；(4)审核公司重要财务报表；(5)参与拟订涉及公司财务方面的重大计划、预算和方案；(6)参与公司重大投资项目的可行性研究；(7)参与公司重大财务决策活动；(8)监督、检查公司重要的财务运作和资金收支情况；(9)对经营者的选拔、任用和考核提出意见，等等。

将代表投资者权益的财务总监的职责与经营者的财务管理职责进行对照，可以看出，财务总监履行职责时，必将对经营者形成一定的制衡。实际上，这也正是财务总监制度为什么能够在一定程度上有效解决“道德风险”“逆向选择”及“内部人控制”等问题的原因。

财务总监与总会计师的区别如表1—4—1所示：

表1—4—1　财务总监与总会计师的区别

比较项目	财务总监	总会计师
来源	西方国家公司制模式	苏联计划经济模式
适用范围	治理结构健全的公司制公司	国有独资或国资占控股或主导地位的大中型公司
公司治理地位	对董事会负责，一般属于董事会成员	对经营者/总经理负责
产生方式	股东会/董事会委派或董事会聘任	政府主管部门任命或聘任

续表

比较项目	财务总监	总会计师
工作报告关系	委派股东或董事会	厂长或总经理
职责	兼具所有者监督职责和公司价值管理职责	履行经营者的公司内部财务监督管理职责
工作层面	协调公司内部及公司外部各利益相关者关系	协调公司内部各利益相关者关系及直接影响会计工作的外部利益相关者关系
组织结构定位	公司财务资源的第一把关人，与总经理一起对公司的财务安全运行负责	协助厂长或总经理管理公司财务工作、调配公司财务资源
工作侧重点	侧重于价值管理、财务监督和财务审计	侧重于财务管理和会计核算

3. 投资者的管理授权

在一定条件下，投资者可以通过一定方式将某些财务管理职责授权给经营者。一般情况下，投资者行使对投资者权益有重大影响的财务决策权，但在现实情况中，由于公司规模大、业务复杂、所有权结构分散、投资者管理能力和精力不允许等多种因素，投资者往往无法履行全部财务管理职责。在这种情况下，投资者可以授权经营者行使部分财务管理职责，从而形成一种委托代理关系。

经济学上的委托代理关系不限于法律上所说的契约关系，还应从经济利益的角度，将风险的承担与决策权的使用等问题包含在内。投资者对经营者的授权，除了采取合同约定的方式以外，还可以通过公司章程、公司内部财务制度等有效方式进行。但是，这种职责履行权的转移不会导致风险的转移，即原来由投资者承担的风险责任在授权后仍应由投资者承担，如经营者在授权范围内做出了错误的对外投资决策，导致的损失不应由经营者承担，而应进入公司的利润表，即最终由投资者来承担，这也是委托代理关系的一个重要特征。

投资者对经营者的授权应该是有限的，不可能也不应该将所有的财务管理职责都委托经营者行使，否则就失去了对公司的实际控制权。例如，财务监督和财务考核，以及重大财务决策中的经营者报酬、利润分配等事项，应当由投资者做出决定。

(四)经营者的财务管理职责

经营者凭借公司法人财产的经营权行使财务管理职责。因此，明确经营者的财务管理权限分配尤为重要，它在公司内部控制中起着基础性的作用。分配权限时，投资者既要赋予经营者充分的自主经营权，又要对经营者的权力有适当的制衡。

1. 经营者财务管理职责内容

在公司正常经营情况下，经营者(包括公司经理、厂长以及实际负责经营管理的其他领导成员)直接掌握公司财务的控制权。围绕公司价值最大化的财务目标，经营者的财务管理职责表现在以下四个方面：

(1)遵守国家统一规定。根据国家有关公司财务管理的规章制度，拟订公司内部财务管理制度；编制并向主管财政机关和投资者提供公司财务会计报告，如实反映财务信息和有关情况，依法缴纳税费，配合有关机构依法做好审计、评估、财务监督等工作。

(2)执行投资者的重大决策，实施财务控制。按照公司章程和投资者的决策，组织实施公司筹资、投资、担保、捐赠、重组和利润分配等财务方案；拟订公司的财务战略、财务规划，编制财务预算；组织财务预测和财务分析；统筹运用公司资金，对公司各项资源的配置实施财务控制。

(3)保障债权人合法权益。诚信履行公司偿债责任，不得拖延履行甚至逃废债务偿付义务，维护公司的良好信用形象。

(4)保障职工合法权益。执行国家有关职工劳动报酬和劳动保护的政策规定，依法缴纳社会保险费、住房公积金等；按规定应由职工(代表)大会审议或者听取职工意见的事项，应当严格履行相关程序。

2. 履行经营者职责的主体

公司的董事会和经理。我国《公司法》规定，董事会行使的职权包括拟订公司财务战略、财务规划，编制财务预算，组织实施重大财务方案，实施财务控制等；经理行使的职权包括拟订公司内部财务管理制度，组织实施重大财务方案，执行国家有关职工劳动报酬和劳动保护的规定、保障职工合法权益，组织财务预测和财务分析，实施财务控制，如实披露信息，配合有关机构依法进行的审计、评估、财务监督等工作，等等。

可以看出，公司中的董事会和全民所有制公司的厂长及其管理委员会(现实中大多为厂长办公会或经理办公会)相似，都同时承担了投资者和经营者的财务管理职责。

二、公司财务管理的基本理论

(一)资本结构理论

资本结构理论(Capital Structure)是研究公司筹资方式及结构与公司市场价值关系的理论。1958 年莫迪利安尼和米勒的研究结论是：在完善和有效率的金融市场上，公司价值与资本结构和股利政策无关——MM 理论。米勒因 MM 理论获 1990 年诺贝尔经济学奖，莫迪利尼亚 1985 年获诺贝尔经济学奖。

(二)现代资产组合理论与资本资产定价模型

现代资产组合理论是关于最佳投资组合的理论。1952 年马科维茨提出了该理论，他的研究结论是：只要不同资产之间的收益变化不完全正相关，就可以通过资产组合方式来降低投资风险。马科维茨因此获得 1990 年诺贝尔经济学奖。

资本资产定价模型(CAPM)是研究风险与收益关系的理论。夏普等人的研究结论是：单项资产的风险收益率取决于无风险收益率，市场组合的风险收益率和该风险资产的 β 系数。夏普因此获得 1990 年诺贝尔经济学奖。

(三)期权定价理论

期权定价理论(Option Pricing Model)是有关期权(股票期权、外汇期权、股票指数期权、可转换债券、可转换优先股、认股权证等)的价值或理论价格确定的理论。1973 年，布莱克・斯科尔斯(Black Scholes)提出了期权定价模型，又称 B-S 模型。20 世纪 90 年代以来，期权交易已成为世界金融领域的主旋律。斯科尔斯和莫顿(Merton)因此获 1997 年诺贝尔经济学奖。

(四)有效市场假说

有效市场假说(Efficient Markets Hypothesis,EMH)是研究资本市场上证券价格对信息反映程度的理论。若资本市场在证券价格中充分反映了全部相关信息,则称资本市场为有效率的。在这种市场上,证券交易不可能取得经济利益。该理论主要贡献者是法玛。

(五)代理理论

代理理论(Agency Theory)是研究不同筹资方式和不同资本结构下代理成本的高低,以及如何降低代理成本提高公司价值。理论主要贡献者有詹森(Jensen)和麦科林(Meckling)。

(六)信息不对称理论

信息不对称理论(Asymmetric Information)是指公司内外部人员对公司实际经营状况了解的程度不同,即在公司有关人员中存在着信息不对称,这种信息不对称会造成对公司价值的不同判断。

第五节 企业组织形式与公司财务经理

一、企业组织形式

企业是市场经济的主体,不同类型的企业在所适用的法律方面有所不同。了解企业的组织形式,有助于企业财务管理活动的展开。按组织形式分,可将企业分为独资企业、合伙企业和公司三类。

(一)独资企业

独资企业是指依法设立,由一个自然人投资,财产为投资者个人所有,投资人以个人财产对公司债务承担无限责任的经营实体。独资企业有以下特点:

(1)只有一个出资者;

(2)出资人对企业债务承担无限责任;

(3)独资企业不作为企业所得税的纳税主体。

一般而言,独资企业并不作为企业所得税的纳税主体,其收益纳入所有者的其他收益一并计算缴纳个人所得税。

独资企业具有结构简单、开办容易、利润独享、限制较少等优点。但也存在无法克服的缺点:一是所有者负无限偿债责任;二是筹资困难,企业往往会因个人财力有限、信用不足、信息不对称而存在筹资障碍。

我国的国有独资公司不属于本类企业,而是按有限责任公司对待。

(二)合伙企业

合伙企业是依法设立,由各合伙人订立合伙协议,共同出资、合伙经营、共享收益、共担风险，并对合伙企业债务承担无限连带责任的营利组织。合伙企业的法律特征是：

(1)有两个以上合伙人，并且都具有完全民事行为能力，依法承担无限责任的人。

(2)有书面合伙协议，合伙人依照合伙协议享有权利，承担义务。

(3)由各合伙人实际缴付出资，合伙人可以用货币、实物、土地使用权、知识产权或者其他属于合伙人的合法财产及财产权利出资，经全体合伙人协商一致。合伙人也可以用劳务出资，其评估作价由全体合伙人确定。

(4)有关合伙企业改变名称、向企业登记机关申请办理变更登记手续、处分不动产或财产权利、为他人提供担保、聘任企业经营管理人员等重要事项，均须经全体合伙人一致同意。

(5)合伙企业的利润和亏损，由合伙人依照合伙协议约定的比例分配和分担；合伙协议未约定利润分配和亏损分担比例的，由各合伙人平均分配和分担。

(6)各合伙人对合伙企业债务承担无限连带责任。

合伙企业具有开办容易、信用相对较佳的优点，但也存在责任无限、权利不易集中、有时决策过程过于冗长等缺点。

(三)公司

公司是指按照《公司法》登记设立，以其全部法人财产，依法自主经营、自负盈亏的企业法人。公司享有由股东投资形成的全部法人财产权，依法享有民事权利，承担民事责任。公司股东作为出资者按投入公司的资本额享有所有者的资产收益、重大决策和选择管理者等权利，并以其出资额或所持股份为限对公司承担有限责任。我国《公司法》中所称“公司”是指有限责任公司和股份有限公司。

1. 有限责任公司

有限责任公司是指由 2 个以上 50 个以下股东共同出资，每个股东以其所认缴的出资额为限对公司承担有限责任，公司以其全部资产对公司的债务承担责任的企业法人。其特征是：

(1)公司的资本总额不分为等额的股份；

(2)公司向股东签发出资证明书，不发股票；

(3)公司股票的转让有较严格限制；

(4)限制股东人数，不得超过一定限额；

(5)股东以其出资比例享受权利，承担义务；

(6)股东以其出资额为限对公司承担有限责任。

2. 股份有限公司

股份有限公司是指其全部资本分为等额股份，股东以其所持股份为限对公司承担责任，公司以其全部资产对公司的债务承担责任的企业法人。其特征是：

(1)公司的资本划分为等额股份，每股金额相等；

(2)公司股份采取股票的形式，股票是公司签发的证明股东所持股份的凭证；

(3)同股同权，同股同利，股东出席股东大会，所持每一份股票有一表决权；

(4)股东可以依法转让持有的股票；

(5)股东人数不得少于规定的数目，但没有上限限制；

(6)股东以其所持股份为限对公司债务承担有限责任。

公司这一组织形式，已经成为西方企业所采用的普遍形式，也是我国建立现代企业制度进程中选择的企业组织形式之一。本书所讲的财务管理，主要是指公司的财务管理。

二、公司财务经理

(一)财务经理在公司内部的位置

在大型公司中，理财活动通常与公司高层领导人有关，如副总裁或财务总监(Chief Financial Officer,CFO)及其他主管。图1—5—1描绘了公司内部组织结构，并突出其财务活动。负责向财务总监报告的是财务长(Treasurer,我国通常称财务经理)和主计长(Controller,我国通常称会计主管)。财务长负责处理现金流量、投资预算和制订财务计划。主计长负责会计工作职能，包括税收、成本核算、财务会计和信息系统。本书讨论的内容大部分是财务长，即财务经理的日常工作所涉及的内容。

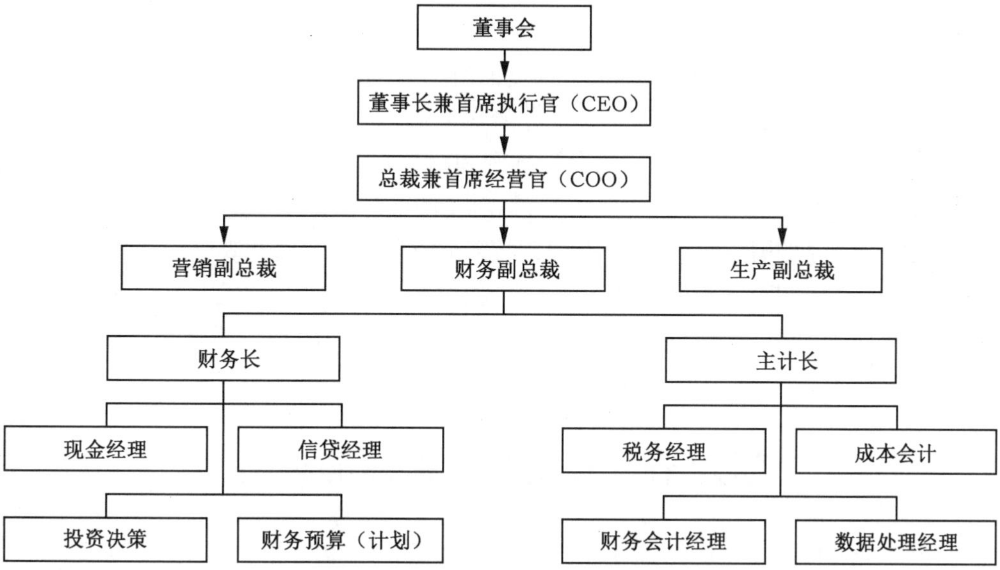

图1—5—1　公司内部组织结构

我们认为，财务经理的大部分工作在于通过资本预算、融资和资产流动性管理为公司创造价值。那么，财务经理是如何创造价值的呢？

(1)公司必须通过购买资产创造超过资产成本的现金；

(2)公司必须通过发行债券、股票和其他金融工具以筹集超过其成本的现金。

因此，公司创造的现金流量必须超过它所使用的现金流量。公司支付给债权人和股东的现金流量必须大于债权人、股东投入公司的现金流量。

(二)公司财务经理职责的变革

在一个复杂多变的管理世界里，企业不仅期待着CFO们能够具有扎实的专业技能并且固守职业操守，还希望他们能有效地筹集资本、参与企业战略规划并沟通市场。CFO的战略视野和沟通能力被视为CFO的重要技能，其重要性甚至超过财务专业绩能。

国际会计师联合会(IFAC)下属的财务与管理会计委员会(FMAC)在2002年1月发表的《2010年首席财务官的任务》研究报告中对财务经理未来职责的展望，主要有8个方面：

(1)战略规划已成为CFO工作中的关键部分。他们将以全球化的视野积极参与企业的战略并购，关注企业战略远胜于财务数据。

(2)在电子商务蓬勃发展、企业数字化生存的环境下，对信息进行流程化管理，CFO已远非过去的财务信息的编制者或会计数字的魔术师。

(3)企业财务仍然是CFO的基本职责，但重心将转向以价值为基础的财务运营管理，包括税务、现金流量管理、业绩评估和风险管理等方面。

(4)CFO在构建企业治理结构中将更有作为，结构简单、坚守诚信将成为主流选择。

(5)沟通将是全方位多角度的，CFO的关注点将从财务监控与信息加工中解脱出来，成为沟通企业内外信息的桥梁。

(6)CFO在公司高层中将扮演一个积极成员的角色。CFO与CEO是建立在互相信任的基础上的战略伙伴关系。

(7)在资本全球化的大趋势下，在不同国度面对不同的投资者，为企业营造良好的投资者关系是CFO面临的重大挑战。

(8)如果能够出现一套全球统一的会计准则和财务报告准则，就会大大简化企业的披露成本。

在欧美发达国家的财务管理实务中，通常将财务管理职位分为初级职位、中级职位和高级职位三个层次。初级职位主要设置财务分析员、信用分析员和现金经理。中级职位主要设置财务主任助理、企业风险管理经理和养老基金经理。高级职位主要设置财务总监、财务主任、会计主任和企业开发副总经理。

第六节　公司财务管理的环境

公司财务管理环境是指对公司财务活动产生影响的公司内外的各种条件或要素。公司的财务活动是在一定的财务管理环境下进行的，财务管理环境的变化必然会导致公司筹资成本和风险、生产经营成本、资金占用水平、投资报酬与风险、利润及现金净流量等发生变化，从而影响企业的财务活动和财务管理。在财务管理中，必须认真分析研究各种财务管理环境的变动趋势，判断其对企业财务活动可能造成的影响，并据此采取相应的财务对策。

一、法律环境

财务管理的法律环境是指企业与外部发生经济关系时所必须遵守的各种法律、法规和规章。任何企业必须在既定的法律结构下从事经营活动，违反法律就要受到惩罚。法律为企业从事各项经营活动提供了规范和前提，同时也为企业守法经营提供了保护。

(一)企业组织法规

企业组织必须依法成立。组建不同形式的企业，要依照不同的法律规范，包括《公司法》

《全民所有制工业企业法》《外资企业法》《中外合资经营企业法》《中外合作经营企业法》《合伙企业法》等。这些法律法规既是企业的组织法，又是企业的行为法，它们对企业财务管理有着重要的影响。

(二)税务法规

依法纳税是任何企业都必须履行的法律义务。有关的税务法规包括所得税法、流转税法和其他地方税法规。

税负是企业的一种费用，会增加企业的现金流出。企业只能靠投资、筹资和利润分配等财务决策时的精心安排和筹划来降低企业的税负，而不允许企业偷税漏税，逃避履行纳税义务。此外，财务人员在进行财务决策时还必须注意税收环境的变化对决策的影响，一个税负较低情况下的最优决策，在税负提高后就可能变成错误的决策。因此，财务人员必须了解并力求精通税法。

(三)财务法规

财务法规主要是企业财务通则和分行业的财务制度。1993 年实施的《企业财务通则》统一了行业企业财务制度，建立了资本金制度，改革了固定资产、成本费用管理制度和财务报告制度，为现代企业制度的建立奠定了基础，为各类企业的公平竞争创造了政策环境。但十几年来，国家宏观经济体制和企业微观经济环境发生了巨大的变化，旧通则已无法适应新形势的要求，新的《公司法》实质上也调整了企业的部分财务行为，如取消了公益金、禁止资本公积补亏等，《企业财务通则》的修订正是顺应了这种形势变化的需要。

2007 年 1 月 1 日开始实施新的《企业财务通则》(以下简称《通则》)。《通则》经过修订后，较为合理地确定了政府财政管理的边界，对投资者与经营者的财务行为进行了规范，着力维护企业投资者与债权人、企业与职工等各相关方的权益。具体地说，《通则》以企业价值最大化为财务管理目标，明确了政府投资等财政资金的财务处理政策，改革了企业职工福利费的财务制度，明确了企业的社会责任，构建了有利于企业自主创新和可持续发展的分配制度，建立了“激励规范、约束有效”的财务运行机制，强化了企业财务风险管理。从本质上，《通则》改变了财政对企业财务的传统管理模式，更多地侧重于引导企业加强内部财务控制，致力于建立以《通则》为主体，以企业财务行为规范、财政资金监管办法为配套，以企业集团内部财务办法为补充的开放性的企业财务制度新体系。同时，为适应公共财政的需要，加强了各级财政部门对企业财务的指导、监督，为企业公平竞争创造良好的政策环境。《通则》的实施，有利于促进企业完善内部治理结构，实现企业与社会的和谐发展，而企业尤其是国有和国有控股企业的发展壮大，正是全面建设小康社会的坚实基础。

二、经济环境

经济环境是指影响公司财务管理工作的各种经济因素。财务管理的经济环境主要包括经济周期、经济发展水平和宏观经济政策。

(一)经济周期

在市场经济条件下，经济发展与运行带有一定的波动性。任何国家的经济发展都不可能呈长期快速增长之势，而总是表现为“波浪式前进，螺旋式上升”的态势。每个国家的经济都有经济周期。经济周期包括复苏、繁荣、衰退和萧条四个阶段的循环，这种循环称为经济周期。经济周期对企业的财务活动具有重要影响。一般来说，当经济发展处于繁荣期时，经济发展速度较快，市场需求旺盛，销售额大幅度提高，企业扩大生产经营规模，对资金的需求量随之增加，整个社会的资本成本也相应增大；当经济发展处于衰退期时，经济发展速度减慢，甚至出现负增长，企业因市场不景气而缩减生产经营规模，对资金的需求量随之减少，整个社会的资本成本也相应减小。企业的筹资、投资和资产运营等理财活动都要受这种经济波动的影响，比如在治理紧缩时期，社会资金十分短缺，利率上升，会使企业的筹资非常困难，甚至影响企业正常的生产经营活动。此外，由于国际经济交流与合作的发展以及经济全球化的发展趋势，西方的经济周期也会不同程度地影响我国，因此在不同的经济周期，企业财务管理人员应采取不同的财务管理策略，掌握经济处于不同周期时的理财本领。

(二)经济发展水平

经济发展水平是指国家和产业经济增长和发展的水平，对企业调度资金、调整生产结构有很大影响。如在国家经济快速发展阶段，企业的生产经营与资金调度常会产生不平衡状态。在通货膨胀情况下，企业往往会面临资金占用大量增加，从而使企业的资金需求上升，此时的资金市场往往表现出资金短缺、利率上升、有价证券价格下跌，从而使企业货币资金贬值、资金供应不足，资本成本加大；而在不同的产业中，由于发展水平的参差不齐，有的产业刚刚起步、前景看好，是朝阳产业；有的则是市场饱和、前景暗淡，是夕阳产业；对不同的产品也是如此。典型的产品寿命周期通常经历四个阶段，即导入期、成长期、成熟期、衰退期。在不同的产品寿命阶段，生产产品所需的资金及产品占用资金的量是各不相同的。通常情况下，在产品导入期，企业需要大量资金投入产品的生产经营；在产品成长期，企业对资金的需求低幅增长；在产品成熟期，企业投入与产出基本协调，资金需求降低；在产品衰退期，企业对资金的需求持续减少。对此，企业财务管理人员应积极探索与经济发展水平相适应的财务管理模式，采取相应措施，以消除不利影响。

(三)宏观经济政策

宏观经济政策包括财政、税收、金融、价格和物资流通等各个方面的政策和财税体制、金融体制、外汇体制、计划体制、价格体制、投资体制、外贸体制、社会保障体制、企业会计准则体制等改革措施。宏观经济政策会深刻地影响企业的发展和财务活动的运行。企业在制定经营决策和财务决策时，必须认真考虑有关经济政策对自身的影响。如金融政策中的货币发行量、信贷规模会影响企业的资金来源、资金结构和投资的预期收益；价格政策能影响企业资金的投向、投资回收期和预期收益；税收政策的变动，将影响到产品的价格、流通和企业的经济效益，是每个企业都十分关心的问题。这就要求企业财务人员必须把握宏观经济政策，更好地为企业的经营理财活动服务。

三、金融环境

企业总是需要资金从事投资和经营活动。而资金的取得，除了自有资金外，主要从金融机构和金融市场取得。金融政策的变化必然影响企业的筹资、投资和资金运营活动。所以，金融环境是企业最主要的环境因素之一。

(一)金融市场

金融市场是指资金筹集的场所。广义的金融市场，是指一切资本流动(包括实物资本和货币资本)的场所，其交易对象为货币借贷、票据承兑和贴现、有价证券的买卖、黄金和外汇买卖、办理国内外保险、生产资料的产权交换等。狭义的金融市场是指有价证券市场，即股票和债券的发行和买卖市场。

金融市场主要有以下几种分类：

(1)按交易的期限，分为短期资金市场和长期资金市场。短期资金市场是指期限不超过一年的资金交易市场，因为短期有价证券易于变成货币或作为货币使用，所以也称货币市场。长期资金市场是指期限在一年以上的股票和债券交易市场，因为发行股票和债券主要用于固定资产等资本货物的购置，所以也称资本市场。

(2)按交易的性质，分为发行市场和流通市场。发行市场是指从事新证券和票据等金融工具买卖的转让市场，也称初级市场或一级市场。流通市场是指从事已上市的旧证券或票据等金融工具买卖的转让市场，也称次级市场或二级市场。

(3)按交易的直接对象，分为同业拆借市场、国债市场、企业债券市场、股票市场和金融期货市场等。

(4)按交割的时间，分为现货市场和期货市场。现货市场是指买卖双方成交后，当场或几天之内买方付款、卖方交出证券的交易市场。期货市场是指买卖双方成交后，在双方约定的未来某一特定的时日才交割的交易市场。

(二)金融机构

金融机构包括银行业金融机构和其他金融机构。社会资金从资金供应者手中转移到资金需求者手中，大多要通过金融机构。

1. 中国人民银行

中国人民银行是我国的中央银行，它代表政府管理全国的金融机构和金融活动，经理国库。其主要职责是制定和实施货币政策，保持货币币值稳定；依法对金融机构进行监督管理，维持金融业的合法、稳健运行；维护支付和清算系统的正常运行；持有、管理、经营国家外汇储备和黄金储备；代理国库和其他与政府有关的金融业务；代表政府从事有关的国际金融活动。

2. 政策性银行

政策性银行，是指由政府设立，以贯彻国家产业政策、区域发展政策为目的，不以营利为目的的金融机构。政策性银行与商业银行相比，其特点在于：不面向公众吸收存款，而以财政拨款和发行政策性金融债券为主要资金来源；其资本主要由政府拨付；不以营利为目的，经营时主要考虑国家的整体利益和社会效益；其服务领域主要是对国民经济发展和社会稳定有重要意义，而商业银行出于营利目的不愿借贷的领域；一般不普遍设立分支机构，其业务由商业银行代理。但是，政策性银行的资金并非财政资金，也必须有偿使用，对贷款也要进行严格审查，并要求还本付息、周转使用。我国目前有两家政策性银行，即中国进出口银行和国家开发银行。

3. 商业银行

商业银行是以经营存款、放款、办理转账结算为主要业务，以营利为主要经营目标的金融企业。商业银行的建立和运行受我国《商业银行法》规范。我国的商业银行可以分成三类：第一类是国有独资商业银行，是由国家专业银行演变而来，包括中国工商银行、中国农业银行、中国银行、中国建设银行。它们过去分别在工商业、农业、外汇业务和固定资产贷款领域中提供服务，近些年来其业务交叉进行，传统分工已经淡化。第二类是股份制商业银行，是1987年以后发展起来的，包括交通银行、深圳发展银行、中信实业银行、中国光大银行、华夏银行、招商银行、兴业银行、上海浦东发展银行、中国民生银行以及各地方的商业银行、城市信用合作社等。第三类是外资银行。按照中国与世界贸易组织签订的协议，中国金融市场要逐渐对外开放，外资银行可以在中国境内设立分支机构或营业网点，可以经营人民币业务。

4. 非银行金融机构

目前，我国主要的非银行金融机构有金融资产管理公司、保险公司、信托投资公司、证券机构、财务公司、金融租赁公司。

金融资产管理公司，是指经国务院决定设立的收购国有银行不良贷款、管理和处置因收购国有银行不良贷款形成的资产的国有独资非银行金融机构。目前我国有四家金融资产管理公司，即中国华融资产管理公司、中国长城资产管理公司、中国信达资产管理公司和中国东方资产管理公司。

保险公司，主要经营保险业务，包括财产保险、责任保险、保证保险和人身保险。目前，我国保险公司的资金运用被严格限制在银行存款、政府债券、金融债券和投资基金范围内。

信托投资公司，主要是以受托人的身份代人理财。其主要业务有经营资金、财产委托、代理资产保管、金融租赁、经济咨询以及投资等。

证券机构，是指从事证券业务的机构，包括：(1)证券公司，主要业务是推销政府债券、企业债券和股票，代理买卖和自营买卖已上市流通的各类有价证券，参与企业收购、兼并，充当企业财务顾问等；(2)证券交易所，提供证券交易的场所和设施，制定证券交易的业务规则，接受公司上市申请并安排上市，组织、监督证券交易，对会员和上市公司进行监管等；(3)登记结算公司，主要是办理股票交易中所有权转移时的过户和资金的结算。

财务公司，通常类似于投资银行。我国的财务公司是由企业集团内部各成员单位入股，向社会募集中长期资金，为企业技术进步服务的金融股份有限公司。它的业务被限定在本集团内，不得从企业集团之外吸收存款，也不得对非集团单位和个人贷款。

金融租赁公司，是指办理筹资租赁业务的公司组织。其主要业务有动产和不动产的租赁、转租赁、回租租赁。

(三)金融工具

金融工具是在信用活动中产生的、能够证明债权债务关系或所有权关系并据以进行货币资金交易的合法凭证，它对债权、债务双方所应享有的权利与应承担的义务均具有法律效力。

1. 金融工具的特征

金融工具一般具有期限性、流动性、风险性和收益性四个基本特征。

(1)期限性是指金融工具一般规定了偿还期，也就是规定债务人必须全部归还本金前所经历的时间。

(2)流动性是指金融工具在必要时迅速转变为现金而不遭受损失的能力。

(3)风险性是指购买金融工具的本金和预期收益遭受损失的可能性。一般包括信用风险和市场风险两个方面。

(4)收益性是指持有金融工具所能带来的一定收益。

2. 金融工具的分类

金融工具按期限不同可分为货币市场工具和资本市场工具，前者主要有商业票据、国库券(国债)、可转让大额定期存单、回购协议等；后者主要是股票和债券。

(四)利率

利率又称利息率，是利息占本金的百分比指标。从资金的借贷关系看，利率是一定时期运用资金资源的交易价格。资金作为一种特殊商品，以利率为价格标准的融通，实质上是资源通过利率实行的再分配。因此利率在资金分配及企业财务决策中起着重要作用。

1. 利率的类型

利率可按不同的标准进行分类。

(1)按利率之间的变动关系，可分为基准利率和套算利率。

基准利率又称基本利率，是指在多种利率并存的条件下起决定作用的利率。所谓起决定作用是指这种利率变动，其他利率也相应变动。因此，了解基准利率水平的变化趋势，就可了解全部利率的变化趋势。基准利率在西方通常是中央银行的再贴现率，在我国是中国人民银行对商业银行贷款的利率。

套算利率是指在基准利率确定后，各金融机构根据基准利率和借贷款项的特点而换算出来的利率。例如，某金融机构规定，贷款给 AAA 级、AA 级、A 级企业的利率，应分别在基准利率基础上加 0.5%、1%、1.5%，加总计算所得的利率便是套算利率。

(2)按利率与市场资金供求关系，可分为固定利率和浮动利率。

固定利率是指在借贷期内固定不变的利率。在通货膨胀条件下采用固定利率，会使债权人的利益受到损害。

浮动利率是指在借贷期内可以调整的利率。在通货膨胀条件下采用浮动利率，可使债权人减少损失。

(3)按利率形成机制，可分为市场利率和法定利率。

市场利率是指根据资金市场的供求状况，由市场供求关系决定的利率。

法定利率是指由政府金融管理部门或中央银行确定的利率。

2. 利率的一般计算公式

利率主要由资金的供求关系决定。除此之外，经济周期、社会平均资金利润率、通货膨胀率、国家的货币政策和财政政策、国家的利率管制程度、国际政治经济关系等因素对利率的变动均有不同程度的影响。因此，利率通常由三部分构成，即纯利率、通货膨胀补偿率和风险收益率。利率的一般计算公式为：

利率＝纯利率＋通货膨胀补偿率＋风险收益率

纯利率＋通货膨胀补偿率＝无风险收益率

纯利率是指没有风险和通货膨胀情况下的均衡点利率。国库券的风险很小，通常用短期国库券的利率表示无风险收益率（纯利率＋通货膨胀补偿率），如果通货膨胀率极低，则可以用短期国库券利率近似地作为纯利率。

通货膨胀补偿率是指由于持续的通货膨胀会不断降低货币的实际购买力，为补偿购买力损失而要求提高的利率。

风险收益率包括违约风险收益率、流动性风险收益率和期限风险收益率。其中，违约风险收益率是指为了弥补因债务人无法按时还本付息而带来的风险，由债权人要求提高的利率；流动性风险收益率是指为了弥补因债务人资产流动性不好而带来的风险，由债权人要求提高的利率；期限风险收益率是指为了弥补因偿债期长而带来的风险，由债权人要求提高的利率。

3. 通货膨胀对收益率的影响和费雪效应

报价利率（即固定收入证券的利率）一般是名义利率，实际利率则是指通货膨胀调整后购买力的实际增长率。用 K_r 表示名义利率，IP 表示预期通货膨胀率，K 表示实际利率，三者之间的关系可用公式表示为：

$$1+K_r=(1+K)(1+IP)$$

或：

$$K_r=K+IP+K\times IP$$

可见，名义利率包括了实际利率和通货膨胀率。名义利率、实际利率和通货膨胀率之间的这种关系，称为费雪效应。

【案例 1－6－1】 假设有一笔资金 10 000 元以 11％的年名义利率贷出一年，经预测未来一年内物价水平将上升 4％，则该笔资金的实际利率为：

$11\%=K+4\%+4\%\times K$

$K=6.73\%$

也就是说，该笔资金虽然获得了 1 100 元的利息，但实际购买力只提高了 6.73％。

第七节　公司财务管理与会计的联系及区别

公司财务管理是企业管理的重要组成部分，它与会计工作无论是在理论上，还是在实践中，既有联系，又有区别。

一、公司财务管理与会计的联系

（一）两者具有价值共性

公司财务管理与会计均具有明显的价值属性，两者都是通过价值发挥其效能，这也造就了两者企业“综合能力”体现的共性。会计对经济活动的确认、计量和披露是按照价值反映的要求进行的，事实上，会计信息就是对企业价值或财务活动的再现。而财务管理本身是一种价值管理，是一种追求价值最大化的综合性的管理工作。

(二)两者在企业管理过程中相辅相成

会计是反映企业价值运动过程中的数与量,并以会计信息的形式向信息使用者输出。如果没有会计提供的信息做依据,那么财务管理的计划、预测、决策、控制与分析等功能必然是“无源之水”。

换言之,财务管理者只有利用会计提供的高质量信息才能准确把握企业的财务状况,做出科学决策;同时,会计所提供的信息必须尽可能满足包括财务管理在内的信息使用者的决策需要,否则就失去了其存在的价值。

二、公司财务管理与会计的区别

(一)两者的对象不同

财务管理的对象是资金运动,是对企业资金运动所进行的直接管理。也就是说,财务管理主要管理企业的各项资产,以及由此产生的相关融资、投资、收益分配等事项。会计的对象并不是资金运动本身,而是资金运动所形成的信息,即对企业资金运动过程的信息揭示。

(二)两者的职能不同

会计的职能主要表现为反映,而财务管理的职能主要是计划、预测、决策、控制和分析等。反映职能是会计所特有的内在职能,会计人员作为信息揭示人员,对企业生产经营管理各方面并不具有直接的决策职能,他们的主要作用是通过提供会计信息,对相关决策施加影响。而企业相关的计划、决策等职能,则由财务管理来实施。

(三)两者的目标不同

会计的中心内容是提供决策所需信息,它通过对企业经济活动的揭示,为管理层、投资者和债权人等不同信息使用者提供真实可靠的会计信息,以满足相关利益主体的决策需要。财务管理的目标,是企业经营目标在财务管理中的集中与概括,主要是通过计划、预测、决策、控制和分析等工作,确保企业价值最大化目标的实现。

无论从理论上分析,还是从实践上分析,财务管理与会计都是两回事。财务管理重在对财务行为的前期决策和过程约束,会计核算重在对财务行为的过程核算和结果反映。但是,财务管理需要利用会计信息,会计核算为财务管理提供基础,两者互为补充,相辅相成。

本章小结

本章介绍了公司财务管理的产生和发展的基本过程。讨论了财务和财务管理的基本概念,同时引出了财务活动和财务关系的概念。讨论了公司财务管理的目标和公司财务管理环境以及公司财务管理与会计的联系及区别。

公司财务管理是基于公司再生产过程中客观存在的财务活动和财务关系而产生的,是公司组织财务活动、处理同各方面的财务关系的一项经济管理工作，是公司管理的重要组成部分。

公司财务活动包括筹资活动、投资活动、营运资金活动、收益分配活动等一系列行为。

公司财务管理由财务活动引起，在企业财务活动的各个阶段，财务管理人员应处理好各种财务关系。

公司财务管理体制，是协调公司利益相关主体之间财务关系的基本规则和制度安排，是构建公司财务管理制度的基础和框架。

在公司财务管理的目标三种代表性观点中，公司价值最大化是个比较合理的企业财务管理目标。

协调相关利益群体利益冲突的原则是，力求企业相关利益群体的利益分配均衡，减少各相关利益群体之间利益冲突所导致的企业总体收益和价值的下降，使利益分配在数量上和时间上达到动态的协调平衡。

公司财务管理环境又称理财环境，是对企业财务活动和财务管理产生影响作用的各种内外部条件，包括经济环境、法律环境和金融环境。

公司财务管理是企业管理的重要组成部分，它与会计工作无论是在理论上，还是在实践中，既有联系，又有区别。两者具有价值共性，相辅相成。但同时两者反映的对象不同、职能不同、目标不同。

复习思考题

1. 什么是公司财务管理？财务活动有哪些方面？
2. 简要说明公司财务管理的内容。
3. 如何协调公司所有者与债权人的矛盾？
4. 简述公司财务管理的目标，并说明各种目标的优缺点。
5. 简述公司财务管理与会计的联系及区别。

自测题

一、单项选择题

1. 根据财务管理理论，企业在生产经营活动中客观存在的资金运动及其所体现的经济利益关系被称为（　　）。

A. 企业财务管理　　B. 企业财务活动
C. 企业财务关系　　D. 企业财务

2. 在下列各项中，从甲公司的角度看，能够形成“本企业与债务人之间财务关系”的业务是（　　）。

A. 甲公司购买乙公司发行的债券　　B. 甲公司归还所欠丙公司的货款
C. 甲公司从丁公司赊购产品　　D. 甲公司向戊公司支付利息

3. 在下列各种观点中，既能考虑资金的时间价值和投资风险，又有利于克服管理上的片面性和短期行为的财务管理目标是(　　)。

A. 利润最大化　　B. 公司价值最大化

C. 每股收益最大化　　D. 资本利润率最大化

4. 下列各项中，不能协调所有者与债权人之间矛盾的方式是(　　)。

A. 市场对公司强行接受或吞并　　B. 债权人通过合同事实限制性借款

C. 债权人停止借款　　D. 债权人收回借款

5. 在下列经济活动中，能够体现企业与投资者之间财务关系的是(　　)。

A. 企业向职工支付工资　　B. 企业向其他企业支付货款

C. 企业向国家税务机关缴纳税款　　D. 国有企业向国有资产投资公司支付股利

6. 以每股利润最大化作为财务管理目标，其优点是(　　)。

A. 考虑了资金的时间价值　　B. 考虑了投资的风险价值

C. 有利于企业克服短期行为　　D. 反映了投入资本与收益的对比关系

7. 企业价值的直接表现形式是(　　)。

A. 各项资产账面价值之和　　B. 各项资产重置价值之和

C. 全部资产的市场价值　　D. 企业的清算价值

二、多项选择题

1. 影响企业财务管理的经济环境有(　　)。

A. 经济周期　　B. 经济政策　　C. 经济发展水平　　D. 经济体制

2. 为确保企业财务目标的实现，下列各项中，可用于协调所有者与经营者矛盾的措施有(　　)。

A. 所有者解聘经营者　　B. 所有者向企业派遣财务总监

C. 公司被其他企业接收或吞并　　D. 所有者给经营者以“股票选择权”

3. 下列各项中，可用来协调公司债权人与所有者矛盾的方法有(　　)。

A. 规定借款用途　　B. 规定借款的信用条件

C. 要求提供借款担保　　D. 收回借款或不再借款

4. 在不存在通货膨胀的情况下，利率的组成因素包括(　　)。

A. 纯利率　　B. 违约风险收益率

C. 期限风险收益率　　D. 流动性风险收益率

5. 下列经济行为中，属于企业财务活动的有(　　)。

A. 营运资金活动　　B. 利润分配活动

C. 资金筹集活动　　D. 投资活动

6. 金融工具的特征有(　　)。

A. 期限性　　B. 流动性　　C. 风险性　　D. 收益性

三、判断题

1. 财务管理环境是指对企业财务活动和财务管理产生影响作用的企业各种外部条件的

统称。 （ ）

2. 民营企业与政府之间的财务关系体现为一种投资与受资关系。 （ ）

3. 以企业价值最大化作为财务管理目标，有利于社会资源的合理配置。 （ ）

4. 在协调所有者与经营者矛盾的方法中，“接收”是一种通过所有者来约束经营者的方法。 （ ）

5. 从资金的借贷关系看，利率是一定时期运用资金的交易价格。 （ ）

6. 纯利率是指无通货膨胀、无风险情况下的平均利率，它的高低受平均利润率、资金供求关系、国家调节等因素的影响。 （ ）

7. 在金融市场上，资金作为一种特殊商品，其交易价格表现为利率。 （ ）

8. 解聘是通过市场约束经营者的办法。 （ ）

第二章　公司财务报表分析与业绩评价

财务报表犹如名贵香水，只能细细地品鉴，而不能生吞活剥。

——亚伯拉罕·比尔拉夫

(Abraham Briltoff)

学习目标

◇ 掌握公司财务报表分析的含义、内容及其局限；

◇ 掌握公司财务报表分析方法的种类、含义、原理及应注意的问题；

◇ 掌握分析偿债能力、运营能力、盈利能力和发展能力的指标与方法；

◇ 熟悉财务状况综合分析的含义及特点；

◇ 掌握杜邦财务分析体系的应用；

◇ 了解沃尔评分法的原理和步骤；

◇ 掌握 EVA 业绩评价的原理。

引导案例

1998 年 10 月 21 日，微软(Microsoft)公司普通股每股价格以大约 100 美元报收。在该价位，《华尔街日报》报道微软的市盈率(P/E)为 60 倍。也就是说，投资者愿意为微软公司所赚取的每 1 美元收益支付 60 美元。与此同时，投资者为 IBM、3M 和福特(Ford)汽车公司所赚取的 1 美元只愿意分别支付 23 美元、17 美元、9 美元。另两个特例是网景(Netscape)和雅虎(Yahoo)，它们都是新进入股票市场的。它们前一年度的盈利都是负数，但是网景的每股价格约为 22 美元，微软的每股价格则高达 115 美元。既然它们的盈利是负数，它们的市盈率就是负值，所以没有报道。根据华尔街的报道，同期在交易所交易的一般股票的市盈率约为 21 倍，即以盈利的 21 倍的价格交易。

市盈率比较是利用财务比率的例子。正如我们将在本章讨论的内容，财务比率多种多样，其目的都是用来概括公司财务状况等方面的信息。除了讨论如何阅读和分析报表外,我们还将谈谈如何利用这些信息来决策,如何评价一个公司在过去一年的业绩。

第一节 公司财务报表分析概述

一、公司财务报表分析的发展史及其意义

(一)报表分析的发展史

通常认为,报表分析萌芽于15世纪的意大利,诸如威尼斯、热那亚等早期的贸易城市。当时意大利是东西方贸易的主要集散地,一些从事东西方贸易的商人为了随时了解他们的经营业务,需要对一些贸易过程中形成的大量记录贸易数据的表单和表格进行计算和统计,用以掌握贸易的信息,恰是这些数据的计算分析为早期的贸易商增强了贸易中的竞争力。

然而,真正意义上的财务报表分析产生于19世纪末、20世纪初。最早的财务报表分析主要是为银行服务的信用分析。当时,借贷资本在公司资本中的比重不断增加,银行家需要对贷款人进行信用调查和分析,借以判断客户的偿债能力。

资本市场形成后发展出盈利分析,财务报表分析主要由为贷款银行服务扩展到为投资人服务。随着社会筹资范围扩大,非银行的贷款人和股权投资人增加,公众进入资本市场和债务市场,投资人要求的信息更为广泛。财务报表分析开始对公司的盈利能力、筹资结构、利润分配进行分析,发展出比较完善的外部分析体系。

公司组织发展起来以后,财务报表分析由外部分析扩大到内部分析,以改善内部管理服务。经理人员为改善盈利能力和偿债能力,以取得投资人和债权人的支持,开发了内部分析。内部分析,不仅可以使用公开报表的数据,而且可以利用内部的数据(如预算、成本数据等)进行分析,找出管理行为和报表数据的关系,通过管理来改善未来的财务报表。

(二)公司财务报表分析的意义

公司财务报表分析是指以财务报表和其他资料为依据和起点,采用专门方法,系统分析和评价公司的过去和现在的经营成果、财务状况及其变动,目的是了解过去、评价现在、预测未来,帮助利益关系集团改善决策。财务分析的最基本功能,是将大量的报表数据转换成对特定决策有用的信息,减少决策的不确定性。

(1)财务报表分析的起点是财务报表,分析使用的数据大部分来源于公开发布的财务报表。因此,财务分析的前提是正确理解财务报表。

(2)财务报表分析的结果是对公司的偿债能力、盈利能力和抵抗风险能力做出评价,或找出存在的问题。

(3)财务报表分析是一个过程。所谓"分析",是把研究对象(一种现象、概念)分成较简单的组成部分,找出这些部分的本质属性和彼此之间的关系,以达到认识对象本质的目的。财务报表分析是把整个财务报表的数据,分成不同部分和指标,并找出有关指标的关系,以达到认识公司偿债能力、盈利能力和抵抗风险能力的目的,认识过程是分析和综合的统一。所谓"综

合”，是把分析过的对象的各个部分、各种属性联合成一个统一的整体。财务报表分析也很重视综合，在分析的基础上从总体上把握公司的经营能力。

(4)财务报表分析是认识过程，通常只能发现问题而不能提供解决问题的办法，只能做出评价而不能改善公司的状况。例如，某公司资产收益率低，通过分析知道原因是资产周转率低，进一步分析知道资产周转率低的原因是存货过高，再进一步分析知道存货过高主要是产成品积压。如何处理积压产品？财务报表分析不能回答。财务报表分析是检查的手段，它能检查公司偿债、盈利和抵抗风险的能力，能指明需要详细调查和研究的项目，这些调查研究会涉及经济、行业、该公司的其他补充信息，但不能提供最终的解决问题的办法。

二、公司财务报表分析的内容

对外发布的财务报表，是根据全体报表使用人的一般要求设计的，并不适合特定报表使用人的特定要求。报表使用人要从中选择自己需要的信息，重新排列，并研究其相互关系，使之符合特定决策要求。财务分析信息的需求者主要包括公司投资者(所有者)、公司债权人、公司经营决策者和政府等。不同主体出于不同的利益考虑，对财务分析信息有着各自不同的要求。

公司财务报表的主要使用人有七类，他们的分析目的不完全相同：

(1)投资人。为决定是否投资，要分析公司的资产和盈利能力；为决定是否转让股份分析盈利状况、股价变动和发展前景；为考查经营者业绩，要分析资产盈利水平、破产风险和竞争能力；为决定股利分配政策，要分析筹资状况。

(2)债权人。为决定是否给公司贷款，要分析贷款的收益和风险；为了解债务人的短期偿债能力，要分析其流动状况；为了解债务人的长期偿债能力，要分析其盈利状况；为决定是否出让债权，要评价其价值。

(3)经理人员。为改善财务决策而进行财务分析，涉及的内容最广泛，几乎包括外部使用人关心的所有问题。

(4)供应商。要通过分析看公司是否能长期合作，了解销售信用水平如何，是否应对公司延长付款期。

(5)政府。要通过财务分析了解公司纳税情况，遵守政府法规和市场秩序的情况，职工收入和就业状况。

(6)雇员和工会。要通过分析判断公司盈利与雇员收入、保险、福利之间是否相适应。

(7)中介机构(注册会计师、咨询人员等)。注册会计师通过财务报表分析可以确定审计的重点。财务报表分析领域的逐渐扩展与咨询业的发展有关，在一些国家“财务分析师”已成为专门职业，他们为各类报表使用人提供专业咨询。

财务报表分析的一般目的可以概括为：评价过去的经营业绩，衡量现在的财务状况，预测未来的发展趋势。根据分析的具体目的，财务报表分析可以分为流动性分析、营利性分析、财务风险分析、专题分析(如破产预测、注册会计师的分析性检查程序)等。

三、公司财务报表分析的一般原则

(1)要从实际出发，坚持实事求是，反对主观臆断、结论先行、搞数字游戏。

(2)要全面看问题，坚持一分为二，反对片面地看问题。要兼顾成功经验与失败教训、有利因素与不利因素、主观因素与客观因素、经济问题与技术问题、外部问题与内部问题。

（3）要注重事物的联系，坚持相互联系地看问题，反对孤立地看问题。要注意局部与全局的关系、偿债能力与盈利能力的关系、收益与风险的关系。

（4）要发展地看问题，反对静止地看问题。要注意过去、现在和将来的关系。

（5）要定量分析与定性分析结合，坚持定量为主。定性分析是基础和前提，没有定性分析就弄不清本质、趋势和与其他事物的联系；定量分析是工具和手段，没有定量分析就弄不清数量界限、阶段性和特殊性。财务报表分析要透过数字看本质，没有数字就得不出结论。

四、公司财务报表分析的一般程序

财务报表分析的内容非常广泛。不同的人、不同的目的、不同的数据范围，应采用不同的方法。财务分析不是一种有固定程序的工作，不存在唯一的通用分析程序，而是一个研究和探索过程。

分析的具体步骤和程序，是根据分析目的、一般分析方法和特定分析对象，由分析人员个别设计的。

财务报表分析的一般程序如下：

（1）明确分析的目的；

（2）收集有关的信息；

（3）根据分析目的把整体的各个部分分割开来，予以适当安排，使之符合需要；

（4）深入研究各部分的特殊本质；

（5）进一步研究各部分的联系；

（6）解释结果，提供对决策有帮助的信息。

五、公司财务报表分析的局限性

（一）财务报表本身的局限性

财务报表是会计的产物，会计有特定的假设前提，并要执行统一的规范。我们只能在规定意义上使用报表数据，不能认为报表揭示了公司的全部实际情况。财务报表分析的局限性主要表现为资料来源的局限性、分析方法的局限性和分析指标的局限性。其中，资料来源的局限性包括数据缺乏可比性、缺乏可靠性和存在滞后性等。

财务报表的局限性表现在：

（1）以历史成本报告资产，不代表其现行成本或变现价值。

（2）假设币值不变，不按通货膨胀率或物价水平调整。

（3）稳健原则要求预计损失而不预计收益，有可能夸大费用，少计收益和资产。

（4）按年度分期报告，只报告了短期信息，不能提供反映长期潜力的信息。

（二）财务报表的真实性问题

应当说，只有根据真实的财务报表，才有可能得出正确的分析结论。财务分析通常假定报表是真实的，财务报表的真实性问题，要靠审计来解决。

财务分析不能解决财务报表的真实性问题，但是财务分析人员通常要注意以下与此有关的问题：

(1)要注意财务报告是否规范。不规范的报告，其真实性也应受到怀疑。

(2)要注意财务报告是否有遗漏。遗漏是违背充分披露原则的，遗漏很可能是在不想讲真话也不能说假话的情况下形成的。

(3)要注意分析数据的反常现象。如无合理的反常原因，则要考虑数据的真实性和一贯性是否有问题。

(4)要注意审计报告的意见及注册会计师的信誉。

(三)公司会计政策的不同选择影响可比性

对同一会计事项的账务处理，会计准则允许使用几种不同的规则和程序，公司可以自行选择。例如，存货计价方法、折旧方法、所得税费用的确认方法、对外投资收益的确认方法等。

虽然财务报表附注对会计政策的选择有一定的表述，但报表使用人未必能完成可比性的调整工作。

(四)比较的基础问题

在比较分析时，必须选择比较的基础，作为评价本公司当期实际数据的参照标准，包括本公司历史数据、同业数据和计划预算数据。

横向比较时，通常采用的同行业平均数作为比较标准值只起一般性指导作用，不一定有代表性，不是合理性的标志。通常，不如选一组有代表性的公司求其平均数，作为同业标准，可能比整个行业的平均数更好。近年来，更重视以竞争对手的数据作为分析基础。有的公司实行多种经营，没有明确的行业归属，同业对比就更困难。

趋势分析以本公司历史数据做比较基础。历史数据代表过去，并不代表合理性，经营的环境是变化的，今年比上年利润提高了，不一定说明已经达到应该达到的水平，甚至不一定说明管理有了改进。

实际与计划的差异分析，以计划预算做比较基础。实际和预算的差异，有时是预算不合理造成的，而不是执行中有了什么问题。

总之，对比较基础本身要准确理解，并且要在限定意义上使用分析结论，避免简单化和绝对化。

第二节　公司财务报表分析的基础

要了解一家公司的经营和财务状况，最好是从原始资料的分析入手。但是，对具有一定规模的公司来说，有关运营和财务状况的原始资料浩瀚无垠。此外，原始资料的取得对于公司外的人员来说，也是极为困难的。所以，人们通常通过公司的财务报表来了解公司的状况。

一、财务报表的组成和分类

(一)财务报表及其目标

财务报表是对公司财务状况、经营成果和现金流量的结构性表述。

公司编制财务报表的目标,是向财务报表使用者提供与公司财务状况、经营成果和现金流量等有关的会计信息,反映公司管理层受托责任的履行情况,有助于财务报表使用者做出经济决策。财务报表使用者通常包括投资者、债权人、政府及其有关部门和社会公众等。

(二)财务报表的组成和分类

1. 财务报表的组成

财务报表是对公司财务状况、经营成果和现金流量的结构性表述。一套完整的财务报表至少应当包括资产负债表、利润表、现金流量表、所有者权益变动表以及附注。

资产负债表、利润表和现金流量表分别从不同角度反映公司的财务状况、经营成果和现金流量。资产负债表反映公司在某一特定日期所拥有的资产、需偿还的债务,以及股东(投资者)拥有的净资产情况;利润表反映公司在一定会计期间的经营成果,即利润或亏损的情况,表明公司运用所拥有的资产的盈利能力;现金流量表反映公司在一定会计期间现金和现金等价物流入和流出的情况。所有者权益变动表反映构成所有者权益的各组成部分当期的增减变动情况。公司的净利润及其分配情况是所有者权益变动的组成部分,相关信息已经在所有者权益变动表及其附注中反映,公司不需要再单独编制利润分配表。附注是财务报表不可或缺的组成部分,是对在资产负债表、利润表、现金流量表和所有者权益变动表等报表中列示项目的文字描述或明细资料,以及对未能在这些报表中列示项目的说明等。

2. 财务报表的分类

财务报表可以按照不同的标准进行分类。

(1)按财务报表编报期间的不同,可以分为中期财务报表和年度财务报表。中期财务报表是以短于一个完整会计年度的报告期间为基础编制的财务报表,包括月报、季报和半年报等。中期财务报表至少应当包括资产负债表、利润表、现金流量表和附注,其中,中期资产负债表、利润表和现金流量表应当是完整报表,其格式和内容应当与年度财务报表相一致。与年度财务报表相比,中期财务报表中的附注披露可适当简略。

(2)按财务报表编报主体的不同,可以分为个别财务报表和合并财务报表。个别财务报表是由公司在自身会计核算基础上对账簿记录进行加工而编制的财务报表,它主要用以反映公司自身的财务状况、经营成果和现金流量情况。合并财务报表是以母公司和子公司组成的公司集团为会计主体,根据母公司和所属子公司的财务报表,由母公司编制的综合反映公司集团财务状况、经营成果及现金流量的财务报表。

二、资产负债表的结构及其内容

(一)结构与主要内容

资产负债表是指反映公司在某一特定日期的财务状况的报表。资产负债表主要反映资产、负债和所有者权益三方面的内容，并满足“资产＝负债＋所有者权益”平衡式。

我国公司的资产负债表采用账户式结构。账户式资产负债表分左右两方，左方为资产项目，大体按资产的流动性大小排列，流动性大的资产如“货币资金”“交易性金融资产”等排在前面，流动性小的资产如“长期股权投资”“固定资产”等排在后面。右方为负债和所有者权益（或股东权益）项目，一般按要求清偿时间的先后顺序排列：“短期借款”“应付票据”“应付账款”等需要在一年以内或者长于一年的一个正常营业周期内偿还的流动负债排在前面，“长期借款”等在一年以上才需偿还的非流动负债排在中间，在公司清算之前不需要偿还的所有者权益项目排在后面。

账户式资产负债表中的资产各项目的合计等于负债和所有者权益（或股东权益）各项目的合计，即资产负债表左方和右方平衡。因此，通过账户式资产负债表，可以反映资产、负债、所有者权益之间的内在关系，即“资产＝负债＋所有者权益”。

我国公司资产负债表格式如表2－2－1所示：

表2－2－1　　**资产负债表**

编制单位：　　年＿＿月＿＿日　　单位：元

资　产	期末余额	上年年末余额	负债和所有者权益（或股东权益）	期末余额	上年年末余额
流动资产：			流动负债：		
货币资金			短期借款		
交易性金融资产			交易性金融负债		
衍生金融资产			衍生金融负债		
应收票据			应付票据		
应收账款			应付账款		
应收款项融资			预收款项		
预付款项			合同负债		
其他应收款			应付职工薪酬		
存货			应交税费		
合同资产			其他应付款		
持有待售资产			持有待售负债		
一年内到期的非流动资产			一年内到期的非流动负债		
其他流动资产			其他流动负债		
流动资产合计			流动负债合计		
非流动资产：			非流动负债：		
债权投资			长期借款		
其他债权投资			应付债券		
长期应收款			其中：优先股		
长期股权投资			永续债		

续表

资　产	期末余额	上年年末余额	负债和所有者权益（或股东权益）	期末余额	上年年末余额
其他权益工具投资			租赁负债		
其他非流动金融资产			长期应付款		
投资性房地产			预计负债		
固定资产			递延收益		
在建工程			递延所得税负债		
生产性生物资产			其他非流动负债		
油气资产			非流动负债合计		
使用权资产			负债合计		
无形资产			所有者权益(或股东权益)：		
开发支出			实收资本(或股本)		
商誉			其他权益工具		
长期待摊费用			其中：优先股		
递延所得税资产			永续债		
其他非流动资产			资本公积		
非流动资产合计			减：库存股		
			其他综合收益		
			专项储备		
			盈余公积		
			未分配利润		
			所有者权益(或股东权益)合计		
资产总计			负债和所有者权益(或股东权益)总计		

(二)有关项目说明

(1)“交易性金融资产”项目，反映资产负债表日公司分类为以公允价值计量且其变动计入当期损益的金融资产，以及公司持有的指定为以公允价值计量且其变动计入当期损益的金融资产的期末账面价值。该项目应根据“交易性金融资产”科目的相关明细科目的期末余额分析填列。自资产负债表日起超过一年到期且预期持有超过一年的以公允价值计量且其变动计入当期损益的非流动金融资产的期末账面价值，在“其他非流动金融资产”项目反映。

(2)“应收票据”项目，反映资产负债表日以摊余成本计量的，公司因销售商品、提供服务等收到的商业汇票，包括银行承兑汇票和商业承兑汇票。该项目应根据“应收票据”科目的期末余额，减去“坏账准备”科目中相关坏账准备期末余额后的金额分析填列。

(3)“应收账款”项目,反映资产负债表日以摊余成本计量的,公司因销售商品、提供服务等经营活动应收取的款项。该项目应根据“应收账款”科目的期末余额,减去“坏账准备”科目中相关坏账准备期末余额后的金额分析填列。

(4)“应收款项融资”项目,反映资产负债表日以公允价值计量且其变动计入其他综合收益的应收票据和应收账款等。

(5)“其他应收款”项目,应根据“应收利息”“应收股利”和“其他应收款”科目的期末余额合计数,减去“坏账准备”科目中相关坏账准备期末余额后的金额填列。其中的“应收利息”仅反映相关金融工具已到期可收取但于资产负债表日尚未收到的利息。基于实际利率法计提的金融工具的利息应包含在相应金融工具的账面余额中。

(6)“持有待售资产”项目,反映资产负债表日划分为持有待售类别的非流动资产及划分为持有待售类别的处置组中的流动资产和非流动资产的期末账面价值。该项目应根据“持有待售资产”科目的期末余额,减去“持有待售资产减值准备”科目的期末余额后的金额填列。

(7)“债权投资”项目,反映资产负债表日公司以摊余成本计量的长期债权投资的期末账面价值。该项目应根据“债权投资”科目的相关明细科目期末余额,减去“债权投资减值准备”科目中相关减值准备的期末余额后的金额分析填列。自资产负债表日起一年内到期的长期债权投资的期末账面价值,在“一年内到期的非流动资产”项目反映。公司购入的以摊余成本计量的一年内到期的债权投资的期末账面价值,在“其他流动资产”项目反映。

(8)“其他债权投资”项目,反映资产负债表日公司分类为以公允价值计量且其变动计入其他综合收益的长期债权投资的期末账面价值。该项目应根据“其他债权投资”科目的相关明细科目的期末余额分析填列。自资产负债表日起一年内到期的长期债权投资的期末账面价值,在“一年内到期的非流动资产”项目反映。公司购入的以公允价值计量且其变动计入其他综合收益的一年内到期的债权投资的期末账面价值,在“其他流动资产”项目反映。

(9)“其他权益工具投资”项目,反映资产负债表日公司指定为以公允价值计量且其变动计入其他综合收益的非交易性权益工具投资的期末账面价值。该项目应根据“其他权益工具投资”科目的期末余额填列。

(10)“固定资产”项目,反映资产负债表日公司固定资产的期末账面价值和公司尚未清理完毕的固定资产清理净损益。该项目应根据“固定资产”科目的期末余额,减去“累计折旧”和“固定资产减值准备”科目的期末余额后的金额,以及“固定资产清理”科目的期末余额填列。

(11)“在建工程”项目,反映资产负债表日公司尚未达到预定可使用状态的在建工程的期末账面价值和公司为在建工程准备的各种物资的期末账面价值。该项目应根据“在建工程”科目的期末余额,减去“在建工程减值准备”科目的期末余额后的金额,以及“工程物资”科目的期末余额,减去“工程物资减值准备”科目的期末余额后的金额填列。

(12)“使用权资产”项目,反映资产负债表日承租人公司持有的使用权资产的期末账面价值。该项目应根据“使用权资产”科目的期末余额,减去“使用权资产累计折旧”和“使用权资产减值准备”科目的期末余额后的金额填列。

(13)“一年内到期的非流动资产”项目,通常反映预计自资产负债表日起一年内变现的非流动资产。对于按照相关会计准则采用折旧(或摊销、折耗)方法进行后续计量的固定资产、使用权资产、无形资产和长期待摊费用等非流动资产,折旧(或摊销、折耗)年限(或期限)只剩一年或不足一年的，或预计在一年内(含一年)进行折旧(或摊销、折耗)的部分，不得归类为流动资产，仍在各该非流动资产项目中填列，不转入“一年内到期的非流动资产”项目。

(14)“交易性金融负债”项目，反映资产负债表日公司承担的交易性金融负债，以及公司持有的指定为以公允价值计量且其变动计入当期损益的金融负债的期末账面价值。该项目应根据“交易性金融负债”科目的相关明细科目的期末余额填列。

(15)“应付票据”项目，反映资产负债表日以摊余成本计量的，公司因购买材料、商品和接受服务等开出、承兑的商业汇票，包括银行承兑汇票和商业承兑汇票。该项目应根据“应付票据”科目的期末余额填列。

(16)“应付账款”项目，反映资产负债表日以摊余成本计量的，公司因购买材料、商品和接受服务等经营活动应支付的款项。该项目应根据“应付账款”和“预付账款”科目所属的相关明细科目的期末贷方余额合计数填列。

(17)“其他应付款”项目，应根据“应付利息”“应付股利”和“其他应付款”科目的期末余额合计数填列。其中的“应付利息”仅反映相关金融工具已到期应支付但于资产负债表日尚未支付的利息。基于实际利率法计提的金融工具的利息应包含在相应金融工具的账面余额中。

(18)“持有待售负债”项目，反映资产负债表日处置组中与划分为持有待售类别的资产直接相关的负债的期末账面价值。该项目应根据“持有待售负债”科目的期末余额填列。

(19)“租赁负债”项目，反映资产负债表日承租人公司尚未支付的租赁付款额的期末账面价值。该项目应根据“租赁负债”科目的期末余额填列。自资产负债表日起一年内到期应予以清偿的租赁负债的期末账面价值，在“一年内到期的非流动负债”项目反映。

(20)“长期应付款”项目，反映资产负债表日公司除长期借款和应付债券以外的其他各种长期应付款项的期末账面价值。该项目应根据“长期应付款”科目的期末余额，减去相关的“未确认融资费用”科目的期末余额后的金额，以及“专项应付款”科目的期末余额填列。

(21)“递延收益”项目中摊销期限只剩一年或不足一年的，或预计在一年内(含一年)进行摊销的部分，不得归类为流动负债，仍在该项目中填列，不转入“一年内到期的非流动负债”项目。

(22)“合同资产”和“合同负债”项目。公司应按照《公司会计准则第14号——收入》(财会〔2017〕22号)的相关规定根据本公司履行履约义务与客户付款之间的关系在资产负债表中列示合同资产或合同负债。“合同资产”项目、“合同负债”项目，应分别根据“合同资产”科目、“合同负债”科目的相关明细科目的期末余额分析填列，同一合同下的合同资产和合同负债应当以净额列示，其中净额为借方余额的，应当根据其流动性在“合同资产”或“其他非流动资产”项目中填列，已计提减值准备的，还应减去“合同资产减值准备”科目中相关的期末余额后的金额填列；其中净额为贷方余额的，应当根据其流动性在“合同负债”或“其他非流动负债”项目中填列。由于同一合同下的合同资产和合同负债应当以净额列示，公司也可以设置“合同结算”科目(或其他类似科目)，以核算同一合同下属于在某一时段内履行履约义务涉及与客户结算对价的合同资产或合同负债，并在此科目下设置“合同结算——价款结算”科目反映定期与客户进行结算的金额，设置“合同结算——收入结转”科目反映按履约进度结转的收入金额。资产负债表日，“合同结算”科目的期末余额在借方的，根据其流动性在“合同资产”或“其他非流动资产”项目中填列；期末余额在贷方的，根据其流动性在“合同负债”或“其他非流动负债”项目中填列。

(23)按照《公司会计准则第 14 号——收入》(财会〔2017〕22 号)的相关规定确认为资产的合同取得成本,应当根据“合同取得成本”科目的明细科目初始确认时摊销期限是否超过一年或一个正常营业周期,在“其他流动资产”或“其他非流动资产”项目中填列;已计提减值准备的,还应减去“合同取得成本减值准备”科目中相关的期末余额后的金额填列。

(24)按照《公司会计准则第 14 号——收入》(财会〔2017〕22 号)的相关规定确认为资产的合同履约成本,应当根据“合同履约成本”科目的明细科目初始确认时摊销期限是否超过一年或一个正常营业周期,在“存货”或“其他非流动资产”项目中填列;已计提减值准备的,还应减去“合同履约成本减值准备”科目中相关的期末余额后的金额填列。

(25)按照《公司会计准则第 14 号——收入》(财会〔2017〕22 号)的相关规定确认为资产的应收退货成本,应当根据“应收退货成本”科目是否在一年或一个正常营业周期内出售,在“其他流动资产”或“其他非流动资产”项目中填列。

(26)按照《公司会计准则第 14 号——收入》(财会〔2017〕22 号)的相关规定确认为预计负债的应付退货款,应当根据“预计负债”科目下的“应付退货款”明细科目是否在一年或一个正常营业周期内清偿,在“其他流动负债”或“预计负债”项目中填列。

(27)公司按照《公司会计准则第 22 号——金融工具确认和计量》(财会〔2017〕7 号)的相关规定对贷款承诺、财务担保合同等项目计提的损失准备,应当在“预计负债”项目中填列。

(28)“其他权益工具”项目,反映资产负债表日公司发行在外的除普通股以外分类为权益工具的金融工具的期末账面价值。对于资产负债表日公司发行的金融工具,分类为金融负债的,应在“应付债券”项目填列,对于优先股和永续债,还应在“应付债券”项目下的“优先股”项目和“永续债”项目分别填列;分类为权益工具的,应在“其他权益工具”项目填列,对于优先股和永续债,还应在“其他权益工具”项目下的“优先股”项目和“永续债”项目分别填列。

(29)“专项储备”项目,反映高危行业公司按国家规定提取的安全生产费的期末账面价值。该项目应根据“专项储备”科目的期末余额填列。

三、利润表的结构及其内容

(一)结构与主要内容

利润表是指反映公司在一定会计期间的经营成果的报表。

通过提供利润表,可以反映公司在一定会计期间收入、费用、利润(或亏损)的数额、构成情况,帮助财务报表使用者全面了解公司的经营成果,分析公司的盈利能力及盈利增长趋势,从而为其做出经济决策提供依据。

我国公司的利润表采用多步式格式,如表 2—2—2 所示:

表 2—2—2 利润表

编制单位： ____年____月 单位：元

项　目	本期金额	上期金额
一、营业收入		
减：营业成本		
税金及附加		
销售费用		
管理费用		
研发费用		
财务费用		
其中：利息费用		
利息收入		
加：其他收益		
投资收益（损失以“—”号填列）		
其中：对联营公司和合营公司的投资收益		
以摊余成本计量的金融资产终止确认收益（损失以“—”号填列）		
净敞口套期收益（损失以“—”号填列）		
公允价值变动收益（损失以“—”号填列）		
信用减值损失（损失以“—”号填列）		
资产减值损失（损失以“—”号填列）		
资产处置收益（损失以“—”号填列）		
二、营业利润（亏损以“—”号填列）		
加：营业外收入		
减：营业外支出		
三、利润总额（亏损总额以“—”号填列）		
减：所得税费用		
四、净利润（净亏损以“—”号填列）		
（一）持续经营净利润（净亏损以“—”号填列）		
（二）终止经营净利润（净亏损以“—”号填列）		
五、其他综合收益的税后净额		
（一）不能重分类进损益的其他综合收益		
1. 重新计量设定受益计划变动额		
2. 权益法下不能转损益的其他综合收益		
3. 其他权益工具投资公允价值变动		

续表

项 目	本期金额	上期金额
4. 公司自身信用风险公允价值变动		
……		
(二)将重分类进损益的其他综合收益		
1. 权益法下可转损益的其他综合收益		
2. 其他债权投资公允价值变动		
3. 金融资产重分类计入其他综合收益的金额		
4. 其他债权投资信用减值准备		
5. 现金流量套期储备		
6. 外币财务报表折算差额		
……		
六、综合收益总额		
七、每股收益		
(一)基本每股收益		
(二)稀释每股收益		

(二)有关项目说明

(1)“研发费用”项目,反映公司进行研究与开发过程中发生的费用化支出,以及计入管理费用的自行开发无形资产的摊销。该项目应根据“管理费用”科目下的“研究费用”明细科目的发生额,以及“管理费用”科目下的“无形资产摊销”明细科目的发生额分析填列。

(2)“财务费用”项目下的“利息费用”项目,反映公司为筹集生产经营所需资金等而发生的应予费用化的利息支出。该项目应根据“财务费用”科目的相关明细科目的发生额分析填列。该项目作为“财务费用”项目的其中项,以正数填列。

(3)“财务费用”项目下的“利息收入”项目,反映公司按照相关会计准则确认的应冲减财务费用的利息收入。该项目应根据“财务费用”科目的相关明细科目的发生额分析填列。该项目作为“财务费用”项目的其中项,以正数填列。

(4)“其他收益”项目,反映计入其他收益的政府补助,以及其他与日常活动相关且计入其他收益的项目。该项目应根据“其他收益”科目的发生额分析填列。公司作为个人所得税的扣缴义务人,根据《中华人民共和国个人所得税法》收到的扣缴税款手续费,应作为其他与日常活动相关的收益在该项目中填列。

(5)“以摊余成本计量的金融资产终止确认收益”项目,反映公司因转让等情形导致终止确认以摊余成本计量的金融资产而产生的利得或损失。该项目应根据“投资收益”科目的相关明细科目的发生额分析填列;如为损失,以“—”号填列。

(6)“净敞口套期收益”项目,反映净敞口套期下被套期项目累计公允价值变动转入当期损益的金额或现金流量套期储备转入当期损益的金额。该项目应根据“净敞口套期损益”科目的发生额分析填列；如为套期损失，以“－”号填列。

(7)“信用减值损失”项目，反映公司按照《公司会计准则第22号——金融工具确认和计量》(财会〔2017〕7号)的要求计提的各项金融工具信用减值准备所确认的信用损失。该项目应根据“信用减值损失”科目的发生额分析填列。

(8)“资产处置收益”项目，反映公司出售划分为持有待售的非流动资产(金融工具、长期股权投资和投资性房地产除外)或处置组(子公司和业务除外)时确认的处置利得或损失，以及处置未划分为持有待售的固定资产、在建工程、生产性生物资产及无形资产而产生的处置利得或损失。债务重组中因处置非流动资产(金融工具、长期股权投资和投资性房地产除外)产生的利得或损失和非货币性资产交换中换出非流动资产(金融工具、长期股权投资和投资性房地产除外)产生的利得或损失也包括在本项目内。该项目应根据“资产处置损益”科目的发生额分析填列；如为处置损失，以“－”号填列。

(9)“营业外收入”项目，反映公司发生的除营业利润以外的收益，主要包括与公司日常活动无关的政府补助、盘盈利得、捐赠利得(公司接受股东或股东的子公司直接或间接的捐赠，经济实质属于股东对公司的资本性投入的除外)等。该项目应根据“营业外收入”科目的发生额分析填列。

(10)“营业外支出”项目，反映公司发生的除营业利润以外的支出，主要包括公益性捐赠支出、非常损失、盘亏损失、非流动资产毁损报废损失等。该项目应根据“营业外支出”科目的发生额分析填列。“非流动资产毁损报废损失”通常包括因自然灾害发生毁损、已丧失使用功能等原因而报废清理产生的损失。公司在不同交易中形成的非流动资产毁损报废利得和损失不得相互抵销，应分别在“营业外收入”项目和“营业外支出”项目进行填列。

(11)“(一)持续经营净利润”和“(二)终止经营净利润”项目，分别反映净利润中与持续经营相关的净利润和与终止经营相关的净利润；如为净亏损，以“－”号填列。该两个项目应按照《公司会计准则第42号——持有待售的非流动资产、处置组和终止经营》的相关规定分别列报。

(12)“其他权益工具投资公允价值变动”项目，反映公司指定为以公允价值计量且其变动计入其他综合收益的非交易性权益工具投资发生的公允价值变动。该项目应根据“其他综合收益”科目的相关明细科目的发生额分析填列。

(13)“公司自身信用风险公允价值变动”项目，反映公司指定为以公允价值计量且其变动计入当期损益的金融负债，由公司自身信用风险变动引起的公允价值变动而计入其他综合收益的金额。该项目应根据“其他综合收益”科目的相关明细科目的发生额分析填列。

(14)“其他债权投资公允价值变动”项目，反映公司分类为以公允价值计量且其变动计入其他综合收益的债权投资发生的公允价值变动。公司将一项以公允价值计量且其变动计入其他综合收益的金融资产重分类为以摊余成本计量的金融资产，该项目应根据“其他综合收益”科目下的相关明细科目的发生额分析填列。

(15)“金融资产重分类计入其他综合收益的金额”项目，反映公司将一项以摊余成本计量的金融资产重分类为以公允价值计量且其变动计入其他综合收益的金融资产时，计入其他综合收益的原账面价值与公允价值之间的差额。该项目应根据“其他综合收益”科目下的相关明细科目的发生额分析填列。

(16)“其他债权投资信用减值准备”项目,反映公司按照《公司会计准则第 22 号——金融工具确认和计量》(财会〔2017〕7 号)第十八条分类为以公允价值计量且其变动计入其他综合收益的金融资产的损失准备。该项目应根据“其他综合收益”科目下的“信用减值准备”明细科目的发生额分析填列。

(17)“现金流量套期储备”项目,反映公司套期工具产生的利得或损失中属于套期有效的部分。该项目应根据“其他综合收益”科目下的“套期储备”明细科目的发生额分析填列。

四、现金流量表的结构

现金流量表是反映公司在一定会计期间现金和现金等价物流入和流出的报表。

现金流量是指一定会计期间内公司现金和现金等价物的流入和流出。公司从银行提取现金、用现金购买短期到期的国库券等现金和现金等价物之间的转换不属于现金流量。

现金是指公司库存现金以及可以随时用于支付的存款,包括库存现金、银行存款和其他货币资金(如外埠存款、银行汇票存款、银行本票存款等)等,不能随时用于支付的存款不属于现金。

现金等价物是指公司持有的期限短、流动性强、易于转换为已知金额现金、价值变动风险很小的投资。期限短,一般是指从购买日起三个月内到期。现金等价物通常包括三个月内到期的债券投资等。权益性投资变现的金额通常不确定,因而不属于现金等价物。公司应当根据具体情况,确定现金等价物的范围,一经确定不得随意变更。

公司产生的现金流量分为三类:

(一)经营活动产生的现金流量

经营活动是指公司投资活动和筹资活动以外的所有交易和事项。经营活动产生的现金流量主要包括销售商品或提供劳务、购买商品、接受劳务、支付工资和缴纳税款等流入和流出的现金和现金等价物。

(二)投资活动产生的现金流量

投资活动是指公司长期资产的购建和不包括在现金等价物范围内的投资及其处置活动。投资活动产生的现金流量主要包括购建固定资产、处置子公司及其他营业单位等流入和流出的现金和现金等价物。

(三)筹资活动产生的现金流量

筹资活动是指导致公司资本及债务规模和构成发生变化的活动。筹资活动产生的现金流量主要包括吸收投资、发行股票、分配利润、发行债券、偿还债务等流入和流出的现金和现金等价物。偿付应付账款、应付票据等商业应付款等属于经营活动,不属于筹资活动。

我国公司现金流量表采用报告式结构,分类反映经营活动产生的现金流量、投资活动产生的现金流量和筹资活动产生的现金流量,最后汇总反映公司某一期间现金及现金等价物的净增加额。

我国公司现金流量表的格式如表 2—2—3 所示:

表 2—2—3 **现金流量表**

编制单位： ____年____月____日 单位：元

项　目	本期金额	上期金额
一、经营活动产生的现金流量		
销售商品、提供劳务收到的现金		
收到的税费返还		
收到其他与经营活动有关的现金		
经营活动现金流入小计		
购买商品、接受劳务所支付的现金		
支付给职工以及为职工支付的现金		
支付的各项税费		
支付其他与经营活动有关的现金		
经营活动现金流出小计		
经营活动产生的现金流量净额		
二、投资活动产生的现金流量		
收回投资收到的现金		
取得投资收益收到的现金		
收置固定资产、无形资产和其他长期资产收回的现金净额		
收到其他与投资活动有关的现金		
投资活动现金流入小计		
购建固定资产、无形资产和其他长期资产支付的现金		
投资支付的现金		
取得子公司及其他营业单位支付的现金净额		
支付其他与投资活动有关的现金		
投资活动现金流出小计		
投资活动产生的现金流量净额		
三、筹资活动产生的现金流量		
吸收投资收到的现金		
取得借款收到的现金		
收到其他与筹资活动有关的现金		

续表

项　目	本期金额	上期金额
筹资活动现金流入小计		
偿还债务所支付的现金		
分配股利、利润或偿付利息支付的现金		
支付其他与筹资活动有关的现金		
筹资活动现金流出小计		
筹资活动产生的现金流量净额		
四、汇率变动对现金及现金等价物的影响		
五、现金及现金等物价净增加额		
加:期初现金及现金等价余额		
六、期末现金及现金等价物余额		

五、所有者权益变动表的结构及其内容

(一)所有者权益变动表的结构与主要内容

所有者权益变动表是反映公司本期(年度或中期)或截至期末所有者权益变动情况的报表。其中,所有者权益变动表应当全面反映一定时期所有者权益变动的情况。

2007年以前,公司所有者权益变动情况是以资产负债表附表形式予以体现的。新准则颁布后,要求上市公司于2007年正式对外呈报所有者权益变动表,所有者权益变动表将成为与资产负债表、利润表和现金流量表并列披露的第四张财务报表。在所有者权益变动表中,公司还应当单独列示反映下列信息:(1)所有者权益总量的增减变动;(2)所有者权益增减变动的重要结构性信息;(3)直接计入所有者权益的利得和损失。

通过所有者权益变动表,既可以为报表使用者提供所有者权益总量增减变动的信息,又能为其提供所有者权益增减变动的结构性信息,特别是能够让报表使用者理解所有者权益增减变动的根源。

所有者权益变动表各项目均需填列“本年金额”和“上年金额”两栏。所有者权益表变动表“上年金额”栏内各项数字,应根据上年度所有者权益变动表“本年金额”内所列数字填列。上年度所有者权益变动表规定的各个项目的名称和内容同本年度不一致的,应对上年度所有者权益变动表各项目的名称和数字按照本年度的规定进行调整,填入所有者权益变动表的“上年金额”栏内。所有者权益变动表“本年金额”栏内各项数字一般应根据“实收资本(或股本)”“资本公积”“盈余公积”“利润分配”“库存股”“以前年度损益调整”科目的发生额分析填列。

所有者权益变动表如表2—2—4所示:

表 2—2—4

所有者权益变动表

编制单位：　　　　××年度　　　　单位：元

项　目	本年金额												上年金额											
	实收资本（或股本）	其他权益工具			资本公积	减：库存股	其他综合收益	专项储备	盈余公积	未分配利润	所有者权益合计	实收资本（或股本）	其他权益工具			资本公积	减：库存股	其他综合收益	专项储备	盈余公积	未分配利润	所有者权益合计
		优先股	永续债	其他									优先股	永续债	其他							
一、上年年末余额																								
加：会计政策变更																								
前期差错更正																								
其他																								
二、本年年初余额																								
三、本年增减变动金额（减少以“—”号填列）																								
（一）综合收益总额																								
（二）所有者投入和减少资本																								
1. 所有者投入的普通股																								
2. 其他权益工具持有者投入资本																								
3. 股份支付计入所有者权益的金额																								
4. 其他																								
（三）利润分配																								
1. 提取盈余公积																								
2. 对所有者（或股东）的分配																								
3. 其他																								
（四）所有者权益内部结转																								
1. 资本公积转增资本（或股本）																								
2. 盈余公积转增资本（或股本）																								
3. 盈余公积弥补亏损																								
4. 设定受益计划变动额结转留存收益																								
5. 其他综合收益结转留存收益																								
6. 其他																								
四、本年年末余额																								

(二)有关项目说明

(1)“其他权益工具持有者投入资本”项目,反映公司发行的除普通股以外分类为权益工具的金融工具的持有者投入资本的金额。该项目应根据金融工具类科目的相关明细科目的发生额分析填列。

(2)“其他综合收益结转留存收益”项目,主要反映:①公司指定为以公允价值计量且其变动计入其他综合收益的非交易性权益工具投资终止确认时,之前计入其他综合收益的累计利得或损失从其他综合收益中转入留存收益的金额;②公司指定为以公允价值计量且其变动计入当期损益的金融负债终止确认时,之前由公司自身信用风险变动引起而计入其他综合收益的累计利得或损失从其他综合收益中转入留存收益的金额等。该项目应根据“其他综合收益”科目的相关明细科目的发生额分析填列。

第三节 公司财务报表分析的方法

开展财务分析,需要运用一定的方法。财务分析的方法主要包括趋势分析法、比率分析法和因素分析法。

一、趋势分析法

趋势分析法又称水平分析法,是通过对比两期或连续数期财务报告中相同指标,确定其增减变动的方向、数额和幅度来说明公司财务状况或经营成果的变动趋势的一种方法。采用这种方法,可以分析引起变化的主要原因、变动的性质,并预测公司未来的发展前景。趋势分析法的具体运用主要有以下三种方式:

(一)重要财务指标的比较

这是将不同时期财务报告中的相同指标或比率进行比较,直接观察其增减变动情况及变动幅度,考察其发展趋势,预测其发展前景。

对不同时期财务指标的比较,有以下两种方法:

1. 定基动态比率

定基动态比率是以某一时期的数额为固定的基期数额而计算出来的动态比率。其计算公式为:

$$定基动态比率=\frac{分析期数额}{固定基期数额}\times 100\%$$

2. 环比动态比率

环比动态比率是以每一分析期的前期数额为基期数额而计算出来的动态比率。其计算公式为:

$$环比动态比率=\frac{分析期数额}{前期数额}\times 100\%$$

(二)会计报表的比较

这是将连续数期的会计报表的金额并列起来，比较其相同指标的增减变动金额和幅度，据以判断公司财务状况和经营成果发展变化的一种方法。会计报表的比较，具体包括资产负债表比较、利润表比较和现金流量表比较等。比较时，既要计算出表中有关项目增减变动的绝对额，又要计算出其增减变动的百分比。

(三)会计报表项目构成的比较

这是在会计报表比较的基础上发展而来的。它是以会计报表中的某个总体指标作为100%，再计算出其各组成指标占该总体指标的百分比，从而比较各个项目百分比的增减变动，以此来判断有关财务活动的变化趋势。这种方法比前述两种方法更能准确地分析公司财务活动的发展趋势，既可用于同一公司不同时期财务状况的纵向比较，又可用于不同公司之间的横向比较；同时能消除不同时期(不同公司)之间业务规模差异的影响，有利于分析公司的耗费水平和盈利水平。

二、比率分析法

比率分析法是通过计算各种比率指标来确定经济活动变动程度的分析方法。比率是相对数，采用这种方法，能够把某些条件下的不可比较的指标变为可以比较的指标，以利于进行分析。

比率指标主要有以下三种类型：

(一)构成比率

构成比率又称结构比率，它是某项财务指标的各组成部分数值占总体数值的百分比，反映部分与总体的关系。其计算公式为：

$$\text{构成比率}=\frac{\text{某个组成部分数值}}{\text{总体数值}}\times 100\%$$

比如，公司资产中流动资产、固定资产和无形资产占资产总额的百分比(资产构成比率)，公司负债中流动负债和长期负债占负债总额的百分比(负债构成比率)等。利用构成比率，可以考察总体中某个部分的形成和安排是否合理，以便协调各项财务活动。

(二)效率比率

效率比率是某项财务活动中所费与所得的比例，反映投入与产出的关系。利用效率比率指标，可以进行得失比较，考察经营成果，评价经济效益。比如，将利润项目与销售成本、销售收入、资本金等项目加以对比，可计算出成本利润率、销售利润率以及资本金利润率等利润率指标，可以从不同角度观察、比较公司盈利能力的高低及其增减变化情况。

(三)相关比率

相关比率是以某个项目和与其有关但又不同的项目加以对比所得的比率，反映有关经济活动的相互关系。利用相关比率指标，可以考察公司有联系的相关业务安排得是否合理，以保障运营活动顺畅进行。比如，将流动资产与流动负债加以对比，计算出流动比率，据以判断公司的短期偿债能力。

比率分析法的优点，不仅计算简便，计算结果比较容易判断，而且可以使某些指标在不同规模的公司之间进行比较，甚至也能在一定程度上超越行业间的差别进行比较。但采用这一方法时应该注意以下几点：

1. 对比项目的相关性

计算比率的子项和母项必须具有相关性，把不相关的项目进行对比是没有意义的。在构成比率指标中，部分指标必须是总体指标这个大系统中的一个小系统；在效率比率指标中，投入与产出必须有因果关系；在相关比率指标中，两个对比指标也要有内在联系，才能评价有关经济活动之间是否协调均衡，安排是否合理。

2. 对比口径的一致性

计算比率的子项和母项必须在计算时间、范围等方面保持口径一致。

3. 衡量标准的科学性

运用比率分析，需要选用一定的标准进行对比，以便对公司的财务状态做出评价。通常而言，科学合理的对比标准有：

(1)预定目标，如预算指标、设计指标、定额指标、理论指标等；

(2)历史标准，如上期实际、上年同期实际、历史先进水平以及有典型意义时期的实际水平等；

(3)行业标准，如主管部门或行业协会颁布的技术标准、国内外同类公司的先进水平、国内外同类公司的平均水平等；

(4)公认标准。

三、因素分析法

因素分析法是依据分析指标与其影响因素的关系，从数量上确定各因素对分析指标影响方向和影响程度的一种方法。采用这种方法的出发点在于，当有若干因素对分析指标发生影响作用时，假定其他各个因素都无变化，顺序确定每一个因素单独变化所产生的影响。

因素分析法具体有以下两种方式：

(一)连环替代法

连环替代法是将分析指标分解为各个可以计量的因素，并根据各个因素之间的依存关系，顺次用各因素的比较值(即实际值)替代基准值(即标准值或计划值)，据以测定各因素对分析指标的影响。

【案例2—3—1】 Felix家族公司20×7年6月生产一批霍克夫堡·蓝盾葡萄酒，使用某种原料费用的实际数是4 620元，而其计划数是4 000元。实际比计划增加620元。由于原料费用是由产品产量、每瓶酒原料消耗量和原料单价三个因素的乘积构成的，因此，就可以把原料费用这一总指标分解为三个因素，然后逐个来分析它们对材料费用总额的影响程度。现假定这三个因素的数值如表2—3—1所示：

表 2—3—1　　原材料费用明细表

项　目	单位	计划数	实际数
霍克夫堡·蓝盾葡萄酒产量	瓶	100	110
每瓶酒原料消耗量	毫升	8	7
原料单价	元	5	6
原料费用总额	元	4 000	4 620

根据表 2—3—1，原料费用总额实际数较计划数增加 620 元，这是分析对象。运用连环替代法，可以计算各因素变动对材料费用总额的影响程度如下：

计划指标：100×8×5＝4 000（元）　　①

第一次替代：110×8×5＝4 400（元）　　②

第二次替代：110×7×5＝3 850（元）　　③

第三次替代：110×7×6＝4 620（元）　　④

实际指标和计划指标产生差异的原因：

产量增加产生的差异：②－①＝4 400－4 000＝400（元）

材料节约产生的差异：③－②＝3 850－4 400＝－550（元）

价格提高产生的差异：④－③＝4 620－3 850＝770（元）

全部因素产生的总差异：400－550＋770＝620（元）

（二）差额分析法

差额分析法是连环替代法的一种简化形式，它是利用各个因素的比较值与基准值之间的差额，来计算各因素对分析指标的影响。

【案例 2—3—2】 仍以表 2—3—1 所列数据为例，可采用差额分析法计算确定各因素变动对原料费用的影响：

（1）葡萄酒产量增加对原料费用的影响为：

（110－100）×8×5＝400（元）

（2）每瓶葡萄酒原料消耗节约对原料费用的影响为：

（7－8）×110×5＝－550（元）

（3）价格提高对原料费用的影响为：

（6－5）×110×7＝770（元）

因素分析法既可以全面分析各因素对某一经济指标的影响，又可以单独分析某个因素对某一经济指标的影响，在财务分析中应用颇为广泛。但在应用这一方法时，必须注意以下几个问题：

（1）因素分解的关联性，即确定构成经济指标的因素，必须是客观上存在着的因果关系，要能够反映形成该项指标差异的内在构成原因，否则就失去了其存在的价值。

（2）因素替代的顺序性。替代因素时，必须按照各因素的依存关系，排列成一定的顺序并依次替代，不可随意加以颠倒，否则就会得出不同的计算结果。一般来说，确定正确排列因素替代程序的原则是，按分析对象的性质，从诸因素相互依存关系出发，并使分析结果有助于分清责任。

(3)顺序替代的连环性因素分析法在计算每一个因素变动的影响时,都是在前一次计算的基础上进行,并采用连环比较的方法确定因素变化影响结果。因为只有保持计算程序上的连环性,才能使各个因素影响之和等于分析指标变动的差异,以全面说明分析指标变动的原因。

(4)计算结果的假定性。由于因素分析法计算的各因素变动的影响数,会因替代计算顺序的不同而有差别,因此计算结果不免带有假定性,即它不可能使每个因素计算的结果,都达到绝对的准确。它只是在某种假定前提下的影响结果,离开了这种假定前提条件,也就不会是这种影响结果。为此,分析时应力求使这种假定是合乎逻辑的假定,是具有实际经济意义的假定。这样,计算结果的假定性,才不至于妨碍分析的有效性。

第四节　公司财务报表指标分析

总结和评价公司财务状况与经营成果的分析指标包括偿债能力指标、运营能力指标、盈利能力指标。

为了便于说明,本节各项财务比率的计算将主要使用【案例 2—3—1】中 Felix 家族公司的资产负债表(见表 2—4—1)和利润表(见表 2—4—2)。

表 2—4—1　　**资产负债表(简表)**

编制单位:Felix 家族公司　　20×7 年 12 月 31 日　　单位:万元

资　产	期末余额	上年年末余额	负债和所有者权益(或股东权益)	期末余额	上年年末余额
流动资产:			流动负债:		
货币资金	900	800	短期借款	2 300	2 000
交易性金融资产	500	1 000	应付账款	1 200	1 000
应收账款	1 300	1 200	预收账款	400	300
预付账款	70	40	其他应付款	100	100
存货	5 200	4 000	流动负债合计	4 000	3 400
其他流动资产	80	60	非流动负债:		
流动资产合计	8 050	7 100	长期借款	2 500	2 000
非流动资产:			非流动负债合计	2 500	2 000
债权投资	400	400	负债合计	6 500	5 400
固定资产	14 000	12 000	所有者权益:		
无形资产	550	500	实收资本(或股本)	12 000	12 000
非流动资产合计	14 950	12 900	盈余公积	1 600	1 600
			未分配利润	2 900	1 000
			所有者权益合计	16 500	14 600
资产总计	23 000	20 000	负债和所有者权益(或股东权益)总计	23 000	20 000

表 2—4—2　　利润表(简表)

编制单位:Felix 家族公司　　20×7 年度　　单位:万元

项　目	本期金额	上期金额
一、营业收入	21 200	18 800
减:营业成本	12 400	10 900
税金及附加	1 200	1 080
销售费用	1 900	1 620
管理费用	1 000	800
财务费用	300	200
加:投资收益	300	300
二、营业利润	4 700	4 500
加:营业外收入	150	100
减:营业外支出	650	600
三、利润总额	4 200	4 000
减:所得税费用	1 680	1 600
四、净利润	2 520	2 400

一、偿债能力指标

偿债能力是指公司偿还到期债务(包括本息)的能力。偿债能力指标包括短期偿债能力指标和长期偿债能力指标。

(一)短期偿债能力指标

短期偿债能力是指公司流动资产对流动负债及时足额偿还的保证程度,是衡量公司当前财务能力,特别是流动资产变现能力的重要标志。

公司短期偿债能力的衡量指标主要有流动比率、速动比率和现金流动负债比率三项。

1. 流动比率

流动比率是流动资产与流动负债的比率,它表明公司每一元流动负债有多少流动资产作为偿还保证,反映公司用可在短期内转变为现金的流动资产偿还到期流动负债的能力。其计算公式为:

$$流动比率=\frac{流动资产}{流动负债}\times 100\%$$

由表 2—4—1 可知,Felix 家族公司 20×7 年年末资产负债表的流动资产是 8 050 万元,流动负债是 4 000 万元,计算流动比率为:

流动比率=8 050÷4 000=2.01

公司能否偿还短期债务,要看有多少短期债务,以及有多少可变现偿债的流动资产。如果流动资产越多,短期债务越少,那么偿债能力越强。如果用流动资产偿还全部流动负债,公司剩余的是营运资金(流动资产－流动负债),营运资金越多,说明不能偿还短期债务的风险越小。因此,营运资金的多少可反映偿还短期债务的能力。但是,营运资金是流动资产与流动负债之差,是个绝对数,如果公司之间规模相差很大,绝对数相比的意义很有限。而流动比率是流动资产和流动负债的比值,是个相对数,排除了公司规模不同的影响,更适合公司之间以及本公司不同历史时期的比较。

一般认为,生产公司合理的最低流动比率是 2。这是因为流动资产中变现能力最差的存货金额约占流动资产总额的一半,剩下的流动性较大的流动资产至少要等于流动负债,公司的短期偿债能力才会有保证。人们长期以来的这种认识,因其未能从理论上证明,还不能成为一个统一标准。

计算出来的流动比率,只有与同行业平均流动比率、本公司历史的流动比率进行比较,才能知道这个比率是高还是低。这种比较通常并不能说明流动比率为什么过高或过低,要找出过高或过低的原因还必须分析流动资产和流动负债所包括的内容以及经营上的因素。一般情况下,营业周期、流动资产中的应收账款和存货的周转速度是影响流动比率的主要因素。

2. 速动比率

速动比率是公司速动资产与流动负债的比值。所谓"速动资产",是指流动资产减去变现能力较差且不稳定的存货、预付账款、一年内到期的非流动资产和其他流动资产等之后的余额。由于剔除了存货等变现能力较弱且不稳定的资产,因此,速动比率较之流动比率能够更加准确、可靠地评价公司资产的流动性及其偿还短期负债的能力。其计算公式为:

$$速动比率=\frac{速动资产}{流动负债}\times 100\%$$

其中:

$$速动资产=流动资产-存货$$

或:

$$\begin{aligned}速动资产&=货币资产+交易性金融资产+应收账款+应收票据\\&=流动资产-存货-预付账款-一年内到期的非流动资产-其他流动资产\end{aligned}$$

根据 Felix 家族公司 20×7 年年末资产负债表,计算速动比率为:

速动比率=(8 050－5 200)÷4 000=0.713

或:

速动比率=(900＋500＋1 300)÷4 000=0.675

通常认为正常的速动比率为 1,低于 1 的速动比率被认为是短期偿债能力偏低。这仅是一般的看法,因为行业不同,速动比率会有很大差别,没有统一标准的速动比率。例如,采用大量现金销售的商店,几乎没有应收账款,速动比率低于 1 是很正常的。相反,一些应收账款较多的公司,速动比率可能要大于 1。

影响速动比率可信性的重要因素是应收账款的变现能力,账面上的应收账款不一定都能变成现金,实际坏账可能比计提的准备要多;季节性的变化,可能使报表的应收账款数额不能反映平均水平。这些情况,外部使用人不易了解,而财务人员却有可能做出估计。

3. 现金流动负债比率

现金流动负债比率是公司一定时间的经营现金净流量同流动负债的比率,它可以从现金流量角度来反映公司当期偿付短期负债的能力。其计算公式为：

$$现金流动负债比率=\frac{年经营现金净流量}{年末流动负债}\times 100\%$$

其中，年经营现金净流量指一定时期内，公司经营活动所产生的现金及现金等价物流入量与流出量的差额。

现金流动负债比率从现金流入和流出的动态角度对公司的实际偿债能力进行考察。由于有利润的年份不一定有足够的现金(含现金等价物)来偿还债务，因此，利用以收付实现制为基础计量的现金流动负债比率指标，能充分体现公司经营活动所产生的现金净流量可以在多大程度上保证当期流动负债的偿还，直观地反映出公司偿还流动负债的实际能力。用该指标评价公司偿债能力更加谨慎。该指标越大，表明公司经营活动产生的现金净流量越多，越能保障公司按期偿还到期债务，但也并不是越大越好，该指标过大则表明公司流动资金利用不充分，盈利能力不强。

【案例 2—4—1】 根据表 2—4—1 的资料，同时假设 Felix 家族公司 20×7 年度的经营现金净流量为 5 000 万元(经营现金净流量的数据可以从公司的现金流量表中获得)，则该公司 20×7 年度的现金流动负债比率为：

现金流动负债比率＝5 000÷4 000＝1.25

(二)长期偿债能力指标

长期偿债能力是指公司偿还长期负债的能力。公司长期偿债能力的衡量指标主要有资产负债率、产权比率、已获利息倍数和有形净值债务率四项。

1. 资产负债率

资产负债率是负债总额除以资产总额的百分比，也就是负债总额与资产总额的比率关系。资产负债率反映在总资产中有多大比率是通过借债来筹资的，也可以衡量公司在清算时保护债权人利益的程度。其计算公式为：

$$资产负债率(又称负债比率)=\frac{负债总额}{资产总额}\times 100\%$$

【案例 2—4—2】 根据表 2—4—1 的资料，Felix 家族公司 20×7 年的资产负债率为：

资产负债率＝(6 500÷23 000)×100%＝28.26%

资产负债率反映债权人提供的资本占全部资本的比率，也被称为举债经营比率。

从债权人的立场看，他们最关心的是贷款安全，也就是能否按时收回本金和利息。如果资产负债率很高，股东提供的资本比率很低，则公司有不能及时偿债的风险。因此，他们希望资产负债率能保持在合理的范围之内。资产负债率越低，公司偿债越有保证，贷款越安全。

从股东的立场看，借债是“双刃剑”，既可以提高公司的盈利，又增加了公司的风险。由于公司通过举债筹措的资金与股东提供的资金在经营中发挥同样的作用，在全部资本回报率超过借款利率的情况下，超额的回报属于股东，所以举债会增加股东的利润。由于经营具有不确定性，借款后可能会出现实际资本回报率低于借款利率的情况，此时借入资本的多余利息要用股东所得的利润份额来弥补，会使股东的利润减少。因此，举债既增加了股东盈利的预期水平，又增加了股东盈利的不确定性。所以，公司在进行借入资本决策时，必须充分估计预期的利润和增加的风险，在两者之间权衡利害得失。保守的观点认为资产负债率不应高于50%，而国际上通常认为资产负债率等于60%时较为适当。

2. 产权比率

产权比率也是衡量长期偿债能力的指标之一。这个指标是负债总额与所有者权益总额的比率关系，也称债务股权比率。其计算公式为：

$$产权比率=\frac{负债总额}{所有者权益总额}\times 100\%$$

【案例2—4—3】 根据表2—4—1的资料，Felix家族公司20×7年的产权比率为：

产权比率=(6 500÷16 500)×100%=39.39%

该项指标反映由债权人提供的资本与股东提供的资本的相对关系，反映公司基本财务结构是否稳定。一般来说，股东资本大于借入资本较好，但也不能一概而论。从股东角度来看，在通货膨胀加剧时期，公司多借债可以把损失和风险转嫁给债权人；在经济繁荣时期，多借债可以获得额外的利润；在经济萎缩时期，少借债可以减少利息负担和财务风险。产权比率高，是高风险、高收益的财务结构；产权比率低，是低风险、低收益的财务结构。该公司20×7年年末的产权比率不高，同资产负债率的计算结果可相互印证，表明公司的长期偿债能力较强。

该指标同时也表明债权人投入的资本受到股东权益保障的程度，或者说是公司清算时对债权人利益的保障程度。国家规定债权人的索偿权在股东前面。从本例的情况看，债权人的保障程度较高。

资产负债率与产权比率具有共同的经济意义，两个指标可以相互补充、相互换算，即：

$$产权比率=\frac{负债总额}{所有者权益总额}=\frac{负债}{资产-负债}=\frac{\frac{负债}{资产}}{1-\frac{负债}{资产}}$$

$$产权比率=权益乘数-1，权益乘数=\frac{总资产}{所有者权益总额}$$

因此，对产权比率的分析可以参见对资产负债率指标的分析。

3. 已获利息倍数

从债权人的立场出发，向公司投资时，除了计算上述资产负债率用来审查公司借入资本占全部资本的比率以外，还要计算已获利息倍数。利用这一比率，也可以测试债权人投入资本的风险。

已获利息倍数也称利息保障倍数，是公司息税前利润总额与利息支出的比率，用以衡量公司偿付借款利息的能力。其计算公式为：

$$已获利息倍数=\frac{息税前利润总额}{利息支出}$$

其中：

$$\begin{aligned}息税前利润总额&=利润总额+利息支出\\&=净利润+所得税+利息支出\end{aligned}$$

【案例2—4—4】 根据表2—4—1的资料，同时假定表中财务费用全部为利息支出，Felix家族公司20×7年度的已获利息倍数为：

已获利息倍数=(2 520+1 680+300)÷300=15(倍)

已获利息倍数指标反映公司息税前利润为所需支付的债务利息的多少倍。只要已获利息倍数足够大,公司就有充足的能力偿付利息;否则相反。

如何合理确定公司的已获利息倍数?这需要将该公司的这一指标与其他公司,特别是本行业平均水平进行比较,来分析决定本公司的指标水平。同时从稳健性的角度出发,最好比较本公司连续几年的该项指标,并选择最低指标年度的数据作为标准。这是因为公司在经营好的年头要偿债,而在经营不好的年头也要偿还大约同量的债务。某一个年度利润很高,已获利息倍数也会很高,但不能年年如此。采用指标最低年度的数据,可保证最低的偿债能力。一般情况下应采纳这一原则,但遇有特殊情况,需结合实际来确定。国际上通常认为,该指标为3时较为适当。从长期来看,若要维持正常偿债能力,利息保障倍数至少应当大于1,如果利息保障倍数过小,公司将面临亏损以及偿债的安全性与稳定性下降的风险。从【案例2—4—4】的计算结果来看,应当说该公司20×7年度的已获利息倍数较高,有较强的偿付负债利息的能力。进一步分析还需结合该公司往年的情况和行业的特点进行判断。

4. 有形净值债务率

有形净值债务率是公司负债总额与有形净值的百分比。有形净值是所有者权益减去无形资产净值后的净值,即股东具有所有权的有形资产的净值。其计算公式为:

$$\text{有形净值债务率}=\frac{\text{负债总额}}{\text{所有者权益}-\text{无形资产净值}}\times 100\%$$

【案例2—4—5】 根据表2—4—1的资料,Felix家族公司20×7年期末无形资产净值为550万元,计算有形净值债务率为:

有形净值债务率=[6 500÷(16 500−550)]×100%=40.75%

有形净值债务率指标实质上是产权比率指标的延伸,它更为谨慎、保守地反映在公司清算时债权人投入的资本受到股东权益保障的程度。从长期偿债能力来讲,该比率越低越好。

所谓“谨慎和保守”,是因为本指标不考虑无形资产(包括商誉、商标、专利权以及非专利技术等)的价值,它们不一定能用来还债,为谨慎起见一律视为不能偿债,将其从分母中扣除。该指标其他方面的分析与产权比率相同。

除了上述通过利润表、资产负债表中有关项目之间的内在联系计算出各种比率,用以评价和分析公司的长期偿债能力以外,还有一些因素影响公司的长期偿债能力,必须引起足够的重视。

(1)长期租赁。

当公司亟须某种设备或资产而又缺乏足够的资金时,可以通过租赁的方式解决。财产租赁有两种形式,即融资租赁和经营租赁。

融资租赁是由租赁公司垫付资金购买设备租给承租人使用,承租人按合同规定支付租金(包括设备买价、利息、手续费等)。一般情况下,在承租方付清最后一笔租金后,其所有权归承租方所有,实际上属于变相的分期付款购买固定资产。因此,在融资租赁形式下,承租人的固定资产作为公司的固定资产入账,进行管理,相应的租赁费用作为长期负债处理。这种资本化的租赁,在分析长期偿债能力时,已经包括在债务比率指标计算中。

当公司的经营租赁量比较大、期限比较长或具有经常性时,就形成了一种长期性筹资,这种长期性筹资虽然不包括在长期负债之内，但到期时必须支付租金，会对公司的偿债能力产生影响。因此，如果公司经常发生经营租赁业务，应考虑租赁费用对偿债能力的影响。

(2)担保责任。

担保项目的时间长短不一，有的涉及公司的长期负债，有的涉及公司的流动负债。在分析公司长期偿债能力时，应根据有关资料判断担保责任带来的潜在长期负债问题。

(3)或有项目。

在讨论短期偿债能力时曾谈到，或有项目是指在未来某个或几个事件发生或不发生的情况下会带来的收益或损失，但现在还无法肯定是否发生的项目。或有项目的特点是现存条件的最终结果不确定，对它的处理方法要取决于未来的发展。或有项目一旦发生便会影响公司的财务状况，因此公司不得不对它们予以足够的重视，在评价公司长期偿债能力时也要考虑它们的潜在影响。

二、运营能力指标

运营能力指标是用来衡量公司在资产管理方面效率的财务比率。运营能力指标包括营业周期、存货周转率、应收账款周转率、流动资产周转率和总资产周转率。运营能力指标又称资产管理比率。

1. 营业周期

营业周期是指从取得存货开始到销售存货并收回现金为止的这段时间。营业周期的长短取决于存货周转天数和应收账款周转天数。其计算公式为：

$$营业周期=存货周转天数+应收账款周转天数$$

把存货周转天数和应收账款周转天数加在一起计算出来的营业周期，指的是取得的存货需要多长时间能变为现金。一般情况下，营业周期短，说明资金周转速度快；营业周期长，说明资金周转速度慢。

2. 存货周转率

在流动资产中，存货所占的比重较大。存货的流动性将直接影响公司的流动比率，因此，必须特别重视对存货的分析。存货的流动性，一般用存货的周转速度指标来反映，即存货周转率或存货周转天数。

存货周转率是衡量和评价公司购入存货、投入生产、销售收回等各环节管理状况的综合性指标，它是营业成本与平均存货余额的比率，或称存货周转次数。用时间表示的存货周转率就是存货周转天数。其计算公式为：

$$存货周转率(存货周转次数)=\frac{营业成本}{平均存货余额}$$

其中：

$$平均存货余额=\frac{存货余额年初数+存货余额年末数}{2}$$

$$存货周转率(存货周转天数)=\frac{360}{存货周转次数}$$

【案例 2—4—6】 根据表 2—4—1 和表 2—4—2 的资料，Felix 家族公司 20×7 年度的存货周转率及存货周转天数为：

存货周转率＝12 400÷[(4 000＋5 200)÷2]＝2.7(次)

存货周转天数＝360÷2.7≈133.33（天）

一般来讲，存货周转速度越快，存货的占用水平越低，流动性越强，存货转换为现金、应收账款等的速度越快。提高存货周转率可以提高公司的变现能力，而存货周转速度越慢则变现能力越差。

存货周转率(存货周转天数)指标的好坏反映存货管理水平，它不仅影响公司的短期偿债能力，也是整个公司管理的重要内容、公司管理者和有条件的外部报表使用者，除了分析批量因素、季节性生产的变化等情况外，还应对存货的结构以及影响存货周转速度的重要项目进行分析，如分别计算原材料周转率、在产品周转率等。其计算公式为：

$$原材料周转率=\frac{耗用原材料成本}{平均原材料存货}$$

$$在产品周转率=\frac{制造成本}{平均在产品存货}$$

存货周转分析的目的是从不同的角度和环节找出存货管理中的问题，使存货管理在保证生产经营连续性的同时，尽可能少占用经营资金，提高资金的使用效率，增强公司短期偿债能力，促进公司管理水平的提高。

3. 应收账款周转率

应收账款和存货一样，在流动资产中有着举足轻重的地位。及时收回应收账款，不仅可以增强公司的短期偿债能力，而且反映出公司管理应收账款方面的效率。

反映应收账款周转速度的指标是应收账款周转率，也就是年度内应收账款转为现金的平均次数，它说明应收账款流动的速度。用时间表示的应收账款周转速度是应收账款周转天数，也称平均应收账款回收期或平均收现期，是公司一定时期内营业收入与平均应收账款余额的比率，是反映应收账款周转速度的指标。其计算公式为：

$$应收账款周转率(应收账款周转次数)=\frac{销售收入净额}{平均应收账款余额}$$

$$平均应收账款余额=\frac{应收账款余额年初数+应收账款余额年末数}{2}$$

$$应收账款周转天数=\frac{360}{应收账款周转次数}$$

销售收入净额是指扣除折扣和折让后的销售额，平均应收账款余额是指因销售商品、产品、提供劳务等而应向购货单位或接受劳务单位收取的款项，以及收到的商业汇票。它是资产负债表中“应收账款”和“应收票据”的期初、期末余额的平均数之和。有人认为，“销售净额”应扣除“现金销售”部分，即使用“赊销净额”来计算。从道理上看，这样可以保持比率计算分母和分子口径的一致性。但是，不仅财务报表的外部使用人无法取得这项数据，而且财务报表的内部使用人也未必容易取得该数据，因此，把“现金销售”视为收账时间为零的赊销，也是可以的。只要保持历史的一贯性，使用销售净额来计算该指标一般不影响其分析和利用价值。因此，在实务上多采用“销售净额”来计算应收账款周转率。

【案例 2—4—7】 根据表 2—4—1 和表 2—4—2 的资料，Felix 家族公司 20×7 年度的应收账款周转率及应收账款周转天数为：

应收账款周转率＝21 200÷[(1 200＋1 300)÷2]＝16.96（次）

应收账款周转天数＝360÷16.96＝21.23(天)

应收账款周转率反映了公司应收账款变现速度的快慢及管理效率的高低,周转率高表明:收账迅速,账龄较短;资产流动性强,短期偿债能力强;可以减少收账费用和坏账损失,从而相对增加公司流动资产的投资收益。否则,公司的营运资金会过多地呆滞在应收账款上,影响资金的正常周转,同时借助应收账款周转期与公司信用期限的比较,还可以评价购买单位的信用程度,以及公司原订的信用条件是否适当。

4. 流动资产周转率

它是公司一定时期营业收入与平均流动资产总额的比率,是反映公司流动资产周转速度的指标。其计算公式为:

$$\text{流动资产周转率(流动资产周转次数)}=\frac{\text{营业收入}}{\text{平均流动资产总额}}$$

$$\text{平均流动资产总额}=\frac{\text{流动资产总额年初数}+\text{流动资产总额年末数}}{2}$$

$$\text{流动资产周转天数}=\frac{360}{\text{流动资产周转次数}}$$

【案例 2—4—8】 根据表 2—4—1 和表 2—4—2 的资料,Felix 家族公司 20×7 年度的流动资产周转率及流动资产周转天数为:

流动资产周转率＝21 200÷[(7 100＋8 050)÷2]＝2.8(次)

流动资产周转天数＝360÷2.8＝128.63(天)

在一定时期内,流动资产周转次数越多,表明以相同的流动资产完成的周转额越多,流动资产利用效果越好。从流动资产周转天数来看,周转一次所需要的天数越少,表明流动资产在经历生产和销售各阶段时所占用的时间越短。生产经营任何一个环节上的工作改善,都会反映到周转天数的缩短上来。

5. 总资产周转率

反映总资产周转情况的主要指标是总资产周转率,它是公司一定时期营业收入与平均资产总额的比率,可以用来反映公司全部资产的利用效率。其计算公式为:

$$\text{总资产周转率(总资产周转次数)}=\frac{\text{营业收入}}{\text{平均资产总额}}$$

$$\text{平均资产总额}=\frac{\text{资产总额年初数}+\text{资产总额年末数}}{2}$$

$$\text{总资产周转天数}=\frac{360}{\text{总资产周转次数}}$$

总资产周转率越高,表明公司全部资产的使用效率越高。反之,如果该指标较低,则说明公司利用全部资产进行经营的效率较差,最终会影响公司的盈利能力。公司应采取各项措施来提高公司的资产利用程度,比如提高销售收入或处理多余的资产。

【案例 2—4—9】 根据表 2—4—1 和表 2—4—2 的资料,Felix 家族公司 20×7 年度的总资产周转率及总资产周转天数为:

总资产周转率＝2 120÷[(20 000＋23 000)÷2]＝0.99(次)

总资产周转天数＝360÷0.99＝365.09(天)

该项指标反映资产总额的周转速度。周转速度越快,反映销售能力越强。公司可以通过薄利多销的办法，加速资产的周转，带来利润绝对额的增加。

各项资产的周转指标用于衡量公司运用资产赚取收入的能力，经常与反映盈利能力的指标结合在一起使用，可全面评价公司的盈利能力。

三、盈利能力指标

盈利能力就是公司赚取利润的能力。不论是投资人、债权人还是公司经理人员，都日益重视和关心公司的盈利能力。

一般来说，公司的盈利能力只涉及正常的营业状况。非正常的营业状况，也会给公司带来收益或损失，但只是特殊状况下的个别结果，不能说明公司的能力。因此，在分析公司盈利能力时，应当排除证券买卖等非正常项目、已经或将要停止的营业项目、重大事故或法律更改等特别项目、会计准则和财务制度变更带来的累积影响等因素。公司应按照会计基本要素设置营业净利率、销售毛利率、成本费用利润率、总资产收益率、净资产收益率五项指标，借以评价公司各要素的盈利能力及资本保值增值情况。此外，上市公司经常使用的盈利能力指标还有每股收益、市盈率、每股股利、每股净资产、市净率、盈余现金保障倍数等。

1. 营业净利率

营业净利率是公司一定时期净利润与营业收入的比率。其计算公式为：

$$营业净利率=\frac{净利润}{营业收入}\times 100\%$$

【案例 2—4—10】 根据表 2—4—2 的资料，Felix 家族公司 20×7 年度的营业净利率为：

营业净利率＝(2 520÷21 200)×100%＝22.17%

该指标反映每一元营业收入带来的净利润是多少，表示营业收入的收益水平。净利润与营业净利率成正比关系，而营业收入与净利率成反比关系。公司在增加营业收入的同时，必须相应地获得更多的净利润，才能使营业净利率保持不变或有所提高。通过分析营业净利率的升降变动，可以促使公司在扩大销售的同时，注意改进经营管理，提高盈利水平。

2. 销售毛利率

销售毛利率是毛利占营业收入的百分比，其中毛利是营业收入与营业成本的差。其计算公式为：

$$\begin{aligned}销售毛利率&=\frac{毛利}{营业收入}\times 100\%\\&=\frac{营业收入-营业成本}{营业收入}\times 100\%\end{aligned}$$

【案例 2—4—11】 根据表 2—4—2 的资料，Felix 家族公司 20×7 年度的销售毛利率为：

销售毛利率＝(21 200－12 400)÷21 200×100%＝41.51%

销售毛利率表示每一元营业收入扣除营业成本后，有多少钱可以用于各项期间费用和形成盈利。销售毛利率是公司营业净利率的最初基础，没有足够大的毛利率便不能盈利。

3. 成本费用利润率

成本费用利润率是指公司一定时期利润总额与成本费用总额的比率。其计算公式为：

$$成本费用利润率=\frac{利润总额}{成本费用总额}\times 100\%$$

其中：

$$成本费用总额=营业成本+税金及附加+销售费用+管理费用+财务费用$$

【案例 2—4—12】 根据表 2—4—2 的资料，Felix 家族公司 20×7 年度的成本费用利润率为：

成本费用利润率＝4 200÷(12 400＋1 200＋1 900＋1 000＋300)×100％＝25％

该指标越高，表明公司为取得利润而付出的代价越小，成本费用控制得越好，盈利能力越强。

同利润一样，成本费用的计算口径也可以分为不同的层次，比如主营业务成本、营业成本。在评价成本费用开支效果时，应当注意成本费用与利润之间的计算层次和口径上的对应关系。

4. 总资产收益率

总资产收益率是公司一定时期内获得的息税前利润总额与平均资产总额的比率。它反映公司资产综合利用的效果，也是衡量公司利用债权人和所有者权益总额所取得盈利的重要指标。其计算公式为：

$$总资产收益率=\frac{息税前利润总额}{平均资产总额}\times 100\%$$

其中：

$$\begin{aligned}息税前利润总额&=利润总额+利息支出\\&=净利润+所得税+利息支出\end{aligned}$$

【案例 2—4—13】 根据表 2—4—1 和表 2—4—2 的资料，Felix 家族公司 20×7 年度的总资产收益率为：

总资产收益率＝(2 520＋1 680＋300)÷[(20 000＋23 000)÷2]×100％＝20.93％

总资产收益率全面反映了公司全部资产的盈利水平，公司所有者和债权人对该指标都非常关心。一般情况下，该指标越高，表明公司的资产利用效益越好。整个公司盈利能力越强，经营管理水平越高。公司还可以将该指标与市场资本利率进行比较，如果前者较后者大，则说明公司可以充分利用财务杠杆，适当举债经营，以获得更多的收益。

5. 净资产收益率

净资产收益率也称权益净利率或自有资金利润率，是公司一定时期净利润与平均净资产的比率，反映公司自有资金投资收益的水平，是公司盈利能力指标的核心。其计算公式为：

$$净资产收益率=\frac{净利润}{平均净资产}\times 100\%$$

其中：

$$平均净资产=\frac{所有者权益年初数+所有者权益年末数}{2}$$

【案例 2—4—14】 根据表 2—4—1 和表 2—4—2 的资料，Felix 家族公司 20×7 年度的净资产收益率为：

净资产收益率＝2 520÷[(14 600＋16 500)÷2]×100％＝16.21％

净资产收益率是评价公司自有资本及其积累获取收益水平的最具综合性与代表性的指标，反映公司资本运营的综合效益。该指标通用性强，适应范围广，不受行业局限，在国际上的公司综合评价中使用率非常高。通过对该指标的综合对比分析，可以看出公司盈利能力在同行业中所处的地位，以及与同类公司的差异水平。一般认为，净资产收益率越高，公司自有资本获取收益的能力越强，运营效益越好，对公司投资人和债权人权益的保证程度越高。

6. 每股收益

每股收益，也称每股利润或每股盈余，反映公司普通股股东持有每一股份所能享有的公司利润和承担的公司亏损，是衡量一家公司盈利能力时最常用的财务分析指标。每股收益越高，说明公司的盈利越强。每股收益的计算包括基本每股收益和稀释收益。

公司应当按照归属于普通股股东的当期净利润，除以当期发行在外普通股的加权平均数计算基本每股收益。其计算公式为：

$$每股收益=\frac{归属于普通股股东的当期净利润}{当期发行在外普通股的加权平均}$$

（注：已发行时间、报告期时间和已回购时间一般按天数计算，在不影响计算结果的前提下，也可以按月份简化计算）。即：

$$当期发行在外普通股的加权平均=\sum(流通在外的股数\times流通在外的月数占全年月数的比例)$$

【案例 2—4—15】 根据表 2—4—2 的资料，假设 Felix 家族公司 20×7 年度发行在外的普通股股数为 12 000 股，则每股收益为：

每股收益＝2 520÷12 000＝0.21(元/股)

每股收益是衡量上市公司盈利能力最常用的财务指标。它反映普通股的盈利水平。在分析时，可以进行公司间的比较，以评价该公司的相对盈利能力；可以进行同一公司不同时期的比较，了解该公司盈利能力的变化趋势；可以进行经营实绩和盈利预测的比较，掌握该公司的管理能力。

计算稀释每股收益时，对基本每股收益分子的调整项目有：

(1)当期已确认为费用的稀释性潜在普通股的利息；

(2)稀释性潜在普通股转换时将产生的收益或费用。

同时，将基本每股收益分母调整为当期发行在外普通股的加权平均数与假定稀释性潜在普通股转换为已发行普通股而增加的普通股股数的加权平均数之和。

使用每股收益分析营利性要注意以下几个问题：

(1)每股收益不反映股票所含有的风险。例如，假设 K 公司原来经营日用品的产销，最近转向房地产投资，公司的经营风险增大了许多，但每股收益可能不变或提高，并没有反映风险增加的不利变化。

(2)股票是一个“份额”概念，不同股票的每一股在经济上不等量，它们所含有的净资产和市价不同即换取每股收益的投入量不相同，在进行每股收益的公司间比较时要注意到这点。

(3)每股收益多，不一定意味着多分红，还要看公司股利分配政策。

7. 市盈率

市盈率是上市公司普通股每股市价相当于每股收益的倍数，反映投资者对上市公司每元净利润愿意支付的价格，可以用来估计股票的投资收益和风险。其计算公式为：

$$市盈率=\frac{普通股每股市价}{普通股每股收益}$$

【案例 2—4—16】 根据【案例 2—4—13】的资料，Felix 家族公司 20×7 年度的每股收益为 0.21 元/股，目前每股市价为 5 元，则市盈率为：

市盈率＝5÷0.21＝23.81(倍)

市盈率是人们普遍关注的指标，有关证券刊物几乎每天报道各类股票的市盈率。该比率反映投资人对每元净利润所愿支付的价格，可以用来估计股票的投资收益和风险。它是市场对公司的共同期望指标，市盈率越高，表明市场对公司的未来越看好。在市价确定的情况下，每股收益越高，市盈率越低，投资风险越小；反之，在每股收益确定的情况下，市价越高，市盈率越高，投资风险越大。仅从市盈率高低的横向比较看，高市盈率说明公司能够获得社会信赖，具有良好的前景；反之则反是。

使用市盈率指标时应注意以下问题：该指标不能用于不同行业公司的比较，充满扩展机会的新兴行业市盈率普遍较高，而成熟工业的市盈率普遍较低，这并不说明后者的股票没有投资价值；在每股收益很小或亏损时，市价不会降至零，很高的市盈率往往不说明任何问题。市盈率的高低受净利润的影响，而净利润受可选择的会计政策的影响，从而使得公司之间的比较受到限制。市盈率高低受市价的影响，市价变动的影响因素很多，包括投机炒作等，因此观察市盈率的长期趋势很重要。

企业界通常是在市盈率较低时，以收购股票的方式实现对其他公司的兼并，然后进行改造，待到市盈率升高时，再以出售股票的方式卖出公司，从中盈利。

由于一般的期望收益率为 5%～10%，所以正常的市盈率为 10～20 倍。通常，投资者要结合其他有关信息，才能运用市盈率指标正确判断股票的价值。

8. 每股股利

每股股利是公司股利总额与公司流通在外的普通股股数的比值。其计算公式为：

$$每股股利=\frac{股利总额}{流通在外的普通股股数}$$

【案例 2—4—17】 根据表 2—4—1 和表 2—4—2 的资料，同时假定 Felix 家族公司 20×7 年度发放普通股股利 14.4 万元，20×7 年度发行在外的普通股股数为 12 000 股。该公司 20×7 年度的每股股利为：

每股股利＝14.4÷1.2＝12(元/股)

每股股利反映的是上市公司每一股普通股所取得的股利为多少。每股股利越大，表明公司盈利能力越强；反之，公司盈利能力越弱。但应当注意的是，除了公司的盈利情况之外，还有很多因素影响股利的发放，包括公司的股利政策、市场环境等。公司如果考虑今后扩大再生产、增强公司发展的后劲，就会减少股利的发放；反之，就会增加股利的发放。

分析时，应当注意每股股利和每股收益之间的区别。每股收益是公司每一股普通股所获得的利润，但公司所实现的利润往往不会全部用于发放股利。因为净利润必须在扣除公积金、优先股股利和留存盈余之后，才可以发放股利，所以，每股股利通常会低于每股收益。

9. 每股净资产

每股净资产是年末净资产(即股东权益)与年末普通股总数的比值，也称为每股账面价值或每股权益。其计算公式为：

$$每股净资产=\frac{年末股东权益}{年末普通股总数}$$

【案例 2—4—18】 根据表 2—4—1 和表 2—4—2 的资料，同时假定 Felix 家族公司 20×7

年度发行在外的普通股股数为 12 000 股。该公司 20×7 年度年末每股净资产为：

每股净资产＝16 500÷12 000＝1.38(元/股)

该指标反映发行在外的每股普通股所代表的净资产成本即账面权益。在投资分析时，只能有限地使用这个指标，因其是用历史成本计量的，既不反映净资产的变现价值，又不反映净资产的产出能力。例如，某公司的资产只有一块前几年购买的土地，并且没有负债，公司的净资产是土地的原始成本。现在土地的价格比过去翻了几番，引起股票价格上升，而其账面价值不变。这个账面价值，既不说明土地现存可以卖多少钱，又不说明公司使用该土地能获得什么。

每股净资产，在理论上提供了股票的最低价值。如果公司的股票价格低于净资产的成本，成本又接近变现价值，说明公司已无存在价值，清算是股东最好的选择。正因为如此，新建公司不允许股票折价发行；国有公司改组为股份制公司时，一般以评估确认后的净资产折为国有股的股本；如果不全部折股，则折股方案与募股方案和预计发行价格一并考虑，折股比率(同国有股股本/发行前国有净资产)不低于 65%，股票发行溢价倍率(股票发行价/股票面值)应不低于折股倍数(发行前国有净资产/国有股股本)。

10. 市净率

把每股净资产和每股市价联系起来，可以说明市场对公司资产质量的评价。反映每股市价和每股净资产关系的比率称为市净率。其计算公式为：

$$市净率(倍数)=\frac{普通股每股市价}{普通股每股净资产}$$

【案例 2—4—19】 根据【案例 2—4—18】的资料，已知 Felix 家族公司 20×7 年度的每股净资产为 1.38 元/股，同时假定 Felix 家族公司目前股票每股市价为 5 元。该公司的市净率为：

市净率＝5÷1.38＝3.623(倍)

市净率可用于投资分析。每股净资产是股票的账面价值，它是用成本计量的；每股市价是这些资产的现在价值，它是证券市场上交易的结果。投资者认为，市价高于账面价值时，公司资产的质量好，有发展潜力；反之，则公司资产质量差，没有发展前景。优质股票的市价都超出每股净资产许多，一般来说，高市净率可以树立较好的公司形象。市价低于每股净资产的股票，就像售价低于成本的商品一样，属于"处理品"。当然，"处理品"也不是没有购买价值，问题在于该公司今后是否有转机，或者购入后经过资产重组能否提高盈利能力。

11. 盈余现金保障倍数

盈余现金保障倍数是公司一定时期经营现金净流量与净利润的比值，反映了公司当期净利润中现金收益的保障程度，用来检验净利润的质量，是评价公司盈利状况的辅助指标。其计算公式为：

$$盈余现金保障倍数=\frac{经营现金净流量}{净利润}$$

【案例 2—4—20】 根据表 2—4—2，同时假设 Felix 家族公司 20×7 年度的经营现金净流量为 6 300 万元(经营现金净流量的数据可以从公司的现金流量表中获得)。该公司 20×7 年度的盈余现金保障倍数计算如下：

盈余现金保障倍数＝6 300÷2 520＝2.5(倍)

盈余现金保障倍数是从现金流入和流出的动态角度，对公司收益的质量进行评价，在收付实现制的基础上，充分反映出公司当期净利润中有多少是有现金保障的。一般来说，当公司当期净利润大于0时，盈余现金保障倍数应当大于1。该指标越大，表明公司经营活动产生的净利润对现金的贡献越大。

第五节　公司财务状况综合分析

一、杜邦财务分析体系

杜邦财务分析体系是由美国杜邦公司的财务经理们创造的，又称杜邦系统（The Du Pont System）。它是利用各财务指标间的内在关系，对公司综合经营理财及经济效益进行系统分析评价的方法。该体系以净资产收益率为核心，将其分解为若干财务指标，通过分析各分解指标的变动对净资产收益率的影响来揭示公司盈利能力及其变动原因。

杜邦公司于1903年成立，是一家由家族控制、专门生产炸药的大公司，在美国各地有四十多家工厂。起初，杜邦公司经营效率低，面临解体倒闭的威胁。因此，杜邦公司管理上的改革势在必行，杜邦公司提出“不将资金用于被证实不是最优投资项目，应将资金用于能带来更好收益的项目”作为决策的指导思想。杜邦公司的财务主管唐纳德森·布朗（Donaldson Brown）创立了以净资产利润率为核心指标，用来对公司营运能力、盈利能力、偿债能力进行综合分析的一种方法。

杜邦财务分析体系各主要财务指标之间的关系如图2—5—1所示：

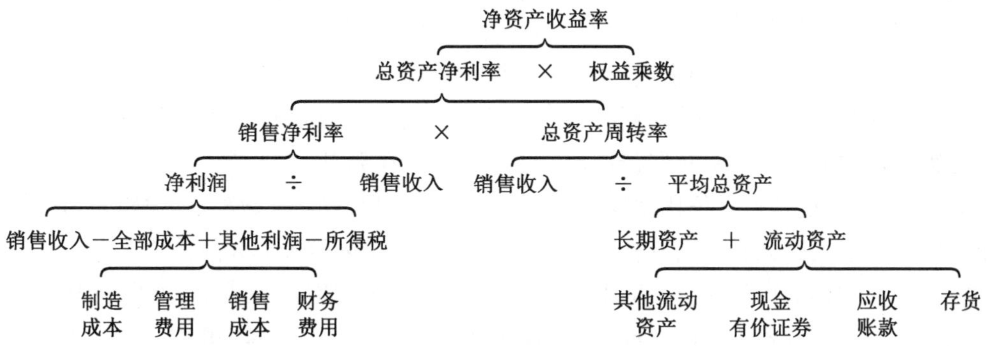

图2—5—1　杜邦分析图

杜邦财务分析体系各指标之间的关系用公式表示为：

净资产收益率＝总资产净利率×权益乘数

＝销售净利率×总资产周转率×权益乘数

即：

$$ROE=ROA\times EM=PM\times TAT\times EM$$

其中：

$$净资产收益率=\frac{净利润}{平均净资产}$$
$$=\frac{净利润}{平均总资产}\times\frac{平均总资产}{平均净资产}$$
$$=总资产净利率\times权益乘数$$
$$=\frac{销售净利率}{营业收入}\times\frac{销售收入}{平均总资产}\times\frac{平均总资产}{平均净资产}$$
$$=销售净利率\times总资产周转率\times权益乘数$$

$$权益乘数=\frac{平均总资产}{平均净资产}$$
$$=\frac{1}{1-平均资产负债率}$$
$$=产权比率+1$$

净资产收益率反映公司所有者权益的投资收益率，具有很强的综合性。由上述公式可以看出，决定净资产收益率高低的因素主要有三个，即销售净利率、总资产周转率和权益乘数。销售净利率、总资产周转率和权益乘数这三个比率分别反映公司的盈利能力比率、资产管理比率和负债比率。这样分解以后，就可以把净资产收益率这一综合性指标发生升、降变化的原因具体化，定量地说明公司经营管理中存在的问题，比只用一项综合性指标更能提供明确、有价值的信息，也更能说明问题。

销售净利率的高低，需要从销售额和销售成本两方面进行分析。这类分析可以参见有关盈利能力指标的分析。当然经理人员还可以根据公司的一系列内部报表和资料进行更详尽的分析，而公司外部财务报表使用人不具备这个条件。

总资产周转率是反映运用资产以产生销售收入能力的指标。对总资产周转率的分析，需要对影响总资产周转的各个因素进行分析。除了对资产的各构成部分从占用量上是否合理进行分析外，还可以通过对流动资产周转率、存货周转率、应收账款周转率等有关各资产组成部分使用效率的分析，判明影响总资产周转的主要问题出在哪里。

权益乘数主要受资产负债比率的影响。负债比率越高，权益乘数越大，说明公司有较高的负债程度，能给公司带来较大的杠杆利益，同时也给公司带来较大的风险。

在具体运用杜邦体系进行分析时，可以采用前文所述的因素分析法，首先确定销售净利率、总资产周转率和权益乘数的基准值，然后顺次代入这三个指标的实际值，分别计算分析这三个指标的变动对净资产收益率的影响方向和程度，还可以使用因素分析法进一步分解各个指标并分析其变动的深层次原因，找出解决的方法。

【案例 2—5—1】 根据表 2—4—1 和表 2—4—2 的资料，可计算 Felix 家族公司 20×7 年度杜邦财务分析体系中的各项指标：

$ROE=ROA\times EM=PM\times TAT\times EM$

20×6 年度指标：12.77%×0.96×1.41=17.29% ①

第一次替代：11.89%×0.96×1.41=16.09% ②

第二次替代：11.89%×0.99×1.41=16.60% ③

第三次替代：11.89%×0.99×1.38=16.24% ④

②－①＝16.09%－17.29%＝－1.20%　　PM 下降的影响

③－②＝16.60%－16.09%＝　0.51%　　TAT 上升的影响

④－③＝16.24%－16.60%＝－0.36%　　EM 下降的影响

注：本例中由于净资产收益率、总资产净利率、销售净利率和总资产周转率都是时期指标，而权益乘数和资产负债率是时点指标，因此，为了使这些指标具有可比性，权益乘数和资产负债率均采用的是20×7年度年初和年末的平均值。

应当指出，在其他因素不变的情况下，资产负债率越高，净资产收益率就越高。这是因为利用较多负债，从而利用财务杠杆作用的结果，但是没有考虑财务风险的因素，负债越多，财务风险越大，偿债压力越大。因此，还要结合其他指标进行综合分析。杜邦财务分析体系是一种分解财务比率的方法，而不是另外建立新的财务指标，它可以用于各种财务比率的分解，【案例2－5－1】是通过净资产收益率的分解来说明问题的，我们也可以通过分解利润总额和全部资产的比率来分析问题。为了显示正常的盈利能力，我们还可以采用非经常项目前的净利和总资产的比率的分解来说明问题。总之，杜邦财务分析体系和其他财务分析方法一样，关键不在于指标的计算而在于对指标的理解和运用。

二、综合评分法

在进行财务分析时，人们遇到的一个主要困难就是计算出财务比率后，无法判断它是偏高还是偏低。与本公司的历史比较，也只能看到自身的变化，却难以评价其在市场竞争中的优劣地位。财务状况综合评价的先驱者之一亚历山大·沃尔(Alexander Wole)在20世纪初出版的《信用晴雨表研究》和《财务报表比率分析》等著作中，提出了信用能力指数的概念，把若干个财务比率用线性关系结合起来，以评价公司的信用水平。他选择了流动比率、产权比率、固定资产比率、存货周转率、应收账款周转率、固定资产周转率和自有资产周转率7项指标，分别给定了其在总评价中占的比重，然后确定标准比率，并与实际比率相比较，评出每项指标的得分，最后求出总评分。

原始意义上的沃尔分析法存在两个缺陷：一是所选定的7项指标缺乏证明力；二是当某项指标严重异常时，会对总评分产生不合逻辑的重大影响。况且，现代社会与沃尔所在时代相比，已有很大变化，沃尔最初提出的7项指标已难以完全适用当前公司评价的需要。沃尔分析法的关键在于指标的选定、权重的分配以及标准值的确定。建立在这一思想基础上的综合评分法，是对公司进行财务综合评价的一种比较可取的、行之有效的方法，在实务中应用较为广泛。

综合评分法是按照各项评价指标符合评价标准的程度，计算各项指标的评价分数，然后综合计算评价总分，据以综合评价的方法。综合评分法的基本步骤如下：

(一)选择评价指标并分配指标权数

正确选择评价指标是运用综合评法进行财务综合分析与评价的首要步骤。财务指标的选择要根据分析的目的和要求，考虑分析的全面性和综合性。一般应涵盖偿债能力、营运能力、盈利能力和发展能力等多个方面。各指标的权数主要是依据评价目的和指标的重要程度确定。

(二)确定各项评价指标的标准值

财务指标的标准值一般可以是行业平均数、公司历史先进数、国家有关标准或国际公认标准为基准来加以确定。

为了使财务综合分析与评价更具客观性和合理性，对各项评价指标标准值，应在考虑公司所属行业特点、规模以及指标特性等因素的基础上分类确定。

(三)计算各项评价指标的得分

各项评价指标的评分方法有分等评分法、分等系数评分法和比率评分法三种。

1. 分等评分法

分等评分法是将各项评价指标的实际数值同评价标准值相比较，按其实现程度划分等级，根据每个等级规定的分数评定各项评价指标的分数。例如，根据实际数值比标准数值的情况，划分为进步、持平和退步三个等级。评价指标实际数值好于标准数值的为进步，评10 分；评价指标实际数值与标准数值持平的，评 5 分；评价指标实际数值差于标准数值的为退步，评 0 分。

2. 分等系数评分法

分等系数评分法是按各项评价指标实际标准数值的程度分等后，依据实现各等级标准程度的系数评定各项评价指标的分数。为了公平、合理地对公司的财务状况进行综合评价，除了按照各项评价指标实际标准数值的程度分等级评分外，还应考虑实现各等级标准程度的大小。因此，要对各等级评分规定一个变动的幅度，即规定上限和下限数值，按实际数值达到的程度计算系数，据以评分，即以插值法计算评价指标的得分。其计算公式为：

$$\text{某项评价指标得分}=\frac{\text{实际数值}-\text{本档标准数值}}{\text{上档标准数值}-\text{本档标准准值}}\times(\text{上档基础分}-\text{本档基础分})+\text{本档基础分}$$

【案例 2－5－2】 假设某公司的净资产收益在整个指标体系中的权重为 25%，指标体系分为优秀、良好、平均、较低和较差五等，标准系数分别为 1、0.8、0.6、0.4、0.2，每等标准值分别为 15%、10%、5%、0%、－5%，如果该公司净资产收益率实际值为 12%。

要求：计算净资产收益率指标的得分。

解：

$$\begin{aligned}\text{净资产收益率指标得分}&=25\times0.8+[(12\%-10\%)\div(15\%-10\%)]\times(25\times1-25\times0.8)\\&=22(\text{分})\end{aligned}$$

3. 比率评分法

比率评分法又称指数法。它是按各项评价指标分别规定标准分数，根据评价指标实数值实现标准数值的程度计算实现比率，评定各项评价指标应得分数。

如果某项评价指标是纯正指标或纯逆指标。其计算公式为：

$$\text{某项评价指标得分}=\text{某项评价指标标准分数}\times\frac{\text{某项评价指标实际数值}}{\text{某项评价指标标准数值}}$$

如果某项评价指标既不是纯正指标，又不是纯逆指标，如资产负债率、流动比率、速动比率等就属于这种指标，其得分的计算公式为：

$$某项评价指标得分=评价指标标准分数\times\frac{标准值-(实际值-标准值)}{标准值}$$

【案例 2—5—3】 假设流动比率标准分数为 10，标准值为 2，流动比率实际值为 2.2。

要求：计算流动比率指标得分。

解：流动比率指标得分＝10×[2－（2.2－2）÷2]＝9(分)

(四)计算综合评价分

在计算出各项评价指标得分基础上，对各项指标得分进行综合，得到评价总分。评价总分越高，评价结果越好。计算综合评价分的方法主要有加法评分法、连乘评分法、简单平均评分法和加权平均评分法等。

加权平均评分法是按照各项评价指标在评价总体中的重要程度给予相对数，应用加权算术平均计算平均分数，根据加权平均分数的多少进行综合评价。由于加权平均评分法突出评价重点，考虑各项评价指标对评价总体优劣的影响程度，有利于客观评价公司财务综合状况，因而应用较为广泛。

(五)形成评价结果

在最终评价时，如果综合得分大于 100，说明公司的财务综合状况比较好；反之，则说明公司的财务综合状况比同行业平均水平或者本公司历史先进水平等差。

【案例 2—5—4】 假定丙公司从 4 个方面选择 10 项指标，各项指标采用比率评分法评分、总分计算采用加权平均评分法，对公司进行财务综合评价。评价结果如表 2—5—1 所示：

表 2—5—1　　**丙公司财务综合评价表(综合评分法)**

类　别	指　标	标准值	实际值	评分比率	权数	加权分数
偿债能力	流动比率	2	2.11	94.5	8	7.56
	已获利息倍数	4	4	100	8	8
	产权比率	0.4	0.44	90	12	10.8
盈利能力	销售净利率	8%	9%	112.5	10	11.25
	总资产收益率	16%	18%	112.5	10	11.25
	净资产收益率	40%	41%	102.5	16	16.4
营运能力	存货周转率(次)	5	4	80	8	6.4
	应收账款周转率(次)	6	5	83.33	8	6.67
	总资产周转率(次)	2	2	100	12	12
发展能力	销售增长率	15%	20%	133.33	8	20.67
合　计		—	—	—	100	101

由表 2—5—1 可见，该公司综合得分为 101 分，略高于标准值(目标数或同行平均水平等)，说明其综合业绩居于中等略偏上水平。其中，盈利能力指标和发展能力指标均超过评价标准值，营运能力指标和偿债能力指标低于评价标准值。具体来说，流动比率、产权比率、存货

周转率和应收账款周转率低于评价标准值，因而需要改进或完善。

（六）我国公司效绩评价指标体系

我国从 20 世纪末开始，财政部对国有资本金效绩评价的指标体系反复修改，2002 年财政部等四部委发布了《公司效绩评价指标体系》，公司效绩评价指标体系横向分为 4 个部分，纵向分为 2 个大类 3 个层次，形成立体结构，如表 2—5—2 所示：

表 2—5—2　　　　公司效绩评价指标体系

<table>
<tr><td rowspan="2">指标类别（100 分）</td><td colspan="2">定量指标（权重 80%）</td><td>定性指标（权重 20%）</td></tr>
<tr><td>基本指标（100 分）</td><td>修正指标（100 分）</td><td>评议指标（100 分）</td></tr>
<tr><td>财务效益 38</td><td>净资产收益率 25
总资产收益率 13</td><td>资本保值增值率 12
主营业务利润率 8
成本费用利润率 8
盈余现金保障倍数 10</td><td rowspan="4">（1）经营者基本素质 18
（2）产品市场占有能力 16
（3）基础管理水平 12
（4）发展创新能力 14
（5）经营发展战略 12
（6）员工素质 10
（7）技术装备水平 10
（8）综合社会贡献 8</td></tr>
<tr><td>营运能力 18</td><td>总资产周转率 9
流动资产周转率 9</td><td>存货周转率 5
应收账款周转率 5
不良资产比率 8</td></tr>
<tr><td>偿债能力 20</td><td>资产负债率 12
已获利息倍数 8</td><td>速动比率 10
现金流动负债率 10</td></tr>
<tr><td>发展能力 24</td><td>销售增长率 12
资本积累率 12</td><td>三年资本增长率 9
三年利润增长率 8
技术投入比率 7</td></tr>
</table>

《公司效绩评价指标体系》的指标类别由公司的财务效益、营运能力、偿债能力和发展能力 4 个部分组成。指标体系分为定量指标和定性指标。定量指标由基本指标和修正指标组成。基本指标反映效绩评价内容的基本情况，形成初步结论；修正指标依据公司的实际情况对基本指标评价结果进行逐一修正，以此形成公司效绩评价的基本定量分析结论。定性指标是对影响公司经营效绩的非定量因素进行判断，以此形成公司效绩评价的定性分析结论。

该指标体系以定量分析为基础，以定性分析为辅助，定量分析与定性分析相互校正，以此形成公司效绩评价的综合结论。

第六节　EVA 业绩评价

一、EVA 业绩评价概述

1991 年，美国人贝内特・思图尔特（G. Bennett Stewart）在其著作《价值探寻》（*The Questfor Value*）一书中，首次系统地阐述了经济增加值（Economic Value Added，EVA）的框架。该书的出版，标志着 EVA 管理体系的确立。从最基本的意义上讲，EVA 是公司业绩度量指标，与大多数其他度量指标的不同之处在于，EVA 考虑了带来公司利润的所有资本成本。

注重资本费用是 EVA 的明显特征，管理人员在运用资本时，必须为资本付费，就像付工资一样。由于考虑到包括权益资本在内的所有资本的成本，EVA 体现了公司在某个时期创造或损坏了的财富价值量，真正成为股东所定义的利润。假如股东希望得到10%的投资回报率，那么只有当他们所分享的税后营运利润超出10%的资本金的时候，他们才是在"赚钱"。而在此之前的任何事情，都只是为了达到公司投资可接受的最低回报而努力。

对于经理人来说，概念非常简单的EVA也是易于理解和掌握的财务衡量尺度。通过衡量投入资本的机会成本，EVA使管理者不得不权衡所获取的利润与所投入的资本两者之间的关系，从而更全面地理解公司的经营。布里吉斯—斯特拉顿公司从1991年开始引入EVA体系后，发现从外部采购浇铸塑料部件和引擎要比自己制造划算得多。公司总裁约翰·雪利不无感慨地说："(引入EVA后)公司营运利润大大增长，所需资本量却大大降低。"

大多数公司在不同的业务流程中往往使用各种很不一致的衡量指标。在进行战略规划时，收入增长或市场份额增加是最重要的；在评估个别产品或生产线时，毛利率是主要标准；在评价各部门的业绩时，可能会根据总资产回报率或预算规定的利润水平；财务部门通常根据净现值分析资本投资，在评估并购业务时则又常常把对收入增长的预期贡献作为衡量指标。另外，生产和管理人员的奖金每年都要基于利润的预算水平进行重新评估。EVA结束了这种混乱状况，仅用一种财务衡量指标就联结了所有决策过程，并将公司各种经营活动归结为一个目的，即如何增加EVA，而且EVA为各部门的员工提供了相互进行沟通的共通语言，使公司内部的信息交流更加有效。

二、EVA计算公式

EVA是指税后经营利润减去投入资本的机会成本后的所得。其计算公式为：

$$\begin{aligned}EVA &= \text{税后经营利润} - \text{资本投入额} \times \text{加权平均资本成本率} \\ &= NOPAT - NA \times K_W\end{aligned}$$

由上式可以看到，计算 EVA 指标有3个重要的因素需要考虑，即税后经营利润($NOPAT$)、资本投入额(NA)和加权平均资本成本率(K_W)。

(一)税后经营利润

税后经营利润是根据财务报表进行调整得到的，其中包括利息和其他与资金有关的偿付，而利息支付转化为收益后，也是要"扣税"的，这与会计报表中的净利润是不同的。

(二)资本投入额

资本投入额用公式表示为：

$$\text{资本投入额} = \text{股权资本投入额} + \text{债务资本投入额}$$

这一指标是公司经营实际所占用的资本额，它与总资产、净资产等概念不同。

(三)加权平均资本成本率

加权平均资本成本率用公式表示为：

$$\frac{\text{加权平均}}{\text{资本成本率}} = \frac{\text{股权}}{\text{资本比例}} \times \frac{\text{股权}}{\text{资本成本率}} + \frac{\text{债权}}{\text{资本比例}} \times \frac{\text{债权}}{\text{资本成本率}} \times (1 - \text{所得税税率})$$

加权平均资本成本率既考虑了股权成本，又考虑了债权资本。

三、EVA业绩评价的优缺点

(一)EVA的优点

EVA最直接地与股东财富的创造联系起来。追求更高的EVA,就是追求更高的股价。对于股东来说,EVA越多越好。从这个意义上说,它是唯一正确的业绩计量指标,它能连续地度量公司业绩。相反,销售收益率、每股盈余甚至投资收益率等指标,有时会侵蚀股东财富。

EVA不仅仅是一种业绩评价指标,它还是一种全面财务管理和薪金激励体制的框架。EVA的吸引力主要在于它把资本预算、业绩评价和激励报酬结合起来。以EVA为依据的管理,其经营目标是EVA,资本预算的决策基础是以适当折现率折现的EVA,衡量生产经营效益的指标是EVA,奖金根据适当的目标单位的EVA来确定。这种管理变得简单、直接、统一与和谐。

EVA框架下的综合财务管理系统可以指导公司的每一个决策,包括营业预算、年度资本预算、战略规划、公司收购和公司出售等。EVA是一个独特的薪金激励制度的关键变量,它第一次真正把管理者的利益和股东的利益统一起来,使管理者像股东那样进行思维和行动。总之,EVA是一种治理公司的内部控制制度。在这种控制制度下,所有的员工可以协同工作,积极地追求更好的业绩。

(二)EVA的缺点

因为不同的公司有不同的资本成本,所以EVA的缺点是不具有比较不同规模公司的能力。EVA也有许多和投资收益率一样误导使用者的缺点,例如,处于成长阶段的公司EVA较低,而处于衰退阶段的公司EVA可能较高。

在计算EVA时,对于计算和调整的范围以及资本成本的确定,还没有一个统一的规范,只能在一个公司的历史分析以及内部评价中使用。

本章小结

财务报表分析是指以财务报表和其他资料为依据和起点,采用专门方法,系统分析和评价公司的过去和现在的经营成果、财务状况及其变动,目的是了解过去、评价现在、预测未来,帮助利益关系集团改善决策。财务分析的最基本功能,是将大量的报表数据转换成对特定决策有用的信息,减少决策的不确定性。

财务报表分析的起点是财务报表,分析使用的数据大部分来源于公开发布的财务报表。因此,财务分析的前提是正确理解财务报表。

财务报表是对公司财务状况、经营成果和现金流量的结构性表述。一套完整的财务报表至少应当包括资产负债表、利润表、现金流量表、所有者权益变动表以及附注。

财务分析的方法主要包括趋势分析法、比率分析法和因素分析法。

趋势分析法又称水平分析法,是通过对比两期或连续数期财务报告中相同指标,确定其增减变动的方向、数额和幅度来说明公司财务状况或经营成果的变动趋势的一种方法。

比率分析法是通过计算各种比率指标来确定经济活动变动程度的分析方法。

因素分析法是依据分析指标与其影响因素的关系，从数量上确定各因素对分析指标影响方向和影响程度的一种方法。

评价公司财务状况与经营成果的分析指标包括偿债能力指标、运营能力指标，盈利能力指标。

杜邦财务分析体系是美国杜邦公司为了考核下属公司的业绩，设计出的一套以权益净利率为核心的财务比率体系。这一方法主要是利用各个主要财务比率之间的内在联系，全面、细致地分析公司的经营状况和盈利能力。

综合评分法是按照各项评价指标符合评价标准的程度，计算各项指标的评价分数，然后综合计算评价总分，据以综合评价的方法。

经济增加值就是税后经营利润减去投入资本的机会成本后的所得。

复习思考题

1. 财务分析的内容包括哪些?
2. 财务报表分析的一般原则和程序有哪些?
3. 简述财务报表的组成内容和分类。
4. 试述杜邦财务分析体系的基本原理。
5. 简述沃尔评分法的实施步骤。
6. 简述 EVA 的评价原理。

自测题

一、单项选择题

1. 下列财务业绩评价指标中，属于公司盈利能力基本指标的是(　　)。

A. 营业利润增长率　　B. 总资产收益率

C. 总资产周转率　　D. 资本保值增值率

2. 下列关于资产负债率、权益乘数和产权比率之间关系的表达式中，正确的是(　　)。

A. 资产负债率＋权益乘数＝产权比率　　B. 资产负债率－权益乘数＝产权比率

C. 资产负债率×权益乘数＝产权比率　　D. 资产负债率÷权益乘数＝产权比率

3. 下列各项指标中，能够从动态角度反映公司偿债能力的是(　　)。

A. 现金流动负债比率　　B. 资产负债率

C. 流动比率　　D. 速动比率

4. 下列财务分析主体中，必须对公司营运能力、偿债能力、盈利能力及发展能力的全部信息予以详尽了解和掌握的是(　　)。

A. 短期投资者　　B. 公司债权人　　C. 公司经营者　　D. 税务机关

5. 如果流动负债小于流动资产，则期末以现金偿付一笔短期借款所导致的结果是（　　）。

A. 营运资金减少　　B. 营运资金增加

C. 流动比率降低　　D. 流动比率提高

6. 下列指标中，可用于衡量公司短期偿债能力的是（　　）。

A. 已获利息倍数　　B. 或有负债比率

C. 带息负债比率　　D. 流动比率

7. 影响速动比率可信性的最主要因素是（　　）。

A. 存货的变现能力　　B. 短期证券的变现能力

C. 产品的变现能力　　D. 应收账款的变现能力

8. 下列项目中，不属于速动资产项目的是（　　）。

A. 现金　　B. 应收账款　　C. 短期投资　　D. 存货

9. 如果公司速动比率很小，下列结论成立的是（　　）。

A. 公司流动资产占用过多　　B. 公司短期偿债能力很强

C. 公司短期偿债风险很大　　D. 公司资产流动性很强

10. 产权比率与权益乘数的关系是（　　）。

A. 产权比率×权益乘数＝1　　B. 权益乘数＝1/(1－产权比率)

C. 权益乘数＝(1＋产权比率)/产权比率　　D. 权益乘数＝1＋产权比率

11. 某公司年末会计报表上部分数据为：流动负债60万元，流动比率为2，速动比率为1.2，销售成本100万元，年初存货为52万元，若非速动资产只有存货，则本年度存货周转次数为（　　）次。

A. 1.65　　B. 2　　C. 2.3　　D. 1.45

二、多项选择题

1. 下列各项中，与净资产收益率密切相关的有（　　）。

A. 营业净利率　　B. 总资产周转率

C. 总资产增长率　　D. 权益乘数

2. 对资产负债率的正确评价有（　　）。

A. 从债权人角度看，负债比率越大越好

B. 从债权人角度看，负债比率越小越好

C. 从股东角度看，负债比率越高越好

D. 从股东角度看，当全部资本利润率高于债务利息率时，负债比率越高越好

3. 计算速动比率时，从流动资产中扣除存货的重要原因有（　　）。

A. 存货的价值较大　　B. 存货的质量难以保证

C. 存货的变现能力较弱　　D. 存货的变现能力不稳定

4. 在其他因素不变的情况下，缩短应收账款周转天数，则有利于（　　）。

A. 提高短期偿债能力　　B. 缩短现金周转期

C. 公司减少资金占用　　D. 公司扩大销售规模

5. 属于公司盈利能力分析指标的有(　　)。

A. 总资产收益率　　B. 资本保值增值率

C. 资本收益率　　D. 盈余现金保障倍数

6. 如果流动比率过高,意味着公司存在以下几种可能(　　)。

A. 存在闲置现金　　B. 存在存货积压

C. 应收账款周转缓慢　　D. 短期偿债能力差

7. 利息保障倍数指标所反映的公司财务层面包括(　　)。

A. 盈利能力　　B. 长期偿债能力　　C. 短期偿债能力　　D. 发展能力

8. 应收账款周转率提高意味着(　　)。

A. 短期偿债能力增强　　B. 收账费用减少

C. 收账迅速,账龄较短　　D. 销售成本降低

9. 下列各项指标中,可用于分析公司长期偿债能力的有(　　)。

A. 产权比率　　B. 流动比率　　C. 资产负债率　　D. 速动比率

10. 公司盈利能力分析可以运用的指标有(　　)。

A. 总资产收益率　　B. 总资产周转率

C. 资本保值增值率　　D. 成本利润率

11. 在存货周转率中,(　　)。

A. 存货周转次数多,表明存货周转快　　B. 存货周转次数少,表明存货周转快

C. 存货周转天数多,表明存货周转快　　D. 存货周转天数少,表明存货周转快

三、判断题

1. 在财务分析中,将通过对比两期或连续数期财务报告中的相同指标,以说明公司财务状况或经营成果变动趋势的方法,称为水平分析法。(　　)

2. 市盈率是评价上市公司盈利能力的指标,它反映投资者愿意对公司每股净利润支付的价格。(　　)

3. 在采用因素分析法时,既可以按照各因素的依存关系排列成一定的顺序并依次替代,又可以任意颠倒顺序,其结果是相同的。(　　)

4. 现金流动负债比表明用现金偿还短期债务的能力,公司应尽量使其大于或等于1。(　　)

5. 尽管流动比率可以反映公司的短期偿债能力,但却存在有的公司流动比率较高,却没有能力支付到期的应付账款。(　　)

6. 公司拥有的各种资产都可以作为偿还债务的保证。(　　)

7. 权益乘数的高低取决于公司的资本结构,负债比重越高,权益乘数越低,财务风险越大。(　　)

四、计算分析题

1. 某公司年初存货为30 000元,年初应收账款为25 400元。年末流动比率为2∶1,速动比率为1.5∶1,存货周转率为4次,流动资产合计为54 000元。

要求：

(1)计算公司本年的销货成本。

(2)若公司本年销售净收入为 312 200 元，除应收账款外，其他速动资产忽略不计，则应收账款周转次数是多少？

2. 某公司的年末流动比率为 2，产权比率为 0.7，以销售额和年末存货计算的存货周转率为 14 次，以销售成本和年末存货计算的存货周转率为 10 次，本年销售毛利额为 40 000 元。

要求：利用某公司资产负债表中已有的数据和以上已知资料，计算表中空缺的项目金额。

某公司资产负债表　　单位：元

资　产		负债和所有者权益	
货币资金	5 000	应付账款	?
应收账款	?	应交税费	7 500
存货	?	非流动负债合计	?
固定资产	50 000	实收资本	60 000
		未分配利润	?
合　计	85 000	合　计	?

3. 维特公司的简要资产负债表与有关财务信息如下：

维特公司资产负债表(简表)　　单位：万元

资　产	金　额	负债和所有者权益	金　额
货币资金		应付账款	
交易性金融资产		非流动负债合计	
应收账款		实收资本	
存货		未分配利润	
固定资产			
合　计		合　计	

(1)速动比率为 2；

(2)非流动负债合计是交易性金融资产的 4 倍；

(3)应收账款为 400 万元，是速动资产的 50%，是流动资产的 25%，并同固定资产价值相等；

(4)所有者权益总额等于营运资金，实收资本是未分配利润的 2 倍。

要求：

(1)根据以上财务信息，列示计算维特公司资产负债表中空缺的数据。

(2)将计算结果填入维特公司的资产负债表中。

4. 萨克森公司 20×8 年资产负债表如下：

萨克森公司资产负债表

20×8 年 12 月 31 日　　　　单位：万元

资　产	年 初	年 末	负债和所有者权益	年 初	年 末
流动资产			流动负债合计	450	300
货币资金	100	90	非流动负债合计	250	400
应收账款	120	180	负债合计	700	700
存　货	230	360	所有者权益合计	700	700
流动资产合计	450	630			
非流动资产合计	950	770			
总　计	1 400	1 400	总　计	1 400	1 400

已知萨克森公司 20×7 年度营业净利率为 16%，总资产周转率为 0.5 次，权益乘数为 2.2。萨克森公司 20×8 年度营业收入为 840 万元，净利润总额为 117.6 万元。（注：以下指标计算结果均保留两位小数）

要求：

(1)计算 20×8 年年末速动比率、资产负债率和权益乘数。

(2)计算 20×8 年总资产周转率、营业净利率和净资产收益率。

(3)用文字列出杜邦财务分析体系的恒等式，并用杜邦财务分析体系验证 20×8 年萨克森公司的相关指标。

(4)利用因素分析法和杜邦财务分析体系，分析 20×7 年和 20×8 年两年净资产收益率的变化原因及其影响因素。

第三章　公司财务预测与计划

各人的生命中都有一段历史，观察他以往行为的性质，便可以近似地猜测并预断他此后的变化，那变化的萌芽虽然尚未显露，却已经潜伏在胚胎之中。

——威廉·莎士比亚

(William Shakespeare)

学习目标

◇ 了解预测分析的概念、一般程序、基本内容及方法；

◇ 掌握财务预测的方法中的销售百分比法、回归分析法、高低点法；

◇ 掌握全面预算的编制依据、编制流程和编制方法；

◇ 掌握预计利润表和预计资产负债表的编制方法；

◇ 熟悉固定预算的概念与优缺点；

◇ 掌握弹性预算、零基预算、滚动预算的编制方法与优缺点。

引导案例

BC(Boston Chicken)公司为波士顿市场饭店的经营者和授权人，它的发展史是 20 世纪 90 年代初期最为成功的故事之一。该企业以惊人的速度增开饭店，使得它的销售收入从 1993 年(在这一年里它首次成为公开上市交易的公司)的 4 250 万美元增加到 1997 年的 46 240 万美元，年均增长率高达 82%。不幸的是，到了 1998 年，该企业增长的秘诀变成了一场灾难，由于企业发展得太快，因而很难保证顾客所期望的质量。此外，BC 公司借钱给被授权人开店，但是那些店铺却因为日趋加剧的竞争而陷入财务困境。最终，这种体系下的债务总水平变得过于庞大，以致难以承受，企业出现严重的现金流问题，于 1998 年 10 月申请破产。

本章将强调公司财务预测和财务计划的重要性。BC 公司的案例不是唯一的，快速增长的企业经常会出现现金流的问题，对这些企业来讲，如何正确地进行现金流预测、如何正确制订企业的财务计划至关重要。

第一节　公司财务预测概述

所谓“财务预测”(Finance Forecast),就是财务工作者在财务战略的指导下,根据企业财务活动的历史资料,考虑现实的要求和条件,运用数理统计方法,结合主观判断,对企业未来的财务活动做出预计和测算。

一般情况下,财务预测以销售预测为起点,根据预计销售水平预测所需的资产总量,根据预计销售量估计收入和费用,并确定净收益。由预计净收益和股利支付率共同决定了留存收益的数额。预计资产总量减去留存收益、负债的自发增长以及已有的其他资金来源,其差额便是企业需要从外部融资的预测值。财务预测的重点就在于估计出企业未来的外部融资需求。

财务预测是融资计划的前提。企业要对外提供产品和服务,必须要有一定的资产与其相匹配。企业的销售增加时,其所需的资产也会增加,资产的增加意味着资金占用的增加。这些资金占用的增加,有一部分需要通过外部融资取得。外部融资需要寻找资金提供者,需要较长时间的协商谈判,因此,企业需要通过财务预测,预先知道自己的外部融资需求,提前安排融资计划,否则可能因为临时融资不成而导致资金周转困难。

财务预测有助于改善投资决策。根据销售前景估计出的融资需求不一定总能满足,因此,企业进行投资决策时,就需要考虑可能筹措到的资金,使投资决策建立在可行的基础上。

财务预测有助于提高企业的应变能力。财务预测是对经营活动全面的事先思考,通过财务预测,加深了企业的管理人员对未来各种可能前景的认识和思考,可以提高企业对不确定事件的反应能力,从而减少不利事件出现带来的损失,增加利用有利机会带来的收益。

第二节　公司财务预测的方法

一、销售百分比法

销售百分比法是指以资金和销售额的比率为基础,预测未来资金需求量的方法。这种方法基于以下假定:

(1)企业的部分资产和负债与销售收入成正比例变化;

(2)企业的各项资产、负债和所有者权益结构已经达到最优。

应用销售百分比法预测未来资金需求量通常需要经过以下步骤:

第一,预计销售额增长率及增长额。

第二,确定变动资产和变动负债项目,并确定这些项目的金额占基期销售额的百分比。变动资产项目是指假设随收入变化而成正比例变化的资产项目,变动负债项目是指假设随收入变化而成正比例变化的负债项目。

第三,确定总的融资需求量。

第四,预计留存收益增加额,并确定外部融资需求量。

销售百分比法的计算公式为:

$$外部融资需求量=\frac{A}{S_0}\times\Delta S-\frac{B}{S_0}\times\Delta S-S_1\times P\times E$$

式中，A 代表变动资产，B 代表变动负债，S_0 代表基期销售额，S_1 代表预测期销售额，ΔS 代表销售变动额，P 代表销售净利率，E 代表留存收益比率。

【案例3—2—1】 萨克森公司20×2年12月31日的简要资产负债表如表3—2—1所示。假定萨克森公司20×2年销售额为10 000万元，销售净利率为10%，利润留存率为40%。20×3年销售额预计增长20%，公司有足够的生产能力，无须追加固定资产投资。

首先，确定有关项目及其与销售额的关系百分比。在表3—2—1中，N 为不变动，是指该项目不随销售的变化而变化。

其次，确定需要增加的资金量。从表3—2—1中可以看出，销售收入每增加100元，必须增加50元的资金占用，但同时自动增加15元的资金来源，两者差额还有35%的资金需求。因此，每增加100元的销售收入，公司必须取得35元的资金来源，销售额从10 000万元增加到12 000万元，按照35%的比率可预测将增加700万元的资金需求。

表3—2—1 **萨克森公司资产负债表**

20×2年12月31日 单位：万元

资　产	金　额	与销售关系(%)	负债与权益	金　额	与销售关系(%)
货币资金	500	5	短期借款	2 500	N
应收账款	1 500	15	应付账款	1 000	10
存　货	3 000	30	预提费用	500	5
固定资产	3 000	N	应付债券	1 000	N
			实收资本	2 000	N
			留存收益	1 000	N
合　计	8 000	50	合 计	8 000	15

最后，确定外部融资需求的数量。20×3年的净利润为1 200万元(12 000×10%)，利润留存为40%，则将有480万元利润被留存下来，还有220万元的资金必须从外部筹集。

根据萨克森公司的资料，可求得对外融资的需求量为：

外部融资需求量=50%×2 000−15%×2 000−40%×1 200=220(万元)

销售百分比法的优点，是能为筹资管理提供短期预计的财务报表，以适应外部筹资的需要，且易于使用。但在有关因素发生变动的情况下，必须相应地调整原有的销售百分比。

二、资金习性预测法

资金习性预测法，是指根据资金习性预测未来资金需求量的一种方法。所谓“资金习性”，是指资金的变动同产销量变动之间的依存关系。按照资金同产销量之间的依存关系，可以把资金区分为不变资金、变动资金和半变动资金。

不变资金是指在一定的产销量范围内，不受产销量变动的影响而保持固定不变的那部分资金。也就是说，产销量在一定范围内变动，这部分资金保持不变。这部分资金包括：为维持营业而占用的最低数额的现金，原材料的保险储备，必要的成品储备，厂房、机器设备等固定资产占用的资金。

变动资金是指随产销量的变动而同比例变动的那部分资金。它一般包括直接构成产品实体的原材料、外购件等占用的资金。另外，在最低储备以外的现金、存货、应收账款等也具有变动资金的性质。

半变动资金是指虽然受产销量变化的影响，但不成同比例变动的资金，如一些辅助材料上占用的资金。半变动资金可采用一定的方法划分为不变资金和变动资金两部分。

(一)根据资金占用总额与产销量的关系预测

这种方式是根据历史上企业资金占用总额与产销量之间的关系，把资金分为不变资金和变动资金两部分，然后结合预计的销售量来预测资金需求量。通常我们可采用回归分析法来进行预测。

设产销量为自变量 X，资金占用为因变量 Y，它们之间的关系可用公式表示为：

$$Y=a+bX$$

式中，a 为不变资金，b 为单位产销量所需变动资金。

可见，只要求出 a 和 b，并知道预测期的产销量，就可以用上述公式测算资金需求情况。a 和 b 可用回归直线方程求出。

【案例 3—2—2】 萨克森公司历年产销量和资金变化情况如表 3—2—2 所示，根据表 3—2—2 整理出表 3—2—3。20×9 年预计销售量为 1 500 万件，需要预计 20×9 年资金需要量。

$$a=\frac{\sum X_i^2\sum Y_i-\sum X_i\sum X_iY_i}{n\sum X_i^2-(\sum X_i)^2}=\frac{9\ 740\ 000\times 6\ 000-7\ 200\times 7\ 250\ 000}{6\times 9\ 740\ 000-7\ 200^2}=400(\text{万元})$$

$$b=\frac{n\sum X_i\sum Y_i-\sum X_i\sum Y_i}{n\sum X_i^2-(\sum X_i)^2}=\frac{6\times 7\ 250\ 000-7\ 200\times 6\ 000}{6\times 9\ 740\ 000-7\ 200^2}=0.5(\text{万元/件})$$

解得：$Y=400+0.5X$

把 20×9 年预计销售量 1 500 万件代入上式，得出 20×9 年资金需求量为：

20×9 年资金需求量＝400＋0.5×1 500＝1 150(万元)

表 3—2—2　　**产销量与资金变化情况表**

年　度	产销量(X_i)(万件)	资金占用(Y_i)(万元)
20×3 年	1 200	1 000
20×4 年	1 100	950
20×5 年	1 000	900
20×6 年	1 200	1 000
20×7 年	1 300	1 050
20×8 年	1 400	1 100

表 3—2—3 资金需求量预测表(按总额预测)

年　度	产销量 (X_i)(万件)	资金占用 (Y_i)(万元)	X_iY_i(万元)	X_i^2(万件)
20×3 年	1 200	1 000	1 200 000	1 440 000
20×4 年	1 100	950	1 045 000	1 210 000
20×5 年	1 000	900	900 000	1 000 000
20×6 年	1 200	1 000	1 200 000	1 440 000
20×7 年	1 300	1 050	1 365 000	1 690 000
20×8 年	1 400	1 100	1 540 000	1 960 000
合计(n=6)	7 200	6 000	7 250 000	8 740 000

(二)采用逐项分析法预测

这种方式是根据各资金占用项目(如现金、存货、应收账款、固定资产)同产销量之间的关系,把各项目的资金都分成变动资金和不变资金两部分,然后汇总在一起,求出企业变动资金总额和不变资金总额,进而来预测资金需求量。一般我们可以采用高低点法来进行预测。高低点法是指根据企业一定期间资金占用的历史资料,按照资金习性原理和 $y=a+bx$ 直线方程式,选用最高收入期和最低收入期的资金占用量之差,同这两个收入期的销售额之差进行对比,先求 b 的值,然后再代入原直线方程,求出 a 的值,从而估计推测资金发展趋势。

【案例 3—2—3】 萨克森公司历年现金占用与销售额之间的关系如表 3—2—4 所示。

表 3—2—4 现金占用与销售额变化情况表 单位:元

年　度	销售收入(X_i)	现金占用(Y_i)
20×1 年	2 000 000	110 000
20×2 年	2 400 000	130 000
20×3 年	200 000	140 000
20×4 年	2 800 000	150 000
20×5 年	3 000 000	160 000

根据以上资料,采用适当的方法来计算不变资金和变动资金的数额。

此处假定采用高低点法求 a 和 b 的值。

$$b=\frac{\text{最高收入期的资金占用量}-\text{最低收入期的资金占用量}}{\text{最高销售收入}-\text{最低销售收入}}$$

$$=\frac{160\ 000-110\ 000}{3\ 000\ 000-2\ 000\ 000}=0.05$$

将 $b=0.05$ 代入 20×5 年 $Y=a+bx$,得:

$a=160\ 000-0.05\times3\ 000\ 000=10\ 000$(元)

存货、应收账款、流动负债、固定资产等也可根据历史资料做这样的划分,然后汇总列于

表 3—2—5 中。

表 3—2—5　　**资金需求量预测表(分享预测)**　　单位:元

项　目	年度不变资金(a)	每 1 元销售收入所需变动资金(b)
流动资产		
货币资金	10 000	0.05
应收账款	60 000	0.14
存货	100 000	0.22
小计	170 000	0.41
减:流动负债		
应付账款及应付费用	80 000	0.11
净资金占用	90 000	0.3
固定资产		
厂房、设备	510 000	0
所需资金合计	600 000	0.3

根据表 3—2—5 的资料得出预测模型为:$Y=600\ 000+0.30X$

如果 20×6 年的预计销售额为 3 500 000 元,则:

20×6 年的资金需求量=600 000+0.30×3 500 000=1 650 000(元)

进行资金习性分析,把资金划分为变动资金和不变资金两部分,从数量上掌握了资金同销售量之间的规律性,对准确地预测资金需求量有很大帮助。实际上,销售百分比法是资金习性分析法的具体运用。

采用线性方法进行预测必须注意以下几个问题:

(1)资金需求量与营业业务量之间线性关系的假定应符合实际情况;

(2)确定 a、b 数值,应利用连续若干年的历史资料,一般要有 3 年以上的资料;

(3)应考虑价格等因素的变动情况。

第三节　公司全面预算

一、预算的作用

企业是一个有组织的团体,企业管理层应向企业职工提出经营目标,以及完成目标的有效办法,对于多数企业而言,计划往往是影响企业成败的重要因素。而预算(Budget)就是用货币单位表示的财务计划,它是以货币的形式来展示未来某一特定期间企业财务及其他资源的取得及运用的详细计划。

总预算(Master Budget)是企业未来计划和目标等各个方面的总称。它主要包括销售预算、生产预算、成本预算和现金收支预算等各个方面,形成一个完整的体系。它为企业整体及其各个方面确立了明确的目标和任务,是企业管理层未来各项计划及其如何实施的全面概括。

由于现实经济生活充满不确定性，因此企业必须预先制订计划，事先对某些困难预做准备，对某些风险预做防范。一套经过谨慎仔细的分析而制定的预算，将会给企业带来一定的利益。预算的主要作用可归纳为以下几个方面：

(一)促使经理人员展望未来

经理人员经常因忙于企业的日常经营活动而没有时间去制订计划。但预算的编制，将迫使其将注意力转向未来。他们必须对其经营活动加以分析，并确定未来各种事件(如产品生产线的变动，新的环境控制条例等)将产生何种影响，以及决定其部门目标及企业目标如何实现等问题。这种对未来的分析，为每个经理人员提供了一种很好的行动方案。

(二)加强企业内部的协调

要实现企业目标，管理层就必须对生产、销售和筹资等活动加以协调。企业的各个部门，虽然业务各不相同，但都直接影响整个企业的盈利水平，每一部门的活动都会造成现金流入或现金流出的变动。因此，任何部门都不能独立行事，内部的协调是企业成功的基本条件。预算过程为企业各部门就如何更好地实现目标提供了交换意见的基础。预算使各部门的目标融合成企业整体的目标，使每一个部门的经理人员了解本身与企业整体的关系，以及本部门的任何决策对其他部门可能产生的影响。例如，采购必须配合生产需要，生产计划则根据销售预测，而人事政策则依照生产和销售的需要配置人力，各个部门的业务都存在着密切的连锁关系，每一部门的业务又都和资金有关，预算通过资金的调配，可以加强各部门的配合，增进企业内部的协调。

(三)有利于业绩评估

预算可以作为评价企业生产经营各方面工作成果的基本尺度。在生产经营过程中，将实际成果用预算目标进行对比，会比与上年记录比较来得更为合理。例如，若当期生产成本低于上年成本，但它并不一定意味着当期业绩比上年好，这是因为生产过程、任何一种产品以及人力配置等方面也许已经发生了变动。因此，低生产成本也许是早已预料的并已纳入预算。又如，某年销售增长为10%，表面上看，当年的业绩退步了，但是如果当年的经济环境较差，社会消费倾向大幅度下降，各行各业大多只有较低的增长率，则10%的增长率就是一个惊人的好业绩了。由此可见，在生产经营过程中，把实际成果同预算目标对比，考核和分析实际成果同预算之间的差异，有助于促进各有关方面及时采取有效措施，消除薄弱环节，保证预定目标更好地完成。

二、全面预算的种类

全面预算是根据企业目标所编制的经营、资本、财务等年度收支计划，即以货币及其他数量形式反映的有关企业未来一段期间内全部经营活动各项目标的行动计划与相应措施的数量说明，具体包括特种决策预算、日常业务预算与财务预算三大类。其中，特种决策预算是指企业不经常发生的，需要根据特定决策临时编制的一次性预算(见第八章“项目投资分析与评估”，本章重点介绍后两类预算)。

(一)特种决策预算

特种决策预算包括经营决策预算和投资决策预算两种类型。

(二)日常业务预算

日常业务预算是指与企业日常经营活动直接相关的经营业务的各种预算。
日常业务预算主要包括：
(1)销售预算。
(2)生产预算。
(3)制造成本预算:①直接材料预算;②直接人工预算;③制造费用预算。
(4)期末存货预算。
(5)销售费用预算。
(6)行政管理费用预算。

(三)财务预算

财务预算是一系列专门反映企业未来一定预算期内预计财务状况和经营成果,以及现金收支等价值指标的各种预算的总称,具体包括：
(1)现金预算;
(2)预计利润表;
(3)预计资产负债表。
财务预算具有以下功能：
(1)规划。使管理层在制订经营计划时更具前瞻性。
(2)沟通和协调。通过预算编制让各部门的管理者更好地扮演纵向与横向沟通的角色。
(3)资源分配。由于企业资源有限,通过财务预算可将资源分配给盈利能力相对较高的相关部门或项目、产品。
(4)营运控制。预算可视为一种控制标准,若将实际经营成果与预算相比较,可让管理者找出差异,分析原因,改善经营。
(5)绩效评估。通过预算建立绩效评估体系,可帮助各部门管理者做好绩效评估工作。
财务预算的编制需要以财务预测的结果为根据,并受到财务预测质量的制约;财务预算必须服从决策目标的要求,使决策目标具体化、系统化、定量化。

三、全面预算的体系

全面预算的各组成部分是相互联系的,它们之间的关系可从图 3—3—1 中得到充分体现。

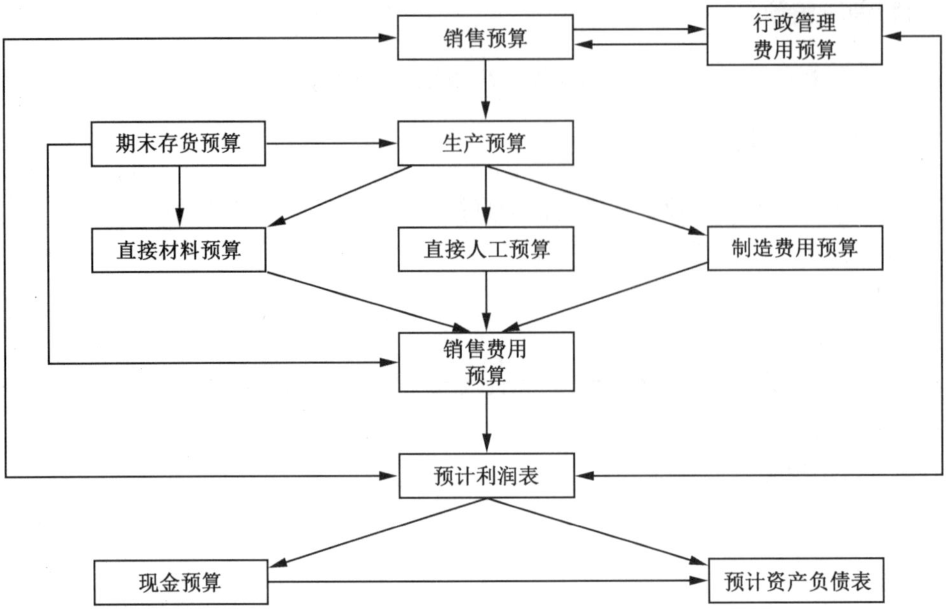

图 3—3—1 全面预算体系

四、日常业务预算的编制

(一)销售预算

公司总预算的编制通常以销售预算为出发点,生产、材料采购、存货、费用等方面的预算,都要以销售预算为基础。而销售预算又必须以销售预测为基础,一旦预测出未来期间每月的销货数量和销售价格,即可求出预计每月销售收入。因此,销售预测是编制总预算最基础的工作。销售预测的正确性直接关系到总预算的正确性和可行性。有关销售预测的工作是销售部门的职责,这里不准备讨论销售预测的方法,而仅就销售预算的编制方法进行深入讨论。

【案例 3—3—1】 Felix 家族公司是一家有 450 年历史的生产高档葡萄酒的跨国公司,该公司旗下的一家子公司——萨克森公司专门生产葡萄酒专用的软木塞。假设萨克森公司生产和销售一种葡萄酒软木瓶塞,该公司 20×7 年及 20×8 年前两个季度的销售预测如表 3—3—1 所示:

表 3—3—1 销售预测

季 度	预计销售量(件)	单位售价(元)
20×7 年		
第一季度	10 000	12
第二季度	12 000	12
第三季度	18 000	12

续表

季　度	预计销售量(件)	单位售价(元)
第四季度	30 000	13
20×8 年		
第一季度	12 000	13
第二季度	15 000	13

根据表 3—3—1 所提供的数据，即可编制分季度的销售预算，如表 3—3—2 所示：

表 3—3—2　　销售预算

季　度	预计销售量(件)	单位售价(元)	预计销售收入(元)
第一季度	10 000	12	120 000
第二季度	12 000	12	144 000
第三季度	18 000	12	216 000
第四季度	30 000	13	390 000
合　计	70 000		870 000

(二)生产预算

销售预算一旦编制完毕，即可开始编制生产预算。生产预算的编制要以预计销售量和预计产成品存货为基础。生产预算之所以要将产成品的期初、期末存货作为一个必要的组成部分，进行统一的预计，是因为为了避免存货太多，形成资金的积压、浪费，或存货太少，影响下一季度销售活动的正常进行，从而给企业带来不利的影响。为此，企业必须考虑产品的生产量和销售量之间的关系。

两者关系用公式表示为：

预计生产量＝(预计销售量＋预计期末产成品存货)－预计期初产成品存货

【案例 3—3—2】 设萨克森公司生产单位产成品需要原材料 A 为 2 千克，每千克 0.2 元；原材料 B 为 1 千克，每千克 0.15 元。20×7 年 1 月 1 日期初存货预计如下：

产成品　　3 000 件　　5.30 元/件

原材料

A　　6 000 千克　　0.20 元/千克

B　　3 000 千克　　0.15 元/千克

该公司的政策规定，必须保留下一个季度销售量 30％的原材料和产成品存货。设该公司没有在产品存货。

编制生产预算的主要步骤有：

(1)计算第一季度的期末存货：

第一季度期末存货＝第二季度销售量×30％

＝120 00×30％＝3 600(件)

(2)计算第一季度的预计生产量：

第一季度预计生产量＝销售量＋期末存货－期初存货

＝10 000＋3 600－3 000

＝10 600(件)

(3)按步骤(1)和(2)，计算其余三个季度的期末存货和预计生产量。各季度预计的期初存货即为上季末预计的期末存货。

(4)将四个季度的销售量相加，得出全年销售量。第四季度的期末存货即为全年度期末存货，而第一季度的期初存货则为全年的期初存货。据此，该公司20×7年度以数量表现的生产预算如表3—3—3所示：

表3—3—3 **生产预算**

20×7年 单位：件

	第一季度	第二季度	第三季度	第四季度	全年合计
预计销售量(见表3—3—1)	10 000	12 000	18 000	30 000	70 000
加：期末存货	3 600	5 400	9 000	3 600*	3 600
合　计	13 600	17 400	27 000	33 600	73 600
减：期初存货	3 000	3 600	5 400	9 000	3 000
预计生产量	10 600	13 800	21 600	24 600	70 600

注：* 3 600＝30%×12 000 (20×8年第一季度预算销售量)。

(三)制造成本预算

1. 直接材料预算

直接材料预算是一种以生产预算为基础编制的显示计划年度直接材料数量和金额的计划。其目的在于避免直接材料存货不足而影响生产，或存货过多而形成资金的积压和浪费。直接材料预算与生产预算相同，也要根据生产需要量与预计采购量之间的关系进行计算。其计算公式为：

直接材料预计采购量＝预计生产量＋预计直接材料期末存货－预计直接材料期初存货

【案例3—3—3】 根据表3—3—3所给数据，直接材料预算可按下列步骤编制：

(1)将各季度预计生产量乘以单位产品的原材料需要量，确定直接材料需要量，各季之和即为全年需要量(见表3—3—4)。

(2)将预计采购量乘以单价，计算确定预计原材料采购额，并编制以金额表现的直接材料预算(见表3—3—5)。

(3)用预计原材料需要量替代预计销售量，然后按表3—3—3的编制方式和步骤编制以数量表现的直接材料预算(见表3—3—6)。

表 3—3—4　　**预计直接材料需要量**　　单位:千克

	预计生产量	单位产品的原材料需要量		总需要量
原材料 A				
第一季度	10 600	×	2	=21 200
第二季度	13 800	×	2	=27 600
第三季度	21 600	×	2	=43 200
第四季度	24 600	×	2	=49 200
全年需要量合计				141 200
原材料 B				
第一季度	10 600	×	1	=10 600
第二季度	13 800	×	1	=13 800
第三季度	21 600	×	1	=21 600
第四季度	24 600	×	1	=24 600
全年需要量合计				70 600

表 3—3—5　　**以金额表现的直接材料预算**

	预计采购量(千克)	单价(元/千克)	金额(元)
原材料 A			
第一季度	23 480	0.20	4 696
第二季度	32 280	0.20	6 456
第三季度	45 000	0.20	9 000
第四季度	42 180	0.20	8 436
合　计	142 940		28 588
原材料 B			
第一季度	11 740	0.15	1 761
第二季度	16 140	0.15	2 421
第三季度	22 500	0.15	3 375
第四季度	21 090	0.15	3 364
合　计	71 470		10 721
预计原材料采购额			39 309

表 3—3—6　　**以数量表现的直接材料预算**　　单位:千克

	第一季度	第二季度	第三季度	第四季度	全年合计
原材料 A					
预计生产量(见表 3—3—4)	21 200	27 600	43 200	49 200	141 200

续表

	第一季度	第二季度	第三季度	第四季度	全年合计
加:期末存货	8 280	12 960	14 760	7 740①	7 740
合　计	29 480	40 560	57 960	56 940	148 940
减:期初存货	6 000	8 280	12 960	14 760	6 000
预计原材料采购量	23 480	32 280	45 000	42 180	142 940
原材料B					
预计生产量	10 600	13 800	21 600	24 600	70 600
加:期末存货	4 140	6 480	7 380	3 870②	3 870
合　计	14 740	20 280	28 980	28 470	74 470
减:期初存货	3 000	4 140	6 480	7 380	3 000
预计原材料采购量	11 740	16 140	22 500	21 090	71 470

注:①20×7年第四季度期末存货应按20×8年第一季度的预计生产量计算:20×8年第一季度预计销售量+20×8年第一季度预计期末存货－20×8年第一季度期初存货度预计生产量＝20×8年第一季预计生产量,即12 000＋15 000×30%－3 600＝12 900(件);20×7年第四季度期末存货＝12 900×2×30%＝7 740(千克)。

②12 900×1×30%＝3 870(千克)。

2. 直接人工预算

直接人工预算,如同直接材料预算,也以生产预算为基础进行编制。为计算方便起见,根据以往经验,假定统一的小时工资率为每小时8元,单位产品所需工作时间为15分钟。

【案例3－3－4】 根据表3－3－7,直接人工预算可按下列步骤编制:

(1)以各期预计生产量乘以单位产品需用的工时,得到各期需用的直接人工工时;

(2)以各期需用的直接人工工时乘以小时工资率,即可得到各期预计的直接人工成本。

计算步骤略。

表3－3－7　　**直接人工预算**

	第一季度	第二季度	第三季度	第四季度	全年合计
预计生产量(见表3－3－1)(件)	10 600	13 800	21 600	24 600	70 600
单位产品直接人工工时(小时)	×1/4	×1/4	×1/4	×1/4	×1/4
预计各期需用的直接人工总工时(小时)	2 650	3 450	5 400	6 150	17 650
小时工资率(元)	×8	×8	×8	×8	×8
各期预计的直接人工(元)	21 200	27 600	43 200	49 200	141 200

3. 制造费用预算

制造费用包括厂房租金、管理人员工资、维修费用等不属于直接材料和直接人工的生产成本。制造费用按其性态,可划分为固定制造费用和变动制造费用两部分。固定制造费用可在上年的基础上根据预期变动加以适当修正进行预计,变动制造费用可根据预计生产量乘以单位产品制造费用分配率进行预计。

制造费用预算有助于企业编制生产及销售产品成本预算，进而编制预计利润表。由于在制造费用预算中，通常还包括费用方面预期的现金支出，因此，制造费用预算可为编制现金预算提供必要的信息。尽管固定资产折旧是计算费用预期分配率所必需的，但由于它无须现金支出，因此在编制现金预算时应予扣除。

【案例 3—3—5】 设萨克森公司 20×7 年的制造费用计划如表 3—3—8 所示：

表 3—3—8 **制造费用计划** 单位：元

	固定制造费用	变动制造费用	合　计
车间管理人员费用	30 000		30 000
间接人工	10 000	20 000	30 000
租金	24 000		24 000
维修费用	2 000	12 000	14 000
照明及动力费用	1 000	15 000	16 000
修理费	3 000	3 000	6 000
工资费用		42 360	42 360
其他费用	1 000	20 600	21 600
机器折旧	9 000		9 000
合　计	80 000	112 960	192 960

变动制造费用按预计分配率计入产品成本。本例中，按直接人工计算变动制造费用的预计分配率：

$$变动制造费用分配率=\frac{112\ 960}{141\ 200}=0.80(元)$$

据此编制该公司 20×7 年度制造费用预算，如表 3—3—9 所示：

表 3—3—9 **制造费用预算** 单位：元

	第一季度	第二季度	第三季度	第四季度	全年合计
预计直接人工	21 200	27 600	43 200	49 200	141 200
变动制造费用	16 960	22 080	34 560	39 360	112 960
固定制造费用	20 000	20 000	20 000	20 000	80 000
合　计	36 960	42 080	54 560	59 360	192 960

(四)期末存货预算

存货的计划与控制可以使企业避免代价昂贵的失误，因此，它是经理人员的重要职责之一。编制存货计划和进行存货控制，既可使企业以最优的价格取得足量的原材料，以满足生产的需要，又可使企业持有充足的产成品，以满足客户的需求量，但又不至于造成产品积压而形成资金的浪费。反之，就会使企业存货太多，形成资金的积压、浪费；或存货太少，影响正常的销售活动,从而给企业的生产经营带来不利的影响。

期末存货预算的编制,是为预计利润表的编制做准备。

【案例 3—3—6】 萨克森公司 20×7 年度期末产成品存货预算如表 3—3—10 所示:

表 3—3—10　　期末产成品存货预算　　单位:元

单位产品成本	
原材料(见表 3—3—4、表 3—3—5)	
A　2 千克,单价 0.20 元	0.40
B　1 千克,单价 0.15 元	0.15
直接人工(见表 3—3—7)	
1/4 小时,单价 8 元	2.00
制造费用(见表 3—3—8、表 3—3—9)	
变动(直接人工的 80%)	1.60
固定$\left(\text{直接人工的 56.66\%}=\frac{80\ 000}{141\ 200}\right)$	1.13
合　计	5.28
预计期末产成品存货(见表 3—3—3)	3 600×5.28=19 008(元)

(五)销售费用预算

销售费用预算,与其他预算一样,也对控制较为有用。每一会计期末将预算数与实际费用进行比较,可以揭示两者之间产生的差异,如果产生的差异较大,经理人员即可对形成差异的原因和责任进行具体分析,并采取有效措施,及时调整行为。另外,销售费用预算是编制预计利润表和现金预算的基础。

【案例 3—3—7】 萨克森公司 20×7 年度销售费用预算编制如表 3—3—11 所示:

表 3—3—11　　销售费用预算　　单位:元

	第一季度	第二季度	第三季度	第四季度	全年合计
销售人员工资	5 000	5 000	5 000	5 000	20 000
销售佣金 [销售收入的 3%(见表 3—3—2)]	3 600	4 320	6 480	11 700	26 100
广告费	2 000	2 000	3 000	4 000	11 000
运输费	2 000	2 000	2 000	2 000	8 000
租金	1 500	1 500	1 500	1 500	6 000
公用费	1 000	1 000	1 000	1 000	4 000
其他费用	2 000	2 000	2 000	2 000	8 000
合　计	17 100	17 820	20 980	27 200	83 100

(六)行政管理费用预算

行政管理费用预算的编制方法与销售费用预算相同。它也是编制预计利润表和现金预算的基础。

【案例 3—3—8】 萨克森公司 20×7 年度行政管理费预算编制如表 3—3—12 所示:

表 3—3—12　　行政管理费用预算　　单位:元

	第一季度	第二季度	第三季度	第四季度	全年合计
行政人员工资	20 000	20 000	20 000	20 000	80 000
租金	2 000	2 000	2 000	2 000	8 000
公用事业费	1 000	1 000	1 000	1 000	4 000
保险费	1 500	1 500	1 500	1 500	6 000
职业费	2 000	2 000	2 000	2 000	8 000
坏账费 [销售收入的 1%(见表 3—3—2)]	1 200	1 440	2 160	3 900	8 700
财产税	6 000	6 000	6 000	6 000	24 000
其他费用	5 000	5 000	5 000	5 000	20 000
合　计	38 700	38 940	39 660	41 400	158 700

五、财务预算

(一)现金预算

现金预算又称现金收支预算,是以日常业务预算和特种决策预算为基础所编制的反映现金收支情况的预算。现金预算是现金管理的重要工具,它可使企业事先对其日常的现金需要进行有计划的安排。如果没有现金预算,就有可能使企业陷入必须支付到期债务而又无现金的困境。现金不足将使企业的信用受到损害,并丧失购货折扣,以及其他机会。

企业要在现金预算中规划筹措用于抵补收支差额的现金,确保一定数额的现金余额,并通过买入、卖出有价证券来调剂现金余缺。现金预算一般由现金收入、现金支出、现金多余或不足、资金的筹集与运用等部分组成。这一制度可有助于企业安排诸如股利支付、机器设备的购买等随机性现金支出,同时也有助于企业安排诸如银行借款等筹资活动。

【案例 3—3—9】 萨克森公司 20×7 年度现金预算的编制除需要日常业务预算编制的资料外,还需要以下各项资料:

(1)过去经验表明,该公司应收账款的收回过程为:销售的当季度 80%,销售的下一季度 19%,不能收回 1%。

(2)薪金与工资于当季发放。

(3)所有采购原材料 80%于当季支付,20%在随后季度支付。制造费用、期间成本以及机器设备的购买都于当季支付。

(4)全年所得税估计为 60 000 元,每季度各分担 25%。

(5)企业与银行订有信用额度协议,据此公司每季度初都可按年利率12%向银行借款,银行按1%的月利率计算。

(6)公司的政策规定,公司必须保持其最低的现金余额30 000元。每季度初,公司必须借入足够金额的款项以保持该最低现金余额;与此同时,当现金余额超过30 000元的时候,公司必须在季末最后一天支付任何欠款。

(7)机器设备的购买情况为:第一季度10 000元,第二季度30 000元,第三季度100 000元,第四季度20 000元。设备款项按上述第(3)条规定的支付计划支付。

(8)每季支付2 000元的股利。

(9)20×7年第一季度,收回上年应收账款75 000元。表3—3—13中应收账款的初始余款并不考虑账款的可收回性,它将被冲销。

(10)20×6年12月31日应付账款的全部余额(见表3—3—13)将在20×7年第一季度支付。

编制现金预算所需的一些资料来源于该公司20×7年1月1日年初的预计资产负债表,如表3—3—13所示:

表3—3—13　　预计资产负债表

20×7年1月1日　　单位:元

资产		
流动资产:		
库存现金		40 000
应收账款	77 000	
减:坏账准备	2 500	74 500
存货:		
原材料	1 650	
库存商品	15 900	17 550
流动资产合计		132 050
非流动资产:		
固定资产	50 000	
减:累计折旧	20 000	30 000
资产总计		162 050
负债和所有者权益		
流动负债:		
应付账款	5 000	
流动负债合计		5 000
所有者权益:		
股本	100 000	
留存盈利	57 050	
所有者权益合计	157 050	
负债和所有者权益总计		162 050

现金预算的编制程序如下：

(1)根据应收账款编制季度现金收入计划，如表 3—3—14 所示：

表 3—3—14 **预期的现金收入** 单位：元

	第一季度	第二季度	第三季度	第四季度
期初应付账款				
(20×7 年 1 月 1 日)	74 500			
第一季度销售数(见表 3—3—2)				
120 000×80%	96 000			
120 000×19%		22 800		
第二季度销售数(见表 3—3—2)				
144 000×80%		115 200		
144 000×19%			27 360	
第三季度销售数(见表 3—3—2)				
216 000×80%			172 800	
216 000×19%				41 040
第四季度销售数(见表 3—3—2)				
390 000×80%				312 000
现金收入合计	170 500	138 000	200 160	353 040

(2)将期初现金余额 40 000 元(见表 3—3—13)转入现金预算表的“第一季度”栏。

(3)将第(1)步所计算的各季现金收入转入现金预算表。“全年合计”栏包括需对各季现金收入相加得出的全年现金收入和年初现金余额 40 000 元两项。

(4)根据原材料资料编制现金支出计划，如表 3—3—15 所示：

表 3—3—15 **预期的现金支出** 单位：元

	第一季度	第二季度	第三季度	第四季度
应付账款(20×7 年 1 月 1 日)	5 000			
第一季度材料采购额(见表 3—3—6)				
(4 696+1 761)×80%	5 166			
(4 696+1 761)×20%		1 291		
第二季度材料采购额(见表 3—3—6)				
(6 456+2 421)×80%		7 102		
(6 456+2 421)×20%			1 775	
第三季度材料采购额(见表 3—3—6)				
(9 000+3 375)×80%			9 900	
(9 000+3 375)×20%				2 475
第四季度材料采购额(见表 3—3—6)				
(8 436+3 164)×80%				9 280
现金支出合计	10 166	8 393	11 675	11 755

(5)将(4)的计算结果,以及直接人工、制造费用、销售费用、行政管理费用等的现金支出数转入现金预算中的现金支出部分。其中,制造费用中应扣除折旧费,行政管理费中应扣除坏账损失,因为这些费用并不要求现金支出。

(6)将机器设备的购买、股利支付以及所得税支付等现金支出转入现金预算中的现金支出部分。然后加总各季度的现金支出数,并计算现金多余(或不足)数。

(7)当现金多余数大于30 000元时(如第一季度),将期末现金余额转为下一季度的期初现金余额。当现金不足30 000元或出现现金不足时,首先要计算保持最低现金余额30 000元的不足数,然后将此现金不足数除以97%,即可得出借款金额。这是由于季度借款常在季初进行,因此要支付一个季度(3个月)的利息,每个月1%的利率,3个月的利率即为3%。据此可以看出,现金不足金额与借款金额之间的关系为:

$$现金不足金额=借款金额-利息$$

即:

$$现金不足金额=借款金额\times(1-3\%)$$

所以:

$$借款金额=\frac{现金不足金额}{1-3\%}$$

根据上述原理,我们可计算有关季度的具体数字:

第二季度:

现金不足金额=30 000−23 181=6 819(元)

借款金额=6 819÷96%=7 030(元)

利息=7 030×3%=211(元)

第三季度:

必须支付额=现金不足金额+最低现金余额+第二季度利息

=52 505+30 000+211=82 716(元)

借款金额=82 716÷97%=85 274(元)

利息=(第二季度贷款+第三季度贷款)×3%

=(85 274+7 030)×3%

=2 769(元)

第四季度由于现金多余,且足以支付所有贷款和利息。

根据上述(1)至(7),该公司20×7年度现金预算表编制如表3—3—16所示:

表3—3—16 **现金预算表**

20×7年12月31日 单位:元

	第一季度	第二季度	第三季度	第四季度	全年合计
期初现金金额	40 000	63 324	30 000	30 000	40 000
加:现金收入					
从客户收到现金(见表3—3—14)	171 000	138 000	200 160	353 040	862 200
合　计	211 000	201 324	230 160	383 040	902 200

续表

	第一季度	第二季度	第三季度	第四季度	全年合计
减:现金支出					
原材料(见表 3—3—15)	10 166	8 393	11 675	11 755	41 988
直接人工(见表 3—3—7)	21 200	27 600	43 200	49 200	141 200
制造费用(见表 3—3—8、表 3—3—9)	34 710	39 830	52 310	57 110	183 960
销售费用(见表 3—3—11)	17 100	17 820	20 980	27 200	83 100
行政管理费用(见表 3—3—12)	37 500	37 500	37 500	37 500	150 000
机器设备	10 000	30 000	100 000	20 000	160 000
股利	2 000	2 000	2 000	2 000	8 000
所得税	15 000	15 000	15 000	15 000	60 000
合　计	147 676	178 143	282 665	219 765	828 249
现金多余(或不足)	63 324	23 181	(52 505)	163 275	73 951
资金的筹集与运用:					
向银行借款		7 030	85 274		92 304
偿还银行借款				(92 304)	(92 304)
利息		(211)	(2 769)	(2 769)	(5 749)
合　计	0	6 819	82 505	95 073	5 749
期末现金余额	63 324	30 000	30 000	68 202	68 202

(二)预计利润表

在上述各经营预算的基础上,即可编制预计利润表。由于预计利润表可以揭示企业预期的盈利情况,因此,它显得特别重要。尽管经营预算的各组成部分都有助于计划与控制,但只有预计利润表才能预先提示经理人员未来年度企业的经营将趋于盈利还是亏损。据此,经理人员可以及时调整经营策略。

【案例 3—3—10】 萨克森公司的所得税税率为 23.75%,则该公司 20×7 年度预计利润表编制如表 3—3—17 所示:

表 3—3—17　　**预计利润表**

(20×7 年 12 月 31 日)　　单位:元

营业收入(见表 3—3—2)		870 000
减:营业成本		369 882
毛利		500 118
减:销售及管理费用		
销售费用(见表 3—3—11)	83 100	

续表

管理费用(见表 3—3—12)		158 700	241 800
税前经营利润			258 318
减:利息(见表 3—3—16)			5 749
利润总额			252 569
减:所得税			59 985
净利润			192 584
营业成本的计算过程如下:			
期初存货:			
产成品(见表 3—3—13)			
3 000×5.30			15 900
原材料(见表 3—3—13)			1 650
原材料采购(见表 3—3—6)			39 309
直接人工(见表 3—3—7)			141 200
制造费用(见表 3—3—8)			1 921 960
合　计			391 019
减:期末存货:			
产成品(见表 3—3—10)		19 008	
原材料:			
A(见表 3—3—6)	7 740×0.2=1 548		
B(见表 3—3—6)	3 870×0.15=581		21 137
营业成本			369 882

(三)预计资产负债表

预计资产负债表反映计划期末各账户的期末余额。在企业期初资产负债基础上,经过对经营预算和现金预算中的有关数字做适当调整,即可编制预计资产负债表。它可为管理层提供会计期末企业预期财务状况的信息。以此为基础,管理层即可预测未来期间的经营状况,并采取适当的预防措施。

【案例 3—3—11】 依然使用萨克森公司的数据,设该公司预计资产负债表如表 3—3—18 所示:

表 3—3—18　　预计资产负债表

20×7 年 12 月 31 日　　单位：元

资　产		
流动资产：		
货币资金		68 202[a]
应收账款	82 800[b]	
减：坏账准备	9 200[c]	73 600
存货：		
原材料	2 129[d]	
库存商品	19 008[e]	21 137
预计所得税	15	
流动资产合计		162 954
非流动资产：		
固定资产	210 000[f]	
减：累计折旧	29 000[g]	181 000
资产总计		343 954
负债和所有者权益		
流动负债：		
应付账款	2 320[h]	
流动负债合计		2 320
所有者权益：		
股本	100 000	
留存盈利	241 634[i]	
所有者权益合计		341 634
负债和所有者权益总计		343 954

表 3—3—18 中的有关数字，分项说明如下：

a. 见表 3—3—16	
b. 期初余额(见表 3—3—13)	77 000
加：销售收入(见表 3—3—2)	870 000
减：应收账款收回(见表 3—3—16)	(862 200)
坏账冲销	(2 000)
期末余额	82 800
c. 期初余额(见表 3—3—13)	2 500
加：坏账准备(870 000×1%)(见表 3—3—12)	8 700
减：坏账冲销	(2 000)
期末余额	9 200
d. 原材料 A(见表 3—3—6)	1 548
原材料 B(见表 3—3—6)	581

e. 见表 3—3—10	2 129
f. 期初余额(见表 3—3—13)	50 000
加:机器设备采购额(见表 3—3—16)	160 000
期末余额	210 000
g. 期初余额(见表 3—3—13)	20 000
加:折旧(见表 3—3—8)	9 000
期末余额	29 000
h. 期初余额(见表 3—3—13)	5 000
加:原材料采购额(见表 3—3—6)	39 309
减:原材料现金支出(见表 3—3—16)	(41 989)
期末余额	2 320
i. 期初余额(见表 3—3—13)	57 050
加:净利润(见表 3—3—17)	192 584
减:股利支付(见表 3—3—16)	(8 000)
期末余额	241 634

第四节　公司预算管理的几种形式

一、固定预算

固定预算(Fixed Budget),又称静态预算,是指在编制预算时,只根据预算期内正常的、可实现的某一固定业务量(如生产量、销售量)水平作为唯一基础来编制预算的一种方法。固定预算方法存在适应性差(不论未来预算期内实际业务量水平是否发生波动,都只按事先预计的某一个确定的业务量水平作为编制预算的基础)和可比性差(当实际业务量与编制预算所依据的预计业务量发生较大差异时,有关预算指标的实际数与预算数之间就会因业务量基础不同而失去可比性)的缺点。

二、弹性预算

(一)弹性预算的特点

弹性预算(Flexible Budget),又称变动预算或滑动预算,是指为克服固定预算方法的缺点而设计的,以业务量、成本和利润之间的依存关系为依据,按照预算期可预见的各种业务量水平为基础,编制能够适应多种情况预算的一种方法。编制弹性预算所依据的业务量可以是产量、销售量、直接人工工时、机器工时、材料消耗量或直接人工工资等。与固定预算方法相比,弹性预算方法具有预算范围宽(能够反映预算期内与一定相关范围内的可预见的多种业务量水平相对应的不同预算额,从而扩大了预算的适用范围,便于预算指标的调整)和可比性强(如果预算期实际业务量与计划业务量不一致,可以将实际指标与实际业务量相应的预算额进行对比)的优点。从理论上看,该方法适用于编制全面预算中所有与业务量有关的各种预算,但从实用角度看，主要用于编制弹性成本费用预算和弹性利润预算，尤其是编制费用预算。

(二)弹性预算的运用

弹性预算的主要用途是作为控制成本支出的工具。在计划期开始时，提供控制成本所需要的数据；在计划期结束后，可用于评价和考核实际成本。

1. 控制支出

由于成本一旦支出就不可挽回，只有事先提出成本的限额使有关的人在限额内花钱用物，才能有效地控制支出。根据弹性预算和每月的生产计划，可以确定各月的成本控制限额。这个事先确定的限额要求并不十分精确，所以，采用多水平法时可选用与计划业务量水平最接近的一套成本数据，作为控制成本的限额。采用公式法时，可根据计划业务量逐项计算成本数额，编制成本限额表，作为当月控制成本的依据。

2. 评价和考核成本控制业绩

每个计划期结束后，需要编制成本控制情况的报告，对各部门成本预算执行情况进行评价和考核。

(三)弹性预算的编制

编制弹性预算的基本步骤是：选择业务量的计量单位，确定适用的业务量范围，逐项研究并确定各项成本和业务量之间的数量关系，计算各项预算成本并用一定的方式来表达。

编制弹性预算，要选用一个最能代表本部门生产经营活动水平的业务量计量单位。例如，以手工操作为主的车间，可以选用人工工时；制造单一产品或零件的部门，可以选用实物数量；制造多种产品或零件的部门，可以选用人工工时或机器工时；修理部门可以选用直接修理工时等。

弹性预算的业务量范围，视企业或部门的业务量变化情况而定务必使实际业务量不至于超出确定的范围。一般来说，可定在正常生产能力的70%～110%，或以历史上最高业务量和最低业务量为其上下限。

弹性预算的质量高低，在很大程度上取决于成本性态分析的水平。

弹性预算的表达方式，主要有多水平法和公式法两种。

1. 多水平法(列表法)

采用多水平法，首先要在确定的业务量范围内，划分出若干个不同水平，然后分别计算各项预算成本，汇总列入一个预算表格。表3－4－2就是一个用多水平法表达的弹性预算。在这个预算中，业务量的间隔为10%，这个间隔可以更大些，也可以更小些。间隔较大，水平级别就少一些，可简化编制工作，但太大了就会失去弹性预算的优点；间隔较小，用以控制成本较为准确，但会增加编制的工作量。

多水平法的优点：不管实际业务量是多少，不必经过计算即可找到与业务量相近的预算成本，用以控制成本比较方便；混合成本中的阶梯成本和曲线成本，可按其性态计算填列，不必用数学方法修正为近似的直线成本。但是，运用多水平法弹性预算评价和考核实际成本时，往往需要使用插补法来计算“实际业务量的预算成本”，比较麻烦。

2. 公式法

因为任何成本都可用公式“$y=a+bx$”来近似地表示，所以只要在预算中列示固定成本(a)和单位变动成本(b)，便可随时利用公式计算任一业务量(x)的预算成本(y)。公式法的优点便于计算任何业务量的预算成本。但是，阶梯成本和曲线成本只能用数学方法修正为直线，以便用“$y=a+bx$”公式来表示。必要时，还需要在“备注”中说明不同的业务量范围内，应该采用的不同的固定成本金额和单位变动成本金额。

【案例3—4—1】 设萨克森公司在预算期内预计销售25 000件，单位售价50元；单位产品变动成本构成如下：

直接材料	14元
直接人工	6元
变动制造费用	3元
变动销售及行政管理费用	1元

年固定制造费用为300 000元，固定销售及管理费用为150 000元。但实际生产且销售产品仅为20 000件。若采用固定预算，则该公司该年的总的经营业绩如表3—4—1所示。

由于预算和实际销售量基础不一致，两者对比所形成的差异不能很好地说明问题。如表3—4—1所列示的变动成本形成了有利差异88 000元，即变动成本比预算节约了88 000元，究竟是由于销售量减少而减少，还是由于成本本身节约呢？完全看不出来。又如净利润形成了170 000元的不利差异，究竟与销售量的减少是否相适应？更难以看出。这说明固定预算在企业管理中是不能发挥其应有作用的。具体数据如表3—4—1所示：

表3—4—1 单位：元

	固定预算	实际	差异
销售量(件)	2 500	20 000	5 000(不利)
销售收入	1 250 000	1 000 000	250 000(不利)
减：变动成本			
直接材料	350 000	307 000	43 000(有利)
直接人工	150 000	114 000	36 000(有利)
制造费用	75 000	71 000	4 000(有利)
销售及管理费用	25 000	20 000	5 000(有利)
变动成本合计	600 000	512 000	88 000(有利)
贡献毛益	650 000	488 000	162 000(不利)
减：固定成本			
固定制造费用	300 000	308 000	8 000(不利)
固定销售及管理费用	150 000	15 000	
固定成本合计	450 000	458 000	8 000(不利)
经营利润	200 000	30 000	170 000(不利)

【案例 3—4—2】 根据【案例 3—4—1】的资料，可编制产品销售量分别为 15 000 件、20 000 件、25 000 件、30 000 件这 4 种业务量的弹性预算如表 3—4—2 所示：

表 3—4—2 金额单位：元

	产销量(件)			
	15 000	20 000	25 000	30 000
销售收入	730 000	1 000 000	1 250 000	1 500 000
直接材料	210 000	280 000	350 000	420 000
直接人工	90 000	120 000	150 000	180 000
变动制造费用	45 000	60 000	75 000	90 000
变动销售及管理费用	15 000	20 000	25 000	30 000
变动成本合计	360 000	480 000	600 000	720 000
贡献毛益	390 000	520 000	650 000	780 000
固定制造费用	300 000	300 000	300 000	300 000
固定销售及管理费用	150 000	150 000	150 000	150 000
净利润	(60 000)	70 000	200 000	330 000

现仍以上述实际销售 25 000 件的资料与弹性预算的有关指标进行对比，如表 3—4—3 所示：

表 3—4—3 单位：元

	固定预算 (1)	实际数 (2)	弹性预算 (3)	预算差异 (4)=(3)−(1)	成果差异 (5)=(2)−(3)	预算差异 (6)=(2)−(1)
销售收入	1 250 000	1 000 000	1 000 000	(250 000)(U)	—	(250 000)(U)
减：变动成本						
直接材料	350 000	307 000	280 000	(70 000)(F)	27 000(U)	(43 000)(F)
直接人工	150 000	114 000	120 000	(30 000)(F)	(6 000)(F)	36 000(F)
制造费用	75 000	71 000	6 000	(15 000)(F)	11 000(U)	(4 000)(F)
销售及管理费用	25 000	20 000	20 000	(50 000)(F)	—	(5 000)(F)
变动成本合计	600 000	512 000	480 000	120 000(F)	32 000(U)	880 000(F)
贡献毛益	650 000	488 000	520 000	(130 000)(U)	(32 000)(U)	(88 000)(F)
减：固定制造费用	300 000	308 000	300 000	—	8 000(U)	8 000(U)
固定销售及管理费用	150 000	150 000	150 000	—	—	—
固定成本合计	450 000	458 000	450 000	—	8 000(U)	8 000(U)
经营利润	200 000	30 000	70 000	(130 000)(U)	(10 000)(U)	170 000(U)

注：U 表示不利差异，F 表示有利差异。

从表 3—4—3 可以看出，由于实际销售比固定预算原定的指标少 5 000 件，与经过调整的弹性预算比较，应该减少利润 130 000 元，这 130 000 元属于预算差异(效率差异)。而实际指标与弹性预算对比，变动费用都是节约，固定成本超支仅 8 000 元，使实际经营利润比弹性预算的要求减少利润 40 000 元。这 40 000 元属于成果（耗费）差异。这两种差异的相应补充，能更好地说明实际比固定预算减少利润 170 000 元（3 000—20 000）的原因。这样评价企业的工作，就能明确区分经济责任，更好地调动职工提高经济效益的主动性和积极性。

弹性预算的编制，除了用上述方法依照不同的销售量水平分别确定上应的利润指标外，有的企业事先只编制单位产品变动成本标准和固定成本总预算进行控制，在实际业务发生后，再按照实际业务量换算，形成弹性预算。其计算公式为：

弹性预算＝单位产品变动成本标准×实际业务量＋固定成本预算总额

由于制造费用包括变动、固定两部分，为加强控制，更宜按照不同的业务量水平编制制造费用的弹性预算，如表 3—4—4 所示：

表 3—4—4 金额单位：元

	固定费用部分	变动费用部分		月份预算				
		生产能力利用		直接人工工时（工时）	24 000	27 000	30 000	3 300
		70%～100%	110%	生产能力利用 70%	80%	90%	100%	110%
间接材料		0.20	0.20	4 200	4 800	5 400	6 000	6 600
间接人工	9 000	0.40	0.40	17 400	18 600	19 800	21 000	22 200
各种津贴	900	0.34	0.35	8 040	9 060	10 080	11 100	12 450
电力费	300	0.10	0.10	2 400	2 700	3 000	3 300	3 600
维修费	900	0.03	0.04	1 530	1 620	1 710	1 800	2 220
折旧费	9 000			9 000	9 000	9 000	9 000	9 000
税　金	1 280			1 280	1 280	1 280	1 280	1 280
保险费	1 200			1 200	1 200	1 200	1 200	1 200
合　计	22 580			45 050	48 260	51 470	54 680	58 550

表 3—4—4 中，保险费、税金、折旧费这三项属于固定费用，它们不随直接人工工时的变动而变动，其余各项均属变动费用，在一定范围内（本例为 100%）它们同直接人工工时成比例地变动。但直接人工工时从 30 000 增加到 33 000，超出其生产能力的正常范围，变动费用中的某些项目（如维修费、各种津贴等）的增长幅度大于直接人工工时的增加幅度，这是因为，在这种情况下，会出现一些新的因素（如支付超时奖金和夜班奖金等），因而使其变动幅度超过正常的比例。对于这些情况，应结合各具体项目的特点做进一步的具体分析。

三、滚动预算

滚动预算（Rolling Budget），又称永续预算（Perpetual Budget）或连续预算（Continuous Budget），是一种经常稳定保持一定期限（如 1 年）的预算。其基本特点：凡预算执行过 1 个月后，即根据前 1 个月的经营结果结合执行中发生的变化等新信息，对剩余 11 个月加以修订，并自动后续 1 个月，重新编制新 1 年的预算，从而使总预算经常保持 12 个月的预算期。

如前所述，传统预算为便于将实际执行结果同预算数进行对比分析，通常按会计年度进行编制，并往往于会计年度的最后一个季度就开始着手编制下年度的预算，这种做法的缺点：(1)由于预算期较长，因而预算编制时，难以预见未来预算期的某些活动，特别是对预算期的后半阶段，往往只能提出一个比较笼统的预算，从而给预算的执行带来种种困难；(2)事先预见到的预算期内的某些活动，在预算执行过程中往往会有所变动，而原有预算却未能及时调整，从而使原有预算显得不相适应；(3)预算执行过程中，由于受预算期的限制，使管理人员的决策视野局限于剩余的预算期间的活动，缺乏长远的打算，不利于企业的长期稳定有序发展。而滚动预算的优点正在于能克服传统预算的上述缺点，能使企业管理层对未来一年的经营活动进行持续不断的计划，并在预算中经常保持一个稳定的视野，而不至于等到原有预算执行快结束时，仓促编制新预算，从而有利于保证企业的经营管理工作能稳定而有序地进行。其不足之处在于：(1)预算的自动延伸工作比较耗时，而且代价较大；(2)要说服经理人员确信，不断调整过程的效益是值得的。滚动预算的编制如图 3—4—1 所示：

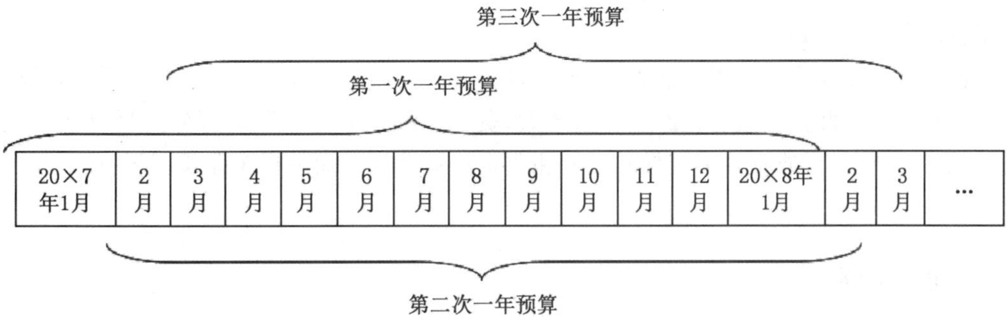

图 3—4—1　滚动预算编制方式

四、零基预算

零基预算(Zero-base Budget)，又称零底预算，是 20 世纪 70 年代由美国德州仪器公司担任财务预算工作的彼得・派尔(P. A. Phyrr)创建的。美国总统吉米・卡特(Jimmy Carter)在担任美国佐治亚州州长时，曾大力推广这种预算方法。1979 年卡特总统要求美国联邦政府全面实行零基预算。目前已被西方国家广泛采用作为费用预算的编制方法。零基预算是指在编制预算时不考虑以往水平，对所有的预算开支均以零为起点，根据其必要性来确定预算额的预算。

编制费用预算的传统方法，是以现有的费用水平为基础，预算期内有关业务量预期的变化，对现有费用水平做适当调整，以确定预算期的预算数。这种方法的基本假定：(1)企业现有的每项活动都是企业不断发展所必需的；(2)在未来会计年度内企业至少必须以现有费用水平继续存在；(3)现有费用已得到有效的利用；(4)增加费用预算是值得的。因此，这种方法的问题并不在于现有费用是否继续存在下去，而在于应增加多少。由此可见，这种方法在指导思想上，是以承认现实的基本合理性作为出发点，从而使原来不合理的费用开支也会继续存在下去，甚至有增无减，造成资金的巨大浪费。

零基预算与传统的预算编制的不同之处在于：它不是以现有费用水平为基础，而是如同新创办一个机构时那样，一切以“零”为起点，对每项费用开支的大小及必要性进行认真反复分析、权衡，并进行评定分级，据以判定其开支的合理性和优先顺序，并根据生产经营的客观需要与一定期间内资金供应的实际可能，在预算中对各个项目进行择优安排，从而提高资金的使用效益，节约费用开支。其基本做法：第一，划分基层预算单位；第二，对基层预算单位的业务活动提出计划，说明每项活动计划的目的性以及需要开支的费用；第三，由基层预算单位对本身的业务活动做具体分析，并提出“一揽子业务方案”；第四，对每项业务活动计划进行“费用—效益分析”权衡得失，排出优先顺序，并把它们分成等级；第五，根据生产经营的客观需要与一定期间内资金供应的实际可能，判定纳入预算中的费用项目可以达到几级，并对已确定可纳入预算中的费用项目进行加工、汇总，形成综合性的费用预算。

零基预算由于冲破了传统预算方法的框框限制，以“零”为起点来观察分析一切费用开支项目，确定预算金额，因而具有以下优点：(1)合理、有效地进行资源分配；(2)有助于企业内部的沟通、协调，激励各基层单位参与预算的积极性和主动性；(3)目标明确，可区别方案的轻重缓急；(4)有助于提高管理人员的投入—产出意识；(5)特别运用于产出较难辨认的服务性部门，克服资金浪费的缺点。

然而，零基预算也有其不足之处，主要表现为：(1)业绩差的经理人员会认为零基预算是对他的一种威胁，因此拒绝接受；(2)工作量较大，费用较高；(3)评级和资源分配具有主观性，易于引起部门问题的矛盾；(4)易于导致人们注重企业短期利益而忽视企业长期利益。

本章小结

财务预测的重点就在于估计出企业未来的外部融资需求。财务预测是融资计划的前提，有助于改善投资决策，有助于提高企业的应变能力。财务预测的方法包括销售百分比法、高低点法和回归分析法等常用的方法。销售百分比法简单实用，但它假设的若干资产、负债项目与销售额成正比例关系，并不完全符合事实。高低点法简便易行，但只考虑了历史时期中两个时期的数据，所得到的预测方程式可能存在代表性不强的问题，所以一般适用于企业各项资金变动趋势比较稳定的情况。回归分析法是计算结果最精确的方法，但这种方法如果手工计算的话，工作量很大，我们可以采用计算机处理，使工作量大大简化。

企业的全面预算分为经营预算和财务预算两个部分。经营预算包括销售预算、生产预算、制造成本预算(直接材料预算、直接人工预算、制造费用预算)、期末存货预算、销售费用预算、行政管理费用预算。财务预算包括现金预算、预计利润表、预计资产负债表。

常用的预算控制方法有滚动预算、零基预算和弹性预算等。滚动预算是一种经常稳定保持一定期限(如1年)的预算。零基预算是指在编制预算时不考虑以往水平，对所有的预算开支均以零为起点，根据其必要性来确定预算额的预算。弹性预算是指根据可预见的不同业务活动水平，分别规定相应目标和任务的预算。它按预算内某一相关范围内可预见的多种业务活动水平确定不同的预算额，或可按其实际业务活动水平调整其预算额，待实际业务量发生后，将实际指标与实际业务量相应的预算额进行对比，使预算执行情况的评价与考核建立在更加客观、可比的基础上。

复习思考题

1. 什么是财务预测？它有什么意义？
2. 财务预测的方法有哪些？
3. 用销售百分比法预测未来资金需求量的一般步骤有哪些？
4. 什么是财务预算？有何意义？
5. 什么是弹性预算？与固定预算相比，它有什么优点？
6. 什么是零基预算？它有什么优点？
7. 什么是滚动预算？它有什么优点？

自测题

一、单项选择题

1. 下列各项中，其预算期不与会计年度挂钩的预算方法是（　　）。

A. 弹性预算　B. 零基预算　C. 滚动预算　D. 固定预算

2. 在基期成本费用水平的基础上，结合预算期业务量及有关降低成本的措施，通过调整有关原有成本项目而编制的预算，称为（　　）。

A. 弹性预算　B. 零基预算　C. 增量预算　D. 滚动预算

3. 在编制预算的方法中，能够克服固定预算缺陷的方法是（　　）。

A. 弹性预算　B. 零基预算　C. 滚动预算　D. 增量预算

4. 企业年度各种产品销售业务量为100%时的销售收入为5 500万元，变动成本为3 300万元，企业年固定成本总额为1 300万元，利润为900万元，则预计业务量为70%时的利润为（　　）万元。

A. 540　B. 240　C. 630　D. 680

5. 直接材料预算的主要编制基础是（　　）。

A. 销售预算　B. 现金预算　C. 生产预算　D. 产品成本预算

6. 下列各项中，属于日常业务预算的有（　　）。

A. 销售预算　B. 现金预算

C. 生产预算　D. 销售费用预算

二、多项选择题

1. 滚动预算按其预算编制和滚动的时间单位不同，可分为（　　）。

A. 逐月滚动　B. 逐季滚动　C. 混合滚动　D. 增量滚动

2. 与生产预算有直接联系的预算有（　　）。

A. 直接材料预算　B. 变动制造费用预算

C. 销售及管理费用预算　D. 直接人工预算

3. 在财务预算中，专门用以反映企业未来一定预算期内预计财务状况和经营成果的预算为（ ）。

A. 现金预算 B. 预计资产负债表

C. 财务费用预算 D. 预计利润表和利润分配表

4. 产品成本预算，是（ ）预算的汇总。

A. 生产 B. 直接材料采购与消耗

C. 直接人工 D. 股利与利息支出

5. 编制预计财务报表的依据包括（ ）。

A. 现金预算 B. 特种决策预算

C. 日常业务预算 D. 责任预算

三、判断题

1. 管理费用多属于固定成本，所以管理费用预算一般是以过去的实际开支为基础，按预算期的可预见变化来调整。（ ）

2. 弹性预算从实用角度看，主要适用于全面预算中与业务量有关的各种预算。（ ）

3. 在编制零基预算时，应以企业现有的费用水平为基础。（ ）

4. 生产预算是规定预算期内有关产品生产数量、产值和品种结构的一种预算。（ ）

5. 属于编制全面预算的出发点和日常业务预算基础的是销售预算。（ ）

四、计算分析题

1. 某企业20×7年12月31日简略式资产负债表如下表所示：

资产负债表（简表） 单位：元

资产		负债和所有者权益	
现金	5 000	应付账款	31 000
应收账款	57 000	应付票据	10 000
存货	40 000	长期负债	55 000
固定资产净值	90 000	股本	120 000
无形资产	30 000	留存收益	6 000
合计	222 000	合计	222 000

20×7年实现销售额300 000元，实现净利润12 000元并发放了8 000元股利；20×8年计划销售额将达到480 000元，假定其他条件不变，仍按基期股利发放率支付股利，按计划提取折旧12 000元，其中35%用于当年更新改造支出；厂房设备能力已经达到饱和状态，有关零星资金需求量为7 000元。

要求：试用销售百分比法预测20×8年的追加资金需求量。

2. A企业20×8年现金预算的相关数据和资料如下表所示：

A 企业现金预算表

20×8 年　　　　单位：元

项　目	第一季度	第二季度	第三季度	第四季度
期初现金余额	1 000			2 500
本期现金收入	31 000	33 500	E	36 500
本期现金支出	30 000	C	37 000	40 000
现金余缺	A	1 000	3 000	G
资金筹措与运用	−500	1 000	F	I
取得流动资金借款		1 000		
归还流动资金借款	−500			
期末现金余额	B	D	2 500	H

假设 A 企业发生现金余缺均由归还或取得流动资金借款解决，且流动资金借款利息可以忽略不计。除表中所列项目外，A 企业没有有价证券，也没有发生其他现金收支业务。预计 20×8 年年末流动负债为 4 000 万元，需要保证的年末现金占流动负债的比率为 50%。

要求：根据上述资料，列式计算填列表中用字母标示的项目。

3. K 公司 20×8 年度预算制造费用明细如下：

(1)间接人工：基本工资为 3 000 元，另加每工时的津贴 0.1 元；

(2)物料费：每工时负担 0.15 元；

(3)折旧费：5 000 元；

(4)维护费：当生产量在 3 000～6 000 工时的范围内，基数为 2 000 元，另加每工时应负担 0.08 元；

(5)水电费：基数为 1 000 元，另加每工时应负担 0.2 元。

要求：根据上述资料，为 K 公司在生产量为 3 000～6 000 工时的范围内，编制一套能适应多种业务量的制造费用弹性预算(间隔为 1 000 工时)。

4. B 公司根据销售预测，对某产品预算年度的销售量做如下预计：第一季度为 5 000 件，第二季度为 6 000 件，第三季度为 8 000 件，第四季度为 7 000 件，每个季度的期末存货量，应为下一季度预计销售量的 10%；假设年初存货量为 750 件，年末存货量为 600 件，单位产品材料消耗定额为 2 千克/件，单位产品工时定额为 5 小时/件，单位工时的工资额为 0.6 元。

20×8 年度 B 公司生产预算和材料消耗预算如下表所示：

B 公司生产预算和材料消耗预算表

20×8 年度　　　　单位：元

项　目	第一季度	第二季度	第三季度	第四季度	全年合计
预计销售量					
加：预计期末存货					
减：期初存货量					
预计生产量					
单位产品材料消耗定额(千克)					
预计直接材料消耗量(千克)					
单位产品工时定额(工时)					
预计生产需要定额工时总量(工时)					

20×8 年度 B 公司直接人工预算如下表所示：

B 公司直接人工预算

20×8 年度

项　目	第一季度	第二季度	第三季度	第四季度	全年合计
预计生产量(件)					
单位产品工时定额(工时)					
预计生产需要定额工时总量(工时)					
单位工时的工资额(元)					
预计直接人工成本(元)					

要求：根据以上资料，编制 B 公司的生产预算、材料消耗预算和直接人工预算。

第四章 财务估价

什么是“精明”人？他通晓世间万物的价码，但对其价值却一无所知。

——奥斯卡·王尔德

(Oscar Wilde)

学习目标

◇ 掌握复利现值、复利终值的含义与计算方法；

◇ 掌握年金现值、年金终值的含义与计算方法；

◇ 掌握折现率利率的计算、名义利率与实际利率的换算；

◇ 掌握股票收益率的计算、普通股的评价模型；

◇ 掌握债券收益率的计算、债券的估价；

◇ 熟悉现值系数、终值系数在资金时间价值中的运用；

◇ 熟悉普通股的含义和分类、普通股的特征；

◇ 熟悉债券的含义、特征，债券的基本要素。

引导案例

大家都知道“复利”，“复利”是银行计算利息的一种方法，即把前一期的利息和本金加在一起算作本金，再计算下一期的利息。就是俗话说的“利滚利”。为了说明“利滚利”的威力，让我们看一个例子：1626 年荷兰人 Peter Minuit 以大约 24 美元的货物从印第安人手中买下了整个曼哈顿岛。听起来似乎很便宜，但是印第安人可能赚大钱了。为什么呢？假定印第安人把货物都卖掉了，并将这 24 美元投资在 10%的年利率上，截至 2001 年值多少钱呢？这笔交易有 375 年了。在 10%的利率下，24 美元随着时间慢慢增长。大约是 $24\times(1+i)^t=24\times1.137\,5=72\,000$(万亿美元)。这可是一笔巨款，这笔钱在今天可以买下美国！很难想象吧！用现金买下美国！而剩下的钱可以用来买下加拿大、墨西哥等国家。这就是“累积”的力量！爱因斯坦曾说过，“复利”是人类最具威力的发明。富兰克林则把“复利”称作可以点石成金的“魔杖”。

本章我们将讨论公司财务估价的工具，这将涉及货币的时间价值计算和风险的计量，在这些工具的基础上我们还将试着用这些工具来对有价证券的价值进行评估，让大家了解我们在生活中所见到的有价证券的价值是如何被评估出来的。

第一节 货币的时间价值

一、资金的时间价值的含义

(一)资金的时间价值的概念

资金的时间价值是指一定量资金在不同时点上价值量的差额，也称为货币的时间价值。资金在周转过程中会随着时间的推移而发生增值，使资金在投入、收回的不同时点上价值不同，形成价值差额。

日常生活中，经常会遇到这样一种现象，一定量的资金在不同时点上具有不同价值，现在的1元比将来的1元更值钱。例如，我们现在有1 000元，存入银行，银行的年利率为5%，1年后可得到1 050元，于是现在的1 000元与1年后的1 050元相等。因为这1 000元经过1年的时间增值了50元，这增值的50元就是资金经过1年时间的价值。同样企业的资金投到生产经营中，经过生产过程的不断运行，资金的不断运动，随着时间的推移，会创造新的价值，使资金得以增值。因此，一定量的资金投入生产经营或存入银行，会取得一定利润和利息，从而产生资金的时间价值。

(二)资金的时间价值产生的条件

资金的时间价值产生的前提条件，是由于商品经济的高度发展和借贷关系的普遍存在，出现了资金使用权与所有权的分离，资金的所有者把资金使用权转让给使用者，使用者必须把资金增值的一部分支付给资金的所有者作为报酬，资金占用的金额越大，使用的时间越长，所有者所要求的报酬就越高。而资金在周转过程中的价值增值是资金时间价值产生的根源。

(三)资金的时间价值的表示

资金的时间价值可用绝对数(利息)和相对数(利息率)两种形式表示，通常用相对数表示。资金时间价值的实际内容是没有风险和没有通货膨胀条件下的社会平均资金利润率，是企业资金利润率的最低限度，也是使用资金的最低成本率。

由于资金在不同时点上具有不同的价值，不同时点上的资金就不能直接比较，必须换算到相同的时点上，才能比较。因此，掌握资金的时间价值的计算就很重要。资金的时间价值的计算包括一次性收付款项的终值、现值和多次收付款项(年金)的终值、现值。

二、现金流量的表示

现金流量是资金在一定时点流入或流出的数量，它具有时间性和方向性两个基本特征。

由于资金具有随时间的延续而增值的特性,因此对不同时间的资金价值就不宜直接进行比较,而必须将它们换算到同一时点,再进行大小比较,这就涉及资金时间价值的计算,而要计算资金的时间价值,首先必须弄清每一笔资金运动发生的时间和方向。

现金流量图就是用于反映资金流动的数量、时间和方向的函数关系的图形。在现金流量图中,横轴代表方向,横轴上的坐标代表各个时点,在各个时点上标注的箭头表示在该时点发生的现金流量,箭头方向表示资金流动的方向:箭头向上表示现金流出,箭头向下表示现金流入。现金流量的大小可以在箭头旁边用数字表示。

图 4—1—1 的现金流量图表示在时点 0 有 600 单位现金流出,在时点 1 有 500 单位现金流出,在时点 2 有 400 单位现金流出,在时点 3 有 500 单位现金流入,在时点 4 有 600 单位现金流入。

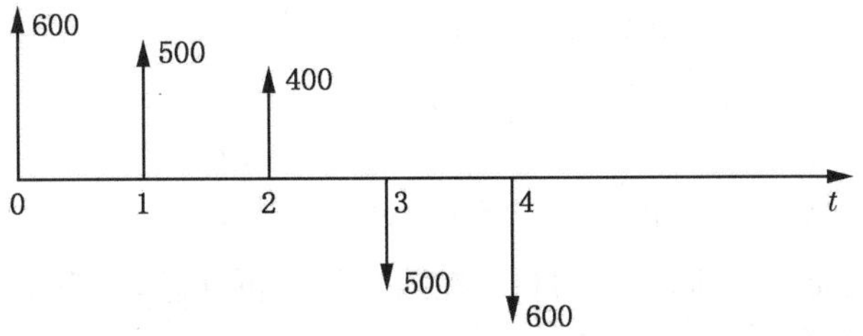

图 4—1—1　现金流量示意图

对于现金流量图,一般有以下假设:

第一,现金流量发生在期末。除非有特殊说明,现金流量均发生在期末。

第二,现金流出为负值。对于投资者而言,现金流入为现金增加,用"+"表示;现金流出为现金减少,用"—"表示。

第三,决策时点为 $t=0$。除非有特殊说明,"现在"是 $t=0$ 这一瞬间,而 $t=1$ 就是第 1 个时间期间的期末,也是第 2 个时间期间的期初(或开始)。

三、一次性收付款项的终值和现值

一次性收付款项是指在某一特定时点上一次性支出或收入,经过一段时间后再一次性收回或支出的款项。例如,现在将一笔 10 000 元的现金存入银行,5 年后一次性取出本利和。

资金时间价值的计算,涉及两个重要的概念,即现值和终值。

现值又称本金,是指未来某一时点上的一定量现金折算到现在的价值。

终值又称将来值或本利和,是指现在一定量的现金在将来某一时点上的价值。

由于终值和现值的计算与利息的计算方法有关,而利息的计算有单利和复利两种,因此终值和现值的计算也有单利和复利之分。在财务管理中,一般按复利来计算。

(一)单利的终值和现值

单利是指只对本金计算利息,利息部分不再计息,通常用 P 表示现值,F 表示终值,i 表示利率(贴现率、折现率),n 表示计算利息的期数,I 表示利息。

1. 单利的利息

其计算公式为：

$$I=P\times i\times n$$

2. 单利的终值

其计算公式为：

$$F=P\times(1+i\times n)$$

3. 单利的现值

其计算公式为：

$$P=F/(1+i\times n)$$

【案例 4－1－1】 某人将一笔 5 000 元的现金存入银行，银行一年期定期利率为 5%。

要求：计算第一年和第二年的终值和利息。

解：$I_1=P\times i\times n=5\ 000\times 5\%\times 1=250$(元)

$I_2=P\times i\times n=5\ 000\times 5\%\times 2=500$(元)

$F_1=P\times(1+i\times n)=5\ 000\times(1+5\%\times 1)=5\ 250$(元)

$F_2=P\times(1+i\times n)=5\ 000\times(1+5\%\times 2)=5\ 500$(元)

从上面计算中，显而易见，第一年的利息在第二年不再计息，只有本金在第二年计息。此外，无特殊说明，给出的利率均为年利率。

【案例 4－1－2】 某人希望 5 年后获得 10 000 元本利和，银行利率为 5%。

要求：计算某人现在需存入银行多少资金？

解：$P=F/(1+i\times n)=10\ 000/(1+5\%\times 5)=8\ 000$(元)

上面求现值的计算，也可称贴现值的计算，贴现使用的利率称贴现率。

(二)复利的终值和现值

复利是指不仅对本金要计息，而且对本金所生的利息，也要计息，即“利滚利”。

1. 复利终值

复利终值(Future Value)是指一定量的本金按复利计算的若干年后的本利和，如图 4－1－2 所示：

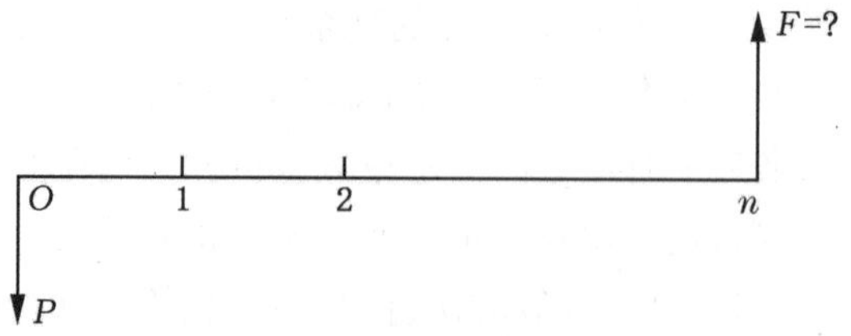

图 4－1－2 复利终值示意图

在图 4－1－2 中，根据复利终值的特点，复利终值的计算表达式可推导为：

$$F_1=P+P\times i=P\times(1+i)$$
$$F_2=P\times(1+i)+P\times(1+i)\times i=P\times(1+i)^2$$
$$F_3=P\times(1+i)^2+P\times(1+i)^2\times i=P\times(1+i)^3$$
$$\cdots$$

复利终值的计算公式为：

$$F=P\times(1+i)^n$$

上式中，$(1+i)^n$ 称为“复利终值系数”或“1 元复利终值系数”，用符号 $(F/P,i,n)$ 表示，其数值可查阅“复利终值系数表”。

【案例 4—1—3】 某人现在将 5 000 元存入银行，银行利率为 5%。

要求：计算第一年和第二年的本利和。

解：第一年的 $F=P\times(1+i)^1$

$=5\ 000\times(F/P,5\%,1)$

$=5\ 000\times1.05=5\ 250$（元）

第二年的 $F=P\times(1+i)^2$

$=5\ 000\times(F/P,5\%,2)$

$=5\ 000\times1.102\ 5$

$=5\ 512.5$（元）

上式中的 $(F/P,5\%,2)$ 表示利率为 5%、期限为 2 年的复利终值系数，在复利终值系数表中，我们可以从横行中找到利息 5%，纵列中找到期数 2 年，两者相交处，可查到 1.102 5 $(F/P,5\%,2)$。该系数表明，在年利率为 5%的条件下，现在的 1 元与 2 年后的 1.102 5 元相等。

将单利终值与复利终值比较，发现在第一年，单利终值和复利终值是相等的，在第二年，单利终值和复利终值不相等，两者相差 12.5 元（5 512.5—5 500），这是因为第一年本金所生的利息在第二年也要计算利息，即 12.5 元（250×5%）。因此，从第二年开始，单利终值和复利终值是不相等的。

2. 复利的现值

复利现值（Present Value）是指在将来某一特定时间取得或支出一定数额的资金，按复利折算到现在的价值，如图 4—1—3 所示：

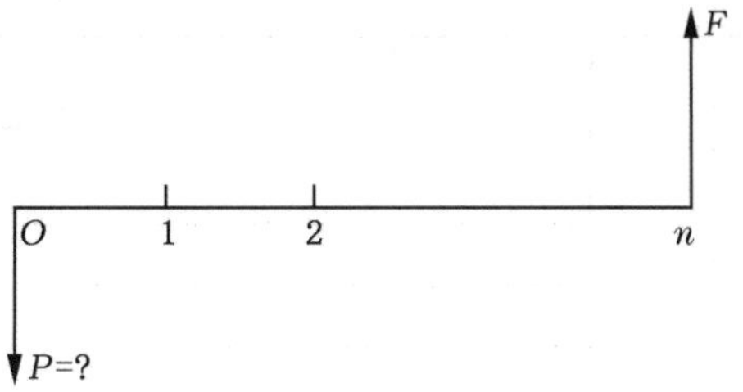

图 4—1—3　复利现值示意图

复利现值的计算公式为：

$$P=F/(1+i)^n=F\times(1+i)^{-n}$$

式中的 $(1+i)^{-n}$ 称为“复利现值系数”或“1 元复利现值系数”，用符号 $(P/F,i,n)$ 表示，其数值可查阅“复利现值系数表”。

【案例 4—1—4】 某人希望 5 年后获得 10 000 元本利,银行利率为 5%。

要求:计算某人现在应存入银行多少资金?

解:$P=F\times(1+i)^{-n}$

$=F\times(P/F,5\%,5)$

$=10\ 000\times0.783\ 5$

$=7\ 835$(元)

$(P/F,5\%,5)$表示利率为 5%、期限为 5 年的复利现值系数。同样,我们在复利现值系数表中,从横行中找到利率 5%,纵列中找到期限 5 年,两者相交处,可查到 0.783 5$(P/F,5\%,5)$。该系数表明,在年利率为 5%的条件下,5 年后的 1 元与现在的 0.783 5 元相等。

3. 复利利息的计算

其计算公式为:

$$I=F-P$$

【案例 4—1—5】 根据【案例 4—1—4】的资料。

要求:计算 5 年的利息。

解:$I=F-P=10\ 000-7\ 835=2\ 165$(元)

四、多次收付款项的终值和现值

以上所讨论的是现金流量在一个时点发生流动时相关的终值和现值。在企业的实际经济活动中,现金流量经常会根据需要在不同时点多次以相同或不同的金额发生流动,在此讨论这种多期现金流量的终值和现值的计算问题。

(一)多期现金流量终值的计算

多期现金流量终值是指不同时点的现金流量按一定利率计算的终值之和,也就是把多期现金流量计算为 n 时点的终值,如图 4—1—4 所示:

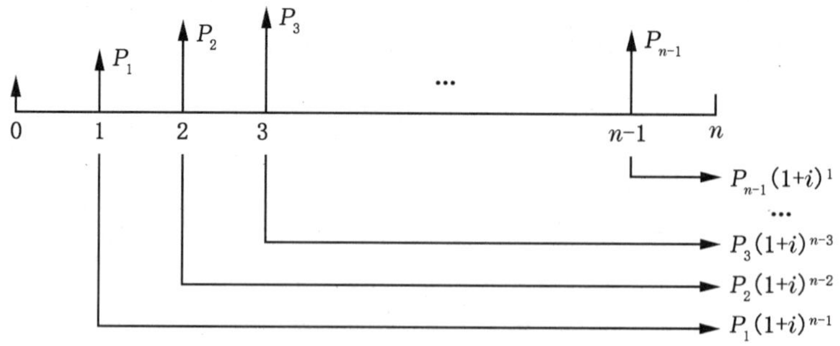

图 4—1—4 多期现金流量终值计算示意图

各期现金流量流入到第 n 期的终值之和为:

$$\begin{aligned} F &= F_1 + F_2 + F_3 + \cdots + F_n \\ &= P_1 \times (1+i)^{n-1} + P_2 \times (1+i)^{n-2} + P_3 \times (1+i)^{n-3} + \cdots + P_n \times (1+i)^{n-n} \\ &= \sum_{t=1}^{n} P_t \times (1+i)^{n-t} \end{aligned}$$

式中，P_t为第t年产生的现金流量，T为现金流量产生时点($t=1,2,3,\cdots,n$)，F_t为第t年产生的现金流量在第n期的终值，F为多期现金流量的终值。

【案例4—1—6】 如果第0年(第1年年初)存入银行500元，第1年年末存入银行400元，第3年年末存入200元，银行存款利率为10%。

要求：计算第4年年末的本利和。

解：求第4年年末的本利和，可先求各年存款的本利和，然后对各年存款本利和再求和，如图4—1—5所示：

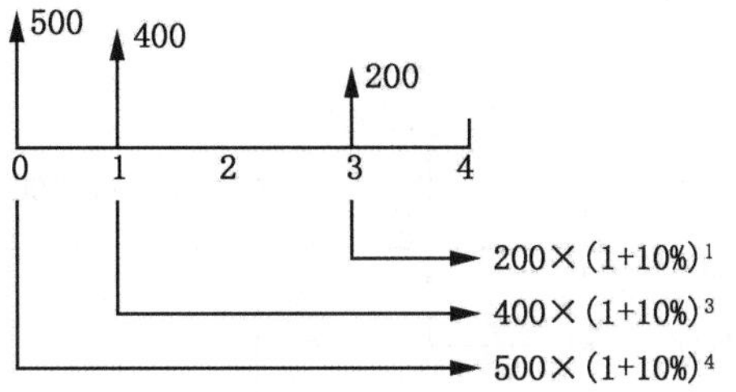

图4—1—5　多期现金流量终值示意图

$$\begin{aligned} F &= 500\times(1+10\%)^4 + 400\times(1+10\%)^3 + 200\times(1+10\%)^1 \\ &= 500\times(F/P,10\%,4) + 400\times(F/P,10\%,3) + 200\times(F/P,10\%,1) \\ &= 1\,484.45(\text{元}) \end{aligned}$$

(二)多期现金流量现值的计算

多期现金流量现值是指不同时点的现金流量按一定利率计算的现值之和，也就是把多期现金流量计算为0时点的现值，如图4—1—6所示：

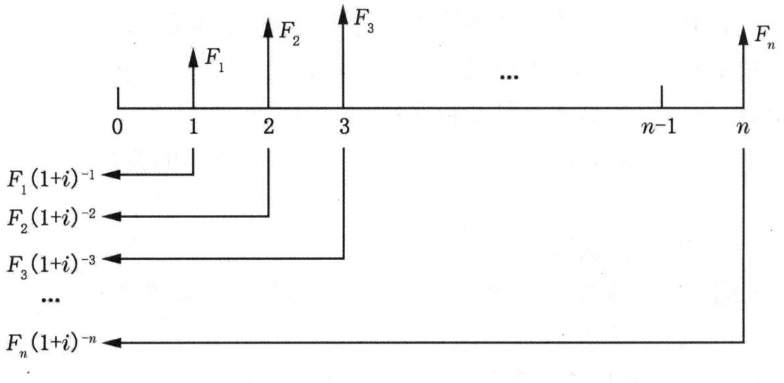

图4—1—6　多期现金流量现值计算示意图

各期现金流量流入到第0期的现值之和为：

$$\begin{aligned} P &= P_1 + P_2 + P_3 + \cdots + P_n \\ &= F_1 \times (1+i)^{-1} + F_2 \times (1+i)^{-2} + F_3 \times (1+i)^{-3} + \cdots + F_n \times (1+i)^{-n} \\ &= \sum_{t=1}^{n} F_t \times (1+i)^{-t} \end{aligned}$$

式中，F_t 为第 t 年产生的现金流量，t 为现金流量产生时点($t=1,2,3,\cdots,n$)，P_t 为第 t 年产生的现金流量在第 0 期的现值，P 为多期现金流量的现值。

【案例 4—1—7】 假设某企业分期付款购买一台设备，在签订合同时付款 8 000 元，第 1 年年末付款 6 000 元，第 2 年年末付款 4 000 元，第 3 年年末付款 2 000 元，第 4 年年末付款 1 000 元，若年利率为 10%。

要求：计算该设备的价值。

解：求第 0 年的现值，可先求各年付款的现值，然后再对各年付款现值求和，如图 4—1—7 所示：

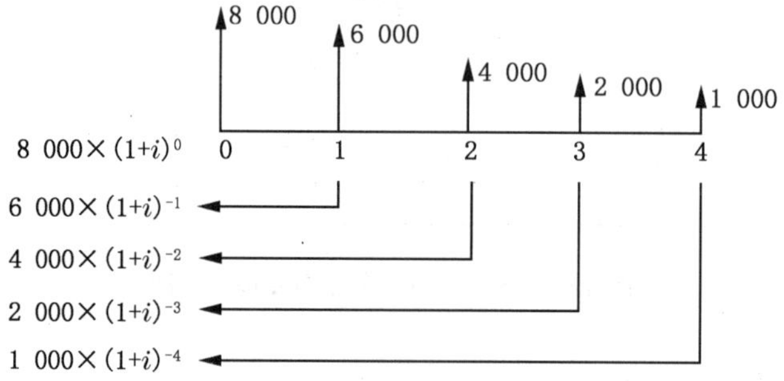

图 4—1—7 多期现金流量现值示意图

$P = 8\,000 + 6\,000 \times (P/F, 10\%, 1) + 4\,000 \times (P/F, 10\%, 2) + 2\,000 \times (P/F, 10\%, 3) + 1\,000 \times (P/F, 10\%, 4)$

$= 18\,946$(元)

(三)名义利率和实际利率

在前面的复利计算中，所涉及的利率均假设为年利率，并且每年复利一次。但在实际业务中，复利的计算期不一定是 1 年，可以是半年、一季度、一月或一天复利一次。当利息在一年内要复利几次时，给出的年利率称为名义利率，用 r 表示，根据名义利率计算出的每年复利一次的年利率称为实际利率，用 i 表示。实际利率和名义利率之间的关系为：

$$i = (1 + r/m)^m - 1$$

式中，m 表示每年复利的次数。

【案例 4—1—8】 某人现存入银行 10 000 元，年利率 5%，每季度复利一次。

要求：计算 2 年后能取得多少本利和。

解：(1)先根据名义利率与实际利率的关系，将名义利率折算成实际利率。

$i = (1 + r/m)^m - 1$

$= (1 + 5\%/4)^4 - 1$

$= 5.09\%$

再按实际利率计算资金的时间价值。

$F=P\times(1+i)^n$

$=10\,000\times(1+5.09\%)^2$

$=11\,043.91$(元)

(2)将已知的年利率 r 折算成期利率 r/m,期数变为 $m\times n$。

$F=P\times(1+r/m)^{m\times n}$

$=10\,000\times(1+5\%/4)^{2\times4}$

$=10\,000\times(1+0.012\,5)^8$

$=11\,044.86$(元)

五、年金的终值和现值

年金(Annuity)是指一定时期内,每隔相同的时间,收入或支出相同金额的系列款项。例如,折旧、租金、等额分期付款、养老金、保险费、零存整取等都属于年金问题。年金具有三个特点:第一,现金流量每次发生的时间间隔相同;第二,现金流量每次发生的金额相等;第三,现金流量每次发生的方向相同。

年金根据每次收付发生的时点不同,可分为普通年金、即付年金、递延年金和永续年金四种。要注意的是,在财务管理中,讲到年金,一般指普通年金。

(一)普通年金

普通年金(Ordinary Annuity)是指在每期的期末,间隔相等时间,收入或支出相等金额的系列款项。每一间隔期,有期初和期末两个时点,由于普通年金是在期末这个时点上发生收付,故又称后付年金。

1. 普通年金的终值

普通年金的终值是指每期期末收入或支出的相等款项,按复利计算,在最后一期所得的本利和。每期期末收入或支出的款项用 A 表示,利率用 i 表示,期数用 n 表示,那么每期期末收入或支出的款项,折算到第 n 年的终值的如图 4—1—8 所示:

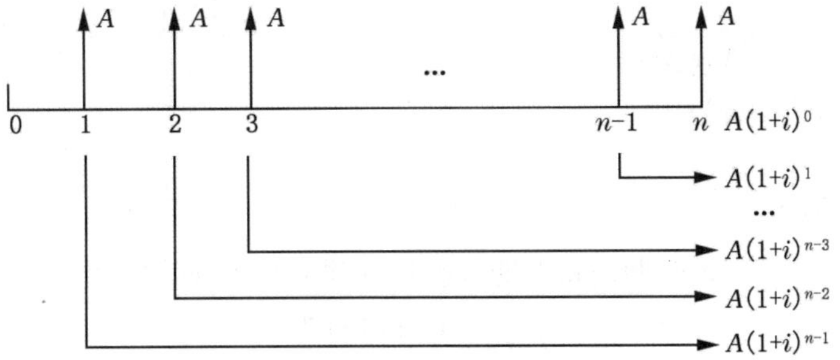

图 4—1—8 普通年金终值示意图

由图 4—1—8 可知,普通年金终值 F 的计算公式为:

$$F=A\times(1+i)^0+A\times(1+i)^1+A\times(1+i)^2+\cdots+A\times(1+i)^{n-1} \quad (4-1-1)$$

先将(4—1—1)式两边同时乘以(1+i),得:

$$(1+i)\times F=A\times(1+i)^1+A\times(1+i)^2+A\times(1+i)^3+\cdots+A\times(1+i)^n \quad (4-1-2)$$

再将(4—1—2)式减(4—1—1)式,得:

$$F=A\times\frac{(1+i)^n-1}{i} \quad (4-1-3)$$

式中,$\frac{(1+i)^n-1}{i}$是普通年金为1元、利率为i、经过n期的年金终值系数,记作$(F/A,i,n)$,可直接查阅"年金终值系数表"。(4—1—3)式也可以写作:

$$F=A\times(F/A,i,n) \quad (4-1-4)$$

【案例4—1—9】 某人在5年中每年年末存入银行100 000元,银行存款复利率为10%。

要求:计算第5年年末年金的终值。

解:运用普通年金终值计算公式计算为:

$F=100\ 000\times(F/A,10\%,5)=100\ 000\times6.105\ 1=610\ 510$(元)

2. 偿债基金

偿债基金是指为了在约定的未来一定时点清偿某笔债务或积聚一定数额的资金而必须分次等额提取的存款准备金。

偿债基金与年金终值互为逆运算。其计算公式为:

$$A=F\times\frac{i}{(1+i)^n-1}$$

式中,分式称作"偿债基金系数",记作$\frac{1}{(F/A,i,n)}$,等于年金终值系数的倒数。

【案例4—1—10】 某企业10年需偿还到期债务100 000元,如果存款年复利率为10%。

要求:计算为偿还该笔债务应建立的年偿债基金。

解:运用偿债基金的计算公式,可计算出每年应设的年偿债基金为:

$$\begin{aligned}A&=F\times\frac{i}{(1+i)^n-1}\\&=100\ 000\times\frac{10\%}{(1+10\%)^{10}-1}\\&=100\ 000\times\frac{1}{(F/A,i,n)}\\&=100\ 000\div15.937\\&=6\ 275(\text{元})\end{aligned}$$

3. 普通年金现值

普通年金现值是指一定时期内每期期末收付款项的复利现值之和。其计算公式为:

$$P=A\times\frac{1-(1+i)^{-n}}{i}$$

设每年的等额款项为A,利率为i,期数为n,其计算方法如图4—1—9所示:

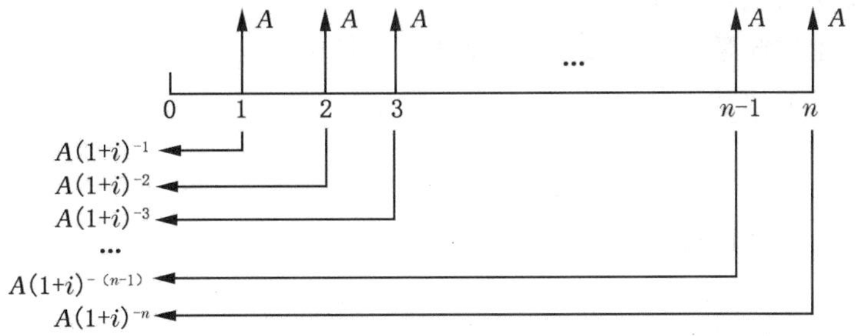

图 4—1—9 普通年金现值示意图

由图 4—1—9 可知，普通年金现值 P 的计算公式为：

$$P=A\times(1+i)^{-1}+A\times(1+i)^{-2}+\cdots+A\times(1+i)^{-(n-1)}+A\times(1+i)^{-n} \quad (4-1-5)$$

先将(4—1—5)式两边同时乘以(1＋i)，得：

$$(1+i)\times P=A\times(1+i)^{0}+A\times(1+i)^{-1}+\cdots+A\times(1+i)^{-(n-2)}+A\times(1+i)^{-(n-1)} \quad (4-1-6)$$

再将(4—1—6)式减(4—1—5)式，得：

$$P=A\times[\frac{1-(1+i)^{-n}}{i}] \quad (4-1-7)$$

式中的$\frac{1-(1+i)^{-n}}{i}$是普通年金为 1 元、利率为 i、经过 n 期的年金现值系数，记作($P/A,i,n$)，可直接查阅“年金现值系数表”。(4—1—7)式也可以写作：

$$P=A\times(P/A,i,n) \quad (4-1-8)$$

【案例 4—1—11】 K 公司为了提高产品质量，决定向 E 公司购买专用技术，双方在合同上约定 K 公司分 6 年支付技术转让费。每年年末支付 48 000 元，假定银行存款利率为 9%。

要求：计算 K 公司现在购买该项专用技术的转让费。

解：K 公司现在购买该项专用技术转让费的价格为：

P ＝48 000×(P/A,9%,6)

＝48 000×4.486

＝215 328(元)

4. 年资本回收额的计算

年资本回收额是指在约定的期限内等额回收初始投入资本或清偿所欠债务的金额。实际上，初始投入资本或债务就等同于年金现值 P，每年收回的年资本回收额就等同于年金 A。也就是说，年资本回收额的计算实际上就是年金现值计算的逆运算。根据普通年金现值的计算公式，年资本回收额的计算公式为：

$$A=P\div\frac{1-(1+i)^{-n}}{i}=P\times\frac{i}{1-(1+i)^{-n}}$$

上式中，$\frac{i}{1-(1+i)^{-n}}$称为年资本“回收系数”，用符号$\frac{1}{(P/A,i,n)}$表示。年资本回收系数是年金现值系数的倒数，因此，可通过查“年金现值系数表”进行计算。

【案例 4—1—12】 某企业现从银行借得款项 100 000 元，在 10 年内以年复利率 10%等额偿还。

要求：计算为偿还该笔借款每年应付金额。

解：运用年资本回收额的计算公式，可计算出每年应付金额为：

$$A=P\div\frac{1-(1+i)^{-n}}{i}$$

$$=100\ 000\times\frac{10\%}{1-(1+10\%)^{-10}}$$

$$=100\ 0000\times\frac{1}{(P/A,i,n)}$$

$$=100\ 000\div6.144\ 6$$

$$=16\ 274.45(元)$$

(二)即付年金

即付年金(Annuity Due)是指从第一期起，在一定时期内每期期初等额收付的系列款项，又称先付年金或预付年金。即付年金与普通年金的区别仅在于付款时间的不同。

计算其终值或现值时，即付年金终值或现值比 n 期的普通年金终值或现值要多计一期利息。因此，只要在普通年金的终值公式基础上乘以 $(1+i)$，便是即付年金的终值公式；同样，在普通年金的现值公式基础上乘以 $(1+i)$，便是即付年金的现值公式。

1. 即付年金的终值

先付年金终值是一定期间每期期初等额发生的现金流量的复利终值之和。n 期先付年金终值和 n 期普通年金终值之间的关系如图 4—1—10 所示：

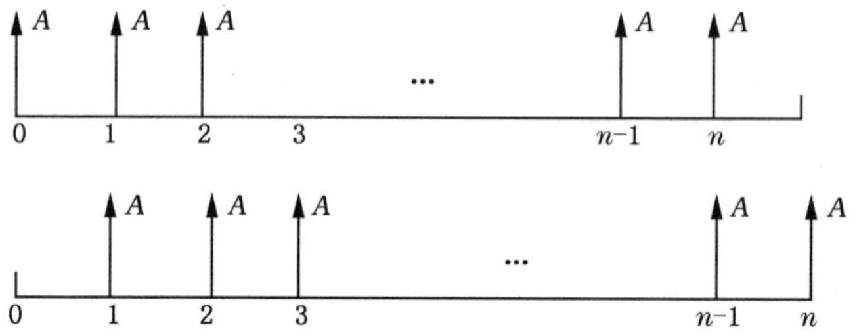

图 4—1—10　即付年金与普通年金比较示意图

从图 4—1—10 中可以看出，n 期先付年金与 n 期普通年金现金流量发生的次数相同，但由于现金流量发生的时点不同，n 期先付年金终值比 n 期普通年金终值多计算一期利息。所以，可以先求出 n 期普通年金终值，然后再乘以 $(1+i)$，便可求出 n 期先付年金的终值。其计算公式为：

$$F=A\times\frac{(1+i)^n-1}{i}\times(1+i)$$

$$=A\times(F/A,i,n)\times(F/P,i,1)$$

$$=A\times[(F/A,i,n+1)-1]$$

【案例 4—1—13】 假定海发公司有一基建项目，分 5 次投资，每年年初投入 800 000 元，预计第 5 年年末建成，若该公司贷款投资，年利率为 12%。

要求：计算该项目 5 年后的投资总额。

解：该项目 5 年后的投资总额为：

$F=800\ 000\times(F/A,12\%,5)\times(F/P,12\%,1)$

$=800\ 000\times6.352\ 8\times1.12$

$=5\ 692\ 108.80$（元）

【案例 4—1—14】 某人每年年初存入银行 1 000 元，连续 10 年，每年复利率为 10%。

要求：计算第 10 年年末的本利和。

解：第 10 年年末的本利和应为：

$F=1\ 000\times[(F/A,10\%,11)-1]$

$=17\ 531$（元）

2. 即付年金的现值

即付年金现值是一定期间每期期初等额发生的现金流量的复利现值之和。n 期先付年金现值和 n 期普通年金现值之间的关系可以用图 4—1—10 加以说明。

从图 4—1—10 中可以看出，n 期先付年金与 n 期普通年金发生现金流量的次数相同，但由于 n 期普通年金现金流量发生在期末，n 期先付年金现金流量发生在期初，在计算现值时，n 期普通年金现值比 n 期先付年金现值多贴现一期。所以，可先求出 n 期普通年金现值，然后再乘以 $(1+i)$，便可求出 n 期先付年金的现值（见图 4—1—11）。其计算公式为：

$$P=A\times(P/A,i,n)\times(1+i)$$

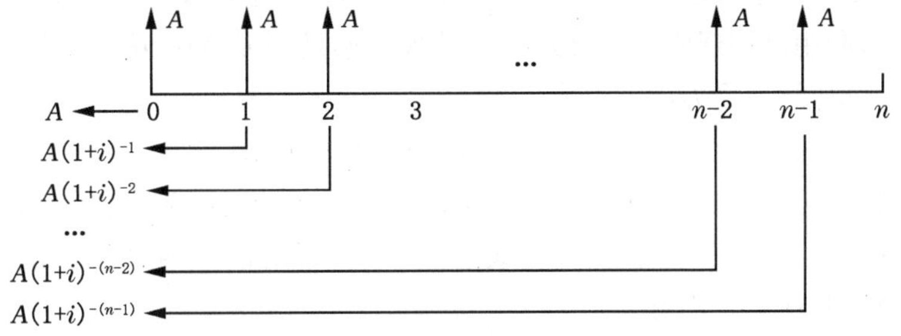

图 4—1—11　即付年金现值示意图

此外，还可根据 n 期先付年金与 $n-1$ 期普通年金的关系推导出另一公式。n 期先付年金与 $n-1$ 期普通年金的计息期数相同，但比 $n-1$ 期普通年金多一个现金流量，因此，只要将 $n-1$ 期普通年金的现值加上一个现金流量 A，便可求出 n 期先付年金现值，计算公式为：

$$P=A\times\frac{1-(1+i)^{-n}}{i}\times(1+i)$$

$$=A\times(P/A,i,n)\times(F/P,i,1)$$

$$=A\times[(P/A,i,n-1)+1]$$

【案例 4—1—15】 某企业租用一台设备，每年年初支付租金 10 000 元，期限为 10 年，年复利率为 10%。

要求：计算该设备租金现值。

解：该设备租金现值为：

$P=10\ 000\times(P/A,10\%,10)\times(1+10\%)=67\ 590$（元）

$P=10\ 000\times[(P/A,10\%,9)+1]=10\ 000\times(5.759+1)=67\ 590$(元)

(三)递延年金

递延年金(Deferred Annuity)是指第一次现金流量的发生与第一期无关,而是间隔若干期(假设为 m 期,$m\geqslant1$)后才开始的在每期期末发生的多期等额现金流量,它是普通年金的特殊形式。间隔期为 m,年金发生期间为 n,在 m 期内没有发生现金流量,称为递延期,后面 n 期内发生的等额现金流量称为收付期,如图 4—1—12 所示:

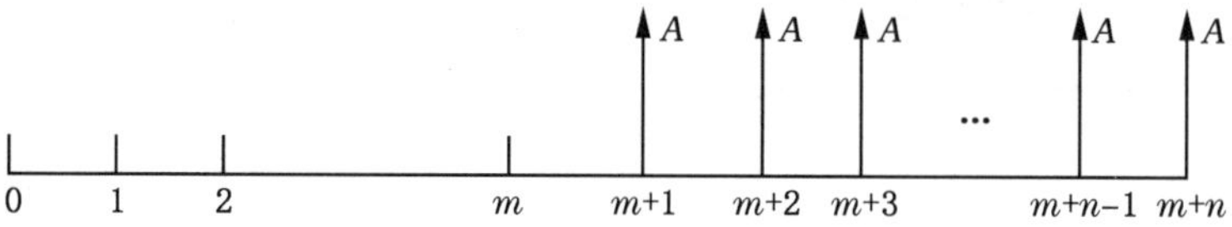

图 4—1—12 递延年金示意图

1. 递延年金的终值

递延年金终值与递延期 m 无关,因此,计算方法与普通年金终值相同,即:

$$F=A\times(F/A,i,n)$$

2. 递延年金的现值

递延年金现值的计算方法主要有三种。

(1)从图 4—1—12 中可以看出,先将收付期 n 期间的年金计算至收付期 n 期期末的终值,再将它作为终值,利用复利现值计算公式把它贴现至递延期 m 期的第一期期初,便可求出递延年金的现值。其计算公式为:

$$P=A\times(F/A,i,n)\times(P/F,i,m+n)$$

(2)也可先将收付期 n 期间的年金折现计算至收付期 n 期期初(递延期 m 期期末)的现值,再将它作为终值,利用复利现值计算公式把它贴现至递延期 m 期的第一期期初,便可求出递延年金的现值。其计算公式为:

$$P=A\times(P/A,i,n)\times(P/F,i,m)$$

(3)假设整个期间 $(m+n)$ 都发生了年金收付,先计算出 $(m+n)$ 期间的年金现值,然后再扣除递延期 m 期间未发生的年金现值。其计算公式为:

$$P=A\times[(P/A,i,m+n)-(P/A,i,m)]$$

【案例 4—1—16】 企业年初向银行借入一笔款项,银行借款年复利率 10%,银行规定前 3 年不用还本付息,但从第 4 年到第 10 年每年年末偿还本息 10 000 元。

要求:计算这笔款项的金额。

解:方式一:$P=10\ 000\times(F/A,10\%,7)\times(P/F,10\%,10)$

$=10\ 000\times9.487\ 2\times0.385\ 5=36\ 577$(元)

方式二:$P=10\ 000\times(P/A,10\%,7)\times(P/F,10\%,3)$

$=10\ 000\times4.868\ 4\times0.751\ 3=36\ 577$(元)

方式三:$P=10\ 000\times[(P/A,10\%,10)-(P/A,10\%,3)]$

$=10\ 000\times[6.144\ 6-2.486\ 9]=36\ 577$(元)

(四)永续年金

永续年金(Perpetual Annuity)是指无限期的收入或支出相等金额的年金，也称永久年金。它也是普通年金的一种特殊形式，由于永续年金的期限趋于无限，没有终止时间，因而也没有终值，只有现值，如图 4—1—13 所示：

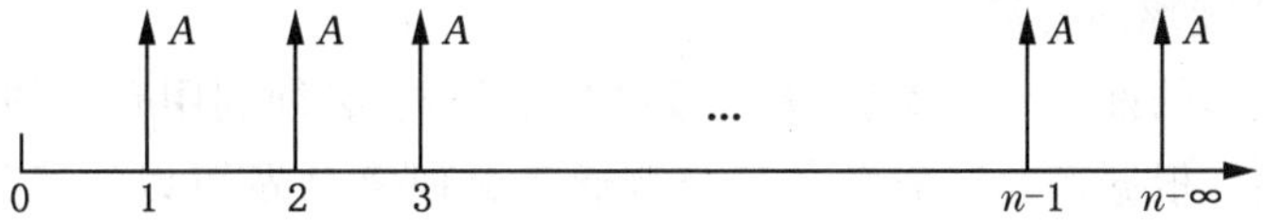

图 4—1—13　永续年金示意图

由于永续年金持续期无限，没有终止的时间，也就无法计算终值。永续年金的现值可通过普通年金现值进行推导计算。其计算公式为：

$$P=A\times\frac{1-(1+i)^{-n}}{i}$$

当 $n\to\infty$，$(1+i)^{-n}\to 0$ 时：

$$P=\frac{A}{i}$$

【案例 4—1—17】　拟建立一项永久性奖学金，每年计划颁发 10 000 元奖金，若年利率为 10%。

要求：计算应存入银行的金额。

解：现在应存入银行的金额为：

$$P=\frac{10\ 000}{10\%}=100\ 000(\text{元})$$

六、货币时间价值的特殊问题

(一)折现率(利息率)的推算

1. 一次性现金流量折现率的推算

一次性现金流量折现率的推算是已知 F，P 和 n，计算 i。可根据复利终值或现值的计算公式直接进行计算。

由于：

$$F=P\times(1+i)^n$$

则：

$$i=\sqrt[n]{\frac{F}{P}}-1$$

2. 永续年金折现率的推算

永续年金折现率的推算是已知 P 和 A，计算 i。可根据永续年金的计算公式直接进行计算。

由于：

$$P=\frac{A}{j}$$

则：

$$i=\frac{A}{P}$$

3. 普通年金折现率的推算

普通年金折现率的推算比较复杂，无法直接套用公式，必须利用有关的系数表，有时还会牵涉插值法的运用。根据普通年金终值 F 与普通年金现值 P 都可以计算其折现率。下面以普通年金现值为例进行详细介绍。

普通年金现值计算折现率是已知 P，A 和 n，计算 i。其基本推算步骤如下：

(1)计算出 P/A 的值，设其为 $P/A=\alpha$。

(2)根据 α 值查“年金现值系数表”。沿着已知的 n 所在行横向查找，如果能恰好找到某一系数等于 α 值，则该系数所在的列相对应的利率便是所要求的 i 值。

(3)如果无法找到恰好等于 α 值的系数值，就要在表中 n 行上找出与 α 最近的左右两个临界系数值，假设临界系数值为 β_1 和 β_2(设 $\beta_1>\alpha>\beta_2$ 或 $\beta_1<\alpha<\beta_2$)，β_1 和 β_2 所对应的 i 值分别为 i_1 和 i_2，然后进一步采用插值法进行分析计算。

(4)在内插法下，假定利率 i 同相关系数在较小范围内线性相关，β 与所对应的 i 具有一次函数关系，因而可根据临界系数 β_1 和 β_2 及临界利率 i_1 和 i_2 计算出 i 值。其计算公式为：

$$i=i_1+\frac{\beta_1-\alpha}{\beta_1-\beta_2}\times(i_2-i_1)$$

【案例 4—1—18】 A 企业于年初向银行存入 100 000 元，准备今后 8 年内每年年末从银行取出 20 000 元。

要求：计算存款利息率。

解：已知 $P=100\ 000$(元)，$A=20\ 000$(元)，$n=8$(年)，则：

$(P/A,i,8)=100\ 000/20\ 000=5$

查“年金现值系数表”。在 n 为 8 年的各系数中，当 $i=11\%$ 时，系数为 5.1 461；当 $i=12\%$ 时，系数为 4.966。因此，所计算的利率应该在 11%和 12%之间。可用插值法计算如下：

$$\text{折现率}\quad 1\%\left\{\begin{array}{l} X\%\left\{\begin{array}{l}11\%\\ ?\end{array}\right.\\ \quad 12\%\end{array}\right.\qquad\qquad \text{年金现值系数}\quad 0.178\ 5\left\{\begin{array}{l}0.146\ 1\left\{\begin{array}{l}5.146\ 1\\ 5\end{array}\right.\\ \quad 4.967\ 6\end{array}\right.$$

$$i=11\%+\frac{5.146\ 1-5}{5.146\ 1-4.967\ 6}\times(12\%-11\%)=11.82\%$$

(二)期数的推算

期数 n 的推算，其原理和步骤同折现率的推算相似。现以普通年金现值为例，已知 P，A 和 i，推算期数 n 的步骤如下：

(1)计算出 P/A 的值，设其为 $P/A=\alpha$ 。

(2)根据 α 值查“年金现值系数表”。沿着已知的 i 所在列纵向查找，如果能恰好找到某一系数等于 α 值，则该系数所在的行相对应的期数便是所要求的 n 值。

(3)如果无法找到恰好等于 α 值的系数值，就要在表中 i 列上找出与 α 最近的上下两个临界系数值，假设临界系数值为 β_1 和 β_2（设 $\beta_1>\alpha>\beta_2$ 或 $\beta_1<\alpha<\beta_2$），β_1 和 β_2 所对应的 n 值分别为 n_1 和 n_2，然后进一步采用插值法进行分析计算。

(4)在插值法下，假定期数同相关系数在较小范围内线性相关，β 与所对应的 n 具有一次函数关系，因而可根据临界系数 β_1 和 β_2 及临界利率 n_1 和 n_2 计算出 n 值。其计算公式为：

$$n=n_1+\frac{\beta_1-\alpha}{\beta_1-\beta_2}\times(n_2-n_1)$$

【案例 4—1—19】 A 公司于年初向银行存入 100 000 元，准备今后每年年末从银行取出 20 000 元，若存款年复利率为 10%。

要求：计算多少年后取完。

解：已知 $P=100\ 000$（元），$A=20\ 000$（元），$i=10\%$，则：

$(P/A,10\%,n)=100\ 000/20\ 000=5$

查“年金现值系数表”，在 $i=10\%$ 的各系数中，当 $n=7$（年）时，系数为 4.868 4；当 $n=8$（年）时，系数为 5.334 9。因此，所计算的期数应该为 7～8 年。可用插值法计算如下：

期数　　　　　　年金现值系数

$$-1\left\{\begin{array}{l} X\left\{\begin{array}{l}7\\ ?\end{array}\right.\\ \qquad 8\end{array}\right. \qquad\qquad -0.466\ 5\left\{\begin{array}{l} -0.131\ 6\left\{\begin{array}{l}4.868\ 4\\ \quad 5\end{array}\right.\\ \qquad 5.334\ 9\end{array}\right.$$

$$n=7+\frac{4.868\ 4-5}{4.868\ 4-5.334\ 9}\times(8-7)=7.28(年)$$

第二节　证券估价概述

一、证券的概念和种类

(一)证券的含义与特征

1. 证券的含义

证券是指各类记载并代表一定权利的法律凭证的统称，用以证明证券持有人有权依其所持证券记载的内容而取得应有的权益。股票、债券、基金证券、票据等都是证券。

2. 证券的特征

证券具有两个最基本的特征：一是法律特征，即它反映的是某种法律行为的结果，本身必须具有合法性，同时，它所包含的特定内容具有法律效力；二是书面特征，即必须采取书面形式或与书面形式有同等效力的形式，并且必须按照特定的格式进行书写或制作，载明有关法规规定的全部必要事项。凡同时具备上述两个特征的书面凭证，才可称为证券。

(二)证券的种类

按照不同的标准,可以对证券进行不同的分类:

1. 按照证券的存在形式不同,可分为商品证券、货币证券和资本证券。

商品证券是证明持券人的商品所有权或使用权的凭证。取得这种证券就等于取得这种商品的所有权,持券者对这种证券所代表的商品所有权受法律保护。属于商品证券的有提货单、运货单、仓库栈单等。

货币证券是指本身能使持券人或第三者取得货币索取权的有价证券。货币证券主要包括两大类:一类是商业证券,主要包括商业汇票和商业本票;另一类是银行证券,主要包括银行汇票、银行本票和支票。

资本证券是指由证券投资人或与证券投资有直接联系的活动而产生的证券,代表资本投资及获取收益的权利凭证。持券人对发行人有一定的收入请求权,它包括股票、债券以及金融衍生品如基金证券、可转换证券等。

资本证券是有价证券的主要形式,狭义的有价证券即资本证券。在日常生活中,人们通常把资本证券直接称为有价证券或证券。

2. 按照证券发行的主体不同,可分为政府证券、金融证券和公司证券

政府证券是中央政府或地方政府为筹集资金而发行的证券,如国库券等。政府证券的风险小。

金融证券是银行或其他金融机构为筹集资金而发行的证券。金融证券的风险比政府证券大,但一般小于公司证券。

公司证券又称企业证券,是工商企业为筹集资金而发行的证券。公司证券的风险视企业的规模、财务状况和其他情况而定。

3. 按照证券体现的权益关系,可分为所有权证券和债权证券

所有权证券表明证券的持有人是证券发行单位的所有者,该证券持有人一般对发行单位有一定的管理和控制权。股票是典型的所有权证券,股东是发行股票的企业的所有者。

债权证券是指证券的持有人是发行单位的债权人,该债权证券持有人一般无权对发行单位进行管理和控制。当发行单位破产时,债权证券获优先清偿,而所有权证券要在最后清偿,所以所有权证券的风险较大。

4. 按照证券是否在证券交易所挂牌交易,可分为上市证券和非上市证券

上市证券又称挂牌证券,是指经证券主管部门批准,并于证券交易所注册登记,获得资格在交易所内进行公开买卖的股票和债券。

非上市证券又称非挂牌证券或场外证券,是指未在证券交易所登记挂牌,由公司自行发行或推行的股票和债券。

5. 按照证券的募集方式不同,可分为公募证券和私募证券

公募证券又称公开发行证券,是指发行人向不特定的社会公众广泛发售的证券。在公募发行情况下,所有合法的社会投资者都可以参加认购。采用公募方式发行证券的有利之处在于:(1)公募以众多的投资者为发行对象,筹集资金潜力大;(2)公募发行投资者范围广,可避免囤积证券或被少数人操纵;(3)只有公开发行的证券法可申请在交易所上市,因此这种发行方式可增强证券的流动性，有利于提高发行人的社会信誉。当然，公募方式也存在某些缺点，如发行过程比较复杂，登记核准时间较长，发行费用较高。

私募证券又称不公开发行证券或内部发行证券，是指面向少数特定投资者发行的证券。私募证券的持有者主要有两类：一类是个人投资者，如公司老股东或发行机构自己的员工；另一类是机构投资者，如大的金融机构或与发行人有密切往来关系的企业等。私募发行的优点是发行手续简单，可以节省发行时间和发行费用；缺点是筹资的数量有限，流通性较差，而且不利于提高发行方的社会信誉。

6. 按照证券收益的决定因素，可分为原生证券和衍生证券

原生证券是指其收益大小主要取决于发行者的财务状况的证券，如债权承诺的利息支付有赖于发债主体的偿债能力，股东的股息支付取决于董事会对公司的财务状况的评价。

衍生证券是从原生证券演化而来的，其收益取决于原生证券的价格。衍生证券包括期货合约和期权合约两种基本类型。期货合约是指以双方同意的价格，即期货价格，在约定的交割日或到期日，对某项资产进行交割的合约。同意在交割日购买商品的交易者称为多头，同意在合约到期时交割商品的交易者称为空头。期权合约赋予合约的持有者或购买者在一定期限内，以一定的协议价格或执行价格向合约出具者买进或卖出一项资产的权利。衍生证券已成为投资环境中不可或缺的一部分，其功能之一是可以为投资者的资产提供最原始的套期保值。此外，衍生证券还可用于从事较高风险的投机活动。

7. 按照证券的收益稳定状况，可分为固定收益证券和变动收益证券

固定收益证券是指在证券的票面上规定有固定收益率的证券，如债券票面上一般有固定的利息率，优先股票面一般有固定的股息率，这些证券都属于有固定收益的证券。

变动收益证券是指证券的票面不标明固定的收益率，其收益率情况随企业经营状况而变动的证券，普通股股票是最典型的变动收益证券。一般来说，固定收益证券风险较小，但收益不高；而变动收益证券风险较大，但收益高。

8. 按照证券的到期日，可分为短期证券和长期证券

短期证券是指到期日短于一年的证券，如国库券、商业票据、银行承兑汇票等。一般而言，短期证券的风险小、变现能力强，但收益率相对较低。

长期证券是指到期日超过一年的证券，如股票、长期债券等。长期证券的收益一般较高，但时间长、风险较大。

二、证券投资的含义、特点和种类

（一）证券投资的含义

证券投资是指投资者以获取投资收益或控股为目的将资金投资于股票、债券、基金、衍生证券等金融资产的投资行为。实物资产投资和证券投资不同，实物资产投资是购买固定资产或流动资产等实物资产的投资行为，属于直接投资；证券投资是购买股票、债券、基金、衍生证券等金融资产的投资行为，属于间接投资。

（二）证券投资的特点

相对于实物资产投资，证券投资具有以下特点：

1. 流动性强

证券投资的流动性明显高于实物资产投资。证券有着十分活跃的二级市场,与实物资产相比,其转让过程快捷、简便得多,买卖差价微小。实物资产很难找到一个连续的二级市场,变现受到了限制。

2. 价值不稳定

证券投资是人与人之间的财产交易,没有相应的实物做保证,其价值受政治、经济等各种环境因素以及人为因素的影响较大,因而其价值不稳定、投资风险大。

3. 交易成本低

证券交易快捷、简便、交易成本低。而实物资产交易过程复杂,手续繁多,通常还需进行调查、咨询等工作,交易成本较高。

(三)证券投资的种类

证券投资按其投资的对象不同,可以分为以下几种:

1. 股票投资

股票投资是指投资者将资金投向股票,通过股票的买卖和收取股利以获得收益的投资行为。股票投资风险比较大,收益也相对较高。

2. 债券投资

债券投资是指投资者将资金投入各种债券,如国债、公司债券和短期融资债券等以获取资金收益的投资行为。相对于股票投资,债券投资一般风险较小,能获得稳定收益,但要注意投资对象的信用等级。

3. 基金投资

基金投资是指投资者通过购买投资基金股份或收益凭证来获取收益的投资方式。这种方式可使投资者享受专家服务,有利于分散风险,获得较高、较稳定的投资收益。

4. 衍生证券投资

衍生证券投资包括期货投资、期权投资、认股权证投资等。

5. 组合投资

组合投资是指企业将资金同时投放于债券、股票等多种证券,这样可分散证券投资风险。组合投资是企业证券投资的常用投资方式。

三、证券投资的程序

(一)合理选择投资对象

合理选择投资对象是证券投资成败的关键。企业应根据一定的投资原则,认真分析投资对象的收益水平和风险程度,合理选择投资对象,将风险降低到最低限度,取得较好的投资收益。

(二)委托买卖

由于投资者无法直接进场交易,买卖证券业务需委托证券商代理。企业可通过电话委托、计算机终端委托、递单委托等方式委托券商代为买卖有关证券。

(三)成交

证券买卖双方通过中介券商的场内交易员分别出价委托，若买卖双方的价位与数量适合，交易即可达成，这个过程称成交。

(四)清算与交割

清算与交割，即证券买卖双方结清价款的过程。企业委托券商买入某种证券成功后，即应解交款项，收取证券。

(五)办理证券过户

证券过户只限于记名证券的买卖业务。当企业委托买卖某种记名证券成功后，必须办理证券持有人的姓名变更手续。

第三节　债券、股票及其估价

企业要进行证券投资，首先必须进行证券投资的收益评价，评价证券收益水平主要有两个指标，即证券的价值和收益率。

一、债券投资的收益评价

(一)债券的价值

债券的价值，又称债券的内在价值。根据资产的定价理论，任何资产的内在价值都是在投资者预期的资产可获得的现金收入的基础上进行贴现决定的。运用到债券上，债券的价值是指进行债券投资时投资者预期可获得的现金流入的现值。债券的现金流入主要包括利息和到期收回的本金或出售时获得的现金两部分。当债券的购买价格低于债券价值时，才值得购买。

1. 债券价值计算的基本模型

债券价值的基本模型主要是指按复利方式计算的每年定期付息、到期一次还本情况下的债券的估价模型。

其计算公式为：

$$\begin{aligned} V &= \sum_{t=1}^{n} \frac{i \times F}{(1+K)^t} + \frac{F}{(1+K)^n} \\ &= F \times i \times (P/A,K,n) + F \times (P/F,K,n) \\ &= I \times (P/A,K,n) + F \times (P/F,K,n) \end{aligned}$$

式中，V 表示债券价值，i 表示债券票面利息率，I 表示债券利息，F 表示债券面值，K 表示市场利率或投资人要求的必要收益率，n 表示付息总期数。

【案例 4—3—1】 Y 公司债券面值为 1 000 元，票面利率为 6%，期限为 3 年，某企业要对这种债券进行投资，当前的市场利率为 8%。

要求：计算债券价格为多少时才能进行投资。

解：$V=1\ 000\times 6\%\times(P/A,8\%,3)+1\ 000\times(P/F,8\%,3)$

$=60\times 2.577\ 1+1\ 000\times 0.793\ 8$

$=948.43$(元)

该债券的价格必须低于 948.43 元时才能进行投资。

2. 一次还本付息的单利债券价值模型

我国很多债券属于一次还本付息、单利计算的存单式债券，其价值模型为：

$$V=F\times(1+i\times n)/(1+K)^n$$
$$=F\times(1+i\times n)\times(P/F,K,n)$$

公式中的符号含义同前式。

【案例 4—3—2】 Y 公司拟购买另一家公司的企业债券作为投资，该债券面值为 1 000 元，期限为 3 年，票面利率为 5%，单利计息，当前市场利率为 6%。

要求：计算债券发行价格为多少时才能购买。

解：$V=1\ 000\times(1+5\%\times 3)\times(P/F,6\%,3)$

$=1\ 000\times 1.15\times 0.839\ 6$

$=965.54$(元)

该债券的价格必须低于 965.54 元时才适宜购买。

3. 零息债券的价值模型

零息债券的价值模型是指到期只能按面值收回，期内不计息债券的估价模型。其计算公式为：

$$P=F/(1+K)^n=F\times(P/F,K,n)$$

公式中的符号含义同前式。

【案例 4—3—3】 Z 债券面值为 1 000 元，期限为 3 年，期内不计息，到期按面值偿还，市场利率为 6%。

要求：计算价格为多少时企业才能购买。

解：$V=1\ 000\times(P/F,6\%,3)$

$=1\ 000\times 0.83\ 96$

$=839.6$(元)

该债券的价格只有低于 839.6 元时，企业才能购买。

（二）债券的收益率

1. 短期债券收益率的计算

短期债券由于期限较短，一般不需要考虑货币时间价值因素，只需考虑债券价差及利息，将其与投资额相比，即可求出短期债券收益率。其计算公式为：

$$K=\frac{S_1-S_0+I}{S_0}\times 100\%$$

式中，S_0 表示债券购买价格，S_1 表示债券出售价格，I 表示债券利息，K 表示债券投资收益率。

【案例 4—3—4】 萨克森公司于20×1年5月8日以920元购进一张面值为1 000元、票面利率为5%、每年付息一次的债券，并于20×2年5月8日以970元的市价出售。

要求:计算该债券的投资收益率。

解:$K=(970-920+50)/920\times100\%=10.87\%$

该债券的投资收益率为10.87%。

2. 长期债券收益率的计算

对于长期债券，由于涉及时间较长，需要考虑货币时间价值，其投资收益率一般是指购进债券后一直持有至到期日可获得的收益率，它是使债券利息的年金现值和债券到期收回本金的复利现值之和等于债券购买价格时的贴现率。

(1)一般债券收益率的计算。

一般债券的价值模型为：

$$V=I\times(P/A,K,n)+F\times(P/F,K,n)$$

式中，V 表示债券的购买价格，I 表示每年获得的固定利息，F 表示债券到期收回的本金或中途出售收回的资金，K 表示债券的投资收益率，n 表示投资期限。

由于无法直接计算收益率，必须采用逐步测试法及内插法来计算，即先设定一个贴现率代入上式，如计算出的 V 正好等于债券买价，该贴现率即为收益率；如计算出的 V 与债券买价不相等，则须继续测试，再用插值法求出收益率。

【案例 4—3—5】 萨克森公司20×8年1月1日用平价购买一张面值为1 000元的债券，其票面利率为8%，每年1月1日计算并支付一次利息，该债券于20×3年1月1日到期，按面值收回本金。

要求:计算到期收益率。

解:$I=1\,000\times8\%=80$(元)，$F=1\,000$(元)，设收益率 $i=8\%$，则：

$V=80\times(P/A,8\%,5)+1\,000\times(P/F,8\%,5)=1\,000$(元)

用8%计算出来的债券价值正好等于债券买价，所以该债券的收益率为8%。可见，平价发行的每年复利计息一次的债券，其到期收益率等于票面利率。

如该公司购买该债券的价格为1 100元，即高于面值要求的收益率，必须使 $1\,100=80\times(P/A,i,5)+1\,000\times(P/F,i,5)$ 成立。

通过前面计算已知，$i=8\%$ 时，上式等式右边为1 000元。由于利率与现值呈反向变化，即现值越大，利率越小。而债券买价为1 100元，收益率一定低于8%，降低贴现率进一步试算。

用 $i_1=6\%$ 试算：

$V_1=80\times(P/A,6\%,5)+1\,000\times(P/F,6\%,5)$

$\quad=80\times4.212\,4+1\,000\times0.747\,3$

$\quad=1\,084.29$(元)

由于贴现结果仍小于1 100元，还应进一步降低贴现率试算。

用 $i_2=5\%$ 试算：

$V_2=80\times(P/A,5\%,5)+1\,000\times(P/F,5\%,5)$

$=80\times4.3295+1000\times0.7835$

$=1129.86$（元）

用插值法计算：

$$i=5\%+\frac{1129.86-1100}{1129.86-1084.29}\times(6\%-5\%)=5.66\%$$

所以，如果债券的购买价格为1 100元，则债券的收益率为5.66%。

（2）一次还本付息债券收益率的计算。

一次还本付息的单利债券价值模型为：

$$V=F\times(1+i\times n)\times(P/F,K,n)$$

【案例4－3－6】 萨克森公司20×8年1月1日以1 020元购买一张面值为1 000元、票面利率为10%、单利计息的债券，该债券期限5年，到期一次还本付息。

要求：计算到期收益率。

解：$1020=1000\times(1+5\times10\%)\times(P/F,K,5)$

$(P/F,K,5)=1020\div1500=0.68$

查"复利现值系数表"，5年期的复利现值系数等于0.68时，$K=8\%$。

如此时查表无法直接求得收益率，则可用内插法计算。

债券的收益率是进行债券投资时选购债券的重要标准，它可以反映债券投资按复利计算的实际收益率。如果债券的收益率高于投资人要求的必要收益率，则可购进债券；否则，就应放弃此项投资。

（三）债券投资的优缺点

1. 债券投资的优点

（1）投资收益稳定。进行债券投资一般可按时获得固定的利息收入，收益稳定。

（2）投资风险较低。相对于股票投资而言，债券投资风险较低。政府债券有国家财力做后盾，通常被视为无风险证券。而企业破产时企业债券的持有人对企业的剩余财产有优先求偿权，因而风险较低。

（3）流动性强。大企业及政府债券很容易在金融市场上迅速出售，流动性较强。

2. 债券投资的缺点

（1）无经营管理权。债券投资者只能定期取得利息，无权影响或控制被投资企业。

（2）购买力风险较大。由于债券面值和利率是固定的，如投资期间通货膨胀率较高，债券面值和利息的实际购买力就会降低。

二、股票投资的收益评价

（一）股票的价值

股票的价值又称股票的内在价值，是进行股票投资所获得的现金流入的现值。股票带给投资者的现金流入包括两部分，即股利收入和股票出售时的资本利得。因此，股票的内在价值由一系列的股利和将来出售股票时售价的现值所构成，通常当股票的市场价格低于股票内在价值时才适宜投资。

1. 股票价值的基本模型

股票价值的基本模型为：

$$V=\sum_{t=1}^{n}\frac{D_t}{(1+K)^t}+\frac{V_n}{(1+K)^n}$$

式中，V 表示股票内在价值，D_t 表示第 t 期的预期股利，K 表示投资人要求的必要资金收益率，V_n 表示未来出售时预计的股票价格，n 表示预计持有股票的期数。

股票价值的基本模型要求无限期的预计历年的股利，如果持有期是个未知数，上述模型就很难计算。因此，应用的模型都是假设股利零增长或固定比例增长时的价值模型。

2. 股利零增长，长期持有的股票价值模型

股利零增长，长期持有的股票价值模型为：

$$V=D/K$$

式中，V 表示股票内在价值，D 表示每年固定股利，K 表示投资人要求的资金收益率。

【案例 4—3—7】 A 公司拟投资购买并长期持有某公司股票，该股票每年分配股利 2 元，必要收益率为 10%。

要求：计算该股票价格为多少时适合购买。

解：$V=D\div K=2\div 10\%=20$（元）

股票价格低于 20 元时才适合购买。

3. 长期持有股票，股利固定增长的股票价值模型

长期持有股票，股利固定增长的股票价值模型为：

$$V=\sum_{t=1}^{\infty}\frac{D_1\times(1+g)^t}{(1+K)^t}$$

当 g 固定且 $K>g$ 时，则：

$$V=\frac{D_0\times(1+g)}{K-g}=\frac{D_1}{K-g}$$

式中，D_0 表示上年股利，D_1 表示本年股利，g 表示每年股利增长率，K 表示投资人要求的资金收益率。

【案例 4—3—8】 A 公司拟投资某公司股票，该股票上年每股股利为 2 元，预计年增长率为 2%，必要投资收益率为 7%。

要求：计算该股票价格为多少时适合投资。

解：$V=D_0\times(1+g)/(K-g)=2\times(1+2\%)/(7\%-2\%)=40.8$（元）

该股票价格低于 40.8 元时才适合投资。

4. 非固定增长股票的价值

有些公司的股票在一段时间里高速增长，在另一段时间里又正常固定增长或固定不变，这样我们就要分段计算，才能确定股票的价值。

【案例 4—3—9】 B 公司持有 A 公司股票，其必要收益率为 12%，预计 A 公司未来三年股利高速增长，增长率为 20%，此后转为正常增长，增长率为 8%。A 公司最近支付的股利是 2 元。

要求：计算 A 公司的股票价值。

解：首先，计算 A 公司非正常增长期的股利现值，如表 4—2—1 所示：

表4－2－1　　A公司非正常增长期的股利现值

年　数	股　利	现值因素	现　值
1	2×1.2=2.4	0.892 9	2.143 0
2	2.4×1.2=2.88	0.797 2	2.295 9
3	2.88×1.2=3.456	0.711 8	2.460 0
合　计(3年股利现值)			6.898 9

其次，按固定股利成长模型计算固定增长部分的股票价值：

$$V_3=\frac{D_3\times(1+g)}{K-g}=\frac{3.456\times1.08}{0.12-0.08}=93.312(元)$$

由于这部分股票价值是第三年年底以后的股利折算的内在价值，需将其折算为现值：

$V_3\times(P/F,12\%,3)=93.312\times0.711\,8=66.419$(元)

最后，计算A公司股票目前的内在价值：

$V=6.898\,9+66.419=73.32$(元)

(二)股票投资的收益率

1. 短期股票收益率的计算

如果企业购买的股票在一年内出售，其投资收益主要包括股票投资价差及股利两部分，无须考虑货币时间价值。其收益率计算公式为：

$$\begin{aligned}K&=(S_1-S_0+d)/S_0\times100\%\\&=(S_1-S_0)/S_0+d/S_0\\&=\text{预期资本利得收益率}+\text{股利收益率}\end{aligned}$$

式中，K 表示短期股票收益率，S_1 表示股票出售价格，S_0 表示股票购买价格，d 表示股利。

【案例4－3－10】 20×0年3月10日，萨克森公司购买某公司每股市价为20元的股票，20×1年1月，萨克森公司每股获现金股利1元。20×1年3月10日，萨克森公司将该股票以每股22元的价格出售。

要求：计算该股票的投资收益率。

解：$K=(22-20+1)/20\times100\%=15\%$

该股票的投资收益率为15%。

2. 股票长期持有，股利固定增长的收益率的计算

由固定增长股利价值模型，我们知道 $V=D_1/(K-g)$，将公式移项整理，求 K，可得到股利固定增长收益率的计算模型为：

$$K=D_1/V+g$$

【案例4－3－11】 有一只股票的价格为40元，预计下一期的股利是2元，该股利将以大约10%的速度持续增长。

要求：计算该股票的期望收益率。

解：$K=2/40+10\%=15\%$

该股票的期望收益率为15%。

3. 一般情况下股票投资收益率的计算

一般情况下，企业进行股票投资可以取得股利，股票出售时也可收回一定资金，只是股利不同于债券利息，股利是经常变动的，股票投资的收益率是使各期股利及股票售价的复利现值等于股票买价时的贴现率。即：

$$V=\sum_{t=1}^{n}\frac{D_t}{(1+K)^t}+\frac{V_n}{(1+K)^n}$$

式中，V 表示股票的买价，D_t 表示第 t 期的股利，K 表示投资收益率，V_n 表示股票出售价格，n 表示持有股票的期数。

【案例4—3—12】 凯利公司于20×9年6月1日投资600万元购买某种股票100万股，在20×0年、20×2年和20×3年的5月30日分得每股现金股利分别为0.6元、0.8元和0.9元，并于20×3年5月30日以每股8元的价格将股票全部出售。

要求：计算该项投资的收益率。

解：(1)用逐步测试法计算，先用20%的收益率进行测算：

$V=60/(1+20\%)+80/(1+20\%)^2+890/(1+20\%)^3$

$=60\times0.8333+80\times0.6944+890\times0.5787$

$=620.59$(万元)

(2)由于620.59万元比600万元大，再用24%测试：

$V=60/(1+24\%)+80/(1+24\%)^2+890/(1+24\%)^3$

$=60\times0.8065+80\times0.6504+890\times0.5245$

$=567.23$(万元)

(3)然后用插值法计算如下：

$K=20\%+(620.59-600)/(620.59-567.23)\times4\%$

$=21.54\%$

(三)股票投资的优缺点

1. 股票投资的优点

(1)投资收益高。股票投资风险大，收益也高，只要选择得当，就能取得优厚的投资收益。

(2)购买力风险低。与固定收益的债券相比，普通股能有效地降低购买力风险。因为通货膨胀率较高时，物价普遍上涨，股份公司盈利增加，股利也会随之增加。

(3)拥有经营控制权。普通股股票的投资者是被投资企业的股东，拥有一定的经营控制权。

2. 股票投资的缺点

(1)收入不稳定。普通股股利的有无、多少，须视被投资企业经营状况而定，很不稳定。

(2)价格不稳定。股票价格受众多因素影响，极不稳定。

(3)求偿权居后。企业破产时，普通股投资者对被投资企业的资产求偿权居于最后，其投资有可能得不到全额补偿。

本章小结

资金的时间价值是指在一定量的资金投入使用过程中，在不同时点上由于时间因素而形成的价值量差额，即等量资金在不同的时点具有不同的价值。资金时间价值是现代财务管理的基本理念，有理财的“首要原则”之称。在财务管理中，离开了时间价值因素，就无法正确计算不同时期的财务收支，也无法正确评价企业盈亏。

复利现值、复利终值、年金现值、年金终值，以及普通年金、即付年金、递延年金、永续年金是进行资金价值量换算时必须掌握的基本概念。

证券是指各类记载并代表一定权利的法律凭证的统称，用以证明持券人有权依其所持证券记载的内容而取得应有的权益。

证券投资是指企业以获得投资收益或控股为目的将资金用于购买股票、债券等金融资产的投资行为。

债券的价值，又称债券的内在价值，是指在投资者预期的资产可获得的现金流入的现值。债券的价值是进行债券投资决策时使用的主要指标之一。债券的价值计算模型包括债券价值计算的基本模型、一次还本付息的单利债券价值模型、零息债券的价值模型。债券的收益率是进行债券投资时选购债券的重要标准，反映债券投资按复利计算的实际收益率。债券的收益率计算模型包括短期债券的收益率计算模型、长期债券的收益率计算模型。

股票的价值，又称股票的内在价值，是进行股票投资所获得的现金流入的现值。股票价值的计算模型包括股票价值的一般模型、股利固定增长的股票价值模型、股利零增长的股票价值模型、非固定增长股票的价值。股票的收益率计算模型包括短期股票的收益率计算模型、股利固定增长的股票收益率计算模型、股票收益率的一般计算模型。

复习思考题

1. 资金时间价值形成的原因是什么？
2. 单利计息与复利计息对现值和终值的计算各有什么影响？
3. 简述年金的概念和种类。
4. 不同年金形式下的现值和终值的计算各有何特点？
5. 简述股票投资的决策分析方法。

自测题

一、单项选择题

1. 某公司从本年度起每年年末存入银行一笔固定金额的款项，若按复利用最简便算法计算第 n 年年末可以从银行取出的本利和，则应选用的时间价值系数是（　　）。

A. 复利终值系数　　　　B. 复利现值系数

C. 普通年金终值系数　　D. 普通年金现值系数

2. 下列各项中，无法计算出确切结果的是(　　)。

A. 后付年金终值　　B. 即付年金终值　　C. 递延年金终值　　D. 永续年金终值

3. 某企业于年初存入银行10 000元，假定年利息率为12%，每年复利两次，已知(F/P,6%,5)=1.338 2,(F/P,6%,10)=1.790 8,(F/P,12%,5)=1.762 3,(F/P,12%,10)=3.105 8，则第五年年末的本利和为(　　)元。

A. 13 382　　B. 17 623　　C. 17 908　　D. 31 058

4. 某人年初存入银行1 000元，假设银行按每年10%的复利计息，每年末提款200元，则最后一次能够足额(200元)提款的时间是(　　)。

A. 6年末　　B. 8年末　　C. 7年末　　D. 9年末

5. 与年金终值系数互为倒数的是(　　)。

A. 年金现值系数　　B. 投资回收系数

C. 偿债基金系数　　D. 现值系数

6. 分期付款购物，每年初付款500元，一共付5年，如果利率为10%，相当于现在一次性付款(　　)元。

A. 1 895.5　　B. 2 085　　C. 1 677.5　　D. 1 585

7. 对于一个年金问题，如果没有强调是每期初还是每期末收到或支付的，通常可以认为是(　　)。

A. 普通年金　　B. 预付年金　　C. 递延年金　　D. 永续年金

8. 某项存款年利率为8%，每半年复利一次，其实际利率为(　　)。

A. 8%　　B. 8.16%　　C. 8.24%　　D. 8.64%

9. 某公司发行的股票期望收益率为20%，最近刚支付的股利为每股2元，估计股利年增长率为10%，则该种股票的价值为(　　)元/股。

A. 20　　B. 24　　C. 22　　D. 18

二、多项选择题

1. 下列各项中，可以直接或间接利用普通年金终值系数计算出确切结果的项目有(　　)。

A. 偿债基金　　B. 先付年金终值

C. 永续年金现值　　D. 永续年金终值

2. 在计算不超过一年期债券的持有期年均收益率时，应考虑的因素包括(　　)。

A. 利息收入　　B. 持有时间　　C. 买入价　　D. 卖出价

3. 与股票投资相比，债券投资的优点有(　　)。

A. 本金安全性好　　B. 投资收益率高

C. 购买力风险低　　D. 收入稳定性强

三、判断题

1. 在利率和计息期数相同的条件下，复利现值系数与复利终值系数互为倒数。　(　　)

2. 在本金和利率相同的情况下，若只有一个计息期，单利终值与复利终值是相同的。 （ ）

3. 货币时间价值的一般表现形式从相对量来看就是社会平均的资本利润率。 （ ）

4. 企业每月初支付的等额工资称为即付年金。 （ ）

5. 普通年金现值系数加1等于同期、同利率的即付年金现值系数。 （ ）

四、计算分析题

1. 某企业在20×8年初投资50万元建立一条流水线，预计20×0年初投产，从20×0年末起每年可带来净收益15万元，投资年限8年。

要求：试以年利率5%，计算该投资项目的净收益现值和终值。

2. 某公司拟购置一台设备，有两个方案可供选择。方案一：从现在起，每年年初支付20万元，连续支付10次，共200万元。方案二：从第五年开始，每年年末支付25万元，连续支付10次，共250万元。

要求：假定该公司的资本成本率为10%，计算以上两个方案的现值，并做出选择。

3. 中华公司计划利用一笔长期资金投资购买股票。现有A公司股票和B公司股票可供选择，中华公司只准备投资一家公司股票，已知A公司股票现行市价为每股9元，上年每股股利为0.15元，预计以后每年以6%的增长率增长；B公司股票现行市价为每股7元，上年每股股利为0.60元，股利分配政策将一贯坚持固定股利政策。中华公司所要求的投资必要收益率为8%。

要求：

(1)利用股票估价模型，分别计算A、B公司股票价值。

(2)为中华公司做出股票投资决策。

4. A公司欲在市场上购买B公司曾在20×1年1月1日平价发行的债券，每张面值1 000元，票面利率10%，5年到期，每年12月31日付息(计算过程中至少保留小数点后4位，计算结果取整)。

要求：

(1)假定20×5年1月1日的市场利率下降到8%，若A公司此时预购买B公司债券，则债券价格为多少时才可购买?

(2)假定20×5年1月1日的B公司债券的市价为900元，此时A公司购买该债券持有至到期时的投资收益率是多少?

(3)假定20×3年1月1日的市场利率为12%，此时债券市价为95元，是否购买该债券?

5. 猎物公司购买面值为10万元、票面利率为5%、期限为10年的债券。每年12月31日付息，当时市场利率为6%。

要求：

(1)计算该债券价格。

(2)若该债券市价是91 000元，是否值得购买该债券?

(3)如果按债券价格购入了该债券，并一直持有至到期日，则此时购买债券的到期收益率是多少?

第五章　风险、收益及资产定价模型

风险与知识呈反向变化。

——欧文·费雪

(Irving Fisher)

学习目标

◇　掌握资产收益的含义和类型，风险的含义、类别和衡量方法；

◇　掌握收益率的期望值、方差、标准差、标准离差率的计算公式；

◇　掌握风险与收益的一般关系，掌握无风险收益和风险收益的含义；

◇　掌握资产组合的意义、投资组合总风险的构成和在风险分散中的变动规律；

◇　掌握资本资产定价模型；

◇　熟悉投资组合与其收益率与单项资产收益率的关系。

引导案例

《圣经》里有这样一个故事：一个人要出远门旅行一年。他叫来 3 个忠实的仆人，将自己的财产(30 个金币)委托他们保管，每人 10 枚。主人一年以后返回家中，3 位仆人向他汇报。第一位仆人拿出 20 个金币说："主人，你给我 10 个金币，我用它作为本钱做起了生意，又赚了 10 个。"主人说："干得好，我忠实的好仆人，既然你对小事都如此忠实，我将赋予你重任。"第二位仆人拿出 12 个金币说："主人，你给我 10 个金币，我立即把它借给了别人，从而获得了 2 个金币的利息。"主人点点头："干得不错，我忠实的好仆人，既然你对小事都如此忠实，我将赋予你重任。"第三位仆人只拿出 10 个金币，他说："主人，我知道你是一个要求严格的人。因此，我把你给的 10 个金币埋在一个安全的地方，现在它全在这里了，完好无损。"主人气愤地说："你这个慵懒的坏仆人，难道你不会将我的钱存进银行吗？那样，我至少能得到一点利息的回报。马上将这个没有用的仆人丢到漆黑的野地里去，让他在那哭泣后悔吧。"

2004 年，曾经被誉为"打工皇帝"的陈久霖将《圣经》的故事在现实中演绎了一次，并产生历史性轰动。1997 年，在亚洲金融危机中，陈久霖率领一名助手被派接手管理中国航油（新加坡）股份有限公司。公司在他的管理下，一举扭亏为盈。中国航油的净资产由 1997 年的 16.8 万美元猛增至 2003 年的 1.28 亿美元，增幅高达 761 倍。公司的经营业绩和管理机制被列为新加坡国立大学 MBA 课程教学案例。2003 年 10 月，陈久霖被《世界经济论坛》评选为 2003 年度“亚洲经济新领袖”。

陈久霖扮演的角色就是圣经故事里的仆人，负责管理国家（主人）的资产，但他显然是第一位仆人。“大赌”基因在陈久霖身上体现得淋漓尽致，他也因此创造了“大赌大赢”的财富神话。出任中国航油总裁之后，陈久霖共进行了 4 次大收购，有人将其戏称为四次“豪赌”。陈久霖自己说：“赌可能是人的天性，我经常会以某种‘赌’的精神致力于公司的发展。收购本身就是一种赌。”就是在这种心理支配下，2004 年陈久霖进入高风险的国际石油期货市场。然而这次却碰到了赌场高手——美国石油投机商皮肯斯。据说皮肯斯在几周之内就赢了 30 亿美元，而陈久霖最终输掉了 5.5 亿美元。尽管陈久霖坚持认为，如果继续给他提供筹码，鹿死谁手还未可知。但是再也没有这样的筹码了，5.5 亿美元的损失已经是一个他和中航油公司输不起的数字。

在中国当代现实的环境中，“大赌”能够“大赢”吗？在风险与收益之间，我们究竟应当如何选择？本章我们将讨论风险和收益之间的关系和衡量标准，以及常见的几种资本资产定价模型。

第一节 风险的概念与特征

一、风险的概念

风险（risk）一词是外来语，它最早源于古希腊语“risa”，即危岩和悬崖之意。后来，“risa”又分别演变成拉丁语“risicare”和“risco”，其意为航行于危岩和悬崖之间。16 世纪以后，“risco”一词传到了英国，并最终演变成英文“risk”。后来，到了 19 世纪末，经济学家把风险的概念引入了科学殿堂。1895 年，美国学者海斯最早提出风险的定义，认为它是指损失发生的可能性。回顾“risk”一词的演变过程可以发现，风险通常是危险的代名词。事实上，这一理解在大众心目中也得到了普遍的认可。但是，在管理实践中，把风险看成是一种纯粹的危险显然是不正确的，否则就无法解释为什么有那么多的货船要航行于危岩和悬崖之间，要顶着波浪去远渡重洋了。风险并不等于危险，它不能被视为一个贬义词。美国纽约大学财务学教授达摩达兰在其所著《应用公司理财》一书中，借用中文“危机”一词，对风险的概念做了一个非常恰当的说明。其中，“危”代表危险（danger），而“机”则代表机会（opportunity），危险与机会的结合就意味着风险。用公式来表示达摩达兰教授对风险的定义，即风险＝危（险）＋机（会）。

在《韦氏大词典》（*Webster's*）里，风险（risk）被定义为“一种冒险、危险，能产生损失和伤害”。因此，风险是指会发生一些不利事件的可能性。在财务上风险最简单的定义是：“风险是发生财务损失的可能性。”发生损失的可能性越大，资产的风险越大。它可以用不同结果出现的概率来描述。结果可能是好的，也可能是坏的，坏结果出现的概率越大，就认为风险越大。

这个定义非常接近日常生活中使用的普通概念，主要强调风险可能带来的损失，与危险的含义类似。在对风险进行深入研究以后人们发现，风险不仅可以带来超出预期的损失，而且可能带来超出预期的收益。于是，出现了一个更正式的定义："风险是预期结果的不确定性。"风险不仅包括负面效应的不确定性，还包括正面效应的不确定性。

风险是一个非常重要的财务概念。任何决策都有风险，这使得风险观念在理财中具有普遍意义。因此，有人说"资金时间价值和风险价值是财务管理中最重要的两个基本原则"，也有人说"资金时间价值是财务管理的第一原则，风险价值是财务管理的第二原则"。

从财务管理的角度看，风险就是企业在各项财务活动过程中，由于各种难以预料或无法控制的因素作用，使企业的实际收益与预期收益发生背离，即指预期收益的离散性，是实际收益脱离预期收益，从而蒙受经济损失的可能性。

例如，某企业需要投资某一项目，总投资 500 万元，现有 A 和 B 两个项目可供选择，项目 A 没有风险，投资项目 A 可以获得的收益是 50 万元；项目 B 存在着无法规避的风险，并且成功和失败的可能性分别为 50%，成功后的收益是 100 万元，而失败的结果是损失 40 万元。企业更愿意选择哪个项目？这就涉及风险与收益的决策问题。

二、风险的特征

(1)客观性，即不以人们的意志为转移，不论人们喜欢与否，它都无处不在。

(2)不确定性。风险的发生难以琢磨，虽然整体风险可以通过概率计算，但某一特定风险何时发生、怎样发生，却难以预计。

(3)风险与收益在一般情况下具有对等性，即风险大，如果成功则收益大，如果失败则损失大；反之则相反。

三、风险的类别

风险可以从不同角度进行分类。

(一)从投资主体角度划分，风险可以分为系统风险和非系统风险

系统风险是指对所有企业产生影响的因素引起的风险。系统风险大多是由于宏观经济形势和政治形势的变化造成的，如国家政治形势的变化、国家经济政策的调整、自然灾害、战争、经济周期的变化、通货膨胀以及世界能源状况的变化等，这些因素往往会对证券市场上所有资产的收益产生影响，因此，系统风险不可能通过多角化投资来分散。由于系统风险是影响整个资本市场的风险，所以也称"市场风险"。由于系统风险不能通过分散化投资的方法消除，所以也称"不可分散风险"。系统风险虽然对整个证券市场产生影响，但是，对于不同行业、不同企业的影响是不同的，有些行业或企业受其影响较大，有些则受其影响要小一些。

非系统风险是指发生于个别公司的特有事件造成的风险，如罢工、诉讼失败、失去销售市场等。这种风险不是每个企业都面临的，而是发生于个别企业，而且事件发生的可能性是不确定的，因此，要想回避这个风险可以通过多角化投资来分散。即非系统风险可以通过将资金同时投资于多种资产来有效地分散。例如，一家公司的工人罢工、新产品开发失败、失去重要的销售合同、诉讼失败，或者宣告发现新矿藏、取得一个重要合同等。这类事件是非预期的、随机

发生的，它只影响一个或少数公司，不会对整个市场产生太大影响。这种风险可以通过多样化投资来分散，即发生于一家公司的不利事件可以被其他公司的有利事件所抵消。由于非系统风险是个别公司或个别资产所特有的，因此也称“公司特有风险”。由于非系统风险可以通过投资多角化分散掉，因此也称为“可分散风险”。

(二)从公司经营本身划分，风险可以分为经营风险和财务风险

经营风险是指因生产经营方面的原因给企业盈利带来的不确定性。企业的供、产、销等各种生产经营活动都存在着很大的不确定性，都会对企业收益带来影响，因而经营风险是普遍存在的。产生经营风险的因素既有内部的因素，又有外部的因素。例如，原材料供应地政治经济情况变动、运输方式改变、价格变动等，这些因素会造成供应方面的风险；由于所生产产品质量不合格、生产组织不合理、设备事故等因素而造成生产方面的风险；由于出现新的竞争对手，消费者爱好发生变化，销售决策失误，产品广告推销不力以及货款回收不及时等因素带来的销售方面的风险。所有这些生产经营方面的不确定性，都会引起企业的利润或利润率的变化，从而导致经营风险。

财务风险又称筹资风险，是指由于举债而给企业财务成果带来的不确定性。企业举债经营，全部资金中除主权资金外还有一部分借入资金，这会对主权资金的盈利能力造成影响；同时，借入资金需还本付息，一旦无力偿付到期债务，企业便会陷入财务困境甚至破产。当企业息税前资金利润率高于借入资金利息率时，使用借入资金而获得的利润除了补偿利息外，还有剩余，因而使自有资金利润率提高。但是，当息税前资金利润率低于借入资金利息率时，借入资金所获得的利润不足以支付利息，需动用自有资金利润来支付利息，从而使自有资金利润率降低。总之，由于诸多因素的影响，使得息税前资金利润率与借入资金利息率具有不确定性，从而引起自有资金利润率的变化，这种风险即为财务风险。其风险大小受借入资金与自有资金比例的影响，借入资金比例越大，风险程度越大；借入资金比例减小，风险程度就会随之减小。对财务风险的管理，关键是要保证有一个合理的资金结构，维持适当的负债水平，既要充分利用举债经营这一手段获取财务杠杆利益，提高资金盈利能力，又要注意防止过度举债而引起的财务风险加大，避免陷入财务困境。

第二节 风险与收益的衡量

风险的衡量，需要使用概率和统计方法。资产的风险是资产收益率的不确定性，其大小可用资产收益率的离散程度来衡量。离散程度是指资产收益率的各种可能结果与期望收益率的偏差。衡量风险的指标主要有收益率的方差、标准差和标准离差率等。

一、单项资产风险收益的衡量

(一)概率

在经济活动中，某一事件在相同的条件下可能发生，也可能不发生，这类事件称为随机事件。概率就是用来表示随机事件发生可能性大小的数值。通常，把必然发生的事件的概率定

为1,把不可能发生的事件的概率定为0,而一般随机事件的概率是介于0与1之间的一个数。概率越大,表示该事件发生的可能性越大。如果把所有可能的事件或结果都列示出来,并且对每一事件都给予一种概率,把它们列在一起,就构成了概率分布。

概率分布必须符合以下两个特征:

(1)所有概率 P 都在0和1之间,即 $0 \leqslant P_i \leqslant 1$;也就是说,每一个随机变量的概率最小为0,最大为1,不可能小于0,也不可能大于1。

(2)所有结果的概率之和等于1,即 $\sum_{i=1}^{n} P_i = 1$。

概率分布是指所有结果可能性的集合。

(二)期望收益率

随机变量的各个取值,以相应的概率为权数的加权平均数,称为随机变量的预期值(数学期望值或均值),它反映在一定风险条件下期望得到的平均化的收益率。

期望收益率的公式为:

$$\boldsymbol{E(R) = \sum P_i \times R_i}$$

式中,$E(R)$ 表示期望收益率,R_i 表示各种可能结果的收益率,P_i 表示各种可能结果的概率。

【案例5—2—1】 Felix家族公司是一家已有450年历史的生产高档葡萄酒的法国跨国公司,现在面临两个葡萄酒开发项目的选择:投资机会A项目是开发新品种的葡萄酒,该项目如果开发成功,市场能够接受,取得较大市场占有率,利润会很大。否则,利润很小甚至亏本。B项目是一个老品种的葡萄酒,利润较低,但销量比较稳定,销售前景可以准确预测出来。假设未来的市场情况只有三种,即良好、一般、较差。公司未来的市场情况如表5—2—1所示:

表5—2—1　　公司未来市场情况表

市场反映情况	发生概率(P)	A项目期望收益率	B项目期望收益率
良好	0.3	90%	20%
一般	0.4	15%	15%
较差	0.3	−60%	10%
合　计	1.0		

在这里,概率表示每一种市场情况出现的可能性,同时也就是各种不同期望收益率出现的可能性。例如,未来市场情况出现良好的可能性有0.3。假如这种情况真的出现,A项目可获得高达90%的收益率,这也就是说,采纳A项目获利90%的可能性是0.3。当然,收益率作为一种随机变量,受多种因素的影响。我们这里为了简化,假设其他因素都相同,只有经济情况一个因素影响收益率。

根据期望收益率的公式,分别计算A项目和B项目的期望收益率为:

A项目的期望收益率 $E(R) = P_1R_1 + P_2R_2 + P_3R_3$

$$= 0.3 \times 90\% + 0.4 \times 15\% + 0.3 \times (-60\%)$$

$=15\%$

B 项目的期望收益率 $E(R)=P_1R_1+P_2R_2+P_3R_3$

$=0.3\times20\%+0.4\times15\%+0.3\times10\%$

$=15\%$

两个项目的期望收益率相同，但其概率分布不同（见图 5—2—1）。A 项目的收益率的分散程度大，变动范围在－60%～90%；B 项目的收益率的分散程度小，变动范围在 10%～20%。这说明两个项目的收益率相同，但风险不同。为了定量地衡量风险大小，还要使用统计学中衡量概率分布离散程度的指标，即表示随机变量离散程度的量数，常见的有方差、标准差和标准离差率。

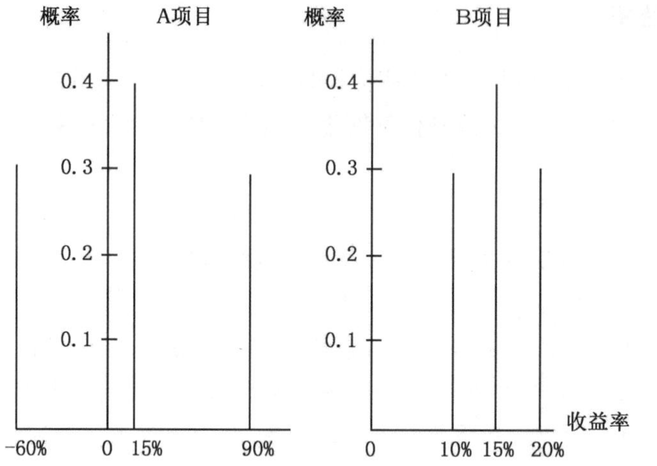

图 5—2—1 A、B 两个项目收益率概率分布图

(三)期望收益率的方差、标准差和标准离差率

1. 收益率的方差

收益率的方差（σ^2）是用来表示某项目收益率的各种可能结果与其期望值之间离散程度的一个指标。其计算公式为：

$$\sigma^2=\sum_{i=1}^{n}[R_i-E(R)]^2\times P_i$$

式中，$E(R)$表示某项目的期望收益率，可用公式 $E(R)=\sum_{i=1}^{n}P_i\times R_i$ 来计算；P_i 是第 i 种可能情况发生的概率；R_i 是在第 i 种可能情况下该项目的收益率。

2. 收益率的标准差

收益率的标准差（σ）是反映某项目收益率的各种可能结果对其期望值的偏离程度的一个指标。它等于方差的开方。其计算公式为：

$$\sigma=\sqrt{\sum_{i=1}^{n}[R_i-E(R)]^2\times P_i}$$

标准差和方差都是以绝对数衡量某项目的全部风险，在期望收益率（即收益率的期望值）

相同的情况下，标准差或方差越大，风险越大；相反，在期望收益率相同的情况下，标准差或方差越小，风险也越小。由于标准差或方差指标衡量的是风险的绝对大小，因而不适用于比较具有不同期望收益率的项目的风险。

3. 收益率的标准离差率

标准离差率(V)是收益率的标准差与期望值之比，也可称为标准差系数。其计算公式为：

$$V=\sigma/E(R)$$

标准离差率以相对数衡量项目的全部风险的大小，它表示每单位期望收益所包含的风险，即每1元期望收益所承担风险的大小。一般情况下，标准离差率越大，资产的相对风险越大；相反，标准离差率越小，相对风险越小。标准离差率可以用来比较具有不同期望收益率的资产的风险。

【案例5—2—2】 根据【案例5—2—1】的资料，可以计算得出：

A项目的方差 $\sigma^2=\sum_{i=1}^{n}[R_i-E(R)]^2\times P_i$

$=(90\%-15\%)^2\times 0.3+(15\%-15\%)^2\times 0.4+(-60\%-15\%)^2\times 0.3$

$=0.3375$

A项目的标准差 $\sigma=\sqrt{\sum_{i=1}^{n}[R_i-E(R)]^2\times P_i}=\sqrt{0.3375}=58.09\%$

A项目的标准离差率 $V=\sigma/E(R)=\frac{58.09\%}{15\%}=3.873$

B项目的方差 $\sigma^2=\sum_{i=1}^{n}[R_i-E(R)]^2\times P_i$

$=(20\%-15\%)^2\times 0.3+(15\%-15\%)^2\times 0.4+(10\%-15\%)^2\times 0.3$

$=0.0015$

B项目的标准差 $\sigma=\sqrt{\sum_{i=1}^{n}[R_i-E(R)]^2\times P_i}=\sqrt{0.0015}=3.87\%$

B项目的标准离差率 $V=\sigma/E(R)=\frac{3.87\%}{15\%}=0.258$

从方差和标准差的计算可以看出，项目A的方差和标准差均大于项目B的标准差，项目A的风险比项目B的风险大，从标准离差率的计算来看，项目A的标准离差率3.873大于项目B的标准离差率0.258。通过比较，项目A的相对风险(即每单位收益所承担的风险)大于项目B。通过计算，Felix家族公司应充分考虑后做出决策。

上例中三个表述项目风险的指标：期望收益率的方差(σ^2)、标准差(σ)和标准离差率(V)，都是利用未来收益率发生的概率以及未来收益率的可能值来计算的，然而，现实中管理人员要想准确地获得这些信息往往是非常困难的。

二、单项资产投资的风险与收益的关系

在有效市场假设条件下，风险与收益是相互匹配的，即高风险高收益、低风险低收益。投资者可以根据自身风险承受能力的大小选择适度风险的投资品种，获得预期收益。

美国经济学家哈里·马科维茨通过对投资者的行为特征进行研究发现，理性投资者具有

两个基本特征：一是追求收益最大化，二是厌恶风险。这两个特征决定着理性投资者在投资决策时必定会遵循以下两条基本原则：一是在两个风险水平相同的投资项目中，投资者会选择预期收益较高的投资项目，二是在两个预期收益相同的投资项目中，投资者会选择风险较小的投资项目。尽管人们对风险的厌恶程度不完全相同，有的人对风险厌恶程度较强，有的较弱，甚至有的人可能偏好风险，但是，从理论上讲，理性投资者一般是厌恶风险的。对于厌恶风险的理性投资者来说，要使其接受风险较大的投资项目，就必须给予风险补偿。风险越大，风险补偿也应越高。投资者在进行投资时总是追求效用最大化，效用最大化就是投资者上述两个行为特征的综合反映，其中投资收益带来正效用，风险带来负效用，因此，投资者效用函数就取决于投资的预期收益和风险两个因素。

由于我们假定了资产交易的参与者都是风险回避者，因此他们都会寻求风险和收益的一种权衡。对风险的厌恶并不意味着他们会不惜任何代价来回避风险，对风险的消极态度能被较高的收益水平所抵消。对于每项资产，投资者都会因承担风险而要求额外的补偿，其要求的最低收益率应该包括无风险收益率（R_f）与风险收益率（R_r）两部分。因此，对于每项资产来说，所要求的必要收益率（R）可以用以下公式来度量：

必要收益率＝无风险收益率＋风险收益率

式中，无风险收益率是纯粹利率与通货膨胀补贴之和，通常用短期国债的收益率来近似地替代；而风险收益率是因承担该项资产的风险而要求的额外补偿，其大小则视所承担风险的大小及投资者对风险的偏好程度而定。

从理论上来说，风险收益率可以表述为风险价值系数（b）与标准离差率（V）的乘积。即：

$$R_r = b \times V$$

因此：

$$R = R_f + R_r = R_f + b \times V$$

标准离差异反映了资产全部风险的相对大小，而风险价值系数则取决于投资者对风险的偏好。对风险的态度越是回避，要求的补偿也就越高，因而要求的风险收益率就越高，所以风险价值系数的值也就越大；反之，如果对风险的容忍程度越高，则说明风险的承受能力较强，那么要求的风险补偿也就没那么高，所以风险价值系数的取值就会较小。

b 的计算可采用统计回归方法对历史数据进行分析得出估计值，也可结合管理人员的经济分析判断而得出，但是由于 b 受风险偏好的影响，而风险偏好又受风险种类、风险大小及心理因素的影响，因此对于 b 的准确估计就变得相当困难和不够可靠。

现实中，对于公式中的 b 和 V 的估计都是比较困难的，即便能够取得也不够可靠。因此，上述公式的理论价值远远大于实用价值。

三、投资组合的风险与收益的衡量

（一）投资组合与投资风险的关系

在现实的投资活动中，投资者往往很少把资源只投到一种资产或单一项目上，而是将资金投放在多个投资对象上，构成投资组合或证券组合，实施多角化经营。这种同时投资多种证券的方式称作证券的投资组合，简称证券组合或投资组合。银行、共同基金、保险公司和其他金融机构一般都持有多种有价证券，即使个人投资者一般也持有证券组合，而不是投资于一个公司的股票或债券，大多数其目的就是要使不同投资项目好坏的结果产生相互抵消效应，以减少未来投资收益的波动性，降低投资的整体风险。将资金分散投资进行投资组合之所以能够降低甚至抵消风险，主要有两个方面的原因。

(1)在一项投资组合中的每一项投资都只占该项投资组合中的很小份额。因此，任何会提高或降低该项投资组合价值的投资行为都只能对整个投资组合产生很小的影响，或者说构成投资组合中的某一项投资收益状况的变化，并不能对投资组合的收益水平产生同幅度影响。

(2)对于一项投资组合来说，内外部环境的变化对组合中每一项资产价值的影响可能是正面的，也可能是负面的。这样，如果投资组合数量足够多，那么这种正负影响会相互抵消，其结果会使非系统性风险趋近于零，而不会影响投资组合的价值。

证券投资专家认为，整体风险会随着股票数量的增加而逐渐降低，当股票数量达到 20 种后，整体风险的降低开始变得很小，当持有股票达到 30 种时，几乎所有的非系统性风险都已被分散，剩下的风险就是系统性风险。此时影响投资组合的风险就不再是个别证券所特有的风险了，而是整体经济环境变化所产生的市场风险。

(二)投资组合的期望收益率

投资组合的期望收益率是投资组合中各单项资产的期望收益率以其投资比重为权数的加权平均数。其计算公式为：

$$E(R_p)=\sum W_i\times E(R_i)$$

式中，$E(R_p)$表示投资组合的期望收益率，$E(R_i)$表示第 i 项资产的期望收益率，W_i 表示第 i 项资产在整个组合中所占的价值比例。

【案例 5－2－3】 某企业分别投资于 A 证券和 B 证券，其中，投资于 A 证券的期望收益率为 8%，投资于 B 证券的期望收益率为 12%，两者在投资中各占 50%。

要求：计算该投资组合的期望收益率。

解：该投资组合的期望收益率为：

$E(R_p)=\sum W_i\times E(R_i)=8\%\times 50\%+12\%\times 50\%=10\%$

(三)投资组合的风险

投资组合的期望收益率是各种有价证券期望收益率的加权平均数，但投资组合的标准差并不是各种有价证券标准差的简单加权平均。如果将全部资金以固定比例投资于两种有价证券，就会发现其投资组合的标准差可能等于各种有价证券标准差的加权平均数，也可能等于零，还可能介于零和加权平均标准差之间。这主要取决于两种有价证券收益率之间的相互变动关系，具体反映为以下几种情况：

1. 完全负相关

所谓“完全负相关”，是指一种有价证券的收益率下降时，另一种有价证券的收益率上升，最终使投资组合的收益率不发生变化。因为有价证券的收益率一升一降，相互补充，对投资组合的收益率没有造成实质性的影响。在这种情况下，投资风险被分散，投资组合的标准差为零。

2. 完全正相关

所谓“完全正相关”，是指一种有价证券的收益率上升(或下降)时，另一种有价证券的收益率也上升(或下降)，而且变动幅度相当，最终造成投资组合的标准差与加权平均标准差相等。在这种情况下，投资被分散，但投资风险没有被分散。

3. 相关程度介于完全正、负相关之间

如果两种有价证券收益率在各期的变动没有绝对的同向或异向关系，在变动幅度上也没有造成与上述完全正、负相关相同的结果，那么，投资风险可以在一定程度上被分散，投资组合的标准差介于零和加权平均标准差之间。对于两种有价证券变动的相互关系，一般用相关系数 ρ 来表示。相关系数的取值范围为$[-1,1]$。

(1)当 $\rho=+1$ 时，表明两种有价证券之间为完全正相关，即两项投资的变动方向完全一致。此时，进行投资组合不会产生风险消补效应，不能降低整体风险。

(2)当 $\rho=-1$ 时，表明两种有价证券之间为完全负相关，即两项投资的变动方向完全相背离。此时，进行投资组合可以抵消全部非系统性风险，但不能抵消系统风险。

(3)当 $0<\rho<+1$ 时，表明两种有价证券之间为正相关关系。在这种情况下，两种有价证券的变动方向相同，但变动幅度不同，因此进行组合仍能降低非系统风险。

(4)当 $-1<\rho<0$ 时，表明两种有价证券之间为负相关关系。在这种情况下，两种有价证券的变动方向相反，但变动幅度不同，进行投资组合虽然不能抵消全部风险，但可以降低一部分非系统风险。

(5)当 $\rho=0$ 时，表明两种有价证券收益率之间是无关的。在现实活动中，大多数投资(尤其是证券)之间都是呈正相关关系，一般相关系数范围为 0.5～0.7。在这种情况下，将资金分散投资于若干种证券上，就能降低投资风险。

由两种有价证券组合而成的投资组合收益率方差的计算公式为：

$$\sigma_p^2=w_1^2\sigma_1^2+w_2^2\sigma_2^2+2w_1w_2\rho_{1,2}\sigma_1\sigma_2$$

式中，σ_p 表示投资组合的标准差，它衡量的是组合的风险；σ_1 和 σ_2 分别表示组合中两项资产的标准差；W_1 和 W_2 分别表示组合中两项资产所占的价值比例；$\rho_{1,2}$ 反映两项资产收益率的相关程度即两项资产收益率之间相对运动的状态，称为相关系数。

由两种有价证券组合而成的投资组合收益率标准离差的计算公式为：

$$\sigma_p=\sqrt{w_1^2\sigma_1^2+w_2^2\sigma_2^2+2w_1w_2\rho_{1,2}\sigma_1\sigma_2}$$

【案例 5-2-4】 某企业分别投资于 A 证券和 B 证券，两者在投资中各占 50%，两者收益率的标准离差均为 9%。假设相关系数分别为+1，+0.5，+0.1，0，-0.1，-0.5 和-1。

要求：计算资产投资组合的期望收益率标准离差。

解：当相关系数 $\rho=+1$ 时，A、B 证券组合的期望收益率标准离差为：

$$\sigma_p=\sqrt{0.5^2\times0.09^2+0.5^2\times0.09^2+2\times0.5\times0.5\times1\times0.9\times0.9}=9\%$$

同理，可计算出当相关系数分别为+0.5、+0.1、0、-0.1、-0.5 和-1 时的期望收益率标准离差的值分别为 7.794%、6.675%、6.364%、6.037%、4.93%和 0。

由上例计算可知，资产投资组合的风险大小与相关系数 ρ 密切相关。当 $\rho=+1$ 时，投资组合的标准离差刚好等于投资组合的各单项投资的加权平均数 9%；当相关系数 ρ 由+1 开始逐渐下降时，投资组合的标准离差也随之下降；当相关系数 ρ 为 −1 时，投资组合的标准离差为 0，非系统风险完全抵消。

4. 两种投资组合风险分析

可以用图 5—2—2 对两种投资组合风险与期望收益率的关系进行分析。横坐标表示投资风险(标准离差)，纵坐标表示期望收益率，设有 A 和 B 两种证券，A 证券的投资风险和期望收益率要大于 B 证券。

在相关系数为已知值的条件下，两种证券的投资风险与期望收益率的关系有若干种投资组合，称为投资组合的“可行集”。当相关系数的值在不同的范围时，其图形也各不相同。

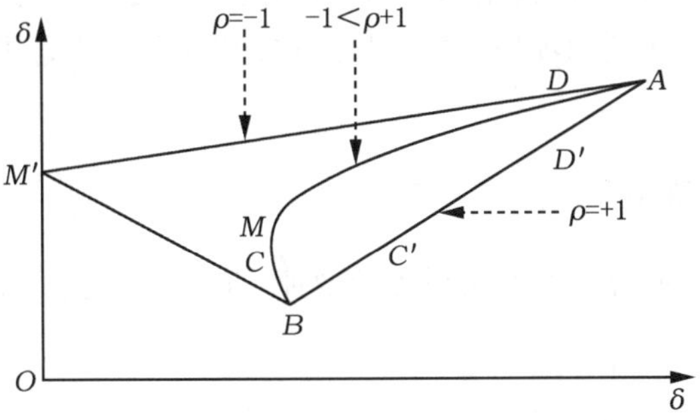

图 5—2—2 投资组合风险与期望收益率关系图

当两种证券的相关系数在 $-1<\rho<+1$ 时，组合的图形为曲线 *AMB*。曲线上 A、B 两种证券有若干种组合，从 *B* 点开始，由于 B 证券的投资比重较大，因而曲线更接近于 B 证券。随着 A 证券投资比重的增加，投资期望收益率增加，而且投资组合的标准离差下降，投资组合在 *M* 点标准离差达到最小。如果 A、B 两种证券的相关系数 $\rho<0$，则一种证券收益增加时，另一种证券的收益反而下降；反之，一种证券收益减少，另一种证券收益则上升。因此，增加一定量的 A 证券的投资，会使投资组合的风险下降，收益有所上升；但当投资者提高 A 证券的投资比重超过一定比例(*M* 点)时，由于 A 证券的标准离差较高，会导致投资组合的标准离差上升。

进一步分析 *M* 点和 *C* 点。在 *M* 点，其标准离差达到最小，而其期望收益率却高于 *C* 点，因此，一个理性的投资者将不会考虑 *M* 点以下的投资组合，因为 *M* 点以下的投资组合的标准离差均高于 *M* 点，而投资收益率却低于 *M* 点。所以，在 *M* 点以下的曲线段，虽然是投资组合的可行集，但不是有效集。因为，增加 A 证券的投资比例都会提高投资组合的期望收益率，而降低标准离差，说明投资组合未达到最优投资组合结构点。只有在 *MA* 曲线段才为投资组合的“有效集”或“有效边界”，从 *M* 点开始，增加证券 A 的比例，投资期望收益率上升，而投资组合风险也随之上升，呈现出高风险、高收益的线性关系。但在这一范围内，其投资比例结构的选择要看投资者的风险态度，如果投资者是风险反感者，那么 *M* 点的投资比例结构应该是最优的投资组合；如果投资者是一个敢于冒风险者，他会选择更接近于 *A* 点的投资组合，承担较大的风险而获取较高的投资收益。

当两种证券的相关系数 $\rho=1$ 时，组合的图形为 *AB* 直线。比较 *AB* 曲线和 *AB* 直线上的点，在 *AB* 曲线上，*A*、*B* 两点之间的任何组合都会产生不同程度的风险抵消效应，而在 *AB* 直线上，其投资组合的风险为 A、B 两种证券个别风险的加权平均值，不会产生任何风险抵消效应。从图 5—2—2 也可以看出，直线 AB 上任何一点的投资组合都不如曲线上的组合，因为曲线总是位于直线的左上方，在同样比例的组合下，衡量其投资风险的横坐标 δ，直线 AB 总是大于曲线 AB。比较 C 与 C' 两点，可以很清楚地看出，在 C 和 C' 两点上，期望收益率相同，但 C' 点的标准离差要更大些。比较 D 和 D' 两点，其标准离差相同，但 D 点的期望收益率要更高些，所以，曲线上的点永远优于直线上的点。

由不同投资组合构成的曲线，即投资可行集，其曲线的弯度与 ρ 的值直接相关。当两证券的相关系数 $\rho=-1$ 时，投资组合的曲线形变化为折线 $AM'B$，在 M' 点，衡量投资组合风险的标准离差为零，即投资的非系统风险可以通过投资组合完全抵消。

通过图 5—2—2 的分析，可以得出如下结论：当两个项目进行投资组合时，只要 ρ 小于 1，投资组合的标准离差就小于这两项投资的加权平均标准离差，此时进行投资组合就会产生风险抵消效应。

(四) 系统风险和特殊风险

我们知道，个别资产的风险，有些可以被分散掉，有些则不能。无法分散的是系统风险，可以分散的是非系统风险。

1. 系统风险

系统风险是指那些影响所有公司的因素引起的风险。例如，战争、经济衰退、通货膨胀、高利率等发生意外的、非预期的变动，对许多资产都会有影响。系统风险所影响的资产非常多，虽然影响程度的大小有区别。例如，各种股票处于同一经济系统之中，它们的价格变动有趋同性，多数股票的收益率在一定程度上正相关。经济繁荣时，多数股票的价格上涨；经济衰退时，多数股票的价格下跌。尽管涨跌的幅度各股票有区别，但是多数股票的变动方向是一致的。所以，不管投资多样化有多充分，也不可能消除全部风险，即使购买的是全部股票的市场组合。

由于系统风险是影响整个资本市场的风险，所以也称“市场风险”。由于系统风险没有有效的方法消除，所以也称“不可分散风险”。

2. 非系统风险

非系统风险是指发生于个别公司的特有事件造成的风险。例如，一家公司的工人罢工、新产品开发失败、失去重要的销售合同、诉讼失败，或者宣告发现新矿藏、取得一个重要合同等。这类事件是非预期的、随机发生的，它只影响一个或少数公司，不会对整个市场产生太大影响。这种风险可以通过多样化投资来分散，即发生于一家公司的不利事件可以被其他公司和有利事件所抵消。

由于非系统风险是个别公司或个别资产所特有的，因此也称“特殊风险”或“特有风险”。由于非系统风险可以通过投资多样化分散掉，因此也称“可分散风险”。

由于非系统风险可以通过分散化消除，因此一个充分的投资组合几乎没有非系统风险。假设投资人都是理智的，均会选择充分投资组合，非系统风险将与资本市场无关。市场不会对它给予任何价格补偿，就像商品市场只承认社会必要劳动时间而不承认个别劳动时间一样。市场不会给“浪费”以价格补偿，不会给那些不必要的风险以回报。通过分散化消除了的非系统风险，几乎没有任何值得市场承认的、必须花费的成本。

我们已经知道，资产的风险可以用标准差计算。这个标准差是指它的整体风险。现在我们把整体风险划分为系统风险和非系统风险，如图 5—2—3 所示：

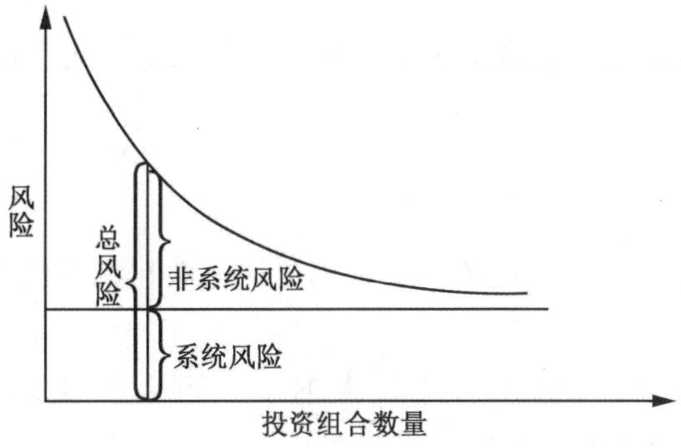

图 5—2—3　风险划分示意图

承担风险会从市场上得到回报，回报大小仅仅取决于系统风险。这就是说，一项资产的期望收益率高低取决于该资产的系统风险大小。

综上所述，需要掌握的主要内容是：证券组合的风险不仅与组合中每个证券的收益率标准差有关，而且与各证券之间收益率的协方差有关。对于一个含有两种证券的组合，投资机会集曲线描述了不同投资比例组合的风险和收益之间的权衡关系。风险分散化效应有时使得机会集曲线向后弯曲，并产生比最低风险证券标准差还低的最小方差组合。有效边界就是机会集曲线上从最小方差组合点到最高期望收益率的那段曲线。持有多种彼此不完全正相关的证券可以降低风险。如果存在无风险证券，新的有效边界是经过无风险利率并和机会集相切的直线，该直线称为资本市场线，该切点被称为市场组合。资本市场线只适用于有效证券组合，证券组合的整体风险用标准差测度，该直线反映每单位整体风险的超额收益(组合的收益率超出无风险收益率的部分)，即风险的“价格”。

(五)系统风险及其衡量

β 系数是用于衡量证券投资风险的，但由于非系统风险可以通过投资多样化加以消除，所以，β 系数只用于衡量不可分散风险，即用于计量系统风险。

β 系数被定义为某个资产或某个证券组合的收益率与市场组合之间的相关性，它反映了系统风险的程度，用于衡量个别证券收益率对于证券市场组合收益率变化的敏感性。其计算公式为：

$$\beta=\frac{\text{某种股票的风险收益率}}{\text{证券市场组合的风险收益率}}$$

β 系数可以为正值，也可以为负值。当 $\beta=1$ 时，表示该股票的收益率与证券市场平均收益率呈相同比例的变化，其风险情况与证券市场组合的风险情况一致；如果 $\beta>1$，说明其风险大于整个证券市场组合的风险；如果 $\beta<1$，说明其风险小于整个证券市场组合的风险。

系统风险的程度通常用 β 系数来计量。β 系数有很多种计算方法，实际计算过程十分复杂，但幸运的是，β 系数一般不由投资者自己计算，而由一些投资服务机构定期计算并公布。关于 β 系数值的来源，在美国，有很多服务机构提供公司的 β 系数数据资料。这些 β 系数数据资料通常是根据过去 3 至 5 年的周收益率或月收益率计算出来的，从这些服务机构取得 β 数据较为方便。如果投资者认为某股票过去的系统风险适用于未来，则过去值可以代替预期的β值。

投资组合的β_p系数是单个证券β系数的加权平均，权数为各种证券在投资组合中所占的比重。其计算公式为：

$$\beta_p = \sum_{i=1}^{n} W_i \beta_i$$

式中，β_p表示投资组合的β系数，W_i表示第i种证券在投资组合中所占的比重，β_i表示第i种证券的β系数。

【案例 5－2－5】 Felix 家族公司持有 A、B、C 三种股票组成的投资组合，权重分别为30％、35％和 50％，三种股票的β系数分别为 2.5、1.4、0.5，市场平均收益率为 10％，无风险收益率为 5％。

要求：试计算确定该投资组合的β_p。

解：$\beta_p = \sum_{i=1}^{n} W_i \beta_i = 30\% \times 2.5 + 35\% \times 1.4 + 50\% \times 0.5 = 1.49$

第三节 资本资产定价模型

资本资产定价模型(Capital Assets Pricing Model，CAPM)是财务学形成和发展中最重要的里程碑。它第一次使人们可以量化市场的风险程度，并且能够对风险进行具体定价。

资本资产定价模型的研究对象，是充分组合情况下风险与要求的收益率之间的均衡关系。资本资产定价模型可用于回答如下问题：为了补偿某一特定程度的风险，投资者应该获得多大的收益率？在前面的讨论中，我们将风险定义为期望收益率的不确定性；然后根据投资理论将风险区分为系统风险和非系统风险，知道了在高度分散化的资本市场里只有系统风险，并且会得到相应的回报。现在将讨论如何衡量系统风险以及如何给出风险定价。

一、资本资产定价模型的基本原理

所谓“资本资产”，主要是指股票，而定价则试图解释资本市场如何决定股票收益率，进而决定股票价格。资本资产定价模型是由著名经济学家威廉·夏普于 1964 年首先提出的。

根据风险与收益的一般关系，某资产的必要收益率是由无风险收益率和该资产的风险收益率决定的。

资本资产定价模型的一个主要贡献就是解释了风险收益率的决定因素和度量方法，并且给出了下面的一个简单易用的表达形式。其计算公式为：

$$R = R_f + \beta \times (R_m - R_f)$$

这是资本资产定价模型的核心关系式。式中，R表示某资产的必要收益率；β表示该资产的系统风险系数；R_f表示无风险收益率，通常以短期国债的利率来近似替代；R_m表示市场组合收益率，通常用股票价格指数收益率的平均值或所有股票的平均收益率来代替。

公式中$(R_m - R_f)$称为市场风险溢酬，它附加在无风险收益率之上，是由于承担了超过市场平均风险所要求获得的补偿，它反映的是市场作为整体对风险的平均“容忍”程度，也就是市场整体对风险的厌恶程度。对风险越是厌恶和回避，要求的补偿就越高，市场风险溢酬的数值就越大。反之，如果市场的抗风险能力强，则对风险的厌恶和回避就不是很强烈，因此，要求的补偿就越低，市场风险溢酬的数值就越小。不难看出，某项资产的风险收益率是该资产系统风险系数与市场风险溢酬的乘积，即：

$$风险收益率=\beta\times(R_m-R_f)$$

【案例 5—3—1】 国库券收益率为 7%，市场平均的期望收益率为 12%。甲公司股票的 β 系数为 1.3，乙公司股票的 β 系数为 0.7。

要求：试计算甲公司和乙公司股票所要求的收益率。

解：甲公司的期望收益率 $R_{甲}=7\%+1.3\times(12\%-7\%)=13.5\%$

乙公司的期望收益率 $R_{乙}=7\%+0.7\times(12\%-7\%)=10.5\%$

计算结果表明，甲公司股票所要求的收益率为 13.5%，高于市场平均的期望收益率，主要是因为甲公司的 β 系数为 1.3，说明甲公司比市场有更高的风险；乙公司股票所要求的收益率为 10.5%，低于市场平均的期望收益率，主要是因为乙公司股票的 β 系数为 0.7，说明乙公司的风险低于市场风险。

【案例 5—3—2】 W 公司股票的 β 系数为 1.5，无风险利率为 7%，市场上所有股票的平均收益率为 10%，那么，W 公司股票的期望收益率应为：

$R=R_f+\beta\times(R_m-R_f)=7\%+1.5\times(10\%—7\%)=11.5\%$

也就是说，W 公司股票的收益率达到或超过 11.5%时，投资者方肯进行投资；如果低于 11.5%，则投资者不会购买 W 公司的股票。

资本资产定价模型，通常用图形加以表示，称为证券市场线（SML）。它说明期望收益率 R 与系统风险 β 系数之间的关系。如图 5—3—1 所示：

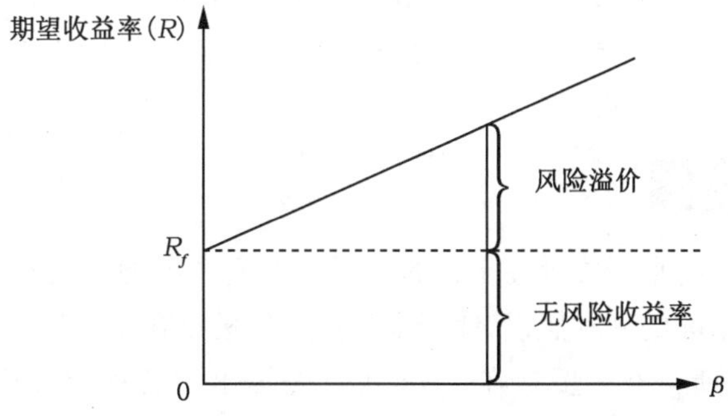

图 5—3—1 期望收益率与 β 系数之间的关系

证券市场线表明：

(1)纵轴为期望收益率，横轴是以 β 值表示的风险；

(2)无风险证券的 $\beta=0$，R_f 为证券市场线在纵轴上的截距；

(3)证券市场线的斜率是市场风险收益率 (R_m-R_f)，表示经济系统中风险厌恶的程度。一般来说，投资者对风险的厌恶程度越强，证券市场线的斜率越大，对风险资产所要求的风险补偿越大，对风险资产的要求收益率越高。β 值越大，要求的收益率越高。

从证券市场线可以看出，投资者要求的收益率不仅仅取决于市场风险，而且还取决于无风险利率(证券市场线的截距)和市场风险补偿程度(证券市场线的斜率)。由于这些因素始终处于变动之中,所以证券市场线也不会一成不变。预计通货膨胀提高时,无风险利率会随之提高,进而导致证券市场线的向上平移。风险厌恶感的加强,会提高证券市场线的斜率。证券市场线适用于单个证券和证券组合(不论它是否已经有效地分散了风险),它测度的是证券(或证券组合)每单位系统风险(β 系数)的超额收益。

二、资本资产定价模型的假设

资本资产定价模型建立在如下基本假设之上:

(1)所有投资者均追求单期财富的期望效用最大化,并以各备选组合的期望收益和标准差为基础进行组合选择。

(2)所有投资者均可以无风险利率无限制地借入或贷出资金。

(3)所有投资者拥有同样预期,即对所有资产收益的均值、方差和协方差等,投资者均有完全相同的主观估计。

(4)所有的资产均可被完全细分,拥有充分的流动性且没有交易成本。

(5)没有税金。

(6)所有投资者均为价格接受者,即任何一个投资者的买卖行为都不会对股票价格产生影响。

(7)所有资产的数量是给定的和固定不变的。

在以上假设的基础上,提出了具有奠基意义的资本资产定价模型。随后,每一个假设逐步被放开,并在新的基础上进行研究,这些研究成果都是对资本资产定价模型的突破与发展。多年来,资本资产定价模型经受住了大量经验上的证明,尤其是 β 概念。

自提出资本资产定价模型以来,各种理论争议和经验证明便不断涌现。尽管该模型存在许多问题和疑问,但是以其科学的简单性、逻辑的合理性赢得了人们的支持。各种实证研究验证了 β 概念的科学性及适用性。

三、套利定价理论

资本资产定价模型的重要贡献在于它揭示了资本资产风险与收益的均衡关系。然而,由于其过于苛刻且不切实际的种种假设,使资本资产定价模型在实际运用中存在着一些局限性。基于此,美国经济学家斯蒂芬·罗斯在 1976 年首先提出的套利定价理论(Arbitrage Pricing Theory,APT)。罗斯认为,风险性资产的收益率不但受市场风险的影响,而且与其他因素相关,如国际形势、工业指数、社会安全、政府金融政策等。证券分析的目的就在于识别经济中的这些因素,以及证券对这些经济因素变动的不同敏感性。套利定价理论的基本思想是在竞争的金融市场上套利行为将保证由风险和收益决定的价格达到均衡,从单因素模型发展成为多因素模型,以期更加适应现实经济生活的复杂情况。

资本资产定价模型本身是不可直接测试的,但可以由此模型引导出一个可测试的单因素或称单指数模型。资本资产定价模型认为,证券或任何其他风险资产的期望收益率是由一个因素即市场风险投资组合的期望收益率决定的。而套利定价理论则主张,任何资产的收益率是 n 个宏观经济因素的一次函数。其用公式表示为:

$$R = R_f + b_1\lambda_1 + b_2\lambda_2 + \cdots + b_n\lambda_n$$

式中，R 表示某资产的期望收益率；R_f 是不包括通货膨胀因素的无风险收益率，即纯粹利率；b_i 表示风险因素 i 对该资产的影响程度，称为资产对风险因素 i 的响应系数；而 λ_i 则表示风险因素 i 的期望收益率，即该资产由于承担风险因素 i 而期望的额外收益率。

套利定价理论认为，同一个风险因素所要求的风险收益率（即超过纯粹利率的部分）对于所有的资产来说都是相同的，因此，每个 i 的大小对于不同的资产都会给出同样的数值。否则，如果某个风险因素对不同的资产提供了不同的收益，投资者就可以通过适当调整手中资产组合中的资产种类和比例即通过所谓的“套利”活动，在不增加风险的情况下获得额外的收益。而这种套利活动的结果，就会使得这些额外的收益逐渐变小，以致最后消除，达到市场均衡。这是套利定价理论的一个基本结论。

按照套利定价理论，在均衡条件下，具有同样风险的两个证券必须有相同的期望收益。假设证券 A 和证券 B 风险相同，但证券 A 有较高的期望收益，这样投资者就会买入一定量的证券 A 而卖出相同数量的证券 B，投资者的净投资和风险水平都为 0，但收益率不为 0。这种无风险套利活动的结果，将消除一切套利机会，使同一风险因素的风险收益趋于相等，形成一个统一的市场价格。正因为证券收益的均衡关系是通过套利形成的，所以这个理论称为套利定价理论。可以看出，上述套利定价模型（有时称为多指数模型）是资本资产定价模型的推广。

既然对于所有不同的资产来说，纯粹利率 R_f 和每个风险因素的期望收益率 λ_i 都是相同的，那么不同资产收益率的不同则只能通过 b_i 的不同来体现。也就是说，不同资产之所以有不同的期望收益，只是因为不同资产对同一风险因素的响应程度不同。

当然，要想获取 λ_i 和 b_i 的数据，需要对历史收益率数据采用回归分析和因素分析的方法进行估计，这在现实中是较为困难的工作，尤其是对 b_i 的估计不仅困难，而且可靠性不高。

尽管要想运用套利定价理论来计算收益率比较复杂，但它的基本思想比资本资产定价理论更接近实际，对资产的交易更具指导意义。它同时考虑了多种因素对资产收益的影响，比资本资产定价理论更清楚地指明了风险来自哪一方面，因此，投资者可以选择或者构造一个只受某一个风险因素影响的资产或资产组合，这样，选择这个资产或资产组合就相当于选择了这项风险因素。所以，投资者就可根据自己的风险偏好和抗风险能力来选择资产或资产组合，回避那些不愿意承担的风险，这对投资者来说是一个很重要的启示和帮助。

四、有效市场理论

所谓“有效市场理论”，是指金融市场上的预期等于运用所有可知信息做出最佳预测，它是理性预期理论在证券定价上的应用。

（一）有效市场理论的提出

美国芝加哥大学教授尤金·法玛通过对股价的大量实证研究，于 1965 年、1970 年分别在美国的《商业学刊》和《金融月刊》上发表了《股票市场价格的行为》和《有效资本市场：对理论和实证工作的评价》两篇文章。他在文章中指出，由于有大量的分析家和交易商在积极寻找定价错误的证券并积极进行无风险套利交易，从而影响到证券的价格，因此在任何给定时间，证券价格已反映了投资者的知识和判断，充分反映了全部市场信息。如果价格已经很快反映了新信息，那么通过传统分析方法就不能击败市场，即不能获得高于市场平均水平的投资收益，这就称有效市场理论。根据这一理论，法玛认为有效市场是指这样一个市场：投资者都试图利用可获得的信息获得更多的收益，证券价格对新的市场信息的反应迅速而准确，市场竞争使证券价格从一个平衡水平过渡到另一个平衡水平。

在有效市场里，任何新的信息都会迅速而充分地反映在价格中，证券的价格能迅速而充分地对这些信息做出反应。有利的信息会立刻导致证券价格的上升，不利的信息会使证券价格立即下跌。因此，任何时候的证券价格都已经充分反映了当时所得到的一切有关信息。其特征有：(1)有效市场上证券的价格充分反映新信息。(2)有效市场上的证券价格是其价值的可靠反映。(3)有效市场上证券价格的变动是随机的。(4)有效市场上的投资者不能获得超常利润。

法玛在研究中发现，在有效市场上，不同的信息对证券价格的影响程度不同，从而反映了证券市场的有效程度因信息的种类不同而异。他将证券的有关信息分为三类：一是“历史信息”，包括证券的历史价格水平及其变动、成交量、成交额等，其中价格信息为其主要部分；二是“公开信息”，即从传媒上获得的信息，包括有关公司、行业、国内及世界政治、经济等在内的所有公开可用的信息；三是“所有信息”，它既包括所有公开信息，又包括为少数人所拥有的私人信息和“内幕信息”，如企业未来的扩展计划、高级管理人员的变动等。

根据市场对以上三类信息的不同反应，一般将有效市场分为以下三种类型：

1. 弱式有效市场

其特征是：证券的现行价格反映了证券本身所有的信息，过去的证券价格不影响未来的证券价格，未来的证券价格与其过去的价格之间没有任何关系。在弱式有效市场，由于目前的证券价格充分反映了过去证券价格所提供的各种信息，过去价格变动的历史不包括任何对预测未来价格变动有用的信息，有关证券的历史信息与现在和未来的证券价格或收益无关，这就说明有关证券的历史信息已被投资者所充分利用，因此，任何投资者都不可能在弱式有效市场上通过分析历史信息来决定何时买卖证券而获取超额收益。

2. 半强式有效市场

其特征是：证券的现行价格反映了所有已经公开的信息，这些信息不仅包括证券价格和交易量等历史信息，而且包括所有公开发表的信息，如公司收益、股利分配、拆股和利率、汇率等宏观指标以及有关政治与社会信息等。因此，在半强式有效市场上，不但所有证券价格变化的历史资料，而且所有公开发表的最新信息也都对判断证券价格的变化趋势毫无用处，因为所有对证券价格有影响的信息都会马上在证券价格上反映出来。

3. 强式有效市场

其特征是：证券的价格充分反映了已公开和未公开的所有信息，这些信息不仅包括历史信息和公开信息，而且包括内幕信息和私人信息。显然强式有效市场是一个极端的假设，是一个理想的市场状态，它以市场参与者无信息垄断为前提，以信息传播系统具有多元、自由、无时滞为条件，以证券市场价格对信息的反应迅速而无偏差为基础。大量的实证研究结果表明，目前各国的证券市场都未达到强式有效。

(二)有效市场理论对会计信息披露的重要意义

会计信息反映着上市公司的经营状况，而这一状况必将及时地被市场价格所反映。公司市场价值的升降，是各种信息（包括会计信息）综合作用的结果，也就是说公司必须按照有效市场的要求，生产符合标准的会计信息，并输出到资本市场，使市场了解企业，这对于提升公司价值、提高资本市场效率具有双重作用。有效市场理论对会计信息的披露提供了有益的启示。

1. 充分认识会计信息的非唯一性

有效市场理论认为，证券价格能同步地反映全部有关的和可用的信息，这些信息既包括企业所披露的信息，如会计信息、统计信息和管理信息等；又包括宏观经济发展所反映出的信息。投资者在获取会计信息的同时，会最大限度地使用其他信息。但就目前而言，会计信息对投资者还是普遍适用的，因为会计信息的披露有着科学而系统的方法，并具有真实性、连续性和综合性的特点，从而使其成为包含一定信息量而又具有成本效益的披露工具。反过来讲，如果会计不能够提供投资者所需的准确、及时、可靠的信息，会计的有用性就会令人质疑，甚至有可能被其他渠道的信息所替代。

2. 在会计报表上不存在幻觉

财务估价论认为，任何资产的市场价值都是其未来现金流量的折现值，因此，投资者只关心公司财务决策所带来的现金流量。在有效市场上，信息表面的变化并不会影响企业的风险程度和预期的现金流入，当然也不会影响证券的价格。因为市场有效意味着证券市场接受的是所披露信息的真实内容，而不是信息披露的形式。因此，只要会计政策的选择不会带来现金流量的差别，或者公司以任何形式向公众披露所采用的会计政策，投资者和证券分析师都会做出必要的分析，以判断这些会计政策的改变对现金流带来的变化，公司所采用的会计政策不会影响证券的价格，也不会提升其价值。因此，试图通过会计处理方法的选择来提供表面的、虚假的会计信息，实属无益之举。

3. 充分披露会计信息

首先，弱式有效市场表明，所有过去价格变动的结果对于未来的价格变动趋势毫无影响，即在目前的股票价格中，不包含任何有助于预测未来的有用信息。经济学家将这种状况称作“市场没有记忆”。因此，会计报告的披露应具有较大的信息含量，特别是应向市场及时传递企业未来发展趋势的会计信息。其次，在半强式有效市场中，有效仅指对公众可获得信息的有效，但在现实经济生活中确实存在信息的不对称，由此导致的逆向选择和道德风险会降低市场配置资源的效率。会计信息的充分披露，包括内部信息和可能泄露竞争优势信息的披露，无疑会增加公众所获取信息的含量，最终会在一定程度上降低由于信息不对称造成的市场不完全性。公司应认识充分披露所带来的正面效应。

4. 披露真实而公允的会计信息

会计信息的质量特征，对资本市场效率的有效发挥有着重要的影响。相关可靠的会计信息，能使投资者做出正确的决策，实现社会资本的优化配置。而虚假的、不可靠的、不相关的会计信息，则会误导投资者做出错误决策，扭曲资本市场正常反应机能，同时也会引发人们的投机行为，使资本市场大起大落；也使得企业的经营业绩难以取信于民，引发信用危机，导致股价下跌，企业财富缩水。

本章小结

风险是一个非常重要的财务概念。任何决策都有风险,这使得风险观念在理财中具有普遍意义。从财务管理的角度看,风险就是企业在各项财务活动过程中,由于各种难以预料或无法控制的因素作用,使企业的实际收益与期望收益发生背离,即指标准差,是实际收益脱离期望收益的可能性,从而蒙受经济损失的可能性。

一般而言,投资者都厌恶风险,并力求回避风险。之所以还有人进行风险投资,是因为风险投资可以得到额外收益——风险收益。风险收益又称风险报酬、投资风险价值,是投资者由于冒着风险进行投资而取得的收益。风险收益也有两种表示方法:风险收益额和风险收益率。

风险的衡量,需要使用概率和统计方法。资产的风险是资产收益率的不确定性,其大小可用资产收益率的离散程度来衡量。离散程度是指资产收益率的各种可能结果与期望收益率的偏差。衡量风险的指标主要有收益率的方差、标准差和标准离差率等。

投资组合理论认为,若干种证券组成的投资组合,其收益是这些证券收益的加权平均数,但是其风险不是这些证券风险的加权平均风险,投资组合能降低风险。

资本资产定价模型是一种描述风险与收益之间关系的模型。在这一模型中,某种证券的期望收益率就是无风险收益率加上这种证券的系统风险溢价。用公式表示为:$R=R_f+\beta\times(R_m-R_f)$。其中,$\beta$ 系数被定义为某个资产或某个证券组合的收益率与市场组合之间的相关性,它反映了系统风险的程度,用于衡量个别证券收益率对于市场投资组合收益率变化的敏感性。

资本资产定价模型的图示形式称为证券市场线,它主要用来说明投资组合期望收益率与系统风险程度 β 系数之间的关系。

复习思考题

1. 什么是风险? 什么是风险收益? 如何进行计算?

2. 如何应用投资收益率的标准离差衡量单项资产的风险收益?

3. 两项资产间的相关系数为正、为负和为零分别表示什么? 试举例说明。

4. 什么是系统风险和非系统风险? 为什么非系统风险可以通过投资组合加以分散,而系统风险却不能呢?

5. 什么是资本资产定价模型? 试分析模型中主要参数的变化对投资者所要求收益率的影响。

6. 如何看待风险与收益率之间的关系? 为什么有的投资者倾向于高风险投资?

自测题

一、单项选择题

1. 在投资收益不确定的情况下,按估计的各种可能收益水平及其发生概率计算的加权平均数是(　　)。

A. 实际投资收益(率)　　B. 期望投资收益(率)

C. 必要投资收益(率)　　D. 无风险收益(率)

2. 已知某种证券收益率的标准差为0.2,当前的市场组合收益率的标准差为0.4,两者之间的相关系数为0.5,则两者之间的协方差是(　　)。

A. 0.04　　B. 0.16　　C. 0.25　　D. 1.00

3. 如果某单项资产的系统风险大于整个市场组合的风险,则可以判定该项资产的β值(　　)。

A. 等于1　　B. 小于1　　C. 大于1　　D. 等于0

4. 在计算由两项资产组成的组合收益率的方差时,不需要考虑的因素是(　　)。

A. 单项资产在资产组合中所占比重　　B. 单项资产的β系数

C. 单项资产的方差　　D. 两种资产的协方差

5. 某种股票的期望收益率为10%,其标准离差为0.04,风险价值系数为30%,则该股票的风险收益率为(　　)。

A. 40%　　B. 12%　　C. 6%　　D. 3%

6. 如果两个投资项目期望收益的标准差相同,而期望值不同,则这两个项目(　　)。

A. 期望收益相同　　B. 标准离差率相同

C. 期望收益　　D. 未来风险收益相同

7. 有两个投资项目,甲、乙项目收益率的期望值分别为15%和23%,标准差分别为30%和33%,那么(　　)。

A. 甲项目的风险程度大于乙项目的风险程度

B. 甲项目的风险程度小于乙项目的风险程度

C. 甲项目的风险程度等于乙项目的风险程度

D. 不能确定

8. 天明公司股票的β系数为1.5,无风险利率为4%,市场上所有股票的平均收益率为8%,则天明公司股票的期望收益率为(　　)。

A. 4%　　B. 12%　　C. 8%　　D. 10%

二、多项选择题

1. 下列各项中,能够影响特定资产组合β系数的有(　　)。

A. 该组合中所有单项资产在组合中所占比重

B. 该组合中所有单项资产各自的β系数

C. 市场组合的无风险收益率

D. 该组合的无风险收益率

2. 投资决策中用来衡量项目风险的,可以是项目的(　　)。

A. 收益率的期望值　　B. 各种可能的收益率的离散程度

C. 期望收益率的方差　　D. 期望收益率的标准差

E. 期望收益率的标准离差率

三、判断题

1. 证券组合风险的大小，等于组合中各个证券风险的加权平均数。（ ）

2. 根据财务管理的理论，必要投资收益等于期望投资收益、无风险收益和风险收益之和。（ ）

3. 对可能给企业带来灾难性损失的项目，企业应主动采取合资、联营和联合开发等措施，以规避风险。（ ）

4. 概率必须符合两个条件：一是所有的概率值都不大于1，二是所有结果的概率之和应等于1。（ ）

5. 风险与收益是对等的，风险越大，投资人要求的投资收益率就越高。（ ）

四、计算分析题

1. 某公司拟进行股票投资，计划购买A、B、C三种股票，并分别设计了甲、乙两种资产组合。已知三种股票的β系数分别为1.5、1.0、0.5，它们在甲种投资组合下的投资比重为50%、30%、20%；乙种投资组合的风险收益率为3.4%。同期市场上所有股票的平均收益率为12%，无风险收益率为8%。

要求：

(1)根据A、B、C三种股票的β系数，分别评价这三种股票相对于市场组合而言的投资风险大小。

(2)按照资本资产定价模型计算A股票的必要收益率。

(3)计算甲种投资组合的β系数和风险收益率。

(4)计算乙种投资组合的β系数和必要收益率。

(5)比较甲、乙两种投资组合的β系数，评价它们的投资风险大小

2. 某企业集团准备对外投资，现有三家公司可供选择，分别为甲公司、乙公司和丙公司，这三家公司的年期望收益及其概率的资料如下表所示：

甲、乙、丙三家公司年期望收益及其概率

市场状况	概率	年期望收益(万元)		
		甲公司	乙公司	丙公司
良好	0.3	40	50	80
一般	0.5	20	20	20
较差	0.2	5	−5	−30

要求：假定某人是该企业集团的稳健型决策者，则依据风险与收益原理他将做出何种选择？

3. 某资产投资组合有甲、乙两种证券，其期望投资收益率分别为6%和10%，其收益率的标准离差分别为5%和8%，甲、乙两种证券的投资比重分别为60%和40%。当相关系数分别为+1、+0.5、+0.1、0、−0.1、−0.5和−1时。

要求：

(1)试计算资产投资组合的期望收益率及衡量投资风险的方差、标准离差及标准离差率。

(2)分析当相关系数为−1时,投资组合的标准离差为什么不等于零?

(3)在什么情况下标准离差为零?

4. 某投资者准备从证券市场购买A、B、C三种股票组成投资组合。已知这三种股票的β系数分别为0.8、1.2、2。现行国库券的收益率为8%,市场所有股票的平均收益率为14%。

要求:

(1)采用资本资产定价模型分别计算这三种股票的期望收益率。

(2)假设该投资者准备长期持有A股票,A股票上年的每股股利为2元,预计年股利增长率为8%,当前每股市价为40元,则投资者投资A股票是否合算?

(3)若投资者按5∶2∶3的比例分别购买了A、B、C三种股票,计算该投资组合的β系数和期望收益率。

第六章　公司筹资管理

金钱实际上属于使用它并使它增值的人，而不论它在名字上属于谁。企业家应该把银行的钱、他人的钱变为自己所有，否则他就是不懂理财。善借钱的人自己不必有钱就可以经营自己的企业。

——马克斯·韦尔
(Marx Well)

学习目标

◇　掌握各种筹资方式及其优缺点；
◇　掌握长期借款、债券、融资租赁等长期负债筹资的基本概念及其优缺点；
◇　熟悉可转换债券、认股权证的性质、含义、基本要素及其优缺点；
◇　掌握各种短期负债筹资的方式和各种具体方式的相关计算。

引导案例

Le Pemitti 公司是一家季节性很强、信用为 AA 级的大中型企业，每年一到生产经营旺季，公司就面临着产品供不应求、资金严重不足的问题，让公司总裁和财务经理大伤脑筋。2002 年，公司同样碰到了这一问题，公司生产中所需的 A 材料面临缺货，亟须 200 万元资金投入，而公司目前尚无多余资金。若这一问题得不到解决，将给公司生产及当年效益带来严重影响。为此，公司总裁要求财务经理 David 尽快想出办法解决。接到任务后，David 马上会同公司其他财务人员商讨对策，以解燃眉之急。经过一番讨论，形成了四种备选筹资方案。Le Pemitti 公司的产品销售利润率为 9%。

方案一：银行短期贷款。工商银行提供期限为 3 个月的短期借款 200 万元，年利率为 8%，银行要求保留 20%的补偿性余额。

方案二：票据贴现。将面额为 220 万元的未到期(不带息)商业汇票提前 3 个月进行贴现，贴现率为 9%。

方案三：商业信用筹资，Tonic 公司愿意以“2/10，n/30”的信用条件，向其销售 200 万元的 A 材料。

方案四：安排专人将250万元的应收款项催回。

那么根据资料比较哪种筹资方式更适合Le Pemitti公司的生产经营亟须呢？

本章我们将讨论类似的有关问题，让大家了解公司是如何筹资，是通过哪些渠道筹资，以及面对众多筹资渠道应该如何选择等问题。

第一节 公司筹资概述

一、公司筹资的含义与目的

公司筹资，是指公司根据其生产经营、对外投资以及调整资本结构等需要，通过一定的渠道，采取适当的方式，获取所需资金的一种行为。筹集公司生产经营所需的资金是公司财务管理的一项重要内容，任何企业正常运营，都离不开资金。公司筹集资金的目的主要有以下几个：

1. 设立企业

资金是企业进行生产经营活动的基本条件，按照我国《公司法》的规定，企业设立时，必须有一定数量的资本金(注册资本)，才能进行企业的设立、登记和开展正常的生产经营活动。

2. 扩大企业经营规模

随着企业的成长，其生产经营规模是不断扩大的，而其进行生产经营活动所需的资金也是不断增多的。在这种情况下，企业就有必要筹集资金，以满足不断增加的资金需求。

3. 偿还债务

公司在生产经营活动中，往往会适当举债，以便获得杠杆收益。在债务到期时，若公司现有的支付能力不足以偿还到期债务，或者公司虽有支付能力，但偿还债务将影响到最佳资本结构时，公司便会选择继续筹资来偿还债务。

4. 调整资本结构

当企业的资本结构不合理时，通过筹资进行调整，运用合适的筹资方式和筹资组合可以使企业的资本结构趋于合理，从而有利于企业实现价值最大化。

二、筹资的分类

企业筹集的资金可按不同的标准进行分类。

1. 按照资金的来源渠道不同，可将企业筹资分为权益性筹资和负债性筹资

权益性筹资或称自有资金筹资，是指企业通过发行股票、吸收直接投资、内部积累等方式筹集资金。企业采用吸收自有资金的方式筹集资金，一般不用还本，财务风险小，但付出的资本成本相对较高。

负债性筹资或称借入资金筹资，是指企业通过发行债券、向银行借款、融资租赁等方式筹集的资金。企业采用借入资金的方式筹集资金，到期要归还本金和支付利息，一般承担较大风险，但相对而言，付出的资本成本较低。

2. 按照所筹资金使用期限的长短，可将企业筹资分为短期资金筹集与长期资金筹集

短期资金，是指使用期限在一年以内或超过一年的一个营业周期以内的资金。短期资金主要投资于现金、应收账款、存货等，一般在短期内可收回。短期资金通常采用商业信用、短期银行借款、短期金融证券、应收账款转让等方式来筹集。

长期资金，是指使用期限在一年以上或超过一年的一个营业周期以上的资金。长期资金主要投资于新产品的开发和推广、生产规模的扩大、厂房和设备的更新等，一般需几年甚至十几年才能收回。长期资金通常采用吸收直接投资、发行股票、发行债券、长期借款、融资租赁和利用留存收益等方式来筹集。

3. 按照所筹资金是否通过金融中介机构，可分为直接筹资和间接筹资

直接筹资是指筹资者不通过金融机构直接从最终投资者手中获得资金的筹资方式，其主要方式为筹资者发行股票或债券。直接筹资具有资金来源广泛、形式多样等优点，但筹资手续烦琐，并且投资者要同时面对许多投资者(企业的股东和债券持有者通常是数以万计的)，不但容易产生各种纠纷，而且纠纷出现后也较难解决。

间接筹资是指筹资者通过金融中介机构进行的筹资活动。在这种筹资活动中，投资者并不直接与筹资者发生直接的经济关系，而是将手中多余的资金以存款等形式投资于有关的金融机构(如银行)，这些金融机构再以借款等形式将集中起来的资金投资于企业等筹资者。

间接筹资手续简便，筹资数量和期限较为灵活，筹资者只需同一个或少数几个投资者打交道，纠纷较少且容易解决，但也存在着筹资数量有限、资金使用期限较短等缺点。

三、筹资的渠道与方式

(一)筹资渠道

筹资渠道，是指筹措资金来源的方向与通道，体现资金的来源与流量。认识筹资渠道的种类和每种筹资渠道的特点，有利于企业充分开拓和正确利用筹资渠道。目前我国企业筹资渠道主要包括：

1. 国家资金

国家对企业的直接投资是国有企业特别是国有独资企业获得资金的主要渠道之一。现有国有企业的资金来源中，其资本部分大多是由国家财政以直接拨款方式形成的。除此以外，还有些是国家对企业"税前还贷"或减免各种税款而形成的。不管是何种形式形成的，从产权关系上看，它们都属于国家投入的资金，产权归国家所有。

2. 银行信贷资金

银行对企业的各种贷款，是我国目前各类企业最为重要的资金来源。我国银行分为商业性银行和政策性银行两种。商业性银行主要有中国银行、中国农业银行、中国工商银行、中国建设银行、中国交通银行等，政策性银行主要有国家开发银行、中国进出口银行和农业发展银行。商业性银行是以营利为目的、从事信贷资金投放的金融机构，它主要为企业提供各种商业贷款。政策性银行主要为特定企业提供政策性贷款。

3. 非银行金融机构资金

非银行金融机构资金也可以为企业提供一定的资金来源，非银行金融机构主要指信托投资公司、保险公司、金融租赁公司、证券公司、财务公司等。它们所提供的各种金融服务，既包括信贷资金投放，又包括物资的融通，还包括为企业承销证券等金融服务。

4. 其他企业资金

其他企业资金也可以为企业提供一定的资金来源。企业在生产经营过程中，往往形成部分暂时闲置的资金，并为一定的目的而进行相互投资。另外，企业间的购销业务可以通过商业信用方式来完成，从而形成企业间的债权债务关系，形成债务人对债权人的短期信用资金占用。企业间的相互投资和商业信用的存在，使其他企业资金也成为企业资金的重要来源。

5. 居民个人资金

居民个人资金也可以为企业提供一定的资金来源，企业职工和居民个人的结余货币，作为“游离”于银行及非银行金融机构等之外的个人资金，可用于对企业进行投资，形成民间资金来源渠道，从而为企业所用。

6. 企业内部资金

企业内部资金，也称企业内部留存，是指企业内部形成的资金，主要包括提取公积金和未分配利润等。这些资金的重要特征之一是，它们无须企业通过一定的方式去筹集，而直接由企业内部自动生成或转移。

7. 境外资金

境外资金是指由境外企业、组织或个人向我国企业投入的资金，是外商投资企业的重要资金来源。企业通过吸引外国以及港、澳、台地区的资本投资，可增强企业资金实力。

(二)筹资方式

筹资方式是指企业筹集资金所采用的具体形式。正确认识筹资方式和种类以及每种筹资方式的特点，有利于企业选择合适的筹资方式，实现最佳的筹资组合。目前我国企业的筹资方式主要有以下几种：

1. 吸收直接投资

吸收直接投资，即企业按照“共同投资、共同经营、共担风险、共享利润”的原则直接吸收国家、法人、个人投入资金的一种筹资方式。

2. 发行股票

发行股票，即股份公司通过发行股票筹措权益性资本的一种筹资方式。

3. 利用留存收益

留存收益是指企业按规定从税后利润中提取的盈余公积金，根据投资人意愿和企业具体情况留存的应分配给投资者的未分配利润。利用留存收益筹资，是指企业将留存收益转化为投资的过程，它是企业筹集权益性资本的一种重要方式。

4. 向金融机构借款

向金融机构借款，即企业根据借款合同从有关银行或非银行金融机构借入的需要还本付息的款项。金融机构借款是企业负债经营时采取的主要方式。

5. 利用商业信用

商业信用是指商品交易中的延期付款或延期交货所形成的借贷关系，是企业之间的一种直接信用关系。它是企业筹集短期资金的重要方式。

6. 发行公司债券

发行公司债券，即企业通过发行债券筹措债务性资本的一种筹资方式。

7. 融资租赁

租赁是出租人以收取租金为条件，在合同规定的期限内，将资产租借给承租人使用的一种经济行为。租赁包括经营租赁和融资租赁。

经营租赁是传统的租赁，是为了满足承租人对资产的临时性需要，承租人并不寻求对租赁资产的长期占有。租赁的期限较短，租赁期满，租赁资产归还出租人。

融资租赁，也称资本租赁或财务租赁，是区别于经营租赁的一种长期租赁形式，是指出租人根据承租人对租赁物和供货人的选择或认可，将其从供货人处取得的租赁物，按融资租赁合同的约定出租给承租人占有、使用，并向承租人收取租金，最短租赁期限为一年的交易活动，它是企业筹集长期债务性资本的一种方式。

(三)筹资渠道与筹资方式的对应关系

筹资渠道解决的是资金来源问题，筹资方式则解决通过何种方式取得资金的问题，它们之间存在一定的对应关系。一定的筹资方式可能只适用于某一特定的筹资渠道，但是，同一渠道的资金往往可采用不同的方式取得，同一筹资方式又往往适用于不同的筹资渠道。因此，企业在筹资时，应实现两者的合理配合。筹资渠道与筹资方式的对应关系可以用表 6－1－1 来表示。

表 6－1－1　　筹资渠道与筹资方式的对应关系

筹资方式 筹资渠道	吸收直接投资	发行股票	金融机构贷款	商业信用	发行债券	租 赁
国家资金	√	√				
银行信贷资金			√			
非银行金融机构资金	√	√	√		√	√
其他企业资金	√	√		√	√	√
居民个人资金	√	√			√	
企业内部资金	√					
境外资金	√	√			√	√

四、筹资的原则

企业筹资应遵循以下基本原则：

1. 规模适当原则

企业的筹资规模应与资金需求量相一致，既要避免因资金筹资不足，影响生产经营的正常进行，又要防止资金筹资过多，造成资金闲置。

2. 筹措及时原则

企业财务人员应全面掌握资金需求的具体情况并熟知资金时间价值的原理，合理安排资金的筹集时间，适时获取所需资金。

3. 来源合理原则

不同来源的资金，对企业的收益和成本有不同影响。通过研究各类筹资渠道的特点和资金市场，综合考虑资本成本、筹集资金的难易程度、使用资金时间的长短、资金使用受各方限制程度及风险与收益等因素，合理选择资金来源。

4. 方式经济原则

公司筹集资金必然要付出一定的代价并承担相应的风险，不同筹资方式条件下的资本成本和财务风险有高有低。为此，需要对各种筹资方式进行分析、对比，选择经济可行的筹资方式。

第二节　权益性资金筹资

权益性资金筹资或称权益资本或自有资金，是指企业通过吸收直接投资、发行股票、留存收益筹资、认股权证筹集的资金。

一、吸收直接投资

(一)吸收直接投资中的出资方式

企业在采用吸收投资方式筹集资金时，投资者可以用现金、厂房、机器设备、材料物资、无形资产等作价出资。出资方式主要有以下几种：

1. 以现金出资

以现金出资是吸收投资中一种最主要的出资方式。有了现金，便可获取其他物质源，因此，企业应尽量动员投资者采用现金方式出资。吸收投资中所需投入现金的数额，取决于投资人投入的实物、工业产权后尚需多少现金来满足建厂的开支和日常周转需要。

2. 以实物出资

以实物出资就是投资者以厂房、建筑物、设备等固定资产和原材料、商品等流动资产所进行的投资。一般来说，企业吸收的实物应符合如下条件：(1)确为企业科研、生产、经营所需；(2)技术性能比较好；(3)作价公平合理。

实物出资所涉及的实物作价方法应按国家的有关规定执行。

3. 以工业产权出资

以工业产权出资是指投资者以专有技术、商标权、专利权等无形资产所进行的投资。一般来说，企业吸收的工业产权应符合以下条件：(1)能帮助研究和开发出新的高科技产品；(2)能帮助生产出适销对路的高科技产品；(3)能帮助改进产品质量，提高生产效率；(4)能帮助大幅度降低各种消耗；(5)作价比较合理。

企业在吸收工业产权投资时应特别谨慎，认真进行技术时效性分析和财务可行性研究。因为以工业产权投资实际上是把有关技术资本化了，把技术的价值固定化了。而技术具有时效性，因其不断老化而导致价值不断减少甚至完全丧失，风险较大。

4. 以土地使用权出资

投资者也可以用土地使用权来进行投资。土地使用权是按有关法规和合同的规定使用土地的权利。企业吸收土地使用权投资应符合以下条件:(1)是企业科研、生产、销售活动所需要的;(2)交通、地理条件比较适宜;(3)作价公平合理。

(二)吸收直接投资的成本

吸收直接投资的成本,是企业因吸收直接投资而支付给直接投资者的代价。吸收直接投资的成本除不需考虑筹资费用外,其计算方法与普通股筹资基本相同。

(三)吸收直接投资的优缺点

1. 吸收直接投资的优点

(1)有利于增强企业信誉。吸收直接投资所筹集的资金属于自有资金,能增强企业的信誉和借款能力,对扩大企业经营规模、壮大企业实力具有重要作用。

(2)有利于尽快形成生产能力。吸收直接投资可以直接获取投资者的先进设备和先进技术,有利于尽快形成生产能力,尽快开拓市场。

(3)有利于降低财务风险。吸收直接投资可以根据企业的经营状况向投资者支付报酬,企业经营状况好,可向投资者多支付一些报酬;企业经营状况不好,则可不向投资者支付报酬或少支付报酬。报酬支付较为灵活,财务风险较小。

2. 吸收直接投资的缺点

(1)资本成本较高。采用吸收直接投资方式筹集资金所需负担的资本成本较高,特别是企业经营状况较好和盈利较多时,更是如此。因为向投资者支付的报酬是根据其出资的数额和企业实现利润的比率来计算的。

(2)容易分散企业控制权。采用吸收直接投资方式筹集资金,投资者一般都要求获得与投资数量相适应的经营管理权,这是企业接受外来投资的代价之一。如果外部投资者的投资较多,则投资者会有相当大的管理权,甚至会对企业实行完全控制,这是吸收直接投资的不利因素。

二、发行股票

(一)股票的分类

1. 按股东权利和义务的不同,可将股票分为普通股票和优先股票

普通股票简称普通股,是股份公司依法发行的具有平等的权利、义务,股利不固定的股票。普通股具备股票的最一般特征,是股份公司资本的最基本部分。

优先股票简称优先股,是股份公司发行的、相对于普通股具有一定优先权的股票。这种优先权主要体现在股利分配和分取剩余财产权利上,从法律上讲,企业对优先股不承担法定的还本义务,是企业自有资金的一部分。

2. 按股票票面是否记名,可将股票分为记名股票和无记名股票

记名股票是指在股票上载有股东姓名或名称并将其记入公司股东名册的股票,记名股票要同时附有股权手册,只有同时具备股票和股权手册,才能领取股息和红利,记名股票的转让、继承都要办理过户手续。

无记名股票是指在股票上不记载股东姓名或名称,也不将股东姓名或名称记入公司股东名册的股票。凡持有无记名股票者，都可成为公司股东。无记名股票的转让、继承无须办理过户手续，只要将股票交给受让人，就可发生转让效力，移交股权。

我国《公司法》规定，公司向发行、国家授权投资的机构和法人发行的股票，应当为记名股票；向社会公众发行的股票，可以为记名股票，也可以为无记名股票。

3. 按发行对象和上市地区，可将股票分为A股、B股、H股和N股等

在我国内地上市交易的股票主要有A股、B股。A股是以人民币标明票面金额并以人民币认购和交易的股票，B股是以人民币标明票面金额，以外币认购和交易的股票，另外，还有H股和N股。H股为在中国香港上市的股票，N股是在纽约上市的股票。

(二)股票发行的规定与条件

按照我国《公司法》的有关规定，股份有限公司发行股票，应符合以下规定与条件：

(1)每股金额相等。同次发行的股票，每股的发行条件和价格应当相同。

(2)股票发行价格可以按票面金额，也可以超过票面金额，但不得低于票面金额。

(3)股票应当载明公司名称、公司登记日期、股票种类、票面金额及代表的股份数、股票编号等主要事项。

(4)向发起人、国家授权投资的机构、法人发行的股票，应当为记名股票；对社会公众发行的股票，可以为记名股票，也可以为无记名股票。

(5)公司发行记名股票的，应当置备股东名册，记载股东的姓名或者名称、住所、各股东所持股份、各股东所持股票编号、各股东取得其股份的日期；发行无记名股票的，公司应当记载其股票数量、编号及发行日期。

(6)公司发行新股，必须具备下列条件：前一次发行的股份已募足，并间隔一年以上；公司在最近三年内连续盈利，并可向股东支付股利；公司在三年内财务会计文件无虚假记载；公司预期利润率可达同期银行存款利率。

(7)公司发行新股，应由股东大会做出有关下列事项的决议：新股种类及数额，新股发行价格，新股发行的起止日期，向原有股东发行新股的种类及数额。

(三)股票发行的程序

股份有限公司在设立时发行股票与增资发行新股，程序上有所不同。

1. 设立时发行股票的程序

(1)提出募集股份申请；

(2)公告招股说明书，制作认股书，签订承销协议和代收股款协议；

(3)招认股份，缴纳股款；

(4)召开创立大会，选举董事会、监事会；

(5)办理设立登记，交割股票。

2. 增资发行新股的程序

(1)股东大会做出发行新股的决议；

(2)由董事会向国务院授权的部门或省级人民政府申请并经批准；

(3)公告新股招股说明书和财务会计报表及附属明细表，与证券经营机构签订承销合同，定向募集时向新股认购人发出认购公告或通知；

(4)招认股份，缴纳股款；

(5)改组董事会、监事会，办理变更登记并向社会公告。

(四)股票发行方式、销售方式、发行价格和股票的价值

公司发行股票筹资，应当选择适宜的股票发行方式和销售方式，并恰当地制定发行价格，以便及时募足资本。

1. 股票发行方式

股票发行方式，是指公司通过何种途径发行股票。总的来讲，股票的发行方式可分为以下两类：

(1)公开间接发行是指通过中介机构，公开向社会公众发行股票。我国股份有限公司采用募集设立方式向社会公开发行新股时，须由证券经营机构承销的做法，就属于股票的公开间接发行。这种发行方式的发行范围广、发行对象多，易于足额募集资本；股票的变现性强，流通性好；股票的公开发行还有助于提高发行公司的知名度和扩大其影响力。但这种发行方式也有不足，主要是手续繁杂，发行成本高。

(2)不公开直接发行是指不公开对外发行股票，只向少数特定的对象直接发行，因而不需经中介机构承销。我国股份有限公司采用发起设立方式和以不向社会公开募集的方式发行新股的做法，即属于股票的不公开直接发行。这种发行方式弹性较大，发行成本低，但发行范围小，股票变现性差。

2. 股票销售方式

股票销售方式是指股份有限公司向社会公开发行股票时所采取的股票销售方法。股票销售方式有以下两类：

(1)股票发行的自销方式是指发行公司自己直接将股票销售给认购者。这种销售方式可由发行公司直接控制发行过程，实现发行意图，并可以节省发行费用，但往往筹资时间长，发行公司要承担全部发行风险，并需要发行公司有较高的知名度、信誉和实力。

(2)股票发行的承销方式是指发行公司将股票销售业务委托给证券经营机构代理。这种销售方式是发行股票所普遍采用的。我国《公司法》规定股份有限公司向社会公开发行股票，必须与依法设立的证券经营机构签订承销协议，由证券经营机构承销。股票承销又分为包销和代销。所谓“包销”，是根据承销协议商定的价格，证券经营机构一次性全部购进发行公司公开募集的全部股份，然后以较高的价格出售给社会上的认购者。对发行公司来说，包销的办法可及时筹足资本，免于承担发行风险(股款未募足的风险由承销商承担)，但股票以较低的价格售给承销商会损失部分溢价。所谓“代销”，是证券经营机构代替发行公司代售股票，并由此获取一定的佣金，但不承担股款未募足的风险。

3. 股票发行价格

股票发行价格是股票发行时所使用的价格，也就是投资者认购股票时所支付的价格。股票发行价格通常由发行公司根据股票面额、股市行情和其他有关因素决定。以募集设立方式设立公司首次发行的股票价格，由发起人决定；公司增资发行新股的股票价格，由股东大会做出决议。

股票发行价格可以和股票面额一致，但多数情况下不一致。股票发行价格一般有以下三种：

(1)等价。等价就是以股票的票面额为发行价格，也称平价发行。这种发行价格，一般在股票的初次发行或在股东内部分摊增资的情况下采用。等价发行股票容易推销，但无从取得股票溢价收入。

(2)时价。时价就是以本公司股票在流通市场上买卖的实际价格为基准确定的股票发行价格。其原因是股票在第二次发行时已经增值，收益率已经变化。选用时价发行股票，考虑了股票的现行市场价值，对投资者也有较大的吸引力。

(3)中间价，中间价就是以时价和等价的中间值确定的股票发行价格。

按时价或中间价发行股票，股票发行价格会高于或低于其面额。前者称溢价发行，后者称折价发行。如属溢价发行，发行公司所获得的溢价款列入资本公积。

我国《公司法》规定，股票发行价格可以等于票面金额(等价)，也可以超过票面金额(溢价)，但不得低于票面金额(折价)。

4. 股票的价值

股票的价值就是指股票期望提供的所有未来收益的现值。

股票带给持有者的现金流入包括两个部分，即股利收入和出售时的售价。股票的内在价值由一系列的股利和将来出售股票时的现值所构成。其用公式表示为：

$$V=\frac{D_1}{(1+R_s)^1}+\frac{D_2}{(1+R_s)^2}+\cdots+\frac{D_n}{(1+R_s)^n}+\frac{F}{(1+R_s)^n}$$

$$=\sum_{t=1}^{n}\frac{D_t}{(1+R_s)^t}+\frac{F}{(1+R_s)^n}$$

式中，V 表示股票价值，D_t 表示 t 年的股票股利，F 表示股票出售时的价格，R_s 表示必要的股票收益率，t 表示股票持有期限。

【案例6-2-1】 Felix 家族公司于20×3年4月1日购买华安股份有限责任公司发行的股票100万股，共出资510万元。华安股份于20×4年、20×5年、20×6年的4月1日各分配现金股利每股0.5元、0.6元和0.8元。20×6年4月3日Felix家族公司由于需要资金投资新开发的烟台葡萄酒酿制项目，将所有股票以当日7元的价格全部抛售。假设股票的必要收益率为10%。

要求：计算20×3年4月1日购买股票的内在价值是多少？

解：$V=(100\times0.5)\times(P/F,10\%,1)+(100\times0.6)\times(P/F,10\%,2)+(100\times0.8)\times(P/F,10\%,3)+(100\times7)\times(P/F,10\%,3)$

$=50\times0.9091+60\times0.8264+80\times0.7513+700\times0.7513=681.053$(万元)

通过计算，我们得知Felix家族公司的这项股票投资是成功的，该项股票20×3年投资510万元，20×6年的收益相当于20×3年的681.053万元。

(五)股票上市

股票上市是指股份有限公司公开发行的股票经批准在证券交易所进行挂牌交易。经批准在交易所上市交易的股票称为上市股票。按照国际通行做法，非公开募集发行的股票或未向证券交易所申请上市的非上市证券，应在证券交易所外的店头市场(Over the Counter Market，OTC市场)上流通转让；只有公开募集发行并经批准上市的股票才能进入证券交易所流通转让。我国《公司法》规定，股东转让其股份，即股票进入流通，必须在依法设立的证券交易场所进行。

1. 股票上市的条件

(1)股票经国务院证券管理部门批准已向社会公开发行。不允许公司在设立时直接申请股票上市。

(2)公司股本总额不少于人民币5 000万元。

(3)开业时间在三年以上，最近三年连续盈利；属国有企业依法改建而设立股份有限公司的，或者在《公司法》实施后新组建成立，其主要发起人为国有大中型企业的股份有限公司，可连续计算。

(4)持有股票面值人民币1 000元以上的股东不少于1 000人，向社会公开发行的股份达公司股份总数的25%以上；公司股本总额超过人民币4亿元的，其向社会公开发行股份的比例为15%以上。

(5)公司在最近三年内无重大违法行为，财务会计报告无虚假记载。

(6)国务院规定的其他条件。

具备上述条件的股份有限公司经申请，由国务院或国务院授权的证券管理部门批准，其股票方可上市。股票上市公司必须公告其上市报告，并将其申请文件存放在指定的地点供公众查阅。股票上市公司还必须定期公布其财务状况和经营情况，每一会计年度内半年公布一次财务会计报告。

2. 股票上市的有利影响

(1)有助于改善财务状况。公司公开发行股票可以筹得自有资金，能迅速改善公司财务状况，并有条件得到利率更低的贷款。同时，公司一旦上市，就可以有更多的机会从证券市场上筹集资金。

(2)利用股票收购其他公司。一些公司常用出让股票而不是付现金的方式对其他企业进行收购。被收购企业也乐意接受上市公司的股票。因为上市的股票具有良好的流通性，持股人可以很容易将股票出手而得到资金。

(3)利用股票市场客观评价企业。对已上市的公司来说，每日每时的股市行情，都是对企业客观的市场估价。

(4)利用股票可激励职员。上市公司利用股票作为激励关键人员的有效手段。公开的股票市场提供了股票的准确价值，也可使职员的股票得以兑现。

(5)提高公司知名度，吸引更多顾客。股票上市公司为社会所知，并被认为经营优良，这会给公司带来良好的声誉，从而吸引更多的顾客，扩大公司的销售。

3. 股票上市的不利影响

(1)使公司失去隐私权。一家公司转为上市公司，其最大的变化是公司隐私权的消失。国家证券管理机构要求上市公司将关键的经营情况向社会公众公开。

(2)限制经理人员操作的自由度。公司上市后，其所有重要决策都需要经董事会讨论通过，有些对企业至关重要的决策则需要全体股东投票决定。股东们通常以公司盈利、分红、股价等来判断经理人员的业绩,这些压力往往使得企业经理人员只注重短期效益而忽略长期效益。

(3)公开上市需要很高的费用。这些费用包括资产评估费用、股票承销佣金、律师费、注册会计师费、材料印刷费、登记费等。这些费用的具体数额取决于每一个企业的具体情况、整个上市过程的难易程度和上市筹资的数额等因素,公司上市后还需花费一些费用为证券交易所、股东等提供资料,聘请注册会计师、律师等。

(六)普通股筹资的优缺点

1. 普通股筹资的优点

(1)发行普通股筹资具有永久性,无到期日,无须归还。这对保证公司对资本的最低需要、维持公司长期稳定发展极为有益。

(2)发行普通股筹资没有固定的股利负担,股利的支付与否和支付多少,视公司有无盈利和经营需要而定,经营波动给公司带来的财务负担相对较小。由于普通股筹资没有固定的到期还本付息的压力,所以筹资风险较小。

(3)发行普通股筹集的资本是公司最基本的资金来源,它反映了公司的实力,可作为其他方式筹资的基础,尤其可为债权人提供保障,增强公司的举债能力。

(4)由于普通股的预期收益较高并可一定程度地抵消通货膨胀的影响(通常在通货膨胀期间,不动产升值时普通股也随之升值),因此普通股筹资容易吸收资金。

2. 普通股筹资的缺点

(1)普通股的资本成本较高。首先,从投资者的角度看,投资普通股风险较高,相应地要求有较高的投资收益率。其次,对筹资公司来讲,普通股股利从税后利润中支付,不像债券利息那样作为费用从税前支付,因而不具抵税作用。此外,普通股的发行费用一般也高于其他证券。

(2)以普通股筹资会增加新股东,这可能会分散公司的控制权,削弱原有股东对公司的控制。

三、留存收益筹资

(一)留存收益筹资的来源渠道

1. 盈余公积

盈余公积是指定途的留存净利润,它是公司按照《公司法》规定从净利润中提取的积累资金,包括公积金和任意盈余公积金。

2. 未分配利润

未分配利润是指未限定用途的留存净利润。它有两层含义:一是这部分净利润没有分给公司的股东,二是这部分净利润未指定用途。

留存收益是由公司税后利润形成的,属于权益资本。一般企业不会把全部收益以股利形式分给股东,留存收益是企业资金的一种重要来源。企业留存收益等于股东对企业进行追加投资,股东对这部分投资与以前交给企业的股本一样,要求获得同普通股等价的收益。

(二)留存收益筹资的优缺点

1. 留存收益筹资的优点

(1)资本成本较普通股低用留存收益筹资,不用考虑筹资费用,资本成本较普通股低。

(2)保持普通股股东的控制权。用留存收益筹资,不用对外发行股票,由此增加的权益资本不会改变企业的股权结构,不会稀释原有股东的控制权。

(3)增强公司的信誉。留存收益筹资能够使企业保持较大的可支配的现金流,既可解决企业经营发展的资金需要,又能提高企业举债的能力。

2. 留存收益筹资的缺点

(1)筹资数额有限制。留存收益筹资最大可能的数额是企业当期的税后利润和上年未分配利润之和。如果企业经营亏损,则不存在这一渠道的资金来源。此外,留存收益的比例常常受到某些股东的限制。他们可能从消费需求、风险偏好等因素出发,要求股利支付比率要维持在一定水平下留存收益过多,股利支付过少,可能会影响到今后的外部筹资。

(2)资金使用受制约。留存收益中某些项目的使用,如法定盈余公积金等,要受国家有关规定的制约。

四、认股权证

(一)认股权证的概念

认股权证,又称"认股证"或"权证",其英文名称为 Warrant,故在中国香港地区又译为"窝轮"。认股权证全称是股票认购授权证,它由上市公司发行。认股权证是附着新发行证券上的一种权利证书,它是由股份公司发行的可以在未来某个时间或某一段时间以事先确认的价格购买一定数量该公司股票的选择权凭证。认股权证赋予持有者在特定的时间内按特定的价格优先购买公司一定数量普通股股票的权利。权证表明持有者有权利而无义务。届时公司股票价格上涨,超过认股权证所规定的认购价格,权证持有者按认购价格购买股票,赚取市场价格和认购价格之间的差价;若届时市场价格比约定的认购价格还低,权证持有者可放弃认购。从内容上看,认股权证实质上就是一种买入期权。认股权证可以与优先股或债券附在一起,也可以与它们分离。

认股权证包含以下主要特性:一是杠杆效应;二是时效性,这一特点决定了认股权证具有时间价值,并且时间价值会随着认股权证到期日的趋近而降低;三是认股权证的持有者与标的物的持有者享有不同的权利,对以股票为标的物的认股权证而言,由于认股权证的持有者不是上市公司的股东,所以认股权证持有者不享有股东的基本权利,如投票权,参与分红等权利;四是投资收益的特殊性,对认购认股权证而言,如果投资者对标的物价格移动方向判断正确,将获得较大收益。

由于公司股票的市场价格通常要高于认股权证确定的特定买价,因此,认股权证可视为一种有价证券,形成市场价格。股份有限公司通过发行认股权证,可以顺利募集到大量的资本。不过,由于认股权证的价格要随公司股价的变化而波动,认股权证的持有者需要承担这种价格变动的风险。

(二)认股权证的基本要素

1. 认购数量

认购数量可以用两种方式进行约定:一是确定每一单位认股权证可以认购多少金额面值的普通股,二是确定每一单位认股权证可以认购若干公司发行的普通股。

2. 认购价格

认购价格的确定一般以认股权证发行时发行公司的股票价格为基础。认购价格一般保持不变,但也可以随着时间的推移逐步提高。如果公司股份增加或减少,就要对认购价格进行调整。

3. 认股期限

认股期限是指认股权证的有效期限。在有效期内,认股权证的持有者可以随时购买股份;超过有效期,则认股权证失效。有些认股权证没有截止日期,长期有效。通常其有效期不超过10年。一般而言,认股期限越长,认股价格就越高。

4. 赎回条款

发行认股权证的公司大多制定有赎回条款,即规定在特定的情况下,公司有权赎回其发行在外的认股权证。

(三)认股权证的发行

认股权证一般可以采用附带发行和单独发行两种方式。

附带发行是指依附于债券、优先股、普通股或短期票据证券发行的认股权证,发行时,认股权证将随同债券或优先股一同寄往认购者。在无纸化交易制度下,认股权证将随同债券或优先股一并由中央登记结算公司划入投资者账户。

单独发行是指不依附于其他证券而独立发行的认股权证。在发行时,公司可向对公司有突出贡献的人员或与公司有密切往来的关系者赠送认股权证,间接地使这些人获得一些经济利益。

(四)认股权证的价值

认股权证在其有效期限内具有价值。认股权证有理论价值与市场价值之分。

1. 理论价值

认股权证的理论价值是认股权证在市场上预期可以出售的价值。其用公式表示为:

理论价值=(普通股市价－执行价格)×每张认股权证所能认购的普通股数量

【案例 6－2－2】 维京公司发行了每股执行价格为 45 元,持有者可以购买 3 股普通股的认股权证。这些认股权证最初是为了刺激债券发行而与债券一并发行的。公司的普通股现行市场价格为每股 51 元。

要求:计算该认股权证的理论价值。

解:$V=(51-45)\times 3=18$(元)

即该认股权证可以在市场上按 18 元出售。

如果普通股市价低于其执行价格,认股权证的理论价值为一负数,但在此时,认股权证的持有者不会行使其认股权。所以，当出现这种情况时，设定认股权证的理论价值为零。影响认股权证理论价值的主要因素有以下几个方面：

(1)普通股的市价。市价越高，认股权证的理论价值就越大。

(2)执行价格。执行价格越低，认股权证的持有者为换股而支付的代价就越小，普通股市价高于执行价格的机会就越大，认股权证的理论价值也就越大。

(3)公司的价值变动大小。公司权益的波动实际上就是认股权证的风险。在完全市场的假设之下，要投资者去承担较高的风险必须要有相应的风险收益，即高风险高收益。由此可见，如果一个公司的价值变动比较大，投资者可能获得的收益也会很大，其认股权证的理论价值就高。

(4)换股比率。认股权证一权所能认购的普通股股数越多，其理论价值就越大；反之，则越小。

(5)剩余有效期间。距离到期日的时间长短决定了认股权证的时间价值。认股权证的剩余有效时间越长，市价高于执行价格的可能性就越大，认股权证的理论价值就越大。

(6)无风险利率的高低。无风险利率对认股权证理论价值的影响是通过对资本成本的影响而实现的，认股权证的时间价值主要就是通过持有认股权证而使投资者可以获取标的股票价格上升的好处。因此，无风险利率越高，认股权证的理论价值也越高。

2. 市场价值

认股权证具有价值，是一种有价证券，其价值的实现必须借助市场这个媒介。认股权证的市场价值通常高于其理论价值。认股权证的市场价值是指认股权证在证券市场上的售价。认股权证的市场价值受市场供求关系的影响，而且其理论价值为出售认股权证的最低价值。如果认股权证的市场价值低于其理论价值，则套利行为就会产生，即投资者购入认股权证，凭证购买股票，再将买来的股票抛售出去。当套利行为大量发生时，套利的最终收益应等于零。一般情况下，市场价值常高于理论价值，其高出的部分为“超理论价值溢价”。形成溢价的主要原因是认股权证作为一种投资，具有获利的杠杆作用，用同额资本投入到认股权证而获得的收益额可以是投资到普通股获利的若干倍。

只有当认股权证的理论价值很高时，市场价值与理论价值才会比较接近。对于单独发行的认股权证，其持有者可以将认股权证直接在市场上出售获取利益。若认股权证与优先股或债券是附在一起的，则持有者可以通过行使认股权购买普通股实现其与优先股或债券的分离，从而实现其价值。

假如某公司规定认股权证的持有者每持有 2 权可按 12 元的价格认购 1 股普通股。现 Felix 家族公司拥有 200 权认股权，它投资 1 200 元购买 100 股普通股，次日该公司的普通股的市价为每股 16 元，李明将其持有的 100 股全部抛出获得 1 600 元(假设无交易成本)，获利的 400 元(1 600－1 200)就是实现的认股权证的市场价值。

此外，由于投资者可以通过二级市场交易认股权证，所以认股权证的价格最终还决定于买卖双方的供需量(若实行庄家制，买卖需求只是影响权证价格的因素之一，正股的价格波动才是主导因素)。投资者在估算认股权证价格时，必须综合考虑认股权证的内在价值、时间价值、理论价格、交易量等因素，才能做出比较准确的判断。

(五)认股权证筹资的评价

1. 认股权证筹资的优点

(1)吸引投资者。附有认股权证的债券可有效地刺激投资者的投资欲望,使公司较容易筹集到所需资金。认股权证是企业发行证券,特别是发行债券的一种"诱饵"。由于认股权证通常与证券一起发行,它可以引诱原来不打算购买证券的人来购买,这些人包括那些想参与企业利润的增长又不愿意直接购买公司普通股的投资者。

(2)为公司筹集额外的现金。认股权证不论是单独发行还是附带发行,大多可为发行公司筹集一笔额外现金,从而增强公司的资本实力和运营能力。发行附有认股权证的公司债券或优先股,可使投资者分享到由公司繁荣成长带来的利益,公司以较低的债券利率或股息率就能顺利地将债券或优先股销售出去。投资者踊跃购买的结果,对于资本市场资金供求紧张,而自身财务状况良好的公司来说可以比其他企业更容易实现筹资目的。

(3)降低筹资成本。由于认股权证具有价值,因此附有认股权证的债券票面利率低于纯债券利率,使债券的筹资成本下降。对于增长速度很快的公司而言,利用债券和优先股筹资很可能要求很高的收益率,因为潜在的投资者只有在高价位的利率水平上才能接受此类风险证券。对公司而言,其筹资成本很高;但若将该类证券附上认股权证一起发行,对于投资者来说,如果其对公司收益潜力的预期非常乐观,将愿意接受收益率较低的证券和不很严格的市场签约条件,这样公司便可降低其证券的必要收益率,因而可降低筹资成本。

(4)促进其他筹资方式的发展。单独发行的认股权证有利于将来发售股票。附带发行的认股权证可促进其所依附证券发行的效率,还可能为将来的筹资奠定基础。如果公司能够稳定地发展,那么其普通股价格的上扬会促使认股权证的持有者积极行使认股权,这一自发性资本来源能够自动满足公司急剧发展的需要。但如果公司不能稳定发展,普通股的股价下跌至执行价格以下,则认股权证并不能为公司带来资本。

2. 认股权证筹资的缺点

(1)保留债务。与可转换债券不同,认股权证的持有者一旦行使其权利,原附有认股权证的债券仍是作为企业的负债保留在账上。而可转换债券转换成普通股后,债务便从企业的负债账户上消失了。

(2)稀释每股收益。存在稀释股东收益和对公司的控制权的可能性。当认股权证被行使后,公司普通股股数增加,致使每股收益下降,同时也稀释了股东对公司的控制权。

(3)有时会提高筹资成本。当普通股市价高于认股权证认购价较多时,若认股权被行使,则公司筹资成本会升高。

(六)认股权证与优先认股权的比较

认股权证与优先认股权既有相同之处,又有不同之处。相同之处在于两者都具有看涨期权的特征,即按特定的价格购买特定数额的普通股,一旦行使认股权,都会给企业带来新的资金。不同之处主要有两点:

(1)获得优先认股权权利的人一定是公司的股东,优先认股权产生于公司筹集资金而向现有股东发行新股时,是对普通股股东的优惠权;而认股权证产生于公司发行债券或优先股时,是为提高债券或优先股的吸引力而按债券或优先股的面额同时奉送若干认股权证，是对债权人和优先股股东的优惠权。

(2)优先认股权的有效期较短，通常只有几个月，一般不超过一年，而认股权证的有效期较长，甚至有的认股权证是永久性的，即根本没有到期日，且优先认股权的认购价格一般低于发行时普通股的市价，而认股权证的认购价格一般高于认股权证发行时公司普通股的市价。

第三节 长期负债筹资

一、长期负债筹资的特点

负债筹资是指通过负债筹集资金。负债是企业一项重要的资金来源，几乎没有一家公司是只靠自有资本而不运用负债就能满足资金需要的。负债筹资是与普通股筹资性质不同的筹资方式。与后者相比，负债筹资的特点表现为：筹集的资金具有使用上的时间性，需到期偿还；不论企业经营好坏，需固定支付债务利息，从而形成企业固定的负担；但其资本成本一般比普通股筹资成本低，且不会分散投资者对企业的控制权。

按照所筹资金可使用时间的长短，负债筹资可分为长期负债筹资和短期负债筹资两类。

长期负债是指期限超过一年的负债。筹措长期负债资金，可以解决企业长期资金的不足，如满足发展长期性固定资产的需要；同时由于长期负债的归还期长，债务人可对债务的归还做长期安排，还债压力或风险相对较小。但长期负债筹资一般成本较高，即长期负债的利率一般会高于短期负债利率；负债的限制较多，即债权人经常会向债务人提出一些限制性的条件以保证其能够及时、足额偿还债务本金和支付利息，从而形成对债务人的种种约束。

目前在我国，长期负债筹资主要有长期借款、债券、融资租赁等方式。

二、长期借款筹资

长期借款是指企业向银行或其他非银行金融机构借入的使用期超过一年的借款，主要用于购建固定资产和满足长期流动资金占用的需要。

(一)长期借款的种类

长期借款的种类很多，各企业可根据自身的情况和各种借款条件选用。我国目前各金融机构的长期借款主要有：

(1)按照用途，分为固定资产投资借款、更新改造借款、科技开发和新产品试制借款等。

(2)按照提供贷款的机构，分为政策性银行贷款、商业性银行贷款等。此外，企业还可从信托投资公司取得实物或货币形式的信托投资贷款、从财务公司取得各种中长期贷款等。

(3)按照有无担保，分为信用贷款和抵押贷款。信用贷款指无须企业提供抵押品，仅凭其信用或担保人信誉而发放的贷款。抵押贷款指要求企业以抵押品作为担保的贷款。长期贷款的抵押品常常是房屋、建筑物、机器设备、股票、债券等。

(二)长期借款筹资的程序

借款人向金融机构借款，通常要经过以下步骤：

1. 借款人提出借款申请

借款人申请借款必须符合贷款原则和条件，填写包括借款金额、借款用途、偿还能力以及还款方式等主要内容的《借款申请书》，并提供以下资料：(1)借款人及保证人的基本情况；(2)财政部门或会计师事务所核准的上年度财务报告；(3)原有的不合理借款的纠正情况；(4)抵押物清单以及同意抵押的证明，保证人拟同意保证的有关证明文件；(5)项目建议书和可行性报告；(6)贷款银行认为需要提交的其他资料。

2. 金融机构进行审批

银行接到企业的申请后，要对企业的申请进行审查，以决定是否对企业提供贷款。这一般包括以下几个方面：(1)对借款人的信用等级进行评估。(2)进行相关调查。贷款人受理借款人的申请后，应当对借款人的信用及借款的合法性、安全性和营利性等情况进行调查，核实抵押物、保证人情况，测定贷款的风险。(3)贷款审批。

3. 签订借款合同

借款合同是规定借贷各方权利和义务的契约，其内容分基本条款和保护性条款，保护性条款又有一般性保护条款、例行性保护条款和特殊性保护条款之分。

(1)借款合同的基本条款包括借款种类、借款用途、借款金额、借款利率、借款期限、还款资金来源及还款方式、保证条款、违约责任等。

(2)一般性保护条款应用于大多数借款合同，但根据具体情况会有不同内容，主要包括：①对借款企业流动资金保持量的规定，其目的在于保持借款企业资金的流动性和偿债能力；②对支付现金股利和再购入股票的限制，其目的在于限制现金外流；③对资本支出规模的限制，其目的在于减少企业日后不得不变卖固定资产以偿还贷款的可能性，仍着眼于保持借款企业资金的流动性；④限制其他长期债务，其目的在于防止其他贷款人取得对企业资产的优先求偿权；⑤借款企业定期向银行提交财务报表，其目的在于及时掌握企业的财务情况；⑥不准在正常情况下出售较多资产，以保持企业正常的生产经营能力；⑦如期缴纳税金和清偿其他到期债务，以防被罚款而造成现金流失；⑧不准以任何资产作为其他承诺的担保或抵押，以避免企业过重的负担；⑨不准贴现应收票据或出售应收账款，以避免或有负债；⑩限制租赁固定资产的规模，其目的在于防止企业负担巨额租金以致削弱其偿债能力，还在于防止企业以租赁固定资产的办法摆脱对其资本支出和负债的约束。

(3)例行性保护条款一般包括企业定期向贷款机构报送财务报表、企业不准在正常情况下出售大量资产、企业要及时偿付到期债务、禁止企业贴现应收票据或转让应收账款、禁止以资产做其他承诺的担保或抵押等。

(4)特殊性保护条款是针对某些特殊情况而出现在部分借款合同中的，主要包括：①贷款专款专用；②不准企业投资于短期内不能收回资金的项目；③限制企业高级职员的薪金和奖金总额；④要求企业主要领导人在合同有效期间担任领导职务；⑤要求企业主要领导人购买人身保险，等等。

4. 企业取得借款

双方签订借款合同后，贷款银行按合同的规定按期发放贷款，企业便可取得相应的资金。贷款人不按合同约定按期发放贷款的，应偿付违约金。借款人不按合同的约定用款的，也应偿付违约金。

5. 企业偿还借款

企业应按借款合同的规定按时足额归还借款本息。如果企业不能按期归还借款，应在借款到期之前，向银行申请贷款展期，但是否展期，由贷款银行根据具体情况决定。

(三)长期借款的成本

长期借款的利息率通常高于短期借款。但信誉好或抵押品流动性强的借款企业，仍然可以争取到较低的长期借款利率。长期借款利率有固定利率和浮动利率两种。浮动利率通常有最高、最低限，并在借款合同中明确。对于借款企业来讲，若预测市场利率将上升，应与银行签订固定利率合同；反之，则应签订浮动利率合同。

除了利息之外，银行还会向借款企业收取其他费用，如实行周转信贷协定所收取的承诺费、要求借款企业在本银行中保持补偿余额所形成的间接费用。这些费用会加大长期借款的成本。

(四)长期借款的偿还方式

长期借款的偿还方式不一，主要包括：(1)定期支付利息、到期一次性偿还本金的方式；(2)如同短期借款那样的定期等额偿还方式；(3)平时逐期偿还小额本金和利息、期末偿还余下的大额部分的方式。第一种偿还方式会加大企业借款到期时的还款压力，而定期等额偿还又会提高企业使用贷款的实际利率。

(五)长期借款筹资的特点

与其他长期负债筹资相比，长期借款筹资的特点主要包括：

(1)筹资速度快。长期借款的手续比发行债券简单得多，得到借款所花费的时间较短。

(2)借款弹性较大。借款时企业与银行直接交涉，有关条件可谈判确定；用款期间发生变动，也可与银行再协商。而债券筹资所面对的是社会广大投资者，协商改善筹资条件的可能性很小。

(3)借款成本较低。长期借款利率一般低于债券利率，且由于借款属于直接筹资，筹资费用也较少。

(4)长期借款的限制性条款比较多，制约了企业的生产经营和借款的作用。

三、发行公司债券筹资

债券是经济主体为筹集资金而发行的，用以记载和反映债权债务关系的有价证券。由企业发行的债券称企业债券或公司债券。这里所说的债券，是指期限超过 1 年的公司债券，其发行目的通常是为建设大型项目筹集大笔长期资金。

(一)债券的种类

公司债券有很多形式，大致有如下分类，其中记名债券、无记名债券、可转换债券和不可转换债券为我国《公司法》所确认，其余的按照国际通行做法分类。

(1)按债券上是否记有持券人的姓名或名称，分为记名债券和无记名债券。这种分类类似于记名股票和无记名股票的划分。在公司债券上记载持券人姓名或名称的为记名公司债券；反之为无记名公司债券。两种债券在转让上的差别也与记名股票、无记名股票相似。

(2)按是否能转换为公司股票，分为可转换债券和不可转换债券。若公司债券能转换为本公司股票，为可转换债券；反之为不可转换债券。一般来讲，前一种债券的利率要低于后一种债券。

(3)按有无特定的财产担保，分为抵押债券和信用债券。发行公司以特定财产作为抵押品的债券为抵押债券；没有特定财产作为抵押，凭信用发行的债券为信用债券。抵押债券又分为：①一般抵押债券，即以公司产业的全部作为抵押品而发行的债券；②不动产抵押债券，即以公司的不动产为抵押而发行的债券；③设备抵押债券，即以公司的机器设备为抵押而发行的债券；④证券信托债券，即以公司持有的股票证券以及其他担保证书交付给信托公司作为抵押而发行的债券等。

(4)按是否参加公司盈余分配，分为参加公司债券和不参加公司债券。债权人除享有到期向公司请求还本付息的权利外，还有权按规定参加公司盈余分配的债券，为参加公司债券；反之为不参加公司债券。

(5)按利率的不同，分为固定利率债券和浮动利率债券。将利率明确记载于债券上，按这一固定利率向债权人支付利息的债券，为固定利率债券；债券上明确利率，发放利息时利率水平按某一标准(如政府债券利率、银行存款利率)的变化而同方向调整的债券，为浮动利率债券。

(6)按是否能上市，分为上市债券和非上市债券。可在证券交易所挂牌交易的债券为上市债券；反之为非上市债券。上市债券信用度高、价值高，且变现速度快，所以比较吸引投资者，但上市条件严格，并要承担上市费用。

(7)按照偿还方式，分为到期一次债券和分期债券。发行公司于债券到期日一次集中清偿本金的，为到期一次债券；一次发行而分期、分批偿还的债券为分期债券。分期债券的偿还又有不同办法。

(8)按照其他特征，分为收益公司债券、附认股权债券、附属信用债券等。收益公司债券是只有当公司获得盈利时才向持券人支付利息的债券。这种债券不会给发行公司带来固定的利息费用，对投资者而言收益较高，但风险也较大。附认股权债券是附带允许债券持有人按特定价格认购公司股票权利的债券。这种认购股权通常随债券发放，具有与可转换债券类似的属性。附认股权债券与可转换债券一样，票面利率通常低于一般公司债券。附属信用债券是当公司清偿时，受偿权排列顺序低于其他债券的债券，为了补偿其较低受偿顺序可能带来的损失，这种债券的利率高于一般债券。

(二)债券的发行

1. 债券的发行条件

(1)股份有限公司的净资产额不低于人民币 3 000 万元，有限责任公司的净资产额不低于人民币 6 000 万元；

(2)累计债券总额不超过公司净资产额的 40%；

(3)最近 3 年平均可分配利润足以支付公司债券 1 年的利息；

(4)所筹集资金的投向符合国家产业政策;

(5)债券的利率不得超过国务院限定的水平;

(6)国务院规定的其他条件。

另外,发行公司债券所筹集的资金,必须符合审批机关审批的用途,不得用于弥补亏损和非生产性支出,否则会损害债权人的利益。

发行公司凡有下列情形之一的,不得再次发行公司债券:

(1)前一次发行的公司债券尚未募足的;

(2)对已发行的公司债券或者其债务有违约或延迟支付本息的事实,且仍处于持续状态的。

2. 债券的发行程序

(1)做出发行债券的决议;

(2)提出发行债券的申请;

(3)公告债券募集办法;

(4)委托证券机构发售;

(5)交付债券、收缴债券款、登记债券存根簿。

(三)债券的发行价格

债券的发行价格是债券发行时使用的价格,即投资者购买债券时所支付的价格。公司债券的发行价格通常有三种,即平价、溢价和折价。平价是指以债券的票面金额为发行价格,溢价是指以高出债券票面金额的价格为发行价格,折价是指以低于债券票面金额的价格为发行价格。债券发行价格的形成受诸多因素的影响,其中主要是票面利率与市场利率的一致程度。债券的票面金额、票面利率在债券发行前即已参照市场利率和发行公司的具体情况确定下来,并载明于债券之上,但在发行债券时已确定的票面利率不一定与当时的市场利率一致。为了协调债券购销双方在债券利息上的利益,就要调整发行价格,即当票面利率高于市场利率时,以溢价发行债券;当票面利率低于市场利率时,以折价发行债券;当票面利率与市场利率一致时,则以平价发行债券。债券发行价格的计算公式为:

$$\begin{aligned} PV &= \frac{I_1}{(1+i)^1}+\frac{I_2}{(1+i)^2}+\cdots+\frac{I_n}{(1+i)^n}+\frac{M}{(1+i)^n} \\ &= \sum_{t=1}^{n}\frac{I_t}{(1+i)^t}+\frac{M}{(1+i)^n} \\ &= I\times(P/A,i,n)+M\times(P/S,i,n) \end{aligned}$$

式中,PV 表示债券的内在价值,I_t 表示债券各年的利息,M 表示债券的面值,n 表示债券到期年限。

【案例 6—3—1】 Felix 家族公司于 20×2 年拟发行面值为 2 000 元的债券,票面利率为 8%,每年 3 月 1 日计算并支付一次利息,发行期为 5 年。于第五年的 2 月 28 日到期,假设必要收益率为 10%。

要求:计算该债券的内在价值。

解:$PV=160\times(P/A,10\%,5)+2\ 000\times(P/F,10\%,5)$

$=160\times3.791+2\ 000\times0.621$

$=1\ 848.56$(元)

通过计算我们可以看出 Felix 家族公司是在溢价发行债券，即发行债券的面值大于其内在价值。

(四)债券的还本付息

1. 债券的偿还

债券偿还时间按其实际发生与规定的到期日之间的关系，分为到期偿还、提前偿还与滞后偿还三类。

(1)到期偿还。到期偿还是指当债券到期后还清债券所载明的义务，又包括分批偿还和一次偿还两种。

(2)提前偿还。提前偿还又称提前赎回或收回，是指在债券尚未到期之前就予以偿还。只有在企业发行债券的契约中明确规定了有关允许提前偿还的条款，企业才可以进行此项操作。提前偿还所支付的价格通常要高于债券的面值，并随到期日的临近而逐渐下降。具有提前偿还条款的债券可使企业筹资有较大的弹性。当企业资金有结余时，可提前赎回债券；当预测利率下降时，也可提前赎回债券，而后以较低的利率来发行新债券。

(3)滞后偿还。债券在到期日之后偿还称滞后偿还。这种偿还条款一般在发行时便订立，主要是给予持有人以延长持有债券的选择权。滞后偿还有以下两种方式：

①转期，是指将较早到期的债券换成到期日较晚的债券，实际上是将债务的期限延长。常用的方法有两种：一是直接以新债券兑换旧债券，二是用发行新债券得到的资金来赎回旧债券。

②转换，是指股份有限公司发行的债券可以按一定的条件转换成本公司的股票。

2. 债券的付息

债券的付息主要表现在利息率的确定、付息频率和付息方式三个方面。利息率的确定有固定利率和浮动利率两种形式。付息频率主要有按年付息、按半年付息、按季付息、按月付息和一次性付息(利随本清、贴现发行)五种。付息方式有两种：一种是采取现金、支票或汇款的方式，另一种是息票债券的方式。

(五)债券的信用等级

公司公开发行债券通常需要由债券评信机构评定等级。债券的信用等级对于发行公司和购买人都有重要影响。从 20 世纪初期，人们就将债券按照违约的可能性进行质量评级。国际上最著名的两家债券评级机构是标准普尔(Standard & Poor's)和穆迪(Moody's)，通常债券的等级被分为 3 等 9 级。标准普尔以 AAA 级为最高级，AA 级为高级，A 级为上中级；BBB 级为中级，BB 级为中下级，B 级为投机级；CCC 级为完全投机级，CC 级为最大投机级，C 级为最低级。穆迪以 Aaa 级为最高级，Aa 级为高级，A 级为上中级；Baa 级为中级，Ba 级为中下级；Caa 级为投机级，Ca 级为最大投机级，C 级为最低级。穆迪和标准普尔的评级如表 6—3—1 所示：

表 6—3—1　　穆迪和标准普尔投资级债券评级

穆迪	标准普尔	含　义
Aaa	AAA	Aaa 和 AAA 是债券评级中的最高等级，这类债券支付利息和本金的能力特别强
Aa	AA	评级为 Aa 和 AA 的债券支付利息和本金的能力很强，它们和最高评级的债券构成高等级债券
A	A	评级为 A 级的债券在遇到环境或经济条件改变时，比高等级债券更会受到不利的影响，但是它们支付利息和偿还本金的能力仍较强
Baa	BBB	评级为 Baa 和 BBB 的债券被认为拥有足够的能力支付利息，并偿还本金。然而，在遇到不利经济条件或环境改变时，它比高等级债券更可能减弱支付利息和偿还本金的能力。这种债券是中等级的债务
Ba	BB	评级为 Ba 和 BB 的债券属于中下品质，具有一定投机性，保障条件属于中等
B	B	这些等级的债券被认为对利息的支付和本金的偿还存在投机性。B 和 CCC 以及 Caa 表示这类债券属于完全投机性的。CC 和 Ca 则代表最高程度的投机。虽然这种债券能有一些具有保护性的特征，却不能弥补它们的高度不确定性，以及暴露于不利条件下的主要风险。有些债券可能会违约
Caa	CCC	
Ca	CC	
C	C	C 等级是专属于不支付利息的收益债券，甚至是违约债券，利息和本金的支付还正在拖欠中

我国的债券评级工作正在开展，但尚无统一的债券等级标准和系统评级制度。根据中国人民银行的有关规定，凡是向社会公开发行的企业债券，需要由经中国人民银行认可的资信评级机构进行评信。这些机构对发行债券企业的企业素质、财务质量、项目状况、项目前景和偿债能力进行评分，以此评定信用级别。

（六）债券筹资的特点

与其他长期负债筹资方式相比，发行债券的突出优点在于资本成本、保证控制权，可以发挥财务杠杆作用且筹资对象广、市场大。但是，这种筹资方式风险大、限制条件多，筹资额有限。

四、可转换证券筹资

（一）可转换证券的概念与种类

所谓“可转换证券”，是指可以转换为普通股股票的证券，主要包括可转换债券和可转换优先股。可转换债券和可转换优先股具有很多共同之处，而可转换债券的应用比较广泛，所以以下只介绍可转换债券。

（二）可转换债券的要素

可转换债券又称可转换公司债券，是指发行人依照法定程序发行，在一定期间内依据约定的条件可以转换成股份的公司债券。

可转换债券的要素是指构成可转换债券基本特征的必要因素，它们表明可转换债券与不可转换债券（或普通债券）的区别。

1. 标的股票

可转换债券对股票的可转换性，实际上是一种股票期权或股票选择权，它的标的物就是可以转换成的股票。

2. 转换价格

可转换债券发行之时，明确了以怎样的价格转换为普通股，这一规定的价格，就是可转换债券的转换价格（也称转股价格），即将可转换债券转换为每股股份所支付的价格。例如，可按每股 50 元的价格将可转换债券换成普通股。

3. 转换比率

转换比率是每张可转换债券能够转换的普通股股数。可转换债券的面值、转换价格、转换比率之间存在下列关系：

转换比率＝债券面值÷转换价格

【案例 6－3－2】 假设 Felix 家族公司拟发行 5 年期可转换债券（面值 2 000 元），发行前一个月其股票平均价格经测算为每股 50 元，可按照每股 50 元的转换价格将债券转换为普通股股票，其转换比率计算如下：

转换比率＝2 000÷50＝40（股）

4. 转换期

转换期是指可转换债券转换为股份的起始日至结束日的期间。可转换债券的转换期可以与债券的期限相同，也可以短于债券的期限。例如，某种可转换债券规定只能从其发行一定时间之后（如发行若干年之后）才能够行使转换权，这种转换期称递延转换期，短于其债券期限。还有的可转换债券规定只能在一定时间内（如发行日后的若干年之内）行使转换权，超过这一段时间转换权失效，因此转换期也会短于债券的期限，这种转换期称为有限转换期。超过转换期后的可转换债券，不再具有转换权，自动成为不可转换债券（或普通债券）。

5. 赎回条款

赎回条款是可转换债券的发行企业可以在债券到期日之前提前赎回债券的规定。赎回条款包括不可赎回期、赎回期、赎回价格、赎回条件。

6. 回售条款

回售条款是在可转换债券发行公司的股票价格达到某种恶劣程度时，债券持有人有权按照约定的价格将可转换债券卖给发行公司的有关规定。回售条款也具体包括回售时间、回售价格等内容。设置回售条款，是为了保护债券投资人的利益，使他们能够避免遭受过大的投资损失，从而降低投资风险。合理的回售条款，可以使投资者具有安全感，因而有利于吸引投资者。

7. 强制性转换条款

强制性转换条款是在某些条件具备之后，债券持有人必须将可转换债券转换为股票，无权要求偿还债权本金的规定。设置强制性转换条款，在于保证可转换债券顺利地转换成股票，实现发行公司扩大权益筹资的目的。

（三）可转换债券的发行条件

根据我国《可转换公司债券管理暂行办法》的规定，目前我国只有上市公司和重点国有企业具有发行可转换债券的资格，它们在具备了下列条件之后，可以经证监会批准发行可转换债券：

1. 上市公司发行可转换债券的条件

（1）最近3年连续盈利，且最近3年净资产收益率平均在10%以上。属于能源、原材料、基础设施类的公司最近3年的净资产收益率可以略低，但不能低于7%。

（2）发行可转换债券后，公司的资产负债率不能高于70%。

（3）累计债券余额不超过公司净资产的40%。

（4）发行可转换债券所募集资金的投向符合国家的产业政策。

（5）可转换债券的利率不超过同期银行存款利率的水平。

（6）可转换债券的发行额不小于人民币1亿元。

（7）证券监管部门规定的其他条件。

2. 重点国有企业发行可转换债券的条件

重点国有企业发行可转换债券，须符合上述（3）～（7）的条件，除此之外，还应符合以下条件：

（1）最近3年连续盈利，且最近3年的财务报告已经过具有从事证券业务资格的会计师事务所审计。

（2）有明确、可行的企业改制和上市计划。

（3）有可靠的偿债能力。

（4）有具有代为清偿债务能力的保证人的担保。

（四）可转换债券筹资的特点

1. 可转换债券筹资的优点

（1）筹资成本较低。

可转换债券降低了公司的筹资成本，在可转换债券转换为普通股时，公司无须另外支付筹资费用，又节约了股票的筹资成本。

（2）便于筹集资金。

可转换债券一方面可以使投资者获得固定利息，另一方面又向其提供了进行债权投资或股权投资的选择权，对投资者具有一定的吸引力，有利于债券的发行，便于资金的筹集。

（3）有利于稳定股票价格和减少对每股收益的稀释。

由于可转换债券规定的转换价格一般要高于其发行时的公司股票价格，因此在发行新股或配股时机不佳时，可以先发行可转换债券，然后通过转换实现较高价位的股权筹资。事实上，一些公司正是认为当前其股票价格太低，为避免直接发行新股而遭受损失，才通过发行可转换债券变相发行普通股的。这样，一来不至于因为直接发行新股而进一步降低公司股票市价；二来因为可转换债券的转换期较长，即使在将来转换股票时，对公司股价的影响也较温和，从而有利于稳定公司股票。

2. 可转换债券筹资的缺点

(1)股价上扬风险。

虽然可转换债券的转换价格高于其发行时的股票价格，但如果转换时股票价格大幅度上扬，公司的利益将会受损。

(2)财务风险。

发行可转换债券后，如果公司业绩不佳，股价长期低迷；或虽然公司业绩尚可，但股价随大盘下跌，持券者没有如期转换普通股，则会增加公司偿还债务的压力，加大公司的财务风险。

(3)丧失低息优势。

可转换债券转换成普通股后，其原有的低利息优势将消失，公司将要承担较高的普通股成本，从而导致公司的综合资本成本上升。

五、融资租赁

(一)租赁的含义与类型

1. 租赁的含义

租赁是出租人以收取租金为条件，在一定期间内将其所拥有的资产转让给承租人使用的一种交易。

租赁虽然有很长的历史，但现代租赁却是最近几十年才发展起来的。现代租赁快速发展的原因是生产设备变得日益复杂、昂贵，经济寿命缩短，承租人难以出资购置所有需要的设备。租赁可以使承租人及时使用所需资产却无须立即付出大额现金，且能够避免设备快速更新的风险。

2. 租赁的类型

租赁可以分为经营租赁和融资租赁两种。

(1)经营租赁。

经营租赁(Operational Lease)是传统的租赁，主要特征包括：①租赁是为了满足承租人对资产的临时性需要，承租人并不寻求对租赁资产的长期占有，所以租赁资产的收益与风险由出租人承受(这里的收益包括资产使用收益、资产升值和变现的收益等，风险则包括资产的有形和无形损失、闲置损失、资产使用收益的波动等)；②租赁的期限较短，不涉及租赁双方长期而固定的义务和权力；③出租人通常负责租赁资产的折旧计提和日常维护(如维修、保险等)；④租赁期满，租赁资产归还出租人；⑤租赁合同灵活，在合理的范围内可较方便地解除租赁契约。

(2)融资租赁。

融资租赁(Financial Lease)又称财务租赁或资本租赁，主要特征包括：①租赁是为了满足承租人对资产的长期需要，租赁资产的收益和风险由承租人承受；②租赁的期限较长，一般会超过租赁资产寿命的一半；③租金与租赁资产的价值接近；④承租人通常负责租赁资产的折旧计提和日常维护；⑤承租人可以在租赁期满后廉价购买租赁资产；⑥租赁合同稳定，非经双方同意，中途不可撤销；⑦一般是先由承租人(企业)向出租人提出租赁申请，出租人按照承租人的要求引入资产，再交付承租人使用。

融资租赁包括：①售后租回，即根据协议，企业将某资产卖给出租人，再将其租回使用；②直接租赁，即承租人直接向出租人租入所需要的资产，并付出租金；③杠杆租赁，其涉及承租人、出租人和资金出借者三方当事人。从承租人的角度来看，这种租赁与其他租赁形式并无区别，同样是按合同的规定，在基本租赁期内定期支付定额租金，取得资产的使用权。但对出租人却不同，出租人只出购买资产所需的部分资金作为自己的投资；另外以该资产作为担保向资金出借者借入其余资金。因此，它既是出租人又是贷款人，同时拥有对资产的所有权，既收取租金又要偿付债务。如果出租人不能按期偿还借款，资产的所有权就要转归资金的出借者。

(二)融资租赁与经营租赁的区别

融资租赁与经营租赁的区别如表6—3—2所示：

表6—3—2　融资租赁与经营租赁的主要区别对照表

项　目	融资租赁	经营租赁
租赁程序	由承租人向出租人提出正式申请，由出租人引进承租人所需设备，再租给承租人使用	承租人可随时向出租人提出租赁资产要求
租赁期限	一般为租赁资产寿命的一般以上，按国际惯例租赁期应超过租赁资产经济寿命的75%	租赁期短，不涉及长期而固定的义务
合同约束	租赁合同稳定。租期内承租人必须按期连续支付租金，中途一般不能退租	租赁合同灵活，在合理范围内可以解除租赁合同
租赁期满后的处理	租赁期满后，租赁资产可有三种选择，即将设备作价转给承租人，由出租人收回，延长租期续租	租赁期满后，租赁资产要归还给出租人
租赁资产的维修费用	租赁期内，维修费用由承租人自行负担	租赁期内，维修保养费用由出租方负担

(三)融资租赁的程序

融资租赁的程序包括：(1)选择租赁公司；(2)办理租赁委托；(3)签订购货协议；(4)签订租赁合同；(5)办理验货与投保；(6)支付租金；(7)处理租赁期满的设备。

(四)融资租赁租金的计算

1. 融资租赁租金的构成

融资租赁租金包括设备价款和租息两部分，租息又可分为租赁公司的筹资成本、租赁手续费等。

2. 融资租赁租金的支付形式

租金通常采用分次支付的方式，具体类型包括：

(1)按支付间隔的长短，可以分为年付、半年付、季付和月付等方式；

(2)按支付时期先后，可以分为先付租金和后付租金两种；

(3)按每期支付金额，可以分为等额支付和不等额支付两种。

3. 融资租赁租金的计算方法

融资租赁租金的计算方法较多，常用的有平均分摊法和等额年金法。

(1)平均分摊法。

平均分摊法是指先以商定的利息率和手续费率计算出租赁期间的利息和手续费，然后连同租赁设备的购置成本的应该摊销总额按租金支付次数平均计算出每次应付租金的数额的方法。

在平均分摊法下，每次应付租金数额的计算公式为：

$$R=\frac{(C-S)+I+F}{N}$$

式中，R 表示每次应付租金数额；C 表示租赁设备的购置成本；S 表示期满时由租入方留购，支付给出租方的转让价；I 表示租赁期间利息；F 表示租赁期间手续费；N 表示租赁期间租金支付次数。

【案例 6—3—3】 凯恩向租赁公司租入一套设备，设备原价 100 万元，租期 5 年，预计租赁期满租入公司支付的转让价为 5 万元。年利率为 10%，手续费为设备原价的 2%，租金每年末支付一次。

要求：计算该公司每年应付租金的数额。

解：$R=\frac{(100-5)+[100\times(1+10\%)^5-100]+100\times 2\%}{5}$

$=31.61$(万元)

(2)等额年金法。

等额年金法是运用年金现值的计算原理计算每次应付租金的方法。在这种方法下，要将利息率和手续费率综合在一起确定一个租费率，作为贴现率。这种方法与平均分摊法比，计算是复杂了，但因为考虑了资金的时间价值，结论更具客观性。

在等额年金法下，每次应付租金数额的计算公式为：

$$R=\frac{C-S\times(P/F,i,n)}{(P/A,i,n)}$$

式中，R 表示每次期末应付租金数额；C 表示租赁设备的购置成本；S 表示期满时由租入方留购，支付给出租方的转让价；i 表示租费率；n 表示租赁期间支付租金次数。

关于上式的正确使用，应注意以下三点：

第一，上式中假定每期租金是期末支付的，即租金是普通年金。假如每期租金是期初支付的，即租金是即付年金，那么计算公式应为：

$$R=\frac{C-S\times(P/F,i,n)}{(P/A,i,n-1)+1}$$

第二，上式中的 i 是租费率，它是综合了资金利息率和租赁手续费率后由租赁双方认可的，它比纯粹的借款利率要大些。当租赁手续费是租赁开始一次付清的，即各期租金不含手续费时，租费率与租金利息率相同。

第三，上式中分子、分母的 i 是同一的，都是租费率，否则会造成租赁期结束时账面余额与预计残值不一致。

【案例 6—3—4】 根据【案例 6—3—3】的资料。

要求：分别对以下三种情况用等额年金法计算该企业每年应付租金额：

(1)租费率为 12%，租金在每年年末支付；

(2)租费率为 12%,租金在每年年初支付;

(3)租金在每年年末支付,但租赁手续费在租入设备时一次付清。

解:设三种情况的每年应付租金额分别为 R_1、R_2、R_3,则:

$$R_1=\frac{100-5\times(P/F,12\%,5)}{(P/A,12\%,5)}=\frac{100-5\times0.5674}{3.6048}\approx26.95(万元)$$

$$R_2=\frac{100-5\times(P/F,12\%,5)}{(P/A,12\%,4)+1}=\frac{100-5\times0.5674}{3.0373+1}\approx24.07(万元)$$

$$R_3=\frac{100-5\times(P/F,10\%,5)}{(P/A,10\%,5)}=\frac{100-5\times0.6209}{3.7908}\approx25.56(万元)$$

(五)融资租赁筹资的优缺点

1. 融资租赁筹资的优点

(1)筹资速度快。租赁往往比借款购置设备更迅速、更灵活,因为租赁是筹资与设备购置同时进行,可以缩短设备的购进、安装时间,使企业尽快形成生产能力,有利于企业尽快占领市场。

(2)限制条款少。如前所述,债券和长期借款都定有相当多的限制多款,虽然类似的限制在租赁公司中也有,但一般比较少。

(3)减少设备陈旧、过时、遭到淘汰的风险。当今,科学技术迅速发展,固定资产更新周期日趋缩短。企业设备陈旧过时的风险很大,利用租赁筹资可以减少这一风险。这是因为融资租赁的期限一般为资产使用年限的一定比例,不会像自己购买设备那样整个期间都要承担风险,且多数租赁协议都规定出租人承担设备陈旧过时的风险。

(4)财务风险小。租金在整个租期内分摊,不用到期归还大量本金。许多借款都在到期日一次偿还本金,这会给财务基础较弱的公司造成相当大的困难,有时会造成不能偿付的风险。而租赁则把这种风险在整个租期内分摊,可适当减少不能偿付的风险。

(5)减轻税收负担。租金都作为期间费用计入当期损益,并可在税前扣除,因此具有抵免所得税的效用。且融资租赁的资产也可以折旧的方式计入费用。

2. 融资租赁筹资的缺点

融资租赁筹资的最主要缺点就是资本成本较高。一般来说,其租金要比举借银行借款或发行债券所负担的利息高得多。在企业财务困难时,固定的租金也会构成一项较沉重的负担。

第四节 短期负债筹资

一、短期负债筹资的特点

短期负债筹资所筹资金的可使用时间较短,一般不超过 1 年。短期负债筹资具有以下特点:

1. 筹资速度快,容易取得

长期负债的债权人为了保护自身利益,往往要对债务人进行全面的财务调查,因而筹资所需时间一般较长且不易取得。短期负债在较短时间内即可归还，故债权人顾虑较少，容易取得。

2. 筹资富有弹性

与长期负债相比，短期负债筹集时的限制相对宽松些，使筹资企业的资金使用较为灵活、富有弹性。

3. 筹资成本较低

一般来说，短期负债的利率低于长期负债，短期负债筹资的成本也就较低。

4. 筹资风险高

短期负债需在短期内偿还，因而要求筹资企业在短期内拿出足够的资金偿还债务，若企业届时资金安排不当，就会陷入财务危机。此外，短期负债利率的波动比较大，有时高于长期负债的水平也是可能的。

二、短期负债筹资的主要形式

一般短期负债筹资的主要形式包括短期借款和商业信用。

(一)短期借款

短期借款是指企业向银行和其他非银行金融机构借入的期限在一年以内的借款。

1. 短期借款的种类

我国目前的短期借款按照目的和用途分为若干种，主要有生产周转借款、临时借款、结算借款等。按照国际通行做法，短期借款还可依偿还方式的不同，分为一次性偿还借款和分期偿还借款；依利息支付方法的不同，分为收款法借款、贴现法借款和加息法借款；依有无担保，分为抵押借款和信用借款等。

2. 借款的取得

企业筹措短期借款，首先必须提出申请，经审查同意后借贷双方签订借款合同，注明借款的用途、金额、利率、期限、还款方式、违约责任等；办妥借款手续后，企业方可取得借款。

3. 短期借款的信用条件

按照国际通行做法，银行发放短期借款时，往往带有一些信用条件，主要包括：

(1)信贷限额。

信贷限额是银行对借款人规定的无担保贷款的最高额。信贷限额的有效期限通常为一年，但根据情况也可延期一年。一般来说，企业在批准的信贷限额内，可随时使用银行借款。但是，银行并不承担必须提供全部信贷限额的义务。

(2)周转信贷协定。

周转信贷协定是银行具有法律义务地承诺提供不超过某一最高限额的贷款协定。在协定的有效期内，只要企业的借款总额未超过最高限额，银行必须满足企业任何时候提出的借款要求。企业享用周转信贷协定，通常要就贷款限额的未使用部分付给银行一笔承诺费(Commitment Fee)。其用公式表示为：

$$承诺费=(周转信贷额度-年度内已用借款)\times 承诺费率$$

【案例6－4－1】 Felix家族公司于20×7年1月与上海汇丰银行商定其周转信贷额度为

3 500 万元，承诺费率为 0.5%，Felix 家族公司在 20×7 年度使用了 3 000 万元，余额为 500 万元。则 Felix 家族公司应向上海汇丰银行支付承诺费的金额为：

承诺费＝500×0.5%＝2.5(万元)

(3)补偿性余额。

补偿性余额是银行要求借款企业在银行中保持按贷款限额或实际借用额一定百分比(一般为 10%～20%)计算出的最低存款余额。从银行的角度讲，补偿性余额可降低贷款风险，补偿遭受的贷款损失。对于借款企业来讲，补偿性余额则提高了借款的实际利率，加重了企业的利息负担。其计算公式为：

$$\text{实际利率}=\frac{\text{名义利率}}{1-\text{补偿性余额比例}}$$

【案例 6－4－2】 Felix 家族公司按 10%的年利率向上海汇丰银行借款 1 500 万元，上海汇丰银行要求保留 20%的补偿性余额，Felix 家族公司实际可动用的借款只有 1 200 万元(1500×80%)，则该项借款的实际利率为：

$$\text{实际利率}=\frac{10\%}{1-20\%}\times 100\%=12.5\%$$

(4)借款抵押。

银行向财务风险较大的企业或对其信誉没有太大把握的企业发放贷款，有时需要有抵押品担保，以减少自己蒙受损失的风险。短期借款的抵押品经常是借款企业的应收账款、存货、股票、债券、办公楼、厂房等。银行接受抵押品后，将根据抵押品的面值决定贷款金额，一般为抵押品面值的 30%～90%。

(5)偿还条件。

无论何种借款，银行一般都会规定还款的期限。根据我国金融制度的规定，贷款到期后仍无能力偿还的，视为逾期贷款，银行要按合同加收逾期的罚息。

4. 短期借款的利率及利息支付方式

(1)借款利率。

①优惠利率，是指在银行向财力雄厚、经营状况好的企业贷款时收取的名义利率，为贷款利率的最低限。

②浮动优惠利率，是一种随其他短期利率的变动而浮动的优惠利率，即随市场条件的变化而随时调整变化的优惠利率。

③非优惠利率，是银行贷款给一般企业时收取的高于优惠利率的利率。这种利率经常在优惠利率的基础上加一定的百分比。

(2)利息支付方式。

一般来讲，借款企业可以用三种方法支付银行贷款利息。

①收款法，又称利随本清法，是在借款到期时向银行支付利息的方法。银行向企业发放的贷款大多采用这种方法收息。

②贴现法，是指银行向企业发放贷款时，先从本金中扣除利息部分，而到期时借款企业则要偿还贷款全部本金的一种计息方法。采用这种方法，企业可利用贷款额只有本金减去利息部分后的差额，因此贷款的实际利率高于名义利率。贴现贷款实际利率的计算公式为：

$$\text{贴现贷款实际利率}=\frac{\text{利息}}{\text{贷款金额}-\text{利息}}\times 100\%$$

【案例 6—4—3】 Felix 家族公司 20×7 年 9 月向上海汇丰银行取得借款 500 万元，期限 1 年，年利率(即名义利率)10%，利息额 50 万元(500×10%)；按照贴现法付息，企业实际可利用的贷款为 450 万元(500—50)。该项贷款的实际利率为：

$$\text{贴现贷款实际利率}=\frac{50}{450}\times 100\%=11.11\%$$

③加息法，是指银行发放分期等额偿还贷款时采用的利息收取方法。在分期等额偿还贷款的情况下，银行要将根据名义利率计算的利息加到贷款本金上，计算出贷款的本利和，要求企业在贷款期内分期偿还本息之和的金额。由于贷款分期均衡偿还，借款企业实际上只平均使用了贷款本金的半数，却支付全额利息。这样，企业所负担的实际利率便高于名义利率大约 1 倍。加息贷款实际利率计算公式为：

$$\text{加息贷款实际利率}=\frac{\text{贷款额}\times\text{利息率}}{\text{贷款额}\div 2}\times 100\%$$

【案例 6—4—4】 Felix 家族公司 20×7 年 11 月向上海德意志银行借入名义年利率为 10%的贷款 400 万元，分 12 个月等额偿还本息。该项借款的实际利率为：

$$\text{加息贷款实际利率}=\frac{400\times 10\%}{400\div 2}\times 100\%=20\%$$

5. 短期借款筹资特点

(1)筹资速度快。企业获得短期借款所需时间要比长期借款短得多，因为银行发放长期贷款前，通常要对企业进行比较全面的调查分析，花费时间较长。

(2)筹资弹性大。短期借款数额及借款时间弹性较大，企业可在需要资金时借入，在资金充裕时还款，便于企业灵活安排。

(3)筹资风险大。短期资金的偿还期短，在筹资数额较大的情况下，如企业资金调度不周，就有可能出现无力按期偿付本金和利息，导致破产。

(4)与其他短期筹资方式相比，资本成本较高，尤其是在补偿性余额和附加利率情况下，实际利率通常高于名义利率。

(二)商业信用

1. 商业信用的主要形式

商业信用是指商品交易中以延期付款或预收货款进行购销活动而形成的企业之间的自然借贷关系，即在商品交易中，由于货币与商品在时间和空间上的分离而形成的企业之间的直接信用行为，属于自然筹资。当前，商品经济高度发达，竞争日趋激烈，商业信用得到了广泛的发展，并成为企业普遍运用的短期筹资手段。商业信用的主要形式有应付账款、应付票据、预收货款等。

(1)应付账款。

应付账款是企业最典型、最常用的一种商业信用形式，是指在采购商品物资时先收到商品物资，货款延期到双方约定的时间支付。卖方为了尽快收回贷款，往往在交易时规定信用条件，即规定信用期限、现金折扣比率及折扣期。一般可表示为如“2/10，1/20，n/30”等形式。

通常，应付账款信用可按信用条件分为折扣信用、免费信用和展期信用。折扣信用是企业在卖方规定的折扣期内付款，可享受折扣。如上所示的信用条件，若企业在10天之内付款，可得到2%的折扣。免费信用是企业在折扣期外、信用期内付款而获得的信用。若企业在20至30天付款则为免费信用。展期信用是企业在规定的信用期满后推迟付款强制取得的信用。该方式常常会损害企业的商业信誉，对日后交易带来不利影响。

若卖方在交易时提供了现金折扣，企业应尽可能获取此折扣，因为丧失现金折扣的机会成本通常很高。其成本计算公式为：

$$\text{放弃现金折扣成本}=\frac{\text{现金折扣率}}{1-\text{现金折扣率}}\times\frac{360}{\text{信用期}-\text{折扣期}}$$

【案例6—4—5】 Felix家族公司按2/10、n/30的条件向波尔多国际贸易公司购入货物10万元。如果Felix家族公司在10天内付款，便可获得折扣0.2万元(10×2%)。倘若买方企业放弃折扣，在10天后(不超过30天)付款，便要承受因放弃折扣而造成的隐含利息成本。放弃现金折扣的成本的计算公式如下：

$$\text{放弃现金折扣成本}=\frac{2\%}{1-2\%}\times\frac{360}{30-10}=36.73\%$$

因此，若该企业放弃现金折扣，则放弃折扣的成本率高达36.73%。只要企业筹资成本不超过36.73%，就应当在第10天付款。

(2)应付票据。

应付票据是企业在采购商品物资时以商业汇票作为结算手段而推迟付款获得的一种商业信用。商业汇票是交易双方根据购销合同的规定在进行延期付款的商品交易时，由出票人开出的反映购销双方债权债务关系的票据。商业汇票开出之后，须由承兑人承兑，并交给持票人，当票据到期时，付款人应无条件支付票款本息。根据承兑人的不同，商业汇票可分为商业承兑汇票和银行承兑汇票两种。

商业承兑汇票是指交易双方约定，由销货企业或购货企业签发，但须经购货企业承兑的商业汇票。销货企业应在提示付款期限内通过开户银行委托收款或直接向付款人提示付款。商业承兑汇票到期时，购货企业的开户银行凭票将票款划给销货企业或贴现银行。如果汇票到期时付款人的存款不足以支付票款，开户银行会将汇票退还销货企业，银行不负责付款，由购销双方自行处理。

银行承兑汇票是指由承兑申请人开出，由银行承兑的商业汇票。承兑申请人必须在承兑银行开立结算账户，承兑银行经审查同意后进行承兑，并向承兑申请人收取相当于票面金额的一定比例的手续费。购货企业应在银行承兑汇票到期之前将票款足额交存其开户银行，以备由承兑银行在汇票到期日或到期日后的见票日支付票款。如果购货企业在汇票到期日未能向其开户银行足额交存票款，承兑银行也应凭票向持票人无条件付款，同时对购货企业尚未支付的汇票金额按一定比例收取罚息。由此可见，银行承兑汇票与商业承兑汇票还是存在一定区别的，商业承兑汇票是购销企业之间的一种直接信用关系，而银行承兑汇票则具有一定的银行信用的性质。

对于购货企业来说，应付票据是一种短期筹资方式。这种筹资方式是由商品交易产生的，具有方便、灵活的特点。但是，通常利用商业汇票所筹资本的使用期限较短，如我国有关法律规定，商业汇票的付款期限由交易双方商定，但最长不得超过6个月。商业汇票可以是无息票据，也可以是带息票据。在采用无息商业汇票时，购货企业等于得到一笔无息贷款，无须承担资本成本。与应付账款相比，商业汇票等于是付款人给收款人出具的一个书面承诺，因此，其信用会更好一些，如果付款人在汇票到期时未能支付票款，对其信誉会产生严重的损害。

(3)预收货款。

预收货款是指卖方按合同或协议的规定，在交付商品之前向买方预收部分或全部货款的信用方式。通常买方对于紧俏商品乐意采用这种结算方式办理货款结算；对于生产周期长、售价高的商品，生产者也经常要向订货者分次预收货款，以缓和本企业经营收支不平的矛盾。此外，企业在生产经营活动中往往还会形成一些应付费用，如应付工资、应交税费、应付利息、应付水电费等。这些费用项目的发生受益在先，支付在后，支付期晚于发生期，因此它们也属于"自然筹资"的范围。由于这些应付项目的支付具有时间规定性，其负债额度因而较为稳定，因此，企业习惯上称为"定额负债"或"视同自有资金"。

2. 商业信用筹资的优劣分析

商业信用筹资的优点主要表现为：

(1)筹资方便。商业信用的使用权由买方自行掌握。买方什么时候需要、需要多少等，在限定的额度内由其自行决定。

(2)限制条件少。商业信用比其他筹资方式条件宽松，无须担保或抵押，选择余地大。

(3)成本低。大多数商业信用都是由卖方免费提供的，因此与其他筹资方式相比，其成本较低。

但是，企业利用商业信用筹资也存在一些缺点。主要是商业信用筹资的期限通常都较短，企业应当在销售方给予的信用期限内支付货款，否则就会给企业带来信誉上的损失。在有现金折扣的情况下，如果企业为了取得现金折扣，必须在折扣期限内支付款项，则筹资的期限会更短。如果放弃现金折扣，就要付出较高的资本成本。

本章小结

公司筹资，是指企业根据其生产经营、对外投资以及调整资本结构等需要，通过一定的渠道，采取适当的方式，获取所需资金的一种行为。

企业筹集的资金可按不同的标准进行分类，主要分类如下：按照资金的来源渠道不同，可将企业筹资分为权益性筹资和负债性筹资。按照所筹资金使用期限的长短，可将企业筹资分为短期资金筹集与长期资金筹集。按照所筹资金是否通过金融中介机构，可分为直接筹资和间接筹资。

目前我国企业筹资渠道主要包括国家资金、银行信贷资金、非银行金融机构资金、其他企业资金、居民个人资金、企业内部资金、境外资金。我国企业的筹资方式主要有以下几种：吸收直接投资、发行股票、利用留存收益、向金融机构借款、利用商业信用、发行公司债券、融资租赁。企业筹资应遵循以下基本原则：规模适当原则、筹措及时原则、来源合理原则、方式经济原则。权益性筹资或称权益资本或自有资金，是指企业通过吸收直接投资、发行股票、内部积累等方式筹集的资金。按照所筹资金可使用时间的长短，负债筹资可分为长期负债筹资和短期负债筹资两类。目前在我国，长期负债筹资主要有长期借款和债券两种方式。一般短期负债筹资的主要形式包括短期借款和商业信用。

复习思考题

1. 公司进行筹资的动机是什么？
2. 公司有哪些主要的筹资渠道？
3. 权益资金筹资和债务资金筹资各有什么优缺点？
4. 股票有哪些分类？各有哪些特点？
5. 公司股票发行的价格如何确定？
6. 债券发行的价格如何确定？
7. 长期借款筹资有什么特点？
8. 融资租赁有什么特点？

自测题

一、单项选择题

1. 在不考虑筹款限制的前提下，下列筹资方式中个别资本成本最高的通常是（　　）。

A. 发行普通股　　B. 留存收益筹资

C. 长期借款筹资　　D. 发行公司债券

2. 如果用认股权证购买普通股，则股票的购买价格一般（　　）。

A. 高于普通股市价　　B. 低于普通股市价

C. 等于普通股市价　　D. 等于普通股价值

3. 根据财务管理理论，按照资金来源渠道不同，可将筹资分为（　　）。

A. 直接筹资和间接筹资　　B. 内源筹资和外源筹资

C. 权益筹资和负债筹资　　D. 短期筹资和长期筹资

4. 某企业按年利率5.8%向银行借款1 000万元，银行要求保留5%的补偿性余额，则这项借款的实际利率为（　　）。

A. 58%　　B. 6.11%　　C. 6.8%　　D. 7.3%

5. 下列各项中，属于商业信用的是（　　）。

A. 商业银行贷款　　B. 应付账款

C. 应付工资　　D. 融资租赁

6. 与股票筹资相比，债券筹资的特点是（　　）。

A. 筹资风险大　　B. 资本成本高

C. 限制条件少　　D. 分散经营控制权

7. 某企业按“2/10，n/45”的条件购进商品一批，若该企业放弃现金折扣优惠，而在信用期满时付款,则放弃现金折扣的机会成本为(　　)。

A. 20.98%　　B. 28.82%　　C. 25.31%　　D. 16.33%

8. 企业向租赁公司租入一台设备,价值 500 万元,租期为 5 年,租赁费折现率为 12%,若采用先付租金的方式,则平均每年支付的租金为(　　)万元。

A. 123.8　　B. 138.7　　C. 245.4　　D. 108.6

9. 某企业按年利率 4.5%向银行借款 200 万元,银行要求保留 10%的补偿性余额,则该项贷款的实际利率为(　　)。

A. 4.95%　　B. 5%　　C. 5.5%　　D. 9.5%

10. 企业采用贴现法从银行贷款,年利率 10%,则该项贷款的实际年利率为(　　)。

A. 9%　　B. 10%　　C. 约 11%　　D. 12%

二、多项选择题

1. 商业信用筹资的优点主要表现在(　　)。

A. 筹资风险小　　B. 筹资成本低

C. 限制条件少　　D. 筹资方便

2. 与股票筹资方式相比,银行借款筹资的优点包括(　　)。

A. 筹资速度快　　B. 借款弹性大

C. 使用限制少　　D. 筹资费用低

3. 影响融资租赁每期租金的因素有(　　)。

A. 设备买价　　B. 融资租赁成本

C. 租赁手续费　　D. 租赁支付方式

4. 通过权益性筹集资金的方式有(　　)。

A. 吸收直接投资　　B. 发行股票

C. 通过企业留存收益筹集　　D. 向银行借款

5. 下列各项中,属于"吸收直接投资"与"发行普通股"筹资方式共有的缺点包括(　　)。

A. 限制条件多　　B. 财务风险大

C. 控制权分散　　D. 资本成本高

三、判断题

1. 筹资渠道解决的是资金来源问题,筹资方式解决的是通过何种方式取得资金的问题,它们之间不存在对应关系。(　　)

2. 在财务管理中,依据财务比率与资金需求量之间的关系预测资金需求量的方法称为比率预测法。(　　)

3. 政府债券均属于信用债券。(　　)

4. 企业按照销售百分比法预测出来的资金需求量,是企业在未来一定时期资金需求量的增量。(　　)

5. 发行可转换债券与发行一般债券相比,筹资成本较低。(　　)

6. 在市场利率大于票面利率的情况下,债券的发行价格大于其面值。(　　)

四、计算分析题

1. 某公司向银行借入短期借款10 000元，支付银行贷款利息的方式同银行协商后的结果是：如采用收款法，则利息为7%；如采用贴现法，利息为6%；如采用加息法，利息为5%。

要求：如果你是财务经理，你选择哪一种支付方式，并说明理由。

2. 某公司拟发行5年期债券进行筹资，债券票面金额为100元，票面利率为12%，而当时市场利率为10%。

要求：计算该公司债券发行价格应为多少元？

3. 某公司拟采购一批零件，价值5 400元，供应商规定的付款条件如下：(1)立即付款，支付5 238元；(2)第20天付款，支付5 292元；(3)第40天付款，支付5 346元；(4)第60天付款，支付全额款项，每年按360天计算。

要求：

(1)假设银行短期贷款利率为15%，计算放弃现金折扣的成本，并确定对该公司最有利的付款日期和价格。

(2)假设目前有意短期投资，收益率为40%，确定对该公司最有利的付款日期和价格。

4. 企业向租赁公司租赁一套设备，设备原价500万元，租赁期10年，期满时企业支付的转让价为10万元，借款年利率按8%计算，租赁手续费为设备原价的3%，租金在每年末支付一次。

要求：按下列情况分别计算每年应交租金金额数(答案精确到0.01万元)：

(1)采用平均分摊法。

(2)采用等额年金法，手续费在租入时一次付清。

(3)采用等额年金法，手续费摊入租金，租赁双方商定租费率为10%。

(4)采用等额年金法，条件同(2)，但每年租金要求在年初支付。

第七章　资本成本与资本结构决策

成本记录的是竞争的吸引力。

——弗兰克·奈特

(Frank Knight)

学习目标

◇　掌握资本成本的概念和作用；

◇　掌握个别资本成本的一般计算公式；

◇　掌握借款成本、债券成本、优先股成本、普通股成本和留存收益成本的计算方法；

◇　掌握综合(加权平均)资本成本和边际资本成本的计算方法；

◇　掌握筹资总额分界点(资本成本突破点)的计算；

◇　熟悉利用资本成本的计算结果进行筹资方案的选择；

◇　熟悉经营杠杆、财务杠杆和复合杠杆的概念及其相互关系；

◇　掌握经营杠杆、财务杠杆和复合杠杆的计量方法；

◇　熟悉经营杠杆与经营风险、财务杠杆与财务风险、复合杠杆与企业风险的关系；

◇　掌握资本结构理论和资本结构决策方法。

引导案例

2012 年 Alix 所在的 IT 公司由于业务发展很快，亟须增加资金 1 200 万元，公司决策层请 Alix 制订筹集资金的预案。

Alix 经过研究后，认为公司可以利用留存收益和盈余公积解决 400 万元的资金，其余 800 万元则需要从公司外部融资。为此，Alix 提出了如下两个方案：

方案一：增发公司股票 40 万股，可筹集资金约 800 万元；

方案二：向银行贷款 800 万元，年利率为 6%，期限为 10 年。

那么为什么 Alix 提出以上两个方案？你认为以上两个方案，哪个更好？你做出判断的依据是什么？你还有更好的方案吗？这些问题所涉及的是当公司面临多种筹资渠道可以筹集到所需要的资金时，我们如何决策采用哪些方式来筹资对公司最有利。这无非涉及两个基本问题，即各种筹资的成本和多种方式筹资情况下资金相互的比例关系。

本章我们将讨论各种资本成本是如何计算的，以及公司如何达到资本结构最优化。

第一节 资本成本概述

一、资本成本的含义

(一)资本成本的概念

企业从不同渠道采用各种方式筹集的资金，都要付出一定的代价，不能无偿使用。资本成本是一种机会成本，是指企业为筹措和使用资本而付出的代价，即公司可以从现有资产获得的，符合投资人期望的最小收益率。它也称为最低可接受的收益率、投资项目的取舍收益率。在数量上，它等于各项资本来源的成本按其在公司资本结构中的重要性加权计算的平均数。

资本成本是财务管理的一个非常重要的概念。首先，公司要达到股东财富最大化，必须使所有投入最小化，其中包括资本成本的最小化，因此，正确计算和合理降低资本成本，是制定筹资决策的基础。其次，公司的投资决策必须建立在资本成本的基础上，任何投资项目的投资收益率必须高于资本成本。

(二)资本成本的表达形式

资本成本用来反映筹集和使用资金而付出的代价，它有两种表达形式：资本成本额与资本成本率。对应于一定数额的筹资量，资本成本可以用绝对数方式表示，反映资本成本的总额。资本成本绝对值能够反映因筹集和使用特定的资金而付出的全部代价，但当筹资金额不同时，它不具有可比性。相比之下，相对数指标资本成本率用途更广泛。资本成本率是指资本成本与筹资总额的比率，反映每一元资金的资本成本。资本成本率一般也直接称为资本成本，在企业财务管理中具有很重要的作用。在筹资决策评价时，资本成本是优选最佳筹资方案的标准；而在投资决策评价时，资本成本是评价投资项目的最低收益率。如果项目投资收益率大于资本成本，方案被选取；如果项目投资收益率小于资本成本，方案就被舍弃。因此，资本成本也称为投资项目的取舍率。

二、资本成本的种类及其计量形式

资本成本按用途，可分为个别资本成本、综合资本成本和边际资本成本。

资本成本率有多种计量形式，不同的计量形式，适用于不同的筹资决策。在比较各种具体筹资方式时，使用个别资本成本，包括普通股资本成本、留存收益资本成本、长期借款资本成本和债券资本成本；在进行资本结构决策，或者针对一个企业或一个筹资方案时，要使用综合(加权平均)资本成本；在进行追加筹资决策时，则使用边际资本成本。

三、影响资本成本高低的因素

在市场经济环境中，多方面因素的综合作用决定着企业资本成本的高低，其中主要包括总体经济环境、证券市场条件、企业内部的经营和筹资状况、筹资规模。

总体经济环境决定了整个经济中资本的供给和需求，以及预期通货膨胀的水平。总体经济环境变化的影响，反映在无风险收益率上的变化，如果整个社会经济中的资金需求和供给发生变动，或者通货膨胀水平发生变化，投资者也会相应改变其所要求的收益率。具体来说，如果货币需求增加，而供给没有相应增加，投资人便会提高其投资收益率，企业的资本成本就会上升；反之，则会降低其要求的投资收益率，使资本成本下降。如果预期通货膨胀水平上升，货币购买力下降，投资者也会提出更高的收益率来补偿预期的投资损失，导致企业资本成本上升。

证券市场条件影响证券投资的风险。证券市场条件包括证券的市场流动难易程度和价格波动程度。如果某种证券的市场流动性不好，投资者想买进或卖出证券相对困难，变现风险加大，要求的收益率就会提高；或者虽然存在对某种证券的需求，但其价格波动较大，投资的风险大，要求的收益率也会提高。

企业内部的经营和筹资状况，是指经营风险和财务风险的大小。经营风险是企业投资决策的结果，表现在资产收益率的变动上；财务风险是企业筹资决策的结果，表现在普通股收益率的变动上。如果企业的经营风险和财务风险大，投资者便会有较高的收益率要求。

筹资规模是影响企业资本成本的另一个因素。企业的筹资规模大，资本成本较高。比如，企业发行的证券金额很大，资金筹集费和资金占用费都会上升，而且证券发行规模的增大还会降低其发行价格，由此也会增加企业的资本成本。

四、资本成本率通用计算公式

资本成本包括资本筹资费和资本使用费两部分。

资本筹资费是筹措资金过程中为获取资金而付出的花费，如向银行支付的借款手续费，因发行股票、债券而支付的印刷费、发行手续费、律师费、资信评估费、公证费、担保费、广告费等。

资本使用费是指企业在生产经营、投资过程中因使用资金而付出的费用，如股票的股息、银行借款和债券的利息。资本使用费是筹资企业经常发生的费用，它因使用资金数量的多少和时间长短而变动，属相对变动费用。

资本成本率是资本成本额与筹资总额的比率。由于资本成本由筹资费与使用费两部分构成，其中，筹资费用属一次性费用，而使用费是企业在资金使用期内分次发生的费用，两者具有不同的特征。所以，在计算资本成本率时应对它们分别对待，将筹资费用从筹资总额中一次性扣除，其余额即为企业实际可运用的资金，企业真正能够用来进行投资的资金也只是这一部分筹资净额。而使用费需分期计算，正好与资本成本率的计算期间相一致。一般为便于比较，企业往往计算的是年资本成本率，因而使用费也按年计算。资本成本率的一般公式可表示为：

$$K=\frac{D}{P-F}\times 100\%$$

或：

$$K=\frac{D}{P(1-f)}\times100\%$$

式中，K 表示资本成本率，D 表示资本使用费，P 表示筹资总额，F 表示筹资费用，f 表示筹资费用率。

其中：

$$f=\frac{F}{P}\times100\%$$

第二节 个别资本成本的计算

一、长期借款资本成本

长期借款资本成本包括借款利息和筹资费用。借款利息属于企业税前支付项目，可以抵减一部分所得税，这样企业实际的利息负担就减轻了。企业实际负担的利息为：

借款利息＝长期借款年利息×(1－所得税税率)

长期借款资本成本的计算公式为：

$$K_L=\frac{I_L(1-T)}{L(1-f_L)}\times100\%$$

或：

$$K_L=i(1-T)/(1-f)\times100\%$$

式中，K_L 表示长期借款资本成本率，I_L 表示长期借款年利息，T 表示所得税税率，L 表示长期借款筹资额（借款本金），f_L 表示长期借款筹资费用率，i 表示长期借款年利率。

长期借款的筹资费用主要是借款手续费，一般数额很小，计算时也可略去不计。这时，长期借款资本成本可按下列公式计算：

$$K_L=\frac{I_L(1-T)}{L}$$

【案例 7－2－1】 Felix 家族公司 20×5 年与上海汇丰银行签订长期借款合同，取得长期借款 300 万元，年利率为 10%，期限为 3 年，每年付息一次，到期一次还本。筹措这笔借款的费用率为 0.3%，企业所得税税率为 25 %。这笔长期借款的资本成本计算如下：

$K_L=300\times10\%\times(1-25\%)/300\times(1-0.3\%)\times100\%=7.52\%$

或：$K_L=10\%\times(1-25\%)/(1-0.3\%)\times100\%=7.52\%$

如果长期借款的手续费很小，可以忽略不计，这时本例中长期借款的资本成本为：

$K_L=10\%\times(1-25\%)=7.5\%$

从以上计算可以看出，Felix 家族公司的长期借款由于利息的抵税作用，使得该公司利息负担由税前的 10%降低到税后的 7.5%。

一般而言，长期借款资本成本有以下特点：第一，资本成本的具体表现形式是利息，其利息率的高低是预先确定的，它不受企业经营业绩的影响。第二，在长期债务生效期内，一般利息率固定不变，并且利息应按期支付。第三，利息费用是税前的扣除项目。第四，债务本金应按期偿还。

二、债券资本成本

公司债券资本成本的计算与长期借款资本成本的计算基本相同，包括债券利息和筹资费用，其中债券利息也在所得税前列支，具有抵税作用。债券筹资的费用一般比较高，主要包括印刷费、发行手续费、律师费、资信评估费、公证费、担保费、广告费等。由于公司在发行债券时可以采取溢价、折价或面值发行的方式，因此应该以实际发行价格作为筹资额。

按照一次还本、分期付息的方式，长期债券资本成本的计算公式为：

$$K_B=\frac{I_B(1-T)}{B(1-f_B)}\times100\%$$

式中，K_B 表示长期债券资本成本率，T 表示所得税税率，I_B 表示债券年利息，B 表示债券按发行价格确定的债券筹资额，f_B 表示债券筹资费用率。

【案例 7－2－2】 Felix 家族公司 20×6 年发行总面额为 500 万元的 5 年期债券，票面利率为 10%，发行费占发行价格的 5%，所得税税率为 25%，按面值发行。该债券的资本成本为：

$K_B=500\times10\%\times(1-25\%)/500\times(1-5\%)\times100\%=7.89\%$

或：$K_B=10\%\times(1-25\%)/(1-5\%)\times100\%=7.89\%$

假定 Felix 家族公司按 600 万元溢价发行，其债券资本成本为：

$K_B=500\times10\%\times(1-25\%)/600\times(1-5\%)\times100\%=6.58\%$

假定 Felix 家族公司按 450 万元折价发行，其债券资本成本为：

$K_B=500\times10\%\times(1-25\%)/450\times(1-5\%)\times100\%=8.77\%$

从以上计算可以看出，Felix 家族公司发行的债券与平价发行相比，溢价发行使公司债券成本降低，而折价发行使债券成本升高。在实际中，由于债券利率水平通常高于长期借款，同时债券发行费用较多，因此，债券资本成本一般高于长期借款资本成本。

三、优先股资本成本

优先股是享有某种优先权利的股票，它同时兼有普通股与债券的双重性质，其特征表现为投资收益表现为股利形式，股利率固定，本金不需要偿还。优先股资本成本包括优先股股利和筹资费用。优先股一般是固定的，它属于税后利润分配项目，是对企业净利润的直接扣减，因此，优先股股利与债券和借款利息不同。优先股资本成本的计算公式为：

$$K_P=\frac{D}{P_0(1-f)}\times100\%$$

式中，K_P 表示优先股的资本成本率；D 表示每年支付的优先股股利；P_0 表示优先股筹资额，按发行价格确定；f 表示优先股筹资费用率。

企业破产时，优先股股东的求偿权位于债券持有人之后，优先股股东的风险大于债券持有人，而且优先股股利不能在税前列支，不减少公司的所得税，因此，优先股资本成本一般大于债券资本成本。

【案例 7－2－3】 Felix 家族公司 20×5 年发行优先股总面额为 200 万元，发行价格为 250 万元，筹资费用率为 6%，年股利率为 12%。则优先股资本成本为：

$K_P=200\times12\%/250\times(1-6\%)\times100\%=10.21\%$

四、普通股资本成本

普通股是构成股份公司原始资本和权益的主要成分。普通股的特征与优先股相比，除了具有参与公司经营决策权外，主要表现为股利的分配是不确定的。从理论上分析，人们认为普通股的成本是普通股股东在一定的风险条件下所要求的最低投资收益率。而且，在正常情况下，这种最低投资收益率应该表现为逐年增长。因此，基于以上的基本假设，我们需要对这一最低投资收益率以及股利的逐年增长率加以合理估计。普通股资本成本估算常见的有四种计算模式：

（一）公司采用固定股利政策

其用公式表示为：

$$K_s = \frac{D}{V_0(1-f)} \times 100\%$$

式中，K_s 表示普通股资本成本率；D 表示每年支付的固定股利；V_0 表示普通股筹资额，按发行价格确定；f 表示普通股筹资费用率。

【案例 7—2—4】 Felix 家族公司 20×6 年拟发行一批普通股，发行价格为 15 元，每股发行费用为 3 元，预定每年固定分派现金股利每股为 1.5 元，则该普通股资本成本率为：

$K_s = 1.5/(15-3)\times 100\% = 12.5\%$

（二）公司采用固定股利增长率政策

$$K_s = \frac{D_1}{V_0(1-f)} + g$$

式中，D_1 表示下一年度支付的股利，g 表示股利固定增长率，其他字母含义同前。

【案例 7—2—5】 Felix 家族公司 20×6 年准备增发普通股，每股发行价为 40 元，筹资费用率为 8%，本年分派现金股利每股 1.5 元，以后每年股利增长 10%。则该普通股资本成本率为：

$K_s = 1.5\times(1+10\%)/[40\times(1-8\%)]+10\% = 14.48\%$

（三）资本资产定价模型

资本资产定价模型的含义可以简单地描述为普通投资的必要收益率等于无风险收益率加上风险收益率。其用公式表示为：

$$K_s = R_f + \beta(R_m - R_f)$$

式中，R_f 表示无风险收益率，R_m 表示市场收益率或市场投资组合的期望收益率，β 表示股票收益相对于市场投资组合期望收益率的变动幅度，其他字母含义同前。

当整个证券市场投资组合的收益率增加 1%时，如果某公司股票的收益率增加 2%，那么该公司股票的 β 为 2，如果另外一家公司股票的收益率仅上升 0.5%，则其 β 值为 0.5。

【案例 7—2—6】 假设 Felix 家族公司发行的普通股股票的 β 值为 1.5，无风险利率为 7%，市场投资组合的期望收益率为 12%。则 Felix 家族公司的普通股资本成本率为：

$K_s = 7\% + 1.5\times(12\%-7\%) = 14.5\%$

(四)无风险利率加风险溢价法

无风险利率加风险溢价法认为,由于普通股的求偿权不仅在债权之后,而且还次于优先股,因此,持有普通股股票的风险要大于持有债权的风险。这样,股票持有人就必然要求一定的风险补偿。一般情况来看,通过一段时间的统计数据,可以测算出某公司普通股期望收益率超出无风险利率的大小,即风险溢价 R_p。无风险利率 R_f 一般用同期国债收益率表示,这是证券市场最基础的数据。因此,无风险利率加风险溢价计算普通股资本成本率的公式为:

$$K_s=R_f+R_p$$

【案例 7—2—7】 假定 Felix 家族公司普通股的风险溢价为 10%,无风险利率为 6%,则 Felix 家族公司普通股资本成本率为:

$Ks=6\%+10\%=16\%$

五、留存收益资本成本

留存收益是企业缴纳所得税后形成的,其所有权属于股东。留存收益是企业税后净利在扣除所宣布派发的股利后形成的,它包括提取的盈余公积和未分配利润。留存收益的所有权属于普通股股东所有。它既可以作为未来股利的分配,又可以作为企业扩大再生产的资金来源。我们一般将留存收益再投资称为留存收益资本化,它是企业的一个重要的筹资来源。留存收益筹资成本的计算与普通股基本相同,但不用考虑筹资费用。其资本成本的计算有两种模式:

(1)在普通股股利固定的情况下,留存收益筹资成本的计算公式为:

$$K_E=\frac{D}{P_0}\times 100\%$$

式中,K_E 表示留存收益资本成本率,P_0 表示普通股筹资金额,D 表示每年固定的股利。

(2)在普通股股利逐年固定增长的情况下,留存收益筹资成本的计算公式为:

$$K_E=\frac{D_1}{P_0}+g$$

式中,D_1 表示下一年支付的股利,其他字母含义同前。

【案例 7—2—8】 Felix 家族公司普通股目前的股价为 10 元/股,筹资费率为 8%,刚刚支付的每股股利为 2 元,股利固定增长率为 3%,则 Felix 家族企业留存收益资本成本率为:

$K_E=2\times(1+3\%)/10+3\%=23.6\%$

企业从不同来源采用不同方式筹集到的资金,其成本各不相同,对企业财务风险和资金结构也会产生不同的影响。一般来说,资本成本从低到高的排序为:长期借款<债券<优先股<留存收益<普通股。企业通过计算个别资本成本可以对各种筹资方式进行对比,在权衡风险的同时,做出最佳选择。

第三节 加权平均资本成本的计算

由于受多种因素的制约,企业不可能只使用某种单一的筹资方式,往往需要通过多种方式筹集所需资金。为进行筹资决策,就要计算确定企业全部长期资金的总成本——综合资本成本。

一、加权平均资本成本的含义

加权平均资本成本(Weighted Average Cost of Capital,WACC)是指企业全部长期资金的总成本,通常是以各种资本占全部资本的比重为权数,对个别资本成本进行加权平均确定的,也称加权平均资本成本。计算加权平均资本成本的方法,是根据不同资本所占的比重加权平均计算所得的。加权平均资本成本是由个别资本成本和加权平均权数两个因素决定的。其计算公式为:

$$\boldsymbol{K_w} = \sum_{t=1}^{n}\boldsymbol{K_j W_j}\ (\text{其中},\sum_{t=1}^{n}\boldsymbol{W_j} = 1)$$

式中,K_w 表示加权平均资本成本率,K_j 表示第 j 种个别资本成本,W_j 表示第 j 种个别资本占全部资本的比重(权数)。

二、加权平均资本成本的计算步骤

在计算加权平均资本成本时,可分以下三个步骤进行:第一步,计算个别资本成本。第二步,计算各种资本占全部资本的比重,即权数。第三步,利用上式计算出加权平均资本成本。在已知个别资本成本的情况下,取得企业各种资本成本占全部资本成本的比重后,即可计算企业的加权平均资本成本。

在测算加权平均资本成本时,企业资本结构或各种资金在总资金所占的比重取决于各种资金价值的确定。各种资金价值的确定基础主要有三种选择,即账面价值、市场价值和目标价值。

按账面价值确定资金比重,反映过去,要从资产负债表中取得这些资料。虽然容易计算,但是资金的账面价值可能不符合市场价值,如果资本的市场价值与账面价值差别很大时,计算结果会与资本市场现行实际筹资成本存在差距,从而不利于加权平均资本成本的测算和筹资管理的决策。

按市场价值确定资金比重,是指债券和股票等以现行资本市场价格为基础定其资本比重,这样计算的加权平均资本成本能反映企业目前的实际情况,但证券市场价格变动频繁。为弥补证券市场价格变动频繁的不便,也可选用平均价格。

按目标价值确定资金比重,是指债券和股票等以未来预计的目标市场价值确定其资本比重。这种权数能够反映企业期望的资本结构,而不是像按账面价值和市场价值确定的权数那样只反映过去和现在资本结构,所以,按目标价值权数计算得出的加权平均资本成本更适用于企业筹措新资金。然而,企业很难客观合理地确定证券的目标价值,有时这种计算方法不易推广。

在实务中,通常以账面价值为基础确定的资本价值计算加权平均资本成本。

【案例 7—3—1】 Felix 家族公司 20×8 年账面反映的长期资金共有 1 000 万元,其中长期借款 200 万元,债券 200 万元,优先股 100 万元,普通股 300 万元,留存收益 200 万元,其个别资本成本分别为 6.7%、8.64%、10.5%、14.5%、14%。

要求:计算 Felix 家族公司的加权平均资本成本。

解:具体步骤如下:

第一步，计算各种资本占全部资本的比重：

长期借款：200/1 000×100%=20%

公司债券：200/1 000×100%=20%

优先股：100/1 000×100%=10%

普通股：300/1 000×100%=30%

留存收益：200/1 000×100%=20%

第二步，计算加权平均资本成本：

$$
\begin{aligned}
K_w &= 6.7\%\times 20\% + 8.64\%\times 20\% + 10.5\%\times 10\% + 14.5\%\times 30\% + 14\%\times 20\% \\
&= 1.34\% + 1.728\% + 1.05\% + 4.35\% + 2.8\% \\
&= 11.268\%
\end{aligned}
$$

第四节　边际资本成本的计算

一、边际资本成本的概念

任何一家公司都不可能以一个既定的资本成本筹集到无限多的资金，超过一定限度，资本成本就会变化。

边际资本成本是指资金每增加一个单位而增加的成本。在现实中，边际资本成本通常在某一筹资区间内保持稳定，当企业以某种筹资方式筹资超过一定限度时，边际资本成本会提高，此时，即使企业保持原有的资本结构，也仍有可能导致加权平均资本成本上升。因此，边际资本成本也可以称为随筹资额增加而提高的加权平均资本成本。在企业追加筹资时，不能仅仅考虑目前所使用的资本的成本，还要考虑为投资项目新筹集的资本的成本，这就需要计算资本的边际成本。

企业追加筹资有时可能只采取某一种筹资方式。但在筹资数额较大，或在目标资本结构既定的情况下，往往需要通过多种筹资方式的组合来实现。这时，边际资本成本应该按加权平均法计算，而且其资本比例必须以市场价值确定。

当企业拟筹资进行某项投资时，应以边际资本成本作为评价该投资项目可行性的经济标准，根据边际资本成本进行投资方案取舍。

二、边际资本成本的计算步骤

第一步，确定目标资本结构。

第二步，测算个别资本的成本率。

第三步，计算筹资突破点。

筹资突破点是指在保持某资本成本率的条件下，可以筹集到的资本总限度。一旦筹资额超过筹资突破点，即使维持现有的资本结构，其资本成本率也会增加。筹资突破点可根据目标资本结构和各种资本成本变化的分界点计算。其用公式表示为：

$$
BP_j = \frac{TF_j}{W_j}
$$

式中，BP_j 表示筹资突破点，TF_j 表示第 j 种资本的成本分界点，W_j 表示目标资本结构中第 j 种资本的比重。

第四步，计算边际资本成本。

根据计算出的分界点，可得出若干组新的筹资范围，对各筹资范围分别计算加权平均资本成本，即可得到各种筹资范围的边际资本成本。

【案例 7—4—1】 Felix 家族公司下属的某子公司拥有长期资金 2 000 000 元，其中长期借款 300 000 元，长期债券 500 000 元，普通股 1 200 000 元。为了满足追加投资需要，公司拟筹措新资，试确定筹措新资的资本成本。按如下步骤进行：

(1)确定目标资本结构。

公司财务人员经过分析，认为筹集新资金后仍应保持目前资本结构，即长期借款占 15%，长期债券占 25%，普通股占 60%，这样，筹资后的目标资本结构即已确定。

(2)确定各种资本成本。

公司财务人员根据资本市场状况和企业筹资能力，测算出随筹资的增加各种资本成本的变化，如表 7—4—1 所示：

表 7—4—1 **资本成本变化表**

资本种类	目标资本结构	新筹资的数量范围	资本成本
长期借款	15%	30 000 元以内 30 000～90 000 元 90 000 元以上	4% 5% 6%
长期债券	25%	100 000 元以内 100 000～200 000 元 200 000 元以上	9% 10% 11%
普通股	60%	300 000 元以内 300 000～750 000 元 750 000 元以上	14% 15% 16%

(3)计算筹资突破点。

将上述资料中各种情况下的筹资突破点的计算结果列示，如表 7—4—2 所示：

表 7—4—2 **筹资突破点计算表**

资本种类	目标资本结构	资本成本	新筹资的数量范围	筹资突破点	筹资总额的范围
长期借款	15%	4% 5% 6%	30 000 元以内 30 000～90 000 元 90 000 元以上	200 000 元 600 000 元	200 000 元以内 200 000～600 000 元 600 000 元以上
长期债券	25%	9% 10% 11%	100 000 元以内 100 000～200 000 元 200 000 元以上	400 000 元 800 000 元	400 000 元以内 400 000～800 000 元 800 000 元以上
普通股	60%	14% 15% 16%	300 000 元以内 300 000～750 000 元 750 000 元以上	500 000 元 1250 000 元	500 000 元以内 500 000～1 250 000 元 1 250 000 元以上

(4)计算边际资本成本。

根据上一步骤计算出的筹资突破点,可得出下列七组新的筹资总额范围:①200 000 元以内;②200 000～400 000 元;③400 000～500 000 元;④500 000～600 000 元;⑤600 000～800 000 元;⑥800 000～1 250 000 元;⑦1 250 000 元以上。

对以上七组筹资范围分别计算加权平均资本成本,即可得到各种筹资范围的边际资本成本。计算结果如表 7—4—3 所示:

表 7—4—3　　边际资本成本计算表

筹资总额范围	资本种类	资本结构	资本成本	加权平均资本成本		边际资本成本
200 000 元以内	长期借款 长期债券 普通股	15% 25% 60%	4% 9% 14%	4%×15%=0.6% 9%×25%=2.25% 14%×60%=8.4%	11.25%	—
200 000～400 000 元	长期借款 长期债券 普通股	15% 25% 60%	5% 9% 14%	5%×15%=0.75% 9%×25%=2.25% 14%×60%=8.4%	11.4%	0.15%
400 000～500 000 元	长期借款 长期债券 普通股	15% 25% 60%	5% 10% 14%	5%×15%=0.75% 10%×25%=2.5% 14%×60%=8.4%	11.65%	0.25%
500 000～600 000 元	长期借款 长期债券 普通股	15% 25% 60%	5% 10% 15%	5%×15%=0.75% 10%×25%=2.5% 15%×60%=9%	12.25%	0.6%
600 000～800 000 元	长期借款 长期债券 普通股	15% 25% 60%	6% 10% 15%	6%×15%=0.9% 10%×25%=2.5% 15%×60%=9%	12.4%	0.15%
800 000～1 250 000 元	长期借款 长期债券 普通股	15% 25% 60%	6% 11% 15%	6%×15%=0.9% 11%×25%=2.75% 15%×60%=9%	12.65%	0.25%
1 250 000 元以上	长期借款 长期债券 普通股	15% 25% 60%	6% 11% 16%	6%×15%=0.9% 11%×25%=2.75% 16%×60%=9.6%	13.25%	0.6%

以上计算结果也可绘制成图(见图 7—4—1),能更形象地反映出各筹资总额范围的加权平均资本成本的变化,以便企业做出追加投资规划。

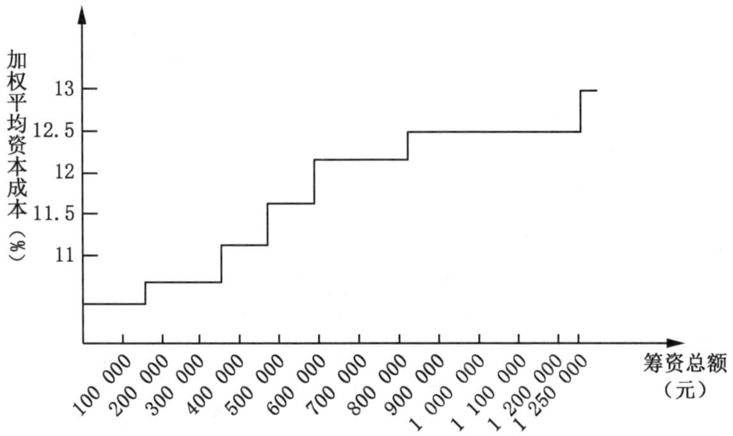

图 7—4—1 加权平均资本成本的变化

第五节 杠杆原理及其应用

一、杠杆效应的含义

自然界中的杠杆效应,是指人们通过利用杠杆,可以用较小的力量移动较重的物体的现象。财务管理中也存在着类似的杠杆效应,表现为:由于特定费用(如固定成本或固定财务费用)的存在而导致的,当某一财务变量以较小幅度变动时,另一相关财务变量会以较大幅度变动。合理运用杠杆原理,有助于企业合理规避风险,提高资本使用效率,力求做到以投出量的较小变动带来较多的利润增加或股东财富的增加。这就是财务管理中的杠杆效应。

财务管理中的杠杆效应有三种形式,即经营杠杆、财务杠杆和复合杠杆。要了解这些杠杆的原理,首先需要了解成本习性、边际贡献、息税前利润和税前利润相关术语的含义。

二、成本习性、边际贡献、息税前利润与税前利润

(一)成本习性与成本分类

所谓"成本习性",是指成本总额与业务量(如产量、销量)之间在数量上的依存关系。按照成本习性对成本进行分类,对于正确进行财务决策具有十分重要的意义。按成本习性可以把全部成本划分为以下三类:

1. 固定成本

固定成本是指其总额在一定时期和一定业务量范围内不随业务量发生变动的成本。属于固定成本的主要有按直线法提取的折旧费、保险费、管理人员工资、办公费以及其他不随业务量变动的费用。正是由于这些成本在一定范围内固定不变的性质,因而随着业务量的增加,意味着它将分配给更多数量的产品,从而导致单位产品所承担的固定费用会越来越小,由此单位产品所带来的利润会逐步增加。但这一增加额是有限度的,因为一定生产规模的产销量会有一个最大限度,超过这一限度时,企业需要增加固定资本的投入,由此又会带来固定成本的增加。

固定成本还可进一步划分为约束性固定成本和酌量性固定成本。

约束性固定成本属于企业的“经营能力”成本，是企业为维持一定的业务量所必需负担的最低成本。如厂房、机器设备折旧费、长期租赁费等都属于这类成本。企业的经营能力一经形成，在短期内很难有重大改变，因而这部分成本具有很大的约束性，管理层的决策行动不能轻易改变其数额。要想降低约束性固定成本，只能从合理利用经营能力着手。

酌量性固定成本属于企业的“经营方针”成本，即根据企业经营方针由管理层确定的一定时期(通常为一年)的成本。广告费、研究与开发费、职工培训费等都属于这类成本。这些成本的支出可以随企业经营方针的变化而变化。一般在一个预算年度开始，管理层要根据企业经营方针和财务状况，斟酌这部分成本的开支情况。因此，这样的成本称为酌量性固定成本。要降低酌量性固定成本，就要在预算时精打细算，合理确定这部分成本的数额。

应当指出的是，固定成本总额只是在一定时期和业务量的一定范围内保持不变。这里所说的范围，通常为相关范围。超过了相关范围，固定成本也会发生变动。因此，固定成本必须和一定时期、一定业务量联系起来进行分析。从较长的时间来看，所有的成本都在变化，没有绝对不变的固定成本。

2. 变动成本

变动成本是指其总额随业务量成正比例变动的那部分成本。生产用直接材料、直接人工费等都属于变动成本。但从产品的单位成本来看，它却是一个不变的量，即单位变动成本保持不变。例如，企业生产一件产品需要消耗 20 元的材料费和 10 元的人工费，则该产品的单位变动成本是 30 元，企业无论生产多少产品，每一件产品消耗的材料费和人工费都是不变的。但是，变动成本总额却随着产量的增加成正比例增加。这种变动趋势与固定成本的变动趋势恰恰相反。

3. 混合成本

有些成本虽然也随业务量的变动而变动，但不成同比例变动，不能简单地归入固定成本或变动成本，这类成本称为混合成本。

混合成本按其与业务量的关系又可分为半变动成本和半固定成本。

(1)半变动成本。

这是混合成本的基本类型。它通常由一个初始量，类似于固定成本，在这个初始量的基础上随产量的增长而增长，又类似于变动成本。例如，在租用机器设备时，有的租约规定租金同时按以下两种标准计算：①每年支付一定租金数额(固定部分)；②每运转一小时支付一定数额的租金(变动部分)。此外，企业的公用事业费，如电费、水费、电话费等均属半变动成本。

半变动成本如图 7－5－1 所示：

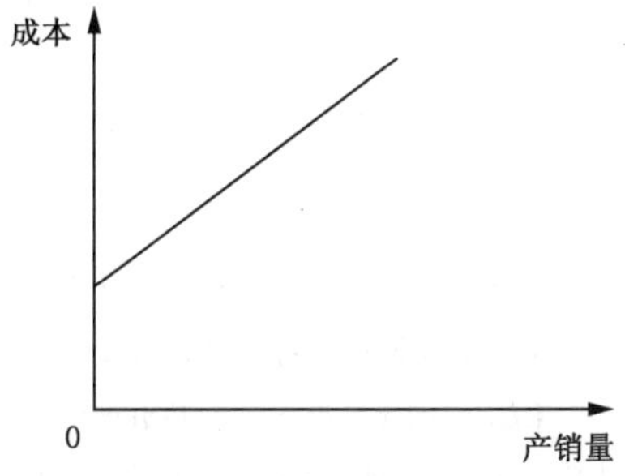

图 7—5—1　半变动成本示意图

(2)半固定成本。

这类成本随产量的变化呈阶梯形增长。产量在一定限度内，这种成本不变，当产量增长到一定限度后，这种成本就跳跃到一个新水平。化验员、质量检验人员的工资都属于这类成本。

半固定成本如图 7—5—2 所示：

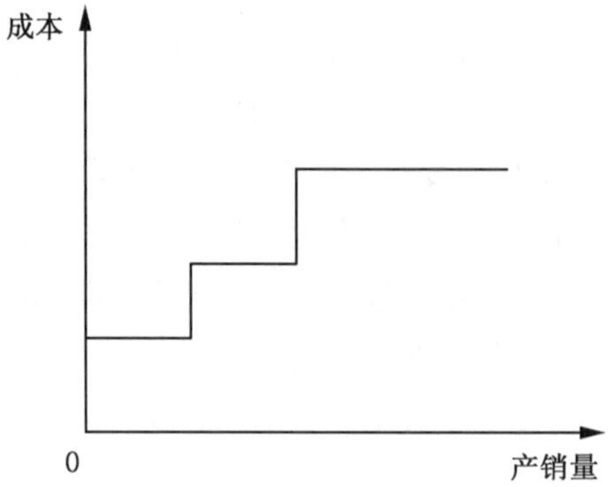

图 7—5—2　半固定成本示意图

(二)总成本习性模型

从以上分析可以知道，成本按习性可以分为固定成本、变动成本和混合成本三类，而混合成本可以按一定的方法分解成半固定成本和半变动成本。

根据成本习性，可得出企业总成本与业务量之间的关系模型：

$$y=a+bx$$

式中，y 为总成本，a 为固定成本，b 为单位变动成本，x 为产销量。

总成本习性模型是个非常重要的模型。根据成本习性模型，可进行成本预测。

(三)边际贡献及其计算

边际贡献是指销售收入减去变动成本后的差额，这是一个十分有用的价值指标。其计算公式为：

$$Tcm=Px-bx=(P-b)x=cm\times x$$

式中，Tcm 表示边际贡献，P 表示销售单价，b 表示单位变动成本，cm 表示单位边际贡献，x 表示产销量。

企业要想获得一定的利润，其基本前提是要有一定的边际贡献。只有边际贡献才能进一步补偿固定成本和利息支出。

(四)息税前利润

息税前利润(Earnings Before Interest and Tax，EBIT)是指企业支付利息和缴纳所得税之前的利润。成本按习性分类后，息税前利润可用公式表示为：

$$EBIT=Px-bx-a=Tcm-a$$

式中，$EBIT$ 表示息税前利润，a 表示固定成本，其他字母含义同前。

由以上可以看出，不论利息费用的习性如何，它不会出现在息税前利润的计算公式中，即在上式的固定成本和变动成本中不应包括利息费用因素。息税前利润也可以用税前利润总额加上利息费用求得。

（五）税前利润

税前利润（Earnings Before Tax，EBT）是在息税前利润的基础上减去利息费用后的金额。这一金额等于财务会计中所计算的利润总额。其的计算公式为：

$$EBT=EBIT-I$$

式中，EBT 表示税前利润，I 表示利息费用，其他字母含义同前。

三、杠杆效应的形式及应用

财务管理中杠杆效应的形式有三种：经营杠杆、财务杠杆和复合杠杆。

（一）经营杠杆

1. 经营杠杆的含义

由于固定成本的存在而导致息税前利润变动率大于产销量变动率的杠杆效应，称为经营杠杆（Operating Leverage）。当不存在固定成本时，企业的边际贡献就是企业的息税前利润，这时息税前利润变动率就同于产销量变动率。当存在固定成本时，在其他条件不变的情况下，产销量的增加虽然不会改变固定成本总额，但会降低单位固定成本，从而提高单位利润，使息税前利润的增长率大于产销量增长率；反之，产销量的减少会提高单位固定成本，降低单位利润，使息税前利润的降低率达于产销量降低率。这就是固定成本的经营杠杆效应。但是，企业利用经营杠杆，有时可以获得一定的杠杆利益，有时也承受着相应的营业风险，即遭受损失的风险。可见，经营杠杆是一把“双刃剑”。

2. 经营杠杆利益分析

经营杠杆利益是指在企业扩大产销量的条件下，单位产销量的固定成本下降给企业增加的息税前利润。在一定的营业规模内，固定成本不因产销量的增加而增加，因此单位产销量所负担的固定成本会减少，从而会给企业带来额外利润。

例如，ABC 公司固定成本总额为 800 万元，产品单位售价为 10 元，单位变动成本为 6 元，产销量在 240 万～300 万件。公司 20×6—20×8 年的产销量分别为 240 万件、260 万件、300 万件。测算公司的经营杠杆利益，如表 7—5—1 所示：

表 7—5—1　ABC 公司经营杠杆利益测算表　单位：万元、万件

年份	产销量	产销量增长率	销售额	变动成本	边际贡献	固定成本	息税前利润	息税前利润增长率
20×6	240	—	2 400	1 440	960	800	160	—
20×7	260	8.33%	2 600	1 560	1 040	800	240	50%
20×8	300	15.38%	3 000	1 800	1 200	800	400	66.67%

由表 7—5—1 可见，在固定成本保持不变的情况下，随着产销量的增加，息税前利润会以

更快的速度增长。在上表中，ABC公司20×7年与20×6年相比，产销量增长率为8.33%，同期息税前利润增长率为50%；20×8年与20×7年相比，产销量增长率为15.38%，息税前利润增长率为66.67%。由此可知，该公司有效地利用了经营杠杆，获得了较高经营杠杆利益，即息税前利润增长率高于产销量增长率。

3. 经营杠杆系数

企业的生产只要有固定成本的存在，就会产生经营杠杆效应。但不同企业或同一企业不同产销量基础上的经营杠杆效应大小是不完全一致的，为此，需要对经营杠杆进行计量。对经营杠杆进行计量最常用的指标是经营杠杆系数(Degree of Operating Leverage，DOL)。经营杠杆系数是指息税前利润变动率相当于产销量变动率的倍数。其计算公式为：

$$\text{经营杠杆系数}=\text{息税前利润变动率}/\text{产销量(销售额)变动率}$$
$$=(\Delta EBIT/EBIT_0)/(\Delta x/x_0)$$

或：

$$DOL=(\Delta EBIT/EBIT_0)/(\Delta Px/Px_0)$$

式中，$\Delta EBIT$ 表示息税前利润变动额，$EBIT$ 表示基期的息税前利润，Δx 表示产销量变动率，x_0 表示产销量，ΔPx 表示销售额变动率，Px 表示销售额。

由于产销量变动率等于销售额变动率，所以计算经营杠杆系数时也可用销售额变动率代替产销量变动率。

因为：

$$EBIT=\text{销售额}-\text{总成本}=Px-(bx+a)=(P-b)\times x-a$$
$$\Delta EBIT=(P-b)\times\Delta x$$

所以：

$$\text{经营杠杆系数}=(\Delta EBIT/EBIT_0)/(\Delta Px/Px_0)$$
$$=\{(P-b)\times\Delta x/[(P-b)\times x-a]\}/(\Delta Px/Px)$$

其中：

$$\Delta Px/Px_0=(P-b)\times\Delta x/[(P-b)\times x]$$
$$=\Delta x/x_0$$

简化，可得出：

$$DOL=(P-b)\times x/[(P-b)\times x-a]$$

或：

$$DOL=(Px-bx)/[(Px-bx)-a]$$

式中，b 表示单位变动成本，bx 表示变动成本总额，其他字母含义同前。

上式表明，经营杠杆系数与产销量(销售额)呈反方向变化。在其他条件不变的前提下，随着产销量(销售额)的增加，经营杠杆系数会变得越来越小，说明杠杆的作用变得越来越小。

【案例7—5—1】 以表7—5—1中的数据资料为依据分别计算ABC公司20×7年和20×8年的经营杠杆系数。

20×7年经营杠杆系数：$DOL=50\%/8.33\%=6$

20×8年经营杠杆系数：$DOL=66.67\%/15.38\%=4.33$

为了便于计算，经营杠杆系数的公式做如下变换：

$$DOL=(\Delta EBIT/EBIT_0)/(\Delta x/x_0)=[\Delta x\times(P-b)/x\times(P-b)-a]/(\Delta x/x_0)$$
$$=[x(P-b)]/[x(P-b)-a]=Tcm_0/EBIT_0$$

即：

经营杠杆系数＝基期边际贡献/基期息税前利润

经过变换后，经营杠杆系数可直接利用前期数据进行计算，而不必已知下期数据。根据本例，可直接根据20×6年的数据计算20×7年的经营杠杆系数，根据20×7年的数据计算20×8年的经营杠杆系数：

$DOL_{20\times7}=960/160=6$

$DOL_{20\times8}=1\ 040/240=4.33$

4. 经营杠杆系数的应用

经营杠杆系数主要用于衡量企业的经营风险。

经营风险是指与企业经营有关的风险，尤其是指企业在经营活动中利用经营杠杆而导致息税前利润下降的风险。由于经营杠杆的作用，当产销量下降时，息税前利润下降得会更快，从而给企业带来经营风险。可见，经营杠杆扩大了市场和生产等不确定因素对利润变动的影响。而且，经营杠杆系数越高，利润变动越剧烈，企业的经营风险就越大。一般来说，在其他因素不变的情况下，固定成本越高，经营杠杆系数越大，经营风险就越大。当固定成本为零时，则经营杠杆系数为1，即息税前利润的变动幅度同于产销量的变动幅度。这一原理从经营杠杆系数的计算公式里可以做出推论。

由上面经营杠杆系数的计算公式可以看出，产品销售数量、销售价格、单位变动成本、固定成本总额等都会影响经营杠杆系数，说明经营风险受多种因素的影响，而多种因素影响的综合结果就是经营杠杆系数。

(二)财务杠杆

1. 财务杠杆的含义

由于固定财务费用的存在而导致每股利润变动率大于息税前利润变动率的杠杆效应称财务杠杆(Financing Leverage)。企业只要有债务或优先股，就会有固定的利息负担。当息税前利润增大时，每1元盈余所负担财务费用(如利息、优先股股利、融资租赁租金等)就会减少，这能给普通股股东带来更多的盈余；相反，当息税前利润减少时，每1元盈余所负担的财务费用就会增加，由此就会减少普通股的盈余。因此，企业利用财务杠杆有时会增加股东收益，有时则可能带来损失。当固定的财务费用为零时，就不存在财务杠杆的效应问题。

2. 财务杠杆利益分析

财务杠杆利益是指企业利用债务筹资而给股东带来的额外收益。

下面结合表7—5—1的数据对ABC公司的财务杠杆利益做一分析。另外，已知公司每年的债务利息是150万元，公司的所得税税率为25%，其财务杠杆利益分析表如7—5—2所示：

表7—5—2　　ABC公司财务杠杆利益分析表　　单位：万元

年份	息税前利润	息税前利润增长率	债务利息	税前利润	所得税税率(25%)	税后利润	税后利润增长率
20×6	160	—	150	10	2.5	7.5	—
20×7	240	50%	150	90	22.5	67.5	800%
20×8	400	66.67%	150	250	62.5	187.5	177.78%

由表7—5—2可知，在资本结构一定、债务利息保持固定不变的条件下，随着息税前利润的增长，税后利润会以更快的速度增长，从而使企业所有者获得财务杠杆利益。表7—5—2中，ABC公司20×7年与20×6年相比，息税前利润增长率为50%，同期税后利润增长率高达800%；20×8年与20×7年相比，息税前利润增长率为67%，同期税后利润增长率为177.78%。因为税后利润的增长幅度大于息税前利润的增长幅度，可知ABD公司很好地利用了财务杠杆效应。

3. 财务杠杆系数

从上述分析可知，只要在企业的筹资方式中存在有固定财务费用支出的债务或优先股，就会存在财务杠杆效应。但不同企业财务杠杆的作用程度是不同的，为此，需要对财务杠杆进行计量。对财务杠杆进行计量的常用指标是财务杠杆系数（Degree of Financing Leverage，DFL）。

所谓"财务杠杆系数"，是指普通股每股利润的变动率相当于息税前利润变动率的倍数。其计算公式如下：

$$\text{财务杠杆系数}=\text{普通股每股利润变动率}/\text{息税前利润变动率}$$
$$=(\Delta EPS/EPS_0)/(\Delta EBIT/EBIT_0)$$

式中，$\Delta EPS/EPS_0$表示每股利润变动率，$\Delta EBIT/EBIT_0$表示息税前利润变动率，$EBIT$表示息税前利润，EPS表示每股利润（这里的利润指税后利润，即净利润）。

$$EPS=(1-T)\times[EBIT-I-D/(1-T)]/N$$
$$\Delta EPS=(1-T)\times\Delta EBIT/N$$

式中，T表示所得税税率，I表示利息费用，D表示优先股股息，N表示流通在外的普通股股数，其他字母含义同前。

$$\text{财务杠杆系数}=(\Delta EPS/EPS_0)/(\Delta EBIT/EBIT_0)$$
$$=\{(1-T)\times\Delta EBIT/N\}/\{(1-T)\times[EBIT-I-D/(1-T)]/N\}$$

简化，得到下式：

$$DFL=EBIT_0/[EBIT_0-I_0-D/(1-T)]$$

【案例7—5—2】 以表7—5—2的数据为依据计算ABC公司20×7年和20×8年的财务杠杆系数。

$DFL_{20\times7}=800\%/50\%=16$

$DFL_{20\times8}=177.78\%/66.67\%=2.67$

为方便计算，可对财务杠杆系数的计算公式做如下变形。

因为：

$$EPS=(EBIT-I)\times(1-T)/N$$
$$\Delta EPS=\Delta EBIT\times(1-T)/N$$

所以：

$$\Delta EPS/EPS_0=\Delta EBIT/(EBIT_0-I_0)$$
$$DFL=(\Delta EPS/EPS_0)/(\Delta EBIT/EBIT_0)$$
$$=[\Delta EBIT/(EBIT_0-I_0)]/(\Delta EBIT/EBIT_0)$$
$$=EBIT_0/(EBIT_0-I_0)$$

即：

$$\text{财务杠杆系数}=\text{基期息税前利润}/\text{基期税前利润}$$

按照变换过的公式，可分别依据20×6年和20×7年的资料计算20×7年和20×8年的财务杠杆系数。计算如下：

$DFL_{20\times7}=EBIT_{20\times6}/EBT_{20\times6}=160/10=16$

$DFL_{20\times8}=EBIT_{20\times7}/EBT_{20\times7}=240/90=2.67$

4. 财务杠杆系数的应用

财务杠杆系数主要用于衡量企业的财务风险。

财务风险是指企业为取得财务杠杆利益而利用负债资本时，增加了破产机会或普通股利润大幅度变动的机会所带来的风险。企业为取得财务杠杆利益，就要增加负债，一旦企业息税前利润下降，企业的每股利润就会下降得更快。当息税前利润不足以补偿固定利息支出时，企业就会增大破产的风险。

当然，固定财务费用的存在并不是影响财务风险的唯一因素。从财务杠杆系数的计算公式可以看出，凡影响经营风险的因素均会影响财务风险。当其他因素保持不变时，固定财务费用与财务风险同方向变动，即固定财务费用越大，财务杠杆系数就越大，由此意味着公司的财务风险越大，因而利润下降或破产的可能性也就越大。

(三)复合杠杆

1. 复合杠杆的含义

复合杠杆(Total Leverage)也称综合杠杆或总杠杆，是经营杠杆和财务杠杆的综合。如前所述，固定成本的存在会产生经营杠杆效应，固定财务费用的存在会产生财务杠杆效应，如果两种杠杆共同作用，那么产销量(销售额)稍有变动就会使每股收益产生更大变动。这种由于固定成本和固定财务费用的共同存在而导致的每股利润变动率大于产销量(销售额)变动率的杠杆效应，就是复合杠杆效应。

2. 复合杠杆系数

复合杠杆最常用的指标是复合杠杆系数(Degree of Total Leverage，DTL)。它是每股收益变动率相当于产销量(额)变动率的倍数，在计算结果上等于经营杠杆系数和财务杠杆系数的乘积。

复合杠杆系数的计算公式为：

复合杠杆系数＝每股收益变动率/产销量(销售额)变动率

$$\begin{aligned}DTL&=(\Delta EPS/EPS_0)/(\Delta x/x_0)\\&=(\Delta EPS/EPS_0)/(\Delta x/x_0)\\&=(\Delta EBIT/EBIT_0)/(\Delta x/x_0)\times(\Delta EPS/EPS_0)/(\Delta EBIT/EBIT_0)\\&=DOL\times DFL\end{aligned}$$

$$DTL=(Tcm_0/EBIT_0)\times(EBIT_0/EBIT_0-I_0)$$

即：

复合杠杆系数＝基期边际贡献/基期息税前利润－基期利息

【案例7－5－3】 假定ABC公司的普通股数为100万股。结合前两例的数据资料。

要求：计算ABC公司20×7年和20×8年的复合杠杆系数。

解：首先计算出ABC公司三年的每股利润及后两年的每股利润变动率：

$EPS_{20\times6}=7.5/100=0.075$

$EPS_{20\times7}=67.5/100=0.675$

$\Delta EPS/EPS_0=(0.67.5-0.075)/0.075\times100\%=800\%$

$EPS_{20\times8}=187.5/100=1.875$

$\Delta EPS/EPS_0=(1.875-0.675)/0.675\times100\%=177.78\%$

(1)利用复合杠杆的定义进行计算：

20×7年复合杠杆系数＝每股利润变动率/产销量变动率

＝800％/8.33％＝96.04

20×8年复合杠杆系数＝每股利润变动率/产销量变动率

＝177.78％/15.38％＝11.56

(2)利用经营杠杆系数和财务杠杆系数进行计算：

$DTL_{20\times7}=DOL\times DFL=6\times16=96$

$DTL_{20\times8}=DOL\times DFL=4.33\times2.67=11.56$

(3)利用基期数据直接计算：

$DTL_{20\times7}=M_{20\times6}/EBT_{20\times6}=960/10=96$

$DTL_{20\times8}=M_{20\times7}/EBT_{20\times7}=1\ 040/90=11.56$

注：后两种计算方法与前一种计算结果之间如果存在误差，是因为计算过程中小数部分的四舍五入所致。

3. 复合杠杆系数的应用

复合杠杆系数主要用于衡量企业经济效益对每股利润的影响。

在复合杠杆作用下，当企业经济效益好时，每股利润会大幅度上升；当企业经济效益差时，每股利润会大幅度下滑。企业复合杠杆系数越大，每股利润的波动幅度越大。由于复合杠杆作用使每股利润大幅度波动而造成的风险，称为复合风险。在其他因素不变的情况下，复合杠杆系数越大，企业风险越大；复合杠杆系数越小，企业风险越小。

第六节　资本结构及其优化

一、资本结构的概念

资本结构是指企业各种来源的长期资金的构成及其比例关系。资本结构是否合理会影响企业资本成本的高低、财务风险的大小以及投资者的得益，它是企业筹资决策的核心问题。企业资金来源多种多样，但总的来说可分成权益资金和债务资金两类，资本结构问题主要是负债比率问题，适度增加债务可能会降低企业资本成本，获取财务杠杆利益，同时也会给企业带来财务风险。

二、资本结构的优化

资本结构的优化意在寻求最优资本结构，使企业综合资本成本最低、企业风险最小、企业价值最大。下面介绍三种常用的优化资本结构的方法。

(一)比较综合资本成本

当企业对不同筹资方案做选择时,可以采用比较综合资本成本的方法选定一个资本结构较优的方案。

【案例 7—6—1】 某企业计划年初的资本结构如下:

资金来源	金额
普通股 6 万股(筹资费率 2%)	600 万元
长期债券年利率 10%(筹资费率 2%)	400 万元
长期借款年利率 9%(无筹资费用)	200 万元
合计	1 200 万元

普通股每股面额 100 元,本年期望股息为 10 元,预计以后每年股利率将增加 3%。该企业所得税税率为 40%。该企业现拟增资 300 万元,有以下两个方案可供选择:

甲方案:发行长期债券为 300 万元,年利率为 11%,筹资费率为 2%。普通股每股股息增加到 12 元,以后每年需增加 4%。

乙方案:发行长期债券为 150 万元,年利率为 11%,筹资费率为 2%,另以每股 150 元发行股票 150 万元,筹资费率为 2%,普通股每股股息增加到 12 元,以后每年仍增加 3%。

要求:(1)计算年初综合资本成本;

(2)试做出增资决策。

解:(1)年初:

$$普通股资本成本=\frac{10}{100\times(1-2\%)}+3\%\approx13.20\%$$

$$长期债券资本成本=\frac{10\%\times(1-40\%)}{1-2\%}\approx6.12\%$$

$$长期借款资本成本=9\%\times(1-40\%)=5.4\%$$

$$综合资本成本=13.20\%\times\frac{600}{1\ 200}+6.12\%\times\frac{400}{1\ 200}+5.4\%\times\frac{200}{1\ 200}=9.54\%$$

(2)甲方案:

$$普通股资本成本=\frac{12}{100\times(1-2\%)}+4\%\approx16.24\%$$

旧债券资本成本≈6.12%

长期借款资本成本=5.4%

$$新债券资本成本=\frac{11\%\times(1-40\%)}{1-2\%}\approx6.73\%$$

$$综合资本成本=16.24\%\times\frac{600}{1\ 500}+6.12\%\times\frac{400}{1\ 500}+5.4\%\times\frac{200}{1\ 500}+6.73\%\times\frac{300}{1\ 500}\approx10.19\%$$

乙方案：

$$旧普通股资本成本=\frac{12}{100\times(1-2\%)}+3\%\approx15.24\%$$

旧债券资本成本≈6.12%

长期借款资本成本=5.4%

$$新债券资本成本=\frac{11\%\times(1-40\%)}{1-2\%}\approx6.73\%$$

$$新普通股资本成本=\frac{12}{150\times(1-2\%)}+3\%\approx11.16\%$$

$$综合资本成本=15.24\%\times\frac{600}{1\ 500}+6.12\%\times\frac{400}{1\ 500}+5.4\%\times\frac{200}{1\ 500}+6.73\times\frac{150}{1\ 500}+11.16\%\times\frac{150}{1\ 500}=10.24\%$$

由以上计算结果可知，甲方案的综合资本成本低于乙方案，应采用甲方案增资。

(二)比较普通股每股利润

从普通股股东的得益这一角度考虑资本结构的优化，可以采用比较普通股每股利润的方法。

【案例 7—6—2】 ABC 公司现有权益资金 500 万元(普通股 50 万股，每股面值 10 元)。公司拟再筹资 500 万元，现有三个方案可供选择。A 方案，发行年利率为 9%的长期债券；B 方案，发行年股息率为 8%的优先股；C 方案，增发普通股 50 万股。预计当年可实现息税前利润 100 万元，所得税税率 30%。

要求：选择最优资本结构。

解：各方案的每股利润分别为：

$$EPS_A=\frac{(100-500\times9\%)\times(1-30\%)}{50}=0.77(元)$$

$$EPS_B=\frac{100\times(1-30\%)-500\times8\%}{50}=0.60(元)$$

$$EPS_C=\frac{100\times(1-30\%)}{50+50}=0.70(元)$$

由以上计算结果可知，A 方案的每股利润最大，应采用 A 方案筹资。

(三)无差别点分析

无差别点分析是对不同资本结构的盈利能力分析。无差别点是指使不同资本结构的每股利润相等的息税前利润点，这一点是两种资本结构优劣的分界点。无差别点分析可称 *EBIT-EPS* 分析。

【案例 7—6—3】 ABC 公司现有资本结构全部为普通股 100 万元，每股 10 元，折合 10 万股。现拟增资 20 万元，有甲、乙两种筹资方案可供选择。甲方案，发行普通股 2 万股，每股 10 元；乙方案，发行普通股 1 万股，每股 10 元；另发行债券 10 万元，债券年利率 10%。该企业所得税税率为 40%。

要求：做 $EBIT$-EPS 分析。

解：设 x 为该企业的息税前利润。

$$EPS_{甲}=\frac{x\times(1\times40\%)}{10+2}$$

$$EPS_{乙}=\frac{(x-10\times10\%)\times(1-40\%)}{10+1}$$

令 $EPS_{甲}=EPS_{乙}$，得：

$$\frac{x\times0.6}{12}=\frac{(x-1)\times0.6}{11}$$

$x=12$（万元）

此时 $EPS_{甲}=EPS_{乙}=0.6$（元）

则当企业息税前利润小于 12 万元时选择甲方案增资，大于 12 万元时选择乙方案增资。

上述三种优化资本结构的方法都有一定的局限性。首先，它们都只是在有限 n 个方案选出最优方案，因此只能是“较优”，不可能是“最优”。其次，它们与财务管理的总目标——股东财富最大化不可能完全一致，在第一种方案下，综合资本成本低，并不能保证股东财富最大；在第二、三种方案下，假定普通股每股利润越大，则普通股股价越高，从而股东财富越大，但事实上普通股股价并不仅仅取决于每股利润，而受很多因素的影响。

三种优化资本结构的方法适用于不同的情况。比较综合资本成本适用于各个个别资本成本已知或可计算的情况，比较普通股每股利润适用于息税前利润可明确预见的情况，无差别点分析适用于息税前利润不能明确预见但可估测大致范围的情况。

第七节　资本结构理论

资本结构理论是关于公司资本结构、加权资本成本与公司价值三者之间关系的理论。它是公司财务理论的重要内容，也是资本结构决策的重要理论基础。从资本结构理论的发展来看，20 世纪 50 年代以前的资本结构理论，被称为早期资本结构理论，也称为传统资本结构理论，主要包括三种理论观点，即净收益理论、净营业收益理论和传统折中理论。该理论以股东财富最大化为公司财务管理的目标，以资本成本分析为基础。

近代资本结构理论源于 20 世纪 50 年代，以 1958 年美国著名经济学家莫迪利安尼和米勒提出的 MM 理论（MM Theory）为标志。在此基础上，后人又提出了权衡理论、代理成本理论、等级筹资理论等。下面对各理论做一简单介绍。

一、早期资本结构理论

美国学者杜兰特（David Durand）1952 年在美国国家经济研究局召开的“企业理财研究学术会议”上发表了《企业债务和股东权益成本：趋势和计量问题》一文，系统地总结和提出了资本结构的三种理论，即净收益理论、净营业收益理论、传统理论。这三种理论对投资者行为的认识不同，因此对投资者行为做出不同的假设，从而得出不同的结论。为简化分析，假设企业所得税为零。

1. 净收益理论

净收益理论(Net Income Theory,NI)认为,利用债务可以降低企业的综合资本成本。由于债务成本一般较低,所以,在公司的资本结构中,债务资本的比例越大,公司的净收益或税后利润就越多,从而公司的价值就越高。按照这种观点,公司获取资本的来源和数量不受限制,并且债务资本成本和股权资本成本是固定不变的,不受财务杠杆的影响。其理由在于债权比股权具有优先求偿权,从权益人的角度看,债权的风险低于股权的风险,因此债权的报酬率就比股权的报酬率低;也因此,对筹资公司来说,股权的资本成本比债权的资本成本高。因此,该理论认为,公司的债务资本越多,加权平均的资本成本就越低,从而公司的价值就越大。当负债比率达到100%时,企业价值达到最大化。

这是一种极端的理论观点。这种观点虽然考虑到了财务杠杆利益,但却忽略了财务风险。很明显,如果公司债务资本过多,财务风险就会很高,债务资本成本就会上升,从而加权的资本成本也会上升,公司的价值反而会下降。

2. 净营业收益理论

净营业收益理论(Net Operating Income Theory,NOI)认为,资本结构即公司负债资本的多少与公司的价值无关,决定公司价值的真正因素是公司的净营业收益。如果企业增加成本较低的债务资本,即使债务成本本身不变,但由于加大了企业风险,也会导致权益资本成本的提高。这一升一降,相互抵消,企业的综合资本成本仍保持不变。也就是说,不论企业的财务杠杆如何运用,其整体的资本成本不变,企业的价值也就不受资本结构的影响,这意味着不存在一个最佳资本结构。

这是另一种极端的理论观点。这种观点没有认识到债务资本的增加会影响公司的综合资本成本,也忽略了影响公司价值的不仅仅是公司的净营业收益。

3. 传统理论

传统理论(Traditional Theory)是对净收益理论和净营业收益理论的折中。该理论认为,增加债务资本对提高公司价值是有利的,但债务规模必须适度。如果公司负债规模过度,加权平均的资本成本就会升高,并使公司价值下降。具体地说,企业利用财务杠杆尽管会导致权益成本上升,但在一定范围内并不会完全抵消利用成本较低的债务所带来的好处,因此会使综合资本成本下降,企业价值上升。但一旦超过某一限度,权益成本的上升就不再能为债务的低成本所抵消,综合资本成本又会上升,从而导致综合资本成本得更快上升。综合资本由下降变为上升的转折点,便是其最低点,此时的资本结构达到最优。

上述早期资本结构理论是对资本结构理论的一些初级认识,有其片面性和缺陷,还没有形成系统的资本结构理论。

二、近代资本结构理论

1. MM 理论

1958年,美国的莫迪利安尼和米勒合作发表了《资本成本、公司价值与投资理论》一文,创立了著名的MM理论。该理论是在一系列假设的基础上提出的。MM理论认为,在没有企业和个人所得税的情况下,任何企业的价值,不论其有无负债,都等于经营利润除以适用于其风险等级的收益率。由于权益成本会随着负债程度的提高而提高,这样,增加负债所带来的利益完全被上涨的权益成本所抵消。因此，风险相同的企业，其价值不受有无负债及负债程度的影响，即公司的总价值与其资本结构无关。

1963 年两人又合作发表了《公司所得税与资本成本：一项修正》一文。该文取消了无所得税的假设，认为若考虑公司所得税因素，由于存在税额庇护利益，公司价值会随负债程度的提高而增加，股东也可获得更多好处，从而得出资本结构与公司价值相关的结论。修正后的 MM 资本结构理论包含的两种观点：(1)MM 资本结构理论的公司所得税观点：有债务公司的价值等于有相同风险但无债务公司的价值加上债务的减税利益。(2)MM 资本结构理论的权衡理论观点：随着公司债务比例的提高，公司的风险也会上升，公司陷入财务危机甚至破产的可能性就越大，由此会增加公司的额外成本，降低公司的价值。因此，公司最佳的资本结构应当是节税利益和债务资本比例上升而带来的财务危机成本与破产成本之间的平衡点。

2. 权衡理论

20 世纪 70 年代，人们发现制约企业无限追求免税优惠或负债最大化的关键因素是债务上升而形成的企业风险和费用。企业债务增加使企业陷入财务危机甚至破产的可能性增加。随着企业债务增加而提高的风险和各种费用会增加企业的额外成本，从而降低企业的市场价值。因此，企业最佳资本结构应当在负债价值最大化和债务上升到来的财务危机成本之间进行权衡，这一理论被称为权衡理论(Trade-off Theory)。这一理论可以说是对 MM 理论地再修正。该理论认为，当负债程度较低时，企业价值因税额庇护利益的存在会随负债水平的上升而增加；当负债达到一定高度时，负债税额庇护利益等于边际财务危机成本时，企业价值最大，资本结构最优；若企业继续追加负债，企业价值会因财务危机成本大于负债税额庇护利益而下降，负债越多，企业价值下降越快。如图 7—7—1 所示：

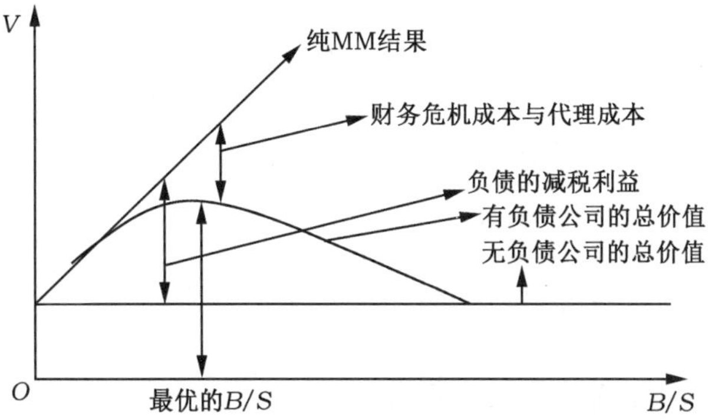

图 7—7—1 权衡理论示意图

3. 代理成本理论

代理成本理论(Agency Costs Theory)的创始人是詹森和麦科林。该理论是经过研究代理成本与资本结构的关系而形成的。该理论认为，企业资本结构会影响经理人员的工作水平和其他行为选择，从而影响整个现金收入和企业市场价值。例如，当经理人不作为内部股东而作为代理人时，其努力的成本由自己负担，而努力的收益却归于他人；其在职消费的好处由自己享有，而消费成本却由他人负责。这时，他可能偷懒或采取有利于自身效用的满足而损害委托人利益的行动。该理论认为，债券筹资具有很强的激励作用，并将债务视为一种担保机制。

这种机制能够促使经理多努力工作，少个人享受，并且做出更好的投资决策，从而降低由于两权分离而产生的代理成本。但是，负债筹资可能导致另一种代理成本，即企业接受债权人监督而产生的成本。随着公司债务资本的增加，财务风险加大，债权人的监督成本会随之上升，债权人会要求更高的利率。这种代理成本最终要由股东来承担，公司资本结构中债权比率过高会导致股东价值下降。由此认为，均衡的企业所有权结构是由股权代理成本和债券代理成本之间的平衡关系决定的，债务资本适度的资本结构会增加股东价值。

4. 等级筹资理论

1984 年，梅耶斯等学者提出了等级筹资理论(Pecking Order Theory)。该理论认为，首先，外部筹资的成本不仅包括管理和承销证券成本，而且还包括不对称信息所产生的“投资不足效应”而引起的成本。其次，债务筹资优于股权筹资。由于企业所得税的节税利益，负债筹资可以增加企业的价值，即负债越多，企业的价值增加越多，这是负债的第一种效应；但是，财务危机成本期望值的限制和代理成本的限制会导致企业价值的下降，即负债越多，企业价值减少额越大，这是负债的第二种效应。由于上述两种效应相互抵消，企业应适度负债。最后，由于非对称信息的存在，企业需要保留一定的负债容量，以便有利可图的机会来临时可发行债券，避免以太高的成本发行新股。

等级筹资理论认为，从成熟的证券市场来看，企业的筹资优先顺序是，首先应采用内部筹资(即留存收益)，其次是借款、发行债券、可转换债券、优先股筹资，最后才是发行新股筹资。这种理论的基础是信号传递理论，认为内部筹资不会对股份产生任何不利影响，其他方式对股份的影响则会依次递增。

但是，20 世纪 80 年代新兴证券市场具有明显的股权筹资偏好(如中国)，其原因主要有以下三点：第一，在不健全的资本市场机制前提下，市场和股东对代理人(董事会和经理)的监督效率很低，经理们有较多的私人信息和可自由支配的现金流量；第二，代理人认为企业股权筹资的成本是以股利来衡量的，而股利的发放似乎是按代理人的计划分配的，从而使他们认为股票筹资的成本是低廉的；第三，经理利用股权筹资可使他们承担较小的破产风险。

本章小结

本章主要说明如何进行筹资决策的资本成本问题。进行筹资决策的核心问题是选择，应根据一定的条件，在众多方案中进行选择。企业从不同渠道采用各种方式筹集的资金，都要付出一定的代价，不能无偿使用。资本成本是一种机会成本，是指企业为筹措和使用资本而付出的代价，即公司可以从现有资产获得的，符合投资人期望的最小收益率。它也称为最低可接受的收益率、投资项目的取舍收益率。在数量上它等于各项资本来源的成本按其在公司资本结构中的重要性加权计算的平均数。

资本成本按用途，可分为个别资本成本、加权平均资本成本和边际资本成本。

加权平均资本成本是指企业全部长期资金的总成本，通常是以各种资本占全部资本的比重为权数，对个别资本成本进行加权平均确定的，也称加权平均资本成本计算加权平均资本成本的方法，是根据不同资本所占的比重加权平均计算所得的。加权平均资本成本是由个别资本成本和加权平均权数两个因素决定的。

边际资本成本是指资金每增加一个单位而增加的成本。在现实中，边际资本成本通常在某一筹资区间内保持稳定，当企业以某种筹资方式筹资超过一定限度时，边际资本成本会提高，此时，即使企业保持原有的资本结构，也仍有可能导致加权平均资本成本上升。

资本结构也称财务结构，是指企业各种资本的构成及其比例关系。资本结构是企业筹资决策的核心问题。资本结构问题总的来说是负债与资本的比例问题，即负债在企业全部资本中所占的比重。企业应综合考虑有关影响因素，运用适当的方法确定最佳资本结构，并在以后追加筹资中继续保持。企业现有资本结构不合理的，应通过筹资活动进行调整，使其趋于合理化。

财务管理中的杠杆效应是指由于特定费用(如固定成本或固定财务费用)的存在而导致的，当某一财务变量以较小幅度变动时，另一相关财务变量会以较大幅度变动。合理运用杠杆原理，有助于企业合理规避风险，提高自己的运营效率，增加股东财富。

财务管理中的杠杆效应有三种形式，即经营杠杆、财务杠杆和复合杠杆。

资本结构要解决的问题，一是企业的资本中是否应该使用负债资本；二是如果采用负债资本，应该占多大比例。早期资本结构理论从经验上来判断是否应该采用负债资本，而现代资本结构理论则从科学的角度论证了企业的价值与其资本结构的关系。由于影响资本结构的因素甚多，各种因素又是处于动态变化之中，在确定最佳资本结构时，采用近似的指标方法来确定。主要包括比较资本成本法、每股收益无差别点法和比较企业价值法。而在优化资本结构时，针对企业的具体情况，采取相应的增量或存量策略。

资本结构理论包括早期资本结构理论和近代资本结构理论。

复习思考题

1. 什么叫资本成本？资本成本包括哪些内容？
2. 什么是加权平均资本成本？如何计算加权平均资本成本？
3. 债务资本成本为什么会低于权益资本成本？
4. 什么是筹资突破点？边际资本成本与筹资突破点有何关系？
5. 经营杠杆、财务杠杆和复合杠杆的含义是什么？如何计算这三个杠杆的系数？
6. 什么叫最优资本结构？如何确定最优资本结构？

自测题

一、单项选择题

1. 进行追加筹资时所使用的决策指标是(　　)。

A. 债券资本成本　　B. 个别资本成本

C. 加权平均资本成本　　D. 边际资本成本

2. 下列筹资方式中，资本成本最低的是(　　)。

A. 发行股票　　B. 长期借款　　C. 发行债券　　D. 留存收益

3. 某公司发行总面额为500万元的10年期债券，票面利率12%，发行费用率为5%，公司所得税税率为25%。该债券采用溢价发行，发行价格为600万元，该债券的资本成本为（　　）。

A. 8.46%　　B. 7.89%　　C. 10.24%　　D. 9.38%

4. 公司增发的普通股的市价为12元/股，筹资费用率为市价的6%，最近刚发放的股利为每股0.6元，已知该股票的资本成本率为11%，则该股票的股利年增长率为（　　）。

A. 5%　　B. 5.39%　　C. 5.68%　　D. 10.34

5. 某企业某年的财务杠杆系数为2.5，息税前利润的计划增长率为10%，假定其他因素不变，则该年普通股每股收益的增长率为（　　）。

A. 4%　　B. 5%　　C. 20%　　D. 25%

6. 甲公司设立于20×5年12月31日，预计20×6年年底投产。假定目前的证券市场属于成熟市场，根据等级筹资理论的原理，甲公司在确定20×6年筹资顺序时，应当优先考虑的筹资方式是（　　）。

A. 内部筹资　　B. 发行债券　　C. 增发股票　　D. 向银行借款

7. 假定某企业的权益资金与负债资金的比例为60∶40，据此可断定该企业（　　）。

A. 只存在经营风险　　B. 经营风险大于财务风险

C. 经营风险小于财务风险　　D. 同时存在经营风险和财务风险

8. 下列各项中，运用普通股每股利润（每股收益）无差别点确定最佳资本结构时，需计算的指标是（　　）。

A. 息税前利润　　B. 营业利润　　C. 净利润　　D. 利润总额

二、多项选择题

1. 资本成本的内容包括（　　）。

A. 资金占用费　　B. 资金筹集费　　C. 资金收益　　D. 利息

2. 加权平均资本成本的权数有（　　）。

A. 票面价值　　B. 账面价值　　C. 市场价值　　D. 目标价值

3. 在个别资本成本中需要考虑所得税因素的有（　　）。

A. 债券成本　　B. 银行借款成本

C. 普通股成本　　D. 留存收益成本

4. 下列各种资本结构理论中，支持“负债越多，企业价值越大”观点的有（　　）。

A. 代理理论　　B. 净收益理论

C. 净营业收益理论　　D. 修正的MM理论

三、判断题

1. 在个别资本成本一定的情况下，加权平均资本成本取决于资本总额。（　　）

2. 若债券利息率、筹资费用率和所得税税率均已确定，则企业的债务成本率与发行债券的价格无关。（　　）

3. 在计算加权平均资本成本时，也可以按照债券、股票的市场价格确定其占全部资本的

比重。（　）

4. 经营杠杆能够扩大市场和生产等不确定性因素对利润变动的影响。（　）

四、计算分析题

1. 某股份公司现有普通股 5 000 万元，每股面值 1 元，每股市价 5 元，普通股股利逐年增长率为 5%，上年实际发放的现金股利为每股 0.5 元。

要求：试计算该公司普通股资本成本。

2. 某企业计划筹集资金 100 万元，所得税税率为 25%，有关资料如下：

(1)向银行借款 10 万元，借款年利率 7%，手续费 2%。

(2)按溢价发行债券，债券面值 14 万元，溢价发行价格为 15 万元，票面利率 9%，期限为 5 年，每年支付一次利息，其筹资费率为 3%。

(3)发行普通股 40 万元，每股 10 元，预计每股股利 1.2 元，预计股利增长率为 8%，筹资费率为 6%。

(4)其余所需资金通过留存收益取得。

要求：

(1)计算个别资本成本；

(2)计算该企业加权平均资本成本。

3. 某企业 20×8 年资产总额为 2 500 万元，资产负债率 40%，负债的平均利息率为 6%，预计销售收入 3 000 万元，变动成本率 30%，全部固定成本和费用总共 660 万元。

要求：

(1)计算经营杠杆系数、财务杠杆系数和复合杠杆系数。

(2)若 20×8 年实际销售额比预计数增长 50%，息税前利润与每股收益将如何变动？

4. 某公司当前的资本结构如下：

某公司资本结构表

筹资方式	筹资额(万元)
长期债券(年利率 8%)	3 000
普通股(4 000 万股)	4 000
留存收益	2 000
合　计	9 000

因生产发展需要，公司年初准备增加资金 6 000 万元，现有两个筹资方案：

A 方案：增加发行 1 000 万股普通股，每股市价为 6 元。

B 方案：按面值每年年末付息、票面利率为 11%的公司债券 6 000 万元。

假设股票和债券的发行费用可忽略不计，企业所得税税率为 25%。

要求：

(1)计算两种筹资方案下每股利润无差别点的息税前利润。

(2)计算处于每股利润无差别点时 A 方案的财务杠杆系数。

(3)如果公司预计息税前利润为 3 000 万元，指出该公司应采用哪种筹资方案。

第八章　项目投资分析与评估

当早起的人类开始将骨头作为棒子打猎，而不食其骨髓时，人类已经懂得投资了。

——约翰·罗
(John Law)

学习目标

◇ 理解项目投资的概念、类型、项目计算期的构成；
◇ 熟悉资金投入方式以及项目现金流量的概念和构成内容；
◇ 掌握现金净流量的计算方法和技巧；
◇ 掌握净现值、现值指数、内含收益率、投资回收期等评价指标的含义及其计算方法；
◇ 掌握项目投资决策方法的运用，并能做出投资决策；
◇ 了解各种项目投资决策方法的优缺点。

引导案例

法国 La Viviet 俱乐部是一家深受青年男女青睐的健身俱乐部，每到周末就人满为患，生意兴隆，这要归功于总经理 Joy 的出色管理才能。但目前，Joy 正在为一件事烦恼，俱乐部中的健身器材——40 台跑步机已经使用了 5 年，到了该淘汰的时刻。现有两家健身器材生产商的推销员正盯着 Joy，推销自己公司的产品，使 Joy 左右为难。

A 公司的推销员开价每台跑步机 6 400 欧元，预计 5 年后残值为每台 800 欧元。B 公司的推销员则提出以每年租金 1 600 欧元、年底付租金的租赁方式出租跑步机 5 年，5 年结束后，跑步机归还 B 公司，此项租约只要在 90 日前通知公司即可在年底取消。

被淘汰的跑步机已提取全部折旧，现可以 600 欧元出售。购置新的跑步机，不管哪家公司的产品每年每台均需要使用维护费用 1 200 欧元，而每年预计产生的总收入为 240 000 欧元。

Joy 虽未学过财务管理，但他知道在购置的情况下不到两年就可还本，同时，采用购置方式，可以得到利率为 8%的贷款，因利息可以抵税，在公司所得税税率为 33%的情况下，实际利率更低。若采取租赁方式，每台跑步机 5 年总租金为 8 000 欧元，租金总额不仅超过购买价格,且无残值收入。因此,Joy 认为应该采取购置而不是租赁方式。但 Joy 将此方案提报给公司管理层讨论时,受到公司 CFO 的坚决反对,公司 CFO 认为,即使不考虑通货膨胀,现在就付出 6 400 欧元不一定比 5 年间每年付 1 600 欧元有利,尽管利息有抵税作用,但租金支出也有抵税效果,故到底采用何种方式比较有利,应通过财务分析才能确定。

本章我们将讨论项目投资决策的基本原理和基本方法,同时探讨项目投资决策的基础现金流量的确定和计量等问题。

第一节 项目投资概述

一、投资的含义和种类

(一)投资的含义

投资是指特定经济主体(包括国家、企业和个人)为了在未来可预见的时期内获得收益或使资金增值,在一定时期向一定领域的标的物投放足够数额的资金或实物等货币等价物的经济行为。从特定企业角度看,投资是企业为获得收益而向一定对象投放资金的经济行为。

(二)投资的种类

投资按不同的分类标准可分为不同的类型:

1. 按照投资行为的介入程度,投资可分为直接投资和间接投资

直接投资是指由投资人直接介入投资行为,即将货币资金直接投入投资项目,形成实物资产或者购买现有企业资产的一种投资。其特点是,投资行为可以直接将投资者与投资对象联系在一起。通过直接投资,投资者可以拥有全部或一定数量的企业资产及经营所有权,直接进行或参与投资企业的经营管理,从而对投资企业具有全部或较大的控制力。

间接投资是指投资者以其资本购买公债、公司债券、金融债券或公司股票等,以预期获得一定收益的投资。由于其投资形式主要是购买各种有价证券,因此也被称为证券投资。与直接投资相比,间接投资的投资者除股票投资外,一般只享有定期获得一定收益的权利,无权干预被投资企业对这部分投资的具体运用和经营管理决策。

直接投资和间接投资的区别在于:直接投资的资金所有者和资金使用者是统一的,而间接投资的资金所有者和资金使用者是分离的。

2. 按照投资对象的不同,投资可分为实物投资和金融投资

实物投资是指将资金投向具有实物形态资产的一种投资。实物投资的对象包括建筑物、机器设备、黄金、古董、字画、文物、珠宝、玉石等。一般来说,实物投资所涉及的是人与物、人与自然界的关系,投资所形成的实际资产看得见、摸得着、用得上或有收藏价值,价值相对稳定。

金融投资是指将资金投向金融资产的一种投资。金融投资的对象通常包括股票、债券、银行存款、外汇等。金融投资不涉及人与自然界的关系,只涉及人与人之间的财务交易。金融资产是一种无形的抽象的资产,具有投资收益高、价值不稳定的特点。

实物投资与金融投资的主要区别如下：

(1)风险不同。由于实物资产相对于金融资产而言，受人为因素的影响较小，加之比较稳定，而且有实物作保证，因此实物投资一般比金融投资的风险要小。

(2)流动性不同。实物资产的流动性明显低于金融资产，即变现能力较差。

(3)交易成本不同。实物资产的交易过程复杂，手续繁多，通常需要进行调查、审核、咨询、验证等工作，交易成本较高。而金融资产的交易快速、便捷、成本较低。

3. 按照投入的领域不同，投资可分为生产性投资和非生产性投资

生产性投资又称生产资料投资，是指将资金投入生产、建设等物质领域中，并能够形成生产能力或可以产出生产资料的一种投资。这种投资包括固定资产投资、无形资产投资、其他资产投资和流动资金投资，其中前三项属于垫支资本投资，后者属于周转资本投资，其最终成果形成各种生产性资产。

非生产性投资是指将资金投入非物质生产领域，其最终成果形成各种非生产性资产，不能形成生产能力，但能形成社会消费或服务能力，满足人们物质文化生活需要，如对国防、安全、教育、文化、社会福利设施等的投资。

4. 按照投资的方向不同，投资可分为对内投资和对外投资

从企业的角度看，对内投资就是项目投资，是指企业将资金投放于为取得供本企业生产经营使用的固定资产、无形资产和垫支流动资金而形成的一种投资。

对外投资是指企业为购买国家及其他企业发行的有价证券或其他金融产品(包括期货与期权、信托、保险)，或以货币资金、实物资产、无形资产向其他企业(如联营企业、子公司等)注入资金而发生的投资。

区分企业对内投资和对外投资的最简单方法，就是看投资的结果是否取得了可供本企业使用的实物资产。假设某企业准备投资购买一处厂房，如果该厂房是用来扩大本企业的生产能力，则该项投资为对内投资；如果该厂房是用作与另一企业组建一个合资企业的出资，则该项投资为对外投资。

5. 按照投资的内容不同，投资可分为固定资产投资、无形资产投资、其他资产投资、流动资产投资、房地产投资、有价证券投资、期货与期权投资、信托投资和保险投资等多种形式

(三)项目投资的特点

由于项目投资的单位价值较大、使用期限较长，且又是决定公司生产和技术水平的投资，因此项目投资有以下一些特点：

1. 资金量大

由于资本投资涉及固定资产、新产品投产和研发等项目，因此投入的资金量一般很大。如果企业在固定资产的投资太大，造成投资过剩，会产生两个后果：一是设备陈旧，失去竞争能力；二是生产量不足，将失去一部分市场份额。

2. 建设周期长，回收速度慢

固定资产投资从资金投入到取得投资成果往往需要几年的时间，甚至更长一段时间。投资结果的实现需要一段时间，一旦项目开始实施，一般情况下不可能中途撤销。如果决策失误，将使企业蒙受巨大的损失，不仅造成投入资金的浪费，更重要的是影响了企业的战略目标。

3. 风险大

由于项目投资时间长，投资额大，在进行投资决策时，需要考虑的因素较多，需要对各种影响因素进行预测。影响因素包括市场情况、销售、成本、价格、竞争对手和政治经济环境等。由于未来是不确定的，预测值与实际值不能避免地会发生偏差，因此，在项目投资时必须充分考虑这些不确定因素。

4. 时效性差

项目投资决策的投资支出与其产出的收益发生在不同的时期。投资时往往需要一次性投入大量资金，而产生的收益却会在一段比较长的时期分期获得，因此必须考虑货币的时间价值。同时在进行资本预算决策时，必须详细规划投入资金的筹集，这笔资金往往需要多年的预先准备。

二、项目投资的基本概念

(一)项目计算期的构成

项目计算期是指投资项目从投资建设开始到最终清理结束整个过程的全部时间，包括建设期和运营期(具体又包括试产期和达产期)，其中建设期是指项目资金正式投入开始到项目建成投产为止所需的时间，建设期的第一年初称为建设起点，建设期的最后一年末称为投产日。项目计算期的最后一年末称为终结点，一般假定项目最终报废或清理均发生在终结点(但更新改造除外)。从投产日到终结点之间的时间间隔称运营期，运营期包括试产期和达产期(完全达到设计生产能力)两个阶段。试产期是指项目投入生产，但生产能力尚未完全达到设计能力时的过渡阶段。达产期是指生产运营达到设计预期水平的时间。生产经营期一般应根据项目主要设备的经济使用寿命期确定。

项目计算期、建设期和运营期之间存在以下关系，即：

项目计算期＝建设期＋运营期

(二)投资项目的内容

从投资项目的角度看，原始投资(又称初始投资)等于企业为使该项目完全达到设计生产能力，开展正常经营而投入的全部现实资金。其用公式表示为：

原始投资＝建设投资＋流动资金投资

建设投资是指在建设期内按一定生产经营规模和建设内容进行的投资，包括固定资产投资、无形资产投资和其他资产投资三项内容。

(1)固定资产投资，是指项目用于购置或安装固定资产应当发生的投资。固定资产原值与固定资产投资之间的关系用公式表示为：

固定资产原值＝固定资产投资＋建设期资本化借款利息

(2)无形资产投资，是指项目用于取得无形资产而发生的投资。

(3)其他资产投资，是指建设投资中除固定资产投资和无形资产投资以外的投资，包括生产准备和开办费投资。

流动资金投资是指项目投产前后分次或一次投放于流动资产项目的投资增加额，又称垫支流动资金或营运资金投资。

项目总投资是反映项目投资总体规模的价值指标，等于原始投资与建设期资本化利息之和。

（三）项目投资的资金投入方式

项目投资的资金投入方式有两种：一次投入和分次投入。一次投入是指投资行为集中一次发生在项目计算期第一个年度的年初或年末；分次投入是指投资行为涉及两个或两个以上年度，或虽只涉及一个年度但同时在该年的年初和年末发生。

第二节 项目投资现金流量分析

一、现金流量的含义及构成

现金流量是指在项目投资决策中，投资项目在其计算期内（有效年限内）因资本循环而可能或应该发生的各项现金流入与现金流出的统称。此时的现金是指广义的现金，它不仅包括各种货币资金，而且还包括项目需要投入的企业拥有的非货币资源的变现价值。

（一）现金流出量

一个项目的现金流出量是指该项目引起的现金支出的增加额。

例如，企业购置一条生产线，通常会引起下列现金流出：

（1）购置生产线的价款。购置生产线的价款可能是一次性支出，也可能是分几次支出。

（2）垫支的流动资金。由于该生产线的投入扩大了企业的生产能力，从而引起对流动资金需求的增加，如对原材料、在产品、产成品、现金、应收账款等的投资。

（3）付现成本。付现成本是指需要支付现金的成本费用，是该生产线在生产经营阶段上最主要的现金流出项目。某年付现成本等于当年总成本费用减去该年折旧、摊销额等项目费用后的差额。

（4）所得税。所得税是指该生产线建成投产后根据所实现的利润而依法缴纳的税款。

（5）其他现金流出。其他现金流出是指由该生产线引起的不包括在上述内容中的现金流出项目。

（二）现金流入量

一个项目的现金流入量是指该项目引起的现金收入的增加额。

例如，企业购置一条生产线，通常会引起下列现金流入：

（1）营业现金流入。营业现金流入是指项目投产后每年实现的销售收入或营业收入。

（2）回收的固定资产残值。回收的固定资产残值是指在生产线出售或报废时所回收的固定资产的价值。

（3）回收的流动资金。回收的流动资金是指生产线项目在完全终止时因不再发生新的替代投资而回收的原垫付的全部流动资金额。

(4)其他现金流入。其他现金流入是指由该生产线引起的不包括在上述内容中的现金流入项目。

(三)现金净流量

一定时期内,现金流入量减去现金流出量后的差额称为现金净流量(Net Cash Flow, NCF)。

从另一个角度研究长期投资中的现金流量,一般由以下三部分构成:

1. 初始现金流量

初始现金流量是指开始投资时发生的现金流量,一般包括以下几个部分:

(1)固定资产上的投资,包括固定资产的购入或建造成本、运输成本和安装成本等。

(2)流动资产上的投资,包括对材料、在产品、产成品和现金等流动资产的投资。

(3)其他投资费用,是指长期投资有关的职工培训费用、谈判费用、注册费用等。

(4)原有固定资产的变价收入,主要是指固定资产更新时原有固定资产的变卖所得的现金收入。

2. 营业现金流量

营业现金流量是指投资项目投入使用后,在其寿命周期内由于生产经营所带来的现金流入和流出的数量。这种现金流量一般按年度进行计算。这里现金流入一般是指营业现金流入,现金流出是指营业现金支出和缴纳的税金。如果一个投资项目的每年销售收入等于营业现金流入,而付现成本(指不包括折旧成本)等于营业现金支出,那么,每年营业现金流量可用公式表示为:

每年现金净流量=每年营业收入−付现成本−所得税

或:

每年现金净流量=净利+折旧

3. 终结现金净流量

终结现金净流量是指项目终结时(报废时)所发生的现金流量,包括固定资产残值收入或变价收入、收回原垫支的流动资金投资额和停止使用的土地的变价收入等。

二、现金流量的估算

为了正确评价投资项目的优劣,必须正确计算现金流量。

【案例 8−2−1】 萨克森公司因业务发展的需要,准备购入一套设备。现有甲、乙两个方案可供选择。甲方案需投资 200 000 元,使用寿命为 5 年,采用直线法折旧,5 后设备无残值,5 年中每年销售收入为 120 000 元,每年的付现成本为 50 000 元;乙方案需投资 230 000 元,使用寿命也为 5 年,5 年后有残值收入 30 000 元,采用直线法折旧,5 年中每年的销售收入为 148 000 元,付现成本第一年为 70 000 元,以后随着设备折旧,逐年将增加修理费 5 000 元,另需垫支流动资金 30 000 元。假设公司所得税税率为 40%。

要求:试计算两个方案的现金流量。

解:为计算现金流量,必须先计算两个方案每年的折旧额。

甲方案每年折旧额=200 000/5=40 000(元)

乙方案每年折旧额=(230 000−30 000)/5=40 000(元)

甲、乙两个方案现金流量的计算如表 8—2—1 和表 8—2—2 所示：

表 8—2—1　　投资项目的营业现金流量计算表　　单位:元

甲方案	1	2	3	4	5
销售收入(1)	120 000	120 000	120 000	120 000	120 000
付现成本(2)	50 000	50 000	50 000	50 000	50 000
折旧(3)	40 000	40 000	40 000	40 000	40 000
税前利润(6)=(1)−(2)−(3)	30 000	30 000	30 000	30 000	30 000
所得税(5)=(4)×40%	12 000	12 000	12 000	12 000	12 000
税后利润(6)=(4)−(5)	18 000	18 000	18 000	18 000	18 000
现金净流量(7)=(3)+(6)=(1)−(2)−(5)	58 000	58 000	58 000	58 000	58 000
乙方案	1	2	3	4	5
销售收入(1)	148 000	148 000	148 000	148 000	148 000
付现成本(2)	70 000	75 000	80 000	85 000	90 000
折旧(3)	40 000	40 000	40 000	40 000	40 000
税前利润(6)=(1)−(2)−(3)	38 000	33 000	28 000	23 000	18 000
所得税(5)=(4)×40%	15 200	13 200	11 200	9 200	7 200
税后利润(6)=(4)−(5)	22 800	19 800	16 800	13 800	10 800
现金净流量(7)=(3)+(6)=(1)−(2)−(5)	62 800	59 800	56 800	53 800	50 800

表 8—2—2　　投资项目现金流量计算表　　单位:元

甲方案	0	1	2	3	4	5
固定资产投资	−200 000					
营业现金流量		58 000	58 000	58 000	58 000	58 000
现金流量合计	−200 000	58 000	58 000	58 000	58 000	58 000
乙方案	0	1	2	3	4	5
固定资产投资	−230 000					
营运资金垫支	−30 000					
营业现金流量		62 800	59 800	56 800	53 800	50 800
固定资产残值						30 000
回收营运资金						30 000
现金流量合计	−260 000	62 800	59 800	56 800	53 800	110 800

在表 8—2—1 和表 8—2—2 中，0 代表第 1 年年初，1 代表第 1 年年末，2 代表第 2 年年末

……在现金流量的计算中,为了简化计算,一般都假定各年投资在年初进行一次,各年营业现金流量看作是各年年末发生一次,把终结现金流量看作是最后一年末进行。

三、估计现金流量时应注意的几个问题

在确定资本预算项目现金流量时,所应遵循的最基本的原则是:只有增量现金流量才是与投资方案相关的现金流量。所谓"增量现金流量",是指接受或拒绝某个投资方案后企业总现金流量因此发生的变动,即只有那些由于采纳某个方案引起的现金支出增加额才是该方案的现金流入增加额,才是该方案的增量现金流入。

为了正确测算投资方案的现金流量,需要正确判断哪些支出会引起公司总现金流量的变动。为此,应注意以下几个问题:

(一)区分相关成本和非相关成本

相关成本是指与投资项目有关的一些成本支出。在分析项目的现金流量时,必须考虑的是相关成本,如差量成本、重置成本、增量成本、机会成本等。而与投资项目分析无关的支出称为非相关成本,在分析评价时则不必考虑,如沉没成本、账面成本等。

(二)考虑机会成本

机会成本是指在投资方案选择中,选择此投资机会而放弃彼投资机会所丧失的潜在利益。它虽然不是实际发生的费用支出,但它是潜在的损失,在现金流量计量中应视同现金流出量。例如,某公司新建车间方案,需使用本公司拥有的一块土地,假设该土地出售可得 15 万元,它便是新建车间的机会成本。

(三)考虑投资方案对公司其他部门的影响

当采纳一个项目后,该项目可能对公司下属的其他部门造成有利或不利的影响,分析时应考虑在内。例如,企业正考虑开发一项新产品,该产品问世后,可能会与现有产品形成竞争,抑制现有产品的销量,那么用预计新产品的销售额表示现金流量是不合适的,必须将它对现有产品可能的"蚕食"考虑在内,必须在增量销售额的基础上预测现金流量。当然,也可能会发生相反的情况,新产品上市后将促进其他部门销量的增长,这要看新项目和原有部门的销售是竞争关系还是互补关系。

(四)对营运资金的影响

一般情况下,企业的投资项目投产后,一方面,对于存货和应收账款等流动资产的需求也会增加,公司必须筹措新的资金以满足这种额外需求;另一方面,公司扩充的结果使应付账款与一些应付费用等流动负债也会同时增加,从而降低公司对流动资金的实际需要。当投资方案的寿命周期快要结束时,公司将与项目有关的存货出售,应收账款变为现金,应付账款和应付费用也随之偿付,净流动资金又恢复到原有水平。通常,在投资分析时假定开始投资时要追加对营运资金的需要,而当项目结束时又收回营运资金。

第三节 项目投资决策评价指标与应用

为了客观、科学地分析评价各种投资方案是否可行，一般应使用不同的指标，从不同的侧面或角度反映投资方案的内涵。项目投资决策评价指标是衡量和比较投资项目可行性并据以进行方案决策的定量化标准与尺度，它由一系列综合反映投资效益、投入产出关系的量化指标构成的。

项目投资决策评价指标根据是否考虑资金的时间价值，可分为非贴现指标和贴现指标两大类。

一、非贴现指标

非贴现指标也称静态指标，即没有考虑资金时间价值因素的指标，主要包括投资利润率、静态投资回收期等指标。

(一)投资利润率

投资利润率又称投资收益率、投资报酬率，是指项目投资方案的年平均利润额占平均投资总额的百分比。投资利润率的决策标准是：投资项目的投资利润率越高越好，低于无风险投资利润率的方案为不可行方案。

投资利润率的计算公式为：

$$投资利润率=\frac{年平均利润额}{平均投资总额}\times 100\%$$

上式中分子是平均利润，不是现金净流量，不包括折旧等；分母可以用投资总额的 50%来简单计算平均投资总额，一般不考虑固定资产的残值。

【案例 8—3—1】 萨克森公司有甲、乙两个投资方案，投资总额均为 10 万元，全部用于购置新的设备，折旧采用直线法，使用期均为 5 年，无残值，其他有关资料如表 8—3—1 所示：

表 8—3—1 甲、乙两方案现金净流量计算表 单位：元

项目计算期	甲方案		乙方案	
	利润	现金净流量(NCF)	利润	现金净流量(NCF)
0		(100 000)		(100 000)
1	15 000	35 000	10 000	30 000
2	15 000	35 000	14 000	34 000
3	15 000	35 000	18 000	38 000
4	15 000	35 000	22 000	42 000
5	15 000	35 000	26 000	46 000
合　计	75 000	75 000	90 000	90 000

要求：计算甲、乙两方案的投资利润率。

解：甲方案投资利润率$=\frac{15\ 000}{100\ 000/2}\times 100\%=30\%$

乙方案投资利润率$=\frac{90\ 000/5}{100\ 000/2}\times 100\%=36\%$

从计算结果来看,乙方案的投资利润率比甲方案的投资利润率高6%(36%−30%),应选择乙方案。

(二)静态投资回收期

投资回收期是指收回全部投资总额所需要的时间。投资回收期是一个非贴现的反指标,回收期越短,方案越有利。它的计算可分为两种情况。

1. 经营期年现金净流量相等

其计算公式为:

$$\text{投资回收期}=\frac{\text{投资总额}}{\text{年现金净流量}}$$

如果投资项目投产后若干年(假设为M年)内,每年的经营现金净流量相等,且有以下关系成立:M乘以投产后M年内每年相等的现金净流量≥投资总额。则可用上式计算投资回收期。

【案例8−3−2】 根据【案例8−3−1】的资料。

要求:计算甲方案的投资回收期。

解:甲方案的投资回收期$=\frac{100\ 000}{35\ 000}=2.86$(年)

【案例8−3−3】 萨克森公司的投资项目A,投资总额为100万元,建设期为2年,投产后第1年至第8年每年现金净流量为25万元,第9年、第10年每年现金净流量均为20万元。

要求:计算该项目的投资回收期。

解:因为8×25≥投资额100万元,该投资回收期$=2+\frac{100}{25}=6$(年)

从本例中可知,投资回收期还应包括建设期。

2. 经营期年现金净流量不相等

首先需计算逐年累计的现金净流量,然后用插入法计算出投资回收期。

【案例8−3−4】 根据【案例8−3−1】的资料。

要求:计算乙方案的投资回收期。

表8−3−2　　**乙方案现金净流量计算表**　　单位:元

项目计算期	乙方案	
	现金净流量(NCF)	累计现金净流量
1	30 000	30 000
2	34 000	64 000
3	38 000	102 000
4	42 000	144 000
5	46 000	190 000

解:从表8−3−2可得出,乙方案的投资回收期在第2年与第3年之间,用插入法可计

算出：

$$乙方案的投资回收期=2+\frac{100\ 000-64\ 000}{102\ 000-64\ 000}=2.95(年)$$

静态指标的计算简单、明了、容易掌握，但是这类指标的计算均没有考虑资金的时间价值。另外，投资利润率也没有考虑折旧的回收，即没有完整反映现金净流量，无法直接利用现金净流量的信息；而静态投资回收期也没有考虑回收期之后的现金净流量对投资收益的贡献，也就是说，没有考虑投资方案的全部现金净流量，所以有较大局限性。因此，该类指标一般只适用于方案的初选，或者投资后各项目间经济效益的比较。

二、贴现指标

贴现指标也称为动态指标，即考虑资金时间价值因素的指标，主要包括净现值、净现值率、现值指数、内含收益率等指标。

(一)净现值

净现值(NPV)是指在项目计算期内，按一定贴现率计算的各年现金净流量现值的代数和。所用的贴现率可以是企业的资本成本，也可以是企业所要求的最低收益率水平。净现值的计算公式为：

$$NPV=\sum_{t=0}^{n}NCF_t\times(P/F,i,t)$$

式中，n 表示项目计算期(包括建设期与经营期)，NCF_t 表示第 t 年的现金净流量，$(P/F,i,t)$表示第 t 年、贴现率为 i 的复利现值系数。

净现值指标的决策标准是：如果投资方案的净现值大于或等于零，该方案为可行方案；如果投资方案的净现值小于零，该方案为不可行方案；如果几个方案的投资额相同，项目计算期相等且净现值均大于零，那么净现值最大的方案为最优方案。所以，净现值大于或等于零是项目可行的必要条件。

1. 经营期内各年现金净流量相等，建设期为零

净现值的计算公式为：

净现值=经营期每年相等的现金净流量×年金现值系数－投资现值

【案例 8－3－5】 萨克森公司购入设备一台，价值为 30 000 元，按直线法计提折旧，使用寿命 6 年，期末无残值。预计投产后每年可获得利润 4 000 元，假定贴现率为 12%。

要求：计算该项目的净现值。

解：$NCF_0=-30\ 000$(元)

$NCF_{1-6}=4\ 000+\frac{30\ 000}{6}=9\ 000$(元)

$NPV=9\ 000\times(P/A,12\%,6)-30\ 000=9\ 000\times4.111\ 4-30\ 000\doteq7\ 002.6$(元)

2. 经营期内各年现金净流量不相等

净现值的计算公式为：

净现值=∑(经营期各年的现金净流量×各年的现值系数)－投资现值

【案例 8－3－6】 根据【案例 8－3－5】的资料，假定投产后每年可获得利润分别为

3 000 元、3 000 元、4 000 元、4 000 元、5 000 元、6 000 元，其他资料不变。

要求：计算该项目的净现值。

解：$NCF_0=-30\ 000$（元）

年折旧额$=\dfrac{30\ 000}{6}=5\ 000$（元）

$NCF_1=3\ 000+5\ 000=8\ 000$（元）

$NCF_2=3\ 000+5\ 000=8\ 000$（元）

$NCF_3=4\ 000+5\ 000=9\ 000$（元）

$NCF_4=4\ 000+5\ 000=9\ 000$（元）

$NCF_5=5\ 000+5\ 000=10\ 000$（元）

$NCF_6=6\ 000+5\ 000=11\ 000$（元）

$$\begin{aligned}NPV&=8\ 000\times(P/F,12\%,1)+8\ 000\times(P/F,12\%,2)+9\ 000\times(P/F,12\%,3)\\&\quad+9\ 000\times(P/F,12\%,4)+10\ 000\times(P/F,12\%,5)+11\ 000\times(P/F,12\%,6)\\&\quad-30\ 000\\&=8\ 000\times0.892\ 9+8\ 000\times0.797\ 2+9\ 000\times0.711\ 8+9\ 000\times0.635\ 5+10\ 000\times\\&\quad0.567\ 4+11\ 000\times0.506\ 6-30\ 000\\&=6\ 893.1(\text{元})\end{aligned}$$

【案例 8—3—7】 萨克森公司拟建一项固定资产，需投资 55 万元，按直线法计提折旧，使用寿命 10 年，期末有 5 万元净残值。该项工程建设期为 1 年，投资额分别于年初投入 30 万元，年末投入 25 万元。预计项目投产后每年可增加营业收入 15 万元，总成本 10 万元，假定贴现率为 10%。

要求：计算该投资项目的净现值。

解：(1)建设期现金净流量。

$NCF_0=-30$（万元）

$NCF_1=-25$（万元）

(2)经营期营业现金净流量。

$NCF_{210}=(15-10)+\dfrac{55-5}{10}=10$（万元）

(3)经营期终结现金净流量。

$NCF_{11}=10+5=15$（万元）

$$\begin{aligned}(4)NPV&=10\times[(P/A,10\%,10)-(P/A,10\%,1)]+15\times(P/F,10\%,11)-[30+25\\&\quad\times(P/F,10\%,1)]\\&=10\times(6.1446-0.909\ 1)+15\times0.350\ 5-(30+25\times0.909\ 1)\\&=4.885(\text{万元})\end{aligned}$$

净现值是一个贴现的绝对值正指标，其优点在于：一是综合考虑了资金时间价值，能较合理地反映投资项目的真正经济价值；二是考虑了项目计算期的全部现金净流量，体现了流动性与收益性的统一；三是考虑了投资风险性，因为贴现率的大小与风险大小有关，风险越大，贴现率就越高。但是该指标的缺点也是明显的，即无法直接反映投资项目的实际投资收益率水平。

当各项目投资额不同时，难以确定最优的投资项目。

(二)净现值率与现值指数

上述的净现值是一个绝对数指标，与其相对应的相对数指标是净现值率与现值指数。净现值率(NPVR)是指投资项目的净现值与投资现值合计的比值，现值指数(PI)是指项目投产后按一定贴现率计算的在经营期内各年现金净流量的现值合计与投资现值合计的比值。其计算公式为：

$$净现值率=\frac{净现值}{投资现值}$$

$$现值指数=\frac{\sum 经营期各年现金净流量现值}{投资现值}$$

净现值率与现值指数的关系用公式表示为：

$$现值指数=净现值率+1$$

净现值率大于零，现值指数大于1，表明项目的收益率高于贴现率，存在额外收益；净现值率等于零，现值指数等于1，表明项目的收益率等于贴现率，收益只能抵补资本成本；净现值率小于零，现值指数小于1，表明项目的收益率小于贴现率，收益不能抵补资本成本。所以，对于单一方案的项目来说，净现值率大于或等于零，现值指数大于或等于1是项目可行的必要条件。当有多个投资项目可供选择时，由于净现值率或现值指数越大，企业的投资收益水平就越高，所以应采用净现值率大于零或现值指数大于1中的最大者。

【案例8—3—8】 根据【案例8—3—5】的资料。

要求： 计算净现值率和现值指数。

解： 净现值率 $=\frac{7\ 002.6}{30\ 000}=0.233\ 4$

现值指数 $=\frac{9\ 000\times(P/A,12\%,6)}{30\ 000}=1.233\ 4$

【案例8—3—9】 沿用【案例8—3—7】的资料。

要求： 计算净现值率和现值指数。

解： 净现值率 $=\frac{4.885}{30+25\times(P/F,10\%,1)}=0.092\ 65$

现值指数 $=\frac{10\times[(P/A,10\%,10)-(P/A,10\%,1)]+15\times(P/F,10\%,11)}{30+25\times(P/F,10\%,1)}=1.092\ 65$

或：

现值指数＝净现值率＋1＝0.092 65＋1＝1.092 65

(三)内含收益率

内含收益率又称内含报酬率(IRR)，是指投资项目在项目计算期内各年现金净流量现值合计数等于零时的贴现率，亦可将其定义为能使投资项目的净现值等于零时的贴现率。显然，内含收益率满足下列等式：

$$\sum_{t=0}^{n} NCF_t \times (P/F, IRR, t) = 0$$

从上式中可知，净现值的计算是根据给定的贴现率求净现值。而内含收益率的计算是先令净现值等于零，然后求能使净现值等于零的贴现率。所以，净现值不能揭示各个方案本身可以达到的实际收益率是多少，而内含收益率实际上反映了项目本身的真实收益率。用内含收益率评价项目可行的必要条件是：内含收益率大于或等于贴现率。

1. 经营期内各年现金净流量相等，且全部投资均于建设起点一次投入，建设期为零

其用公式表示为：

$$\text{经营期每年相等的现金净流量(NCF)}\times\text{年金现值系数}(P/A, IRR, t)-\text{投资总额}=0$$

内含收益率具体计算的程序如下：

(1)计算年金现值系数$(P/A, IRR, t)$。其用公式表示为：

$$\text{年金现值系数}=\frac{\text{投资总额}}{\text{经营期每年相等的现金净流量}}$$

(2)根据计算出来的年金现值系数与已知的年限 n，查“年金现值系数表”，确定内含收益率的范围。

(3)用插入法求出内含收益率。

【案例 8—3—10】 根据【案例 8—3—5】的资料。

要求：计算内含收益率。

解：$(P/A, IRR, 6)=\frac{30\ 000}{9\ 000}=3.333\ 3$

查表可知：

18%	IRR	20%
3.497 6	3.333 3	3.325 5

$$IRR=18\%+\frac{3.497\ 6-3.333\ 3}{3.497\ 6-3.325\ 5}\times(20\%-18\%)=19.91\%$$

2. 经营期内各年现金净流量不相等

若投资项目在经营期内各年现金净流量不相等，或建设期不为零，投资额是在建设期内分次投入的情况下，无法应用上述的简便方法，必须按定义采用逐次测试的方法，计算能使净现值等于零的贴现率，即内含收益率。计算步骤如下：

(1)估计一个贴现率，用它来计算净现值。如果净现值为正数，说明方案的实际内含收益率大于预计的贴现率，应提高贴现率再进一步测试；如果净现值为负数，说明方案本身的收益率小于估计的贴现率，应降低贴现率再进行测算。如此反复测试，寻找出使净现值由正到负或由负到正且接近零的两个贴现率。

(2)根据上述相邻的两个贴现率，用插入法求出该方案的内含收益率。由于逐步测试法是一种近似方法，因此相邻的两个贴现率不能相差太大，否则误差会很大。

【案例 8—3—11】 根据【案例 8—3—6】的资料。

要求：计算内含收益率。

解：首先，按 16%估计的贴现率进行测试，其结果净现值为 2 855.8 元，是正数；其次，把贴现率提高到 18%进行测试，净现值为 1 090.6 元，仍为正数；再次，把贴现率提高到 20%重新测试，净现值为−526.5 元，是负数，说明该项目的内含收益率在 18%～20%。有关测试计算如表 8—3—3 所示：

表 8—3—3　　贴现率测试计算表　　单位：元

年份	现金净流量（NCF）	贴现率＝16％		贴现率＝18％		贴现率＝20％	
		现值系数	现值	现值系数	现值	现值系数	现值
0	(30 000)	1	(30 000)	1	(30 000)	1	(30 000)
1	8 000	0.862 1	6 896.8	0.847 5	6 780	0.833 3	6 666.4
2	8 000	0.743 2	5 945.6	0.718 2	5 745.6	0.694 4	5 555.2
3	9 000	0.640 7	5 766.3	0.608 6	5 477.4	0.578 7	5 208.3
4	9 000	0.552 3	4 970.7	0.515 8	4 642.2	0.482 3	4 340.7
5	10 000	0.476 2	4 762	0.437 1	4 371	0.401 9	4 019
6	11 000	0.410 4	4 514.4	0.370 4	4 074.4	0.334 9	3 683.9
净现值			2 855.8		1 090.6		(526.5)

最后用插入法近似计算内含收益率：

18%　　　　IRR　　　　20%

NPV=1 090.6　　　　NPV=0　　　　NPV=-526.5

$$IRR=18\%+\frac{1\ 090.6-0}{1\ 090.6-(-526.5)}\times(20\%-18\%)=19.35\%$$

内含收益率是一个动态相对量正指标，它既考虑了资金时间价值，又能从动态的角度直接反映投资项目的实际收益率，且不受贴现率高低的影响，比较客观，但该指标的计算过程比较复杂。

（四）贴现评价指标之间的关系

净现值（NPV）、净现值率（$NPVR$）、现值指数（PI）和内含收益率（IRR）指标之间存在以下数量关系，即：

当 $NPV>0$ 时，$NPVR>0$，$PI>1$，$IRR>i$；

当 $NPV=0$ 时，$NPVR=0$，$PI=1$，$IRR=i$；

当 $NPV<0$ 时，$NPVR<0$，$PI<1$，$IRR<i$。

这些指标的计算结果都受到建设期和经营期的长短、投资金额及方式，以及各年现金净流量的影响。所不同的是净现值为绝对数指标，其余为相对数指标，计算净现值、净现值率和现值指数所依据的贴现率都是事先已知的，而内含收益率的计算本身与贴现率的高低无关，只是采用这一指标的决策标准是将所测算的内含收益率与其贴现率进行对比，当 $IRR\geqslant i$ 时该方案是可行的。

三、项目投资决策评价指标的应用

计算评价指标的目的，是为了进行项目投资方案的对比与选优，使它们在方案的对比与选优中正确地发挥作用，为项目投资方案提供决策的定量依据。但投资方案对比与选优的方法会因项目投资方案的不同而有区别。

(一)独立方案的对比与选优

独立方案是指方案之间存在着相互依赖的关系,但又不能相互取代的方案。在只有一个投资项目可供选择的条件下,只需评价其财务上是否可行。

常用的评价指标有净现值、净现值率、现值指数和内含收益率,如果评价指标同时满足以下条件:$NPV\geqslant0$,$NPVR\geqslant0$,$PI\geqslant1$,$IRR\geqslant i$,则项目具有财务可行性;反之,则不具备财务可行性。而静态的投资回收期与投资利润率可作为辅助指标评价投资项目,但需注意,当辅助指标与主要指标(净现值等)的评价结论发生矛盾时,应当以主要指标的结论为准。

【案例 8—3—12】 根据【案例 8—3—5】【案例 8—3—8】和【案例 8—3—10】的计算结果可知:

$NPV=7\ 002.6>0$

$NPVR=0.233\ 4>0$

$PI=1.233\ 4>1$

$IRR=19.91\%>12\%$(贴现率)

计算表明该方案各项主要指标均达到或超过相应标准,所以它具有财务可行性,方案是可行的。

【案例 8—3—13】 萨克森公司拟引进一条流水线,投资额 110 万元,分两年投入。第一年年初投入 70 万元,第二年年初投入 40 万元,建设期为 2 年,净残值 10 万元,折旧采用直线法。在投产初期投入流动资金 20 万元,项目使用期满仍可全部回收。该项目可使用 10 年,每年销售收入为 60 万元,总成本 45 万元。假定企业期望的投资利润率为 10%。

要求:计算该项目的净现值、内含收益率,并判断该项目是否可行。

解:$NCF_0=-70$(万元)

$NCF_1=-40$(万元)

$NCF_2=-20$(万元)

年折旧额$=\dfrac{110-10}{10}=10$(万元)

$NCF_{3\sim11}=60-45+10=25$(万元)

$NCF_{12}=25+(10+20)=55$(万元)

$$\begin{aligned}NPV&=25\times[(P/A,10\%,11)-(P/A,10\%,2)]+55\times(P/F,10\%,12)-[70+40\times(P/F,10\%,1)+20\times(P/F,10\%,2)]\\&=25\times(6.495\ 1-1.735\ 5)+55\times0.318\ 6-(70+40\times0.909\ 1+20\times0.826\ 4)\\&=13.621(\text{万元})\end{aligned}$$

$i=12\%$时,测算 NPV:

$$\begin{aligned}NPV&=25\times(5.937\ 7-1.690\ 1)+55\times0.256\ 7-(70+40\times0.892\ 9+20\times0.797\ 2)\\&=-1.351\ 5(\text{万元})\end{aligned}$$

用插入法计算 IRR:

$$IRR=10\%+\frac{13.621-0}{13.621-(-1.351\ 5)}\times(12\%-10\%)=11.82\%>10\%(\text{贴现率})$$

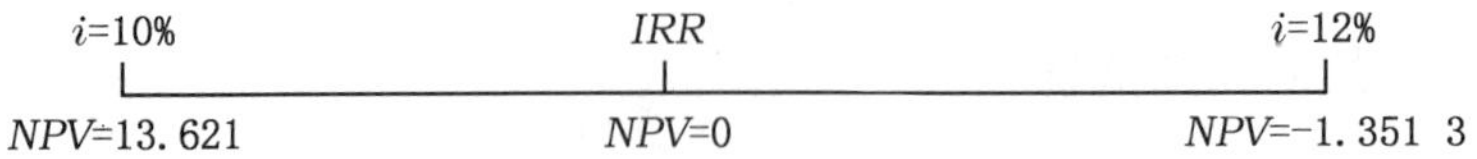

计算表明，净现值为 13.621 万元，大于零，内含收益率为 11.82%，大于贴现率 10%，所以该项目在财务上是可行的。一般来说，用净现值和内含收益率对独立方案进行评价，不会出现相互矛盾的结论。

(二)互斥方案的对比与选优

项目投资决策中的互斥方案(相互排斥方案)是指在决策时涉及的多个相互排斥、不能同时实施的投资方案。互斥方案决策过程就是在每一个入选方案已具备项目可行性的前提下，利用具体决策方法比较各个方案的优劣，利用评价指标从各个备选方案中最终选出一个最优方案的过程。

由于各个备选方案的投资额、项目计算期不一致，因而要根据各个方案的使用期、投资额相等与否，采用不同的方法做出选择。

1. 互斥方案的投资额、项目计算期均相等，可采用净现值法或内含收益率法

所谓“净现值法”，是指通过比较互斥方案的净现值指标的大小来选择最优方案的方法。所谓“内含收益率法”，是指通过比较互斥方案的内含收益率指标的大小来选择最优方案的方法。净现值或内含收益率最大的方案为优。

【案例 8－3－14】 萨克森公司现有资金 100 万元可用于固定资产项目投资，有 A、B、C、D 四个互相排斥的备选方案可供选择，这四个方案投资总额均为 100 万元，项目计算期都为 6 年，贴现率为 10%，现经计算：

$NPV_A=8.1253$(万元)　　$IRR_A=13.3\%$

$NPV_B=12.25$(万元)　　$IRR_B=16.87\%$

$NPV_C=-2.12$(万元)　　$IRR_C=8.96\%$

$NPV_D=10.36$(万元)　　$IRR_D=15.02\%$

要求: 决策哪一个投资方案为最优。

解: 因为 C 方案净现值为 −2.12 万元，小于零，内含收益率为 8.96%，小于贴现率，不符合财务可行的必要条件，应舍去。

又因为 A、B、D 三个备选方案的净现值均大于零，且内含收益率均大于贴现率，所以 A、B、D 三个方案均符合财务可行的必要条件。

且 $NPV_B>NPV_D>NPV_A$

12.25 万元>10.36 万元>8.125 3 万元

$IRR_B>IRR_D>IRR_A$

16.87%>15.02%>13.3%

所以，B 方案最优，D 方案为其次，最差为 A 方案，应采用 B 方案。

2. 互斥方案的投资额不相等，但项目计算期相等，可采用差额法

所谓“差额法”，是指在两个投资总额不同方案的差量现金净流量(记作 ΔNCF)的基础上，计算出差额净现值(记作 ΔNPV)或差额内含收益率(记作 ΔIRR)，并据以判断方案孰优孰劣的方法。

在此方法下，一般以投资额大的方案减投资额小的方案，当 $\Delta NPV \geqslant 0$ 或 $\Delta IRR \geqslant i$ 时，投资额大的方案较优；反之，则投资额小的方案为优。

差额净现值 ΔNPV 或差额内含收益率 ΔIRR 的计算过程和计算技巧同净现值 NPV 或内含收益率 IRR 完全一样，只是所依据的是 ΔNCF。

【案例 8－3－15】 萨克森公司有甲、乙两个投资方案可供选择，甲方案的投资额为 100 000 元，每年现金净流量均为 30 000 元，可使用 5 年；乙方案的投资额为 70 000 元，每年现金净流量分别为 10 000 元、15 000 元、20 000 元、25 000 元、30 000 元，使用年限也为 5 年。甲、乙两方案建设期均为零，如果贴现率为 10%。

要求：对甲、乙方案做出选择。

解：因为两方案的项目计算期相同，但投资额不相等，所以可采用差额法来评判。

$\Delta NCF_0 = -100\ 000 - (-70\ 000) = -30\ 000$(元)

$\Delta NCF_1 = 30\ 000 - 10\ 000 = 20\ 000$(元)

$\Delta NCF_2 = 30\ 000 - 15\ 000 = 15\ 000$(元)

$\Delta NCF_3 = 30\ 000 - 20\ 000 = 10\ 000$(元)

$\Delta NCF_4 = 30\ 000 - 25\ 000 = 5\ 000$(元)

$\Delta NCF_5 = 30\ 000 - 30\ 000 = 0$

$$\begin{aligned}\Delta NPV_{甲-乙} &= 20\ 000 \times (P/F, 10\%, 1) + 15\ 000 \times (P/F, 10\%, 2) + 10\ 000 \times (P/F, 10\%, 3) + 5\ 000 \times (P/F, 10\%, 4) - 30\ 000 \\ &= 20\ 000 \times 0.909\ 1 + 15\ 000 \times 0.826\ 4 + 10\ 000 \times 0.751\ 3 + 5\ 000 \times 0.683\ 0 - 30\ 000 \\ &= 11\ 506(元) > 0\end{aligned}$$

用 $i = 28\%$ 测算 ΔNPV：

$$\begin{aligned}\Delta NPV &= 20\ 000 \times (P/F, 28\%, 1) + 15\ 000 \times (P/F, 28\%, 2) + 10\ 000 \times (P/F, 28\%, 3) + 5\ 000 \times (P/F, 28\%, 4) - 30\ 000 \\ &= 20\ 000 \times 0.781\ 3 + 15\ 000 \times 0.610\ 4 + 10\ 000 \times 0.476\ 8 + 5\ 000 \times 0.372\ 5 - 30\ 000 \\ &= 1\ 412.5(元) > 0\end{aligned}$$

再用 $i = 32\%$ 测算 ΔNPV：

$$\begin{aligned}\Delta NPV &= 20\ 000 \times (P/F, 32\%, 1) + 15\ 000 \times (P/F, 32\%, 2) + 10\ 000 \times (P/F, 32\%, 3) + 5\ 000 \times (P/F, 32\%, 4) - 30\ 000 \\ &= 20\ 000 \times 0.757\ 6 + 15\ 000 \times 0.573\ 9 + 10\ 000 \times 0.434\ 8 + 5\ 000 \times 0.329\ 4 - 30\ 000 \\ &= -244.5 < 0\end{aligned}$$

用插入法计算 ΔIRR：

$$\begin{aligned}\Delta IRR &= 28\% + \frac{1\ 412.5 - 0}{1\ 412.5 - (-244.5)} \times (32\% - 28\%) \\ &= 31.41\% > 10\%(贴现率)\end{aligned}$$

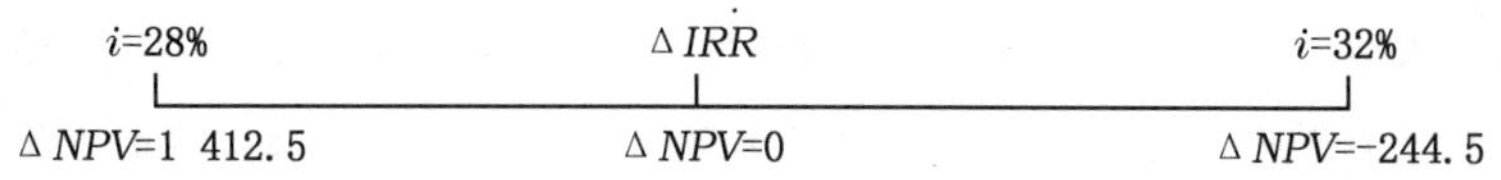

计算表明，差额净现值为 11 506 元，大于零，差额内含收益率为 31.41%，大于贴现率 10%，应选择甲方案。

3. 互斥方案的投资额不相等，项目计算期也不相同，可采用年回收额法

所谓“年回收额法”，是指通过比较所有投资方案的年等额净现值指标的大小来选择最优方案的决策方法。在此法下，年等额净现值最大的方案为优。

年回收额法的计算步骤如下：

(1)计算各方案的净现值；

(2)计算各方案的年等额净现值，若贴现率为 i，项目计算期为 n，则：

$$\text{年等额净现值}=\frac{\text{净现值}}{\text{年金现值系数}}=\frac{NPV}{(P/A,i,n)}$$

【案例 8—3—16】 萨克森公司有甲、乙两个投资方案，其现金净流量如表 8—3—4 所示：

表 8—3—4 　　甲、乙两方案现金净流量表 　　单位：元

项目计算期	甲方案		乙方案	
	净收益	现金净流量	净收益	现金净流量
0		(200 000)		(120 000)
1	20 000	120 000	16 000	56 000
2	32 000	132 000	16 000	56 000
3			16 000	56 000

要求：如果该公司期望达到最低收益率为 12%，请做出决策。

解：(1)计算甲、乙方案的 NPV。

$$\begin{aligned}NPV_{甲}&=120\,000\times(P/F,12\%,1)+132\,000\times(P/F,12\%,2)-200\,000\\&=120\,000\times0.892\,9+132\,000\times0.797\,2-200\,000\\&=12\,378.4(\text{元})\end{aligned}$$

$$\begin{aligned}NPV_{乙}&=56\,000\times(P/A,12\%,3)-120\,000\\&=56\,000\times2.401\,8-120\,000\\&=14\,500.8(\text{元})\end{aligned}$$

(2)计算甲、乙两方案的年等额净现值。

$$\text{甲方案年等额净现值}=\frac{12\,378.4}{(P/A,12\%,2)}=\frac{12\,378.4}{1.690\,1}=7\,324.06(\text{元})$$

$$\text{乙方案年等额净现值}=\frac{14\,500.8}{(P/A,12\%,3)}=\frac{14\,500.8}{2.401\,8}=6\,037.47(\text{元})$$

(3)做出决策。

因为甲方案年等额净现值＞乙方案年等额净现值，7 324.06＞6 037.47，所以应选择甲方案。

根据上述计算结果可知，乙方案的净现值大于甲方案的净现值，但乙方案的项目计算期为 3 年，而甲方案仅为 2 年，所以，乙方案的净现值高并不能说明该方案优，因此需通过年回收额法计算年等额净现值得出此结论，甲方案的年等额净现值高于乙方案，即甲方案为最优方案。

(三)其他方案的对比与选优

在实际工作中,有些投资方案不能单独计算盈亏,或者投资方案的收入相同或收入基本相同且难以具体计量,一般可考虑采用"成本现值比较法"或"年成本比较法"来做出比较和评价。所谓"成本现值比较法",是指计算各个方案的成本现值之和并进行对比,成本现值之和最低的方案是最优的。成本现值比较法一般适用于项目计算期相同的投资方案间的对比、选优。对于项目计算期不同的方案就不能用成本现值比较法进行评价,而应采用年成本比较法,即比较年平均成本现值对投资方案做出选择。

【案例 8—3—17】 萨克森公司有甲、乙两个投资方案可供选择,两个方案的设备生产能力相同,设备的寿命期均为 4 年,无建设期。甲方案的投资额为 64 000 元,每年的经营成本分别为 4 000 元、4 400 元、4 600 元、4 800 元,寿命终期有 6 400 元净残值;乙方案的投资额为 60 000 元,每年的经营成本均为 6 000 元,寿命终期有 6 000 元净残值。

要求:如果该公司的贴现率为 8%,试比较两个方案的优劣。

解:因为甲、乙两方案的收入不知道,无法计算 NPV,且项目计算期相同,均为 4 年,所以应采用成本现值比较法。

$$\begin{aligned}\text{甲方案的投资成本现值}&=64\,000+4\,000\times(P/F,8\%,1)+4\,400\times(P/F,8\%,2)+4\,600\times\\&\quad(P/F,8\%,3)+4\,800\times(P/F,8\%,4)-6\,400\times(P/F,8\%,4)\\&=64\,000+4\,000\times0.925\,9+4\,400\times0.857\,3+4\,600\times0.793\,8\\&\quad+4\,800\times0.735\,0-6\,400\times0.735\,0\\&=73\,951.20(\text{元})\end{aligned}$$

$$\begin{aligned}\text{乙方案的投资成本现值}&=60\,000+6\,000\times(P/A,8\%,4)-6\,000\times(P/F,8\%,4)\\&=60\,000+6\,000\times3.312\,1-6\,000\times0.735\,0\\&=75\,462.6(\text{元})\end{aligned}$$

以上计算结果表明,甲方案的投资成本现值较低,所以甲方案优于乙方案。

【案例 8—3—18】 根据【案例 8—3—17】的资料,假设甲、乙两个投资方案的寿命期分别为 4 年和 5 年,建设期仍为零,其余资料不变。

要求:如果企业的贴现率仍为 8%,计算应选择哪个方案

解:因为甲、乙两个方案的项目计算期不相同:

甲方案项目计算期=0+4=4(年)

乙方案项目计算期=0+5=5(年)

所以不能采用成本现值比较法,而应采用年成本比较法,计算步骤如下:

(1)计算甲、乙方案的成本现值。

甲方案成本现值=73 951.20(元)　　(同【案例 8—3—17】一致)

$$\begin{aligned}\text{乙方案成本现值}&=60\,000+6\,000\times(P/A,8\%,5)-6000\times(P/F,8\%,5)\\&=60\,000+6\,000\times3.992\,7-6\,000\times0.680\,6\\&=79\,872.6(\text{元})\end{aligned}$$

(2)计算甲、乙方案的年均成本。

$$甲方案的年均成本=\frac{73\ 951.20}{(P/A,8\%,4)}=\frac{73\ 951.20}{3.312\ 1}=22\ 327.59(元)$$

$$乙方案的年均成本=\frac{79\ 872.60}{(P/A,8\%,5)}=\frac{79\ 872.60}{3.992\ 7}=20\ 004.66(元)$$

以上计算结果表明，乙方案的年均成本低于甲方案的年均成本，因此应采用乙方案。

本章小结

投资是指特定经济主体(包括国家、企业和个人)为了在未来可预见的时期内获得收益或使资金增值，在一定时期向一定领域的标的物投放足够数额的资金或实物等货币等价物的经济行为。从特定企业角度看，投资是企业为获得收益而向一定对象投放资金的经济行为。

投资按不同的分类标准可分为不同的类型。

按照投资行为的介入程度，投资可分为直接投资和间接投资；按照投资对象的不同，投资可分为实物投资和金融投资；按照投入的领域不同，投资可分为生产性投资和非生产性投资；按照投资的方向不同，投资可分为对内投资和对外投资；按照投资的内容不同，投资可分为固定资产投资、无形资产投资、其他资产投资、流动资产投资、房地产投资、有价证券投资、期货与期权投资、信托投资和保险投资等多种形式。

在项目投资决策中，现金流量是投资项目在其计算期内各项现金流入量与现金流出量，是计算项目投资决策评价指标的主要依据和重要信息。现金流量一般包括初始现金流量、运营期现金流量和终结期现金流量。

企业投资决策常用的决策方法主要有静态分析和动态分析两种类型。静态分析是指不考虑资金时间价值的决策评价方法，主要包括静态投资回收期、投资利润率等；动态分析是指充分考虑和利用资金时间价值的决策评价方法，主要包括净现值、净现值指数、现值指数、内部收益率等。

项目投资决策包括独立方案财务可行性评价及投资决策、多个互斥方案的比较决策和多方案组合排队投资决策等。

复习思考题

1. 什么是现金流量？它包括哪些具体内容？
2. 简述现金流量与利润的联系与区别。
3. 为什么在投资决策中现金流量指标比利润指标更重要？
4. 简述净现值、现值指数及内含收益率指标的含义与计算方法。
5. 简要说明差额法的运算步骤。

自测题

一、单项选择题

1. 下列各项中，属于长期投资决策静态指标的是(　　)。

A. 现值指数　　B. 投资利润率

C. 净现值　　D. 内部收益率

2. 在全部投资均于建设起点一次投入，建设期为零，投产后每年现金流量相等的条件下，为计算内部收益率所求得的年金现值系数的数值应等于该项目的(　　)。

A. 回收系数　　B. 净现值率指标数

C. 静态投资回收期指标值　　D. 投资利润率指标值

3. 下列长期投资决策评价指标中，其数值越小越好的指标是(　　)。

A. 净现值率　　B. 投资回收期

C. 内部收益率　　D. 投资利润率

4. 当某方案的净现值大于零时，其内部收益率(　　)。

A. 可能小于零　　B. 一定等于零

C. 一定大于设定折现率　　D. 可能等于设定折现率

5. 如果其他因素不变，一旦折现率提高，则下列指标中其数值将会变小的是(　　)。

A. 净现值率　　B. 投资利润率　　C. 内部收益率　　D. 投资回收期

6. 下列表述中，不正确的是(　　)。

A. 净现值是未来收益的总现值与初始投资额现值之差

B. 当净现值等于零时，说明此时的贴现率为内含收益率

C. 当净现值大于零时，现值指数小于1

D. 当净现值大于零时，说明该方案可行

7. 某投资项目当贴现率为8%时，净现值为100元；当贴现率为10%时，净现值为－80元。则该投资项目的内含收益率为(　　)。

A. 9.11%　　B. 9.40%　　C. 8.5%　　D. 18%

8. 折旧具有抵减税率的作用，由于计提折旧而减少的所得税额可用(　　)计算。

A. 折旧额×所得税税率　　B. (付现成本＋折旧额)×所得税税率

C. 折旧额×(1－所得税税率)　　D. (付现成本＋折旧额)×(1－所得税税率)

9. 内含收益率是一种能使投资方案的净现值(　　)的折现率。

A. 大于零　　B. 等于零　　C. 小于零　　D. 大于等于零

10. 某投资项目年营业收入140万元，年付现成本60万元，年折旧40万元，所得税税率25%，则该方案经营期的年现金净流量为(　　)万元。

A. 30　　B. 40　　C. 60　　D. 70

二、多项选择题

1. 现金流出是指由投资项目所引起的企业现金支出的增加额，包括(　　)。

A. 建设投资　　B. 付现成本　　C. 年折旧额　　D. 所得税

2. 下列因素中,影响内含收益率的有(　　)。

A. 现金净流量　　B. 贴现率

C. 项目投资使用年限　　D. 投资总额

3. 在考虑了所得税因素之后,经营期的现金净流量可按下列(　　)公式计算。

A. 年现金净流量=营业收入-付现成本-所得税

B. 年现金净流量=税后利润-折旧

C. 年现金净流量=税后收入-税后付现成本+折旧×所得税率

D. 年现金净流量=收入×(1-所得税税率)-付现成本×(1-所得税税率)+折旧

4. 当项目的投资额和计算期都不相同时,进行项目分析评价宜采用的方法有(　　)。

A. 净现值法　　B. 年回收额法

C. 差额净现法　　D. 年成本比较法

5. 下列表述中,正确的说法有(　　)。

A. 当净现值等于零时,项目的贴现率等于内含收益率

B. 当净现值小于零时,现值指数大于零

C. 当净现值大于零时,说明投资方案可行

D. 当净现值大于零时,项目贴现率大于投资项目本身的收益率

6. 与计算内含收益率有关的项目为(　　)。

A. 原始投资　　B. 贴现率

C. 每年的 NCF　　D. 项目计算期

7. 计算经营期现金净流量时,以下(　　)项目是相关的。

A. 利润　　B. 无形资产支出

C. 折旧额　　D. 回收额

三、判断题

1. 投资项目评价所运用的内含收益率指标的计算结果与项目预定的贴现率高低有直接关系。(　　)

2. 现金净流量是指一定期间现金流入量和现金流出量的差额。(　　)

3. 投资利润率和静态投资回收期这两个静态指标其优点是计算简单,容易掌握,且均考虑了现金流量。(　　)

4. 某一投资方案按10%的贴现率计算的净现值大于零,那么,该方案的内含收益率大于10%。(　　)

5. 多个互斥方案比较,一般应选择净现值大的方案。(　　)

6. 在计算现金净流量时,无形资产摊销额的处理与折旧额相同。(　　)

7. 不论在什么情况下,都可以通过逐次测试逼近方法计算内含收益率。(　　)

四、计算分析题

1. 某企业购买机器设备价款 20 万元,可为企业每年增加净利 2 万元,该设备可使用 5

年，无残值，采用直线法计提折旧，该企业的贴现率为 10%。

要求：

(1)用静态法计算该投资方案的投资利润率、投资回收期，并对此投资方案做出评价。

(2)用动态法计算该投资方案的净现值、净现值率、现值指数、内含收益率，并对此投资方案做出评价。

2. 某企业投资 15 500 元购入一台设备，当年投入使用。该设备预计残值 500 元，可使用 3 年，按直线法计提折旧，设备投产后每年增加现金净流量分别为 6 000 元、8 000 元、10 000 元，企业要求最低投资利润率为 18%。

要求：计算该投资方案的净现值、内含收益率，并做出评价。

3. 某投资项目在期初一次投入全部的投资额，当年完工并投产，投产后每年的利润相等，按直线法计提折旧，无残值，项目有效期 10 年，已知项目静态投资回收期 4 年。

要求：计算该项目的内含收益率。

4. 某投资项目，现有甲、乙两个方案可供选择，两方案各年现金净流量如下表所示：

甲、乙两方案现金净流量表

单位：万元

年份	甲方案		乙方案	
	投资额	年现金净流量	投资额	年现金净流量
0	40		80	
1	40			30
2		40		30
3		45		30
4		50		30
5				30

要求：如果企业以 10%作为贴现率，请判断甲、乙两方案哪一个为最优的方案？

5. 某企业拟租赁或购买 A 设备，A 设备市场价格 50 000 元(包括安装调试等)，可使用 5 年，残值 5 000 元，假如租赁，每年税前租赁费用 12 000 元。按直线法计提折旧，所得税税率 40%，资本成本 10%。

要求：对 A 设备是购买还是租赁做出决策。

第九章　营运资金管理

为增长而增长，乃癌细胞生存之道。

——爱德华·艾比
(Edward Abbey)

学习目标

◇　熟悉营运资金的含义与特点；
◇　掌握企业持有现金的动机与成本；
◇　掌握现金最佳持有量的计算；
◇　掌握应收账款的作用和成本，信用政策的构成与决策；
◇　掌握存货的功能与成本，存货经济批量模型；
◇　熟悉现金、应收账款、存货日常管理与控制的主要内容。

引导案例

1997 年 5 月，康柏电脑公司宣布了一项计划，准备制造按单定做(Made-to-Order)的个人电脑(PC)，以削减分销成本和减少存货。以前，康柏通过一系列的分销商把产品交付到顾客手中，这样做延缓了 PC 从生产线到最终顾客之间的交付过程。康柏的一些竞争者，其中包括 Gateway2000 和戴尔电脑公司，拥有一项成本优势，因为它们直接把产品送到顾客手上。这种分销方式使戴尔的产品存货每年能周转 30 次，而康柏的存货在老体系下只能周转 12 次。通过按单定做，康柏希望压缩所需库存的产品数量，减低存货呆滞的风险。这项变革还能使康柏更快地引进更便宜的、更新的部件，并且免除了公司从经销商手中回购未出售机器的需要。总而言之，康柏试图缩短存货在出售之前所停留的时间，就像本章将要讨论的那样，这是企业短期营运中的一个关键因素。

本章我们将讨论公司在日常经营中，如何管理涉及的营运资金，包括现金、应收款项和存货的控制和管理。

第一节 营运资金概述

一、营运资金的含义

营运资金又称营运资本，是指一个企业维持日常经营所需的资金。营运资金有广义和狭义之分。广义的营运资金又称毛营运资金(Gross Working Capital)，是指企业流动资产总额。狭义的营运资金又称净营运资金(Net Working Capital)，通常是指流动资产减去流动负债后的余额。其用公式表示为：

营运资金＝流动资产－流动负债

这里所说的"流动资产"是指可以在一年或超过一年的一个营业周期内变现或耗用的资产，主要包括现金、有价证券、应收及预付款项、存货等。这里所说的"流动负债"是指将在一年或超过一年的一个营业周期内必须清偿的债务，主要包括短期借款、应付账款、应付票据、预收账款等。

营运资金是流动资产的一个有机组成部分，是企业短期偿债能力强弱的重要标志。营运资金的数额越大，短期偿债能力越强；反之则越弱。然而，营运资金投资的增加，要求企业必须将更多的长期资产占用到流动资产上，这样做的结果是，企业虽然降低了短期偿债风险，但同时却增加了资本成本，从而影响企业的收益率。营运资金过高或过低都会给企业带来不利影响。所以，企业要在风险和收益率两者之间进行权衡，合理确定流动资产与流动负债、流动资产与长期资产的比例关系，以及流动资产各项目的合理配置，处理好短期筹资的有关问题，制定出符合企业特点的营运资金管理政策。

二、营运资金的特点

营运资金的特点体现在流动资产和流动负债的特点上。

(一)流动资产的特点

与固定资产相比，流动资产有如下特点：

1. 投资回收期短

投资于流动资产的资金一般在一年或一个营业周期内收回，对企业影响的时间比较短。因此，流动资产投资所需要的资金一般可通过商业信用、短期银行借款等加以解决。

2. 流动性较强

流动资产在循环周转过程中，经过供、产、销三个阶段，其占用形态不断变化，即按货币资金→原材料→在产品→产成品→应收账款→货币资金的顺序依次转化，不断周转。流动资产的流动性表现为它的变现能力。如果变现能力强，在遇到意外情况急需资金时，可迅速变卖流动资产，获得现金，这对于财务上满足临时性的资金需要具有重要意义。

3. 具有并存性

在流动资产的周转过程中，每天不断地有资金流入和资金流出，流入和流出总要占用一定的时间，从供、产、销的某一瞬间看，各种不同形态的流动资产同时存在。因此，合理配置流动资产各项目的比例，是保证流动资产顺利周转的必要条件。

4. 具有波动性

占用在流动资产上的资金并非一个常数，一成不变。随着供、产、销的变化，其资金占用量时高时低，起伏不定，季节性企业非常明显，非季节性企业也同样如此，只是没季节性企业明显而已。随着流动资产占用量的变动，流动负债的数量也会相应变化。

（二）流动负债的特点

与长期负债相比，流动负债具有如下特点：

1. 速度快

申请短期借款往往比申请长期借款更容易、更便捷，通常在较短时间内便能获得。长期借款的借贷时间长，贷款方风险大，贷款人需要对企业的财务状况评估后方能做出决定。因此，当企业急需资金时，往往首先寻求短期借款。

2. 弹性大

与长期债务相比，短期贷款给债务人更大的灵活性。长期债务的债权人往往要在债务契约中设置一些限制性条款，对债务人的行为加以某种限制，以保护自己的利益；而短期借款契约中的限制条款比较少，使得借款企业有更大的行动自由。对于季节性企业而言，短期借款更适合企业的生产经营需要，更具有灵活性。

3. 成本低

一般情况下，短期负债筹资所发生的利息费用低于长期负债筹资的利息费用。而某些“自发性融资”（如应付账款、应付工资、预售收入等），则没有利息负担。

4. 风险大

尽管短期债务的成本低于长期债务，但其风险却大于长期债务。这主要表现在两个方面：一是长期债务的利息相对比较稳定，即在相当长一段时间内保持不变。而短期债务的借款利率则随行就市，随市场利率的变化而变化，时高时低。二是如果企业过多筹措短期债务，当债务到期时，企业不得不在短期内筹措大量资金还债，“借新债换旧债”，从而增加企业因无法及时还债而导致财务状况恶化的风险，容易导致企业财务状况恶化，严重时甚至会由于无力及时还债而导致企业破产。

三、营运资金周转

营运资金周转是指企业的营运资金从现金投入生产经营开始，到最终转化为现金为止的过程。营运资金周转通常与现金周转密切相关，现金的周转过程主要包括以下三个方面：

（1）存货周转期，是指将原材料转化成产成品并出售所需要的时间；

（2）应收账款周转期，是指将应收账款转换为现金所需要的时间；

（3）应付账款周转期，是指从收到尚未付款的原材料开始到支付现金之间所用的时间。

现金循环周期的变化会直接影响所需营运资金的数额。一般来说，存货周转期和应收账款周转期越长，应付账款周转期越短，营运资金数额就越大；相反，存货周转期和应收账款周转期越短，应付账款周转期越长，营运资金数额就越小。此外，营运资金周转的数额还受到偿债风险、收益要求和成本约束等因素的制约。为了提高营运资金周转效率，企业的营运资金应维持在既没有过度资本化，又没有过量交易的水平上。过度资本化是指一个企业的营运资金远远超过其经营规模实际需要的营运资金水平。过量交易是指企业投放在营运资金上的长期资金数量不足,只得依靠扩大流动负债来支持其存货和应收账款的情况。

四、营运资金管理的意义

搞好营运资金管理对企业具有重要意义:

(1)在许多行业中,企业资产总额中有近一半的资产为流动资产。与固定资产投资相比,虽然每项流动资产投资额较小,但是企业在流动资产上所投入的资金总额通常并不逊色于固定资产投资。与之相类似,通常流动负债在负债总额中也占相当大的比重。因此,营运资金管理在企业财务管理中占有重要地位。

(2)企业涉及营运资金管理的业务频繁发生。企业财务人员每天都要处理大量与流动资产和流动负债相关的经济业务,这些业务占据了财务人员绝大部分时间和精力。相比之下,固定资产投资及长期融资发生的频率要远远低于流动资产投资与短期融资所发生的频率。况且像投资项目的可行性研究与财务评价这类工作往往委托给企业外部的咨询机构完成,所以,财务人员在长期投资及长期融资方面所投入的精力远远低于在营运资金管理方面所付出的精力。

(3)营运资金管理涉及企业供、产、销等各重要环节,做好流动资产投资决策工作对实现企业长期发展战略目标、提高企业经济效益、加速资金周转,最终实现企业价值最大化的财务目标都,具有极其重要的意义。

(4)做好营运资金管理工作直接涉及企业的短期偿债能力,对于有效控制企业融资风险,改善企业在社会中的信誉状况,进而增强企业的融资能力,具有极为重要的意义。

第二节 货币资金的管理

货币资金是指企业在生产经营过程中暂时停留在货币形态的资金,包括库存现金、银行存款、其他货币资金。在资产中,货币资金的流动性和变现能力最强,但货币资金的营利性最弱。现金是非营利性的资产,银行存款虽有利息生成而利益太小。企业因种种需要必须置存货币资金,但应合理安排货币资金的持有量,减少货币资金的闲置,提高货币资金的使用效果。

一、置存货币资金的原因与成本

(一)置存货币资金的原因

企业置存货币资金的原因是为了满足交易性需要、预防性需要和投机性需要。

(1)交易性需要是指企业生产经营活动中货币资金支付的需要,如购买原材料、支付人工工资、偿还债务、缴纳税款等。这种需要发生频繁,金额较大,是企业置存货币资金的主要原因。

(2)预防性需要是指企业为应付意外的、紧急的情况而需要置存货币资金,如生产事故、自然灾害、客户违约等打破原先的货币资金收支平衡。企业为预防性需要而置存货币资金的多少取决于:一是企业临时举债能力,二是企业其他流动资产变现能力,三是企业对货币资金预测的可靠程度,四是企业愿意承担风险的程度。

(3)投机性需要是指企业为抓住瞬息即逝的市场机会,投机获利而置存货币资金,如捕捉机会超低价购入有价证券、原材料、商品等，意在短期内抛售获利。

（二）置存货币资金的成本

置存货币资金通常会发生四种成本，即持有成本、转换成本、短缺成本、管理成本。

（1）持有成本是指因置存货币资金而丧失的投资收益，这是一项机会成本，它与置存货币资金的数量有关，货币资金置存越多，持有成本越大。

（2）转换成本是指有价证券与货币资金转换时的交易费用，严格地讲转换成本仅指与交易金额无关而与交易次数成正比的交易费用，这才是我们决策中的相关成本。

（3）短缺成本是指因置存货币资金太少而给企业造成的损失，如因无钱购买原材料造成停工损失，失去现金折扣，不能及时支付而造成信誉损失等。短缺成本也与置存货币资金的数量有关，货币资金置存越多，短缺成本越小。

（4）管理成本是指企业因置存货币资金而发生的管理费用，如管理人员的工资支出、安全防盗设施的建造费用等。管理费用一般是固定费用。

二、最佳货币资金持有量的确定

如上所述，企业在生产经营过程中为了满足交易、预防、投机等需要，必须置存一定数量的货币资金，但货币资金持有太多或太少都对企业不利。最佳货币资金持有量就是指使有关成本之和最小的货币资金持有数额，它的确定主要有成本分析模式和存货分析模式两种方法。

（一）成本分析模式

成本分析模式是通过分析企业置存货币资金的各相关成本，测算各相关成本之和最小时的货币资金持有量的一种方法。在成本分析模式下应分析机会成本、管理成本、短缺成本。

在成本分析模式下不存在转换成本。机会成本随着货币资金持有量的增大而增大，一般可按年货币资金持有量平均值的某一百分比计算，这个百分比是该企业的机会性投资的收益率，一般可用有价证券利息率代替。其计算公式为：

机会成本＝货币资金平均持有量×有价证券利息率

管理成本由于是固定成本，因而是一项无关成本，按理说在决策中不应予以考虑，但本模式下为匡算总成本的大小，仍把它考虑在内，当然对决策结果是不会造成影响的。短缺成本随着货币资金持有量的增大而减少，当货币资金持有量增大到一定量时，短缺成本将不存在。

成本分析模式下的最佳货币资金持有量可用图解法确定。在直角坐标平面内，以横轴表示货币资金持有量，以纵轴表示成本，画出各项成本的图像。一般来说，机会成本是一条由原点出发向右上方的射线，管理成本是一条水平线，短缺成本是一条由左上方向右下方的直线或下凹的曲线，它与横轴相交，表示货币资金持有相当大的一笔数额时不再存在短缺成本。总成本线由各项目成本线纵坐标相加后得到，它是一条上凹的曲线，总成本线最低点处对应的横坐标即为最佳货币资金持有量（见图9—2—1）。

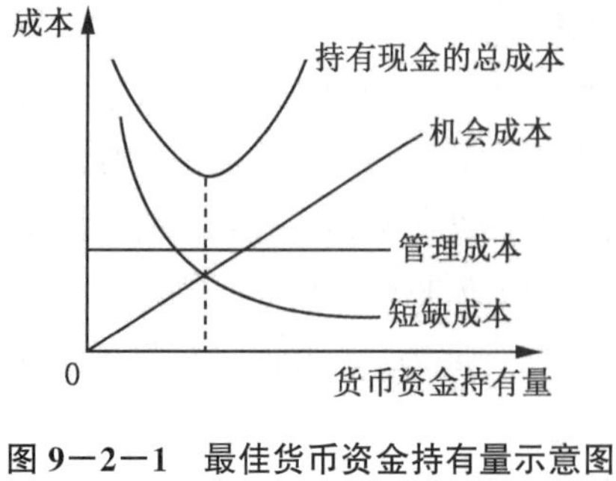

图9—2—1 最佳货币资金持有量示意图

成本分析模式下的最佳货币资金持有量也可用编制货币资金持有成本分析表来确定(见表 9—2—1)。由表可知该企业持有 60 万元货币资金最好,最小持有总成本为 8 万元。

表 9—2—1　　某企业货币资金持有成本分析表　　单位:万元

项　目	甲	乙	丙	丁
货币资金持有量	50	60	70	80
机会成本	5	6	7	8
管理成本	1	1	1	1
短缺成本	3	1	0.5	0
持有总成本	9	8	8.5	9

(二)存货分析模式

存货分析模式是借用存货管理经济批量公式来确定最佳货币资金持有量的一种方法。这一模式的使用有如下假定:

(1)企业在某一段时期内需用的货币资金已事先筹措得到,并以短期有价证券的形式存放在证券公司内。

(2)企业对货币资金的需求是均匀、稳定、可知的,可通过分批抛售有价证券取得。

(3)短期有价证券利率稳定、可知。

(4)每次将有价证券变现的交易成本可知。

如果这些条件基本得到满足,公司便可以利用存货模式来确定最佳现金持有量。这里所说的"最佳现金持有量"是指能够使现金管理的机会成本与转换成本之和保持最低的现金持有量。当持有现金的机会成本与证券变现的交易成本相等时,现金管理的总成本最低,此时的现金持有量即为最佳现金持有量。

存货模式中,其相关总成本(TC)用公式表示为:

$$\text{相关总成本}(TC)=\text{持有机会成本}+\text{转换成本}=(Q/2)\times K+(T/Q)\times F$$

当持有机会成本=转换成本时,相关总成本达到最小值,此时最佳现金持有量模型为:

$$Q=\sqrt{\frac{2TF}{K}}$$

式中,Q 表示最佳现金持有量(每次证券变现的数量),T 表示一个周期内现金总需求量,F 表示每次转换有价证券的固定成本,K 表示有价证券利息率(机会成本)。

这样:

$$\text{最佳现金管理总成本}(TC)=\sqrt{2TFK}$$

【案例 9—2—1】 萨克森公司现金收支状况比较稳定,预计全年(按 360 天计算)需要现金 250 000 元,现金与有价证券的转换成本为每次 500 元,有价证券的年利率为 10%。

要求:(1)计算最佳现金持有量;

(2)计算最佳现金持有量下的全年现金管理总成本、全年现金转换成本和全年持有现金的机会成本;

(3)计算最佳现金持有量下的全年有价证券交易次数和交易间隔期。

解:(1)最佳现金持有量 $Q=\sqrt{\frac{2\times250\ 000\times500}{10\%}}=50\ 000$(元)

(2)全年现金管理总成本(TC)$=\sqrt{2\times250\ 000\times500\times10\%}=5\ 000$(元)

或: $=50\ 000\times10\%=5\ 000$(元)

全年现金转换成本=(250 000/50 000)×500=2 500(元)

全年持有现金的机会成本=(50 000/2)×10%=2 500(元)

(3)最佳现金持有量下的全年有价证券交易次数$=T/Q=250\ 000/50\ 000=5$(次)

有价证券交易间隔期=360/5=72(天)

三、货币资金的日常管理

企业在确定了最佳货币资金持有量后,还应加强货币资金的日常管理,使货币资金得到最有效的利用。

(一)货币资金收入的管理

货币资金收入的管理重在缩短收款时间。企业销售款项的收取一般要经历如下过程:由客户开出支票邮寄到收款企业,收款企业收到支票后交付银行,银行凭支票通过银行结算系统向客户的开户银行结算划转款项。以上过程需要时间,我们应尽量缩短这一过程的时间,使应收款项尽早进入本企业的银行账户。

(二)货币资金支出的管理

货币资金支出的管理重在推迟付款日期。当企业购买原材料等发生应付款项时,如何合理合法地推迟付款日期是最为重要的,因为该付的钱推迟支付等于在推迟期间筹措到一笔可用资金。在诸多结算付款方式中如有可能则优先考虑用汇票结算,在异地结算中应选用有利的结算手段。

【案例 9—2—2】 某公司需在指定日期前把一笔款项汇到某外地单位。若用普通邮寄需 3 元,若用电汇需 13 元,但最快需 4 天时间。假定该公司资本成本率为 10%,需汇款 9 万元。

要求:判断应采用普通邮寄还是电汇?

解:本问题相当于筹措到 4 天可用资金 9 万元,其得益为:

$$90\ 000\times10\%\times\frac{4}{360}=100(元)$$

而为此增加的成本为:13−3=10(元)

该公司应采用电汇,净得益为 90 元(100−10)。

(三)闲置货币资金的利用

由于企业开出支票到开户银行实际划出这笔款项总会有一定的时间间隔,形成企业货币资金账户余额与银行账户上的存款余额有一定差额,我们称为货币资金“浮游量”。只要把握准时间,“浮游量”是可以利用的。又如,企业用于资本投资或经营支出的款项,往往是资金先到位，而后再发生支付，这一段时间也会造成货币资金的闲置。上述情况如果估算准确，又能熟悉证券市场的情况，我们就能利用闲置货币资金进行短期证券投资而获利。由于企业的资金流量大，虽说证券投资期短，也能得到可观的收益，从财务管理角度来讲，不失为生财的一种手段。

第三节　应收账款的管理

应收账款是企业因对外赊销产品、材料、供应劳务等面向购货或接受劳务单位收取的款项。

一、应收账款的作用

应收账款的作用是指它在企业生产经营中所具有的功能。应收账款的主要功能包括：

（一）促进销售

企业销售产品时可以采用两种基本方式，即现销方式与赊销方式。前者的优点是应付现金流入量与实际现金流入量完全吻合，是企业最期望的一种销售结算方式。然而，在竞争激烈的市场经济条件下，完全依赖现销的方式是不现实的。由于赊销方式下，企业在销售产品的同时，向买方提供了可以在一定期限内无偿使用的资金，即商业信用资金，其数额等同于商品的售价，这对购买方而言具有极大的吸引力。因此，赊销是一种重要的促销手段，对于企业销售产品、开拓并占领市场具有重要意义。

（二）减少存货

赊销可以加速产品销售的实现，加快产品向销售收入的转化速度，从而对降低存货中的产成品数额有着积极的影响。这有利于缩短产品的库存时间，降低产成品的管理费用、仓储费用和保险费用等各方面的支出。因此，当产成品存货较多时，企业可以采用较为优惠的信用条件进行赊销，尽快地实现产成品存货向销售收入的转化，变持有产成品存货为持有应收账款，以节约各项存货支出。

二、应收账款的成本

（一）机会成本

机会成本，即因资金投放在应收账款上而丧失的其他收入。这一成本的大小通常与企业维持赊销业务所需要的资金数量（即应收账款投资额）、资本成本率有关。机会成本可通过以下公式计算得出：

$$应收账款周转次数=\frac{赊销额}{应收账款平均余额}$$

$$应收账款周转天数=\frac{360}{应收账款周转次数}$$

$$应收账款平均余额=\frac{赊销额}{360}\times\begin{matrix}应收账款\\周转天数\end{matrix}$$

应收账款平均余额=平均每日赊销额×平均收款天数

赊销业务所需资金=应收账款平均余额×变动成本率

应收账款机会成本=赊销业务所需资金×资本成本率

式中,平均收账天数一般按客户各自赊销额占总赊销额比重为权数的所有客户收账天数的加权平均数计算,资本成本率一般可按有价证券利息率计算。

【案例 9—3—1】 假设某企业预测的年度赊销额为 3 600 万元,应收账款平均收账天数为 60 天,变动成本率为 60%,资本成本率为 10%,则应收账款机会成本为:

应收账款机会成本=3 600÷360×60×60%×10%=36(万元)

上述计算表明,企业投放 360 万元(3 600÷360×60×60%)的资金可维持 3 600 万元的赊销业务,相当于垫支资金的 10 倍之多。这一较高的倍数在很大程度上取决于应收账款的收账速度。在正常情况下,应收账款收账天数越少,一定数量资金所维持的赊销额就越大,应收账款天数越多,维持相同赊销额所需要的资金数量就越大。而应收账款机会成本在很大程度上取决于企业维持赊销业务所需要资金的多少。

(二)管理成本

管理成本,即对应收账款进行日常管理而耗费的开支,主要包括对客户的资信调查费用、应收账款账簿记录费用、收账费用等。

(三)坏账成本

坏账成本,即应收账款无法收回而给企业带来的损失。这一成本一般与应收账款数量同方向变动,即应收账款越多,坏账成本也越多。基于此,为规避发生坏账成本给企业生产经营活动的稳定性带来的不利影响,企业应合理提取坏账准备。

三、信用政策

在市场竞争中,企业为了实现产品的价值,保证再生产的顺利进行,除了采用提高产品质量、降低售价、增加花式品种、提高服务质量、加强售后服务等办法来参与竞争、占领市场外,还可以采用为客户提供商业信用、在销售中利用赊销、分期付款等方式扩大产品销售量,增加市场份额,提高企业盈利。

企业在实行商业信用中形成的应收账款,其大小通常取决于市场经济的整体情况和企业的信用政策。在市场整体情况一定的条件下,企业可以运用信用政策的变化来影响或调节应收账款的大小。所谓"信用政策",即应收账款的管理政策,是指企业为应收账款投资进行规划与控制而确立的基本原则与行为规范,包括信用标准、信用条件和收账政策三部分。

(一)信用标准

信用标准是指企业决定授予客户商业信用所要求的最低标准。通常以预期的坏账损失率表示。企业信用标准的高低将会直接影响企业的销售收入和销售利润。

对信用标准进行定性分析的目的在于制定或选择信用标准。为了有效地控制应收账款,企业在制定信用标准时,必须对客户的资信程度进行调查分析,然后在此基础上,判断客户的信用等级并决定是否给予客户信用优惠。影响信用标准的基本因素包括:(1)同行业竞争对手的情况;(2)企业承担风险的能力;(3)客户的资信程度。客户资信程度的高低通常采用信用"5C"系统进行分析评估。信用"5C"系统是由信用品质(Character)、偿债能力(Capacity)、资本(Capital)、抵押品(Collateral)和经济状况(Conditions)5 个以英语字母"C"开头的标准所构成。

(1)信用品质,即客户履行偿还其债务的可能性,这是衡量客户是否信守契约的重要标准,也是决定是否赊销的首要条件,主要通过了解客户以往的付款履约记录进行评估。

(2)偿债能力,即客户偿债付款的能力,主要通过了解企业的经营手段、偿债记录和获利情况等做出判断,或进行实地考察。

(3)资本,即通过分析客户的财务报表,从客户的资产负债比率、流动比率和速动比率等了解其一般财务状况。分析客户的实际有形资产及其债务以了解其有形净资产情况,这是偿付债务的最终保证。

(4)抵押品,是指客户为获得信用所能提抵押的资产,这是提供信用的可靠保证。

(5)经济状况,是指可以影响客户偿债能力的一般经济趋势和某些地区或经济领域的特殊因素。

对信用标准进行定量分析的目的在于确定客户拒付账款的风险,即坏账损失率,以及具体确定客户的信用等级,作为给予或拒绝信用的依据。这主要通过以下三个步骤来完成:

(1)设定信用等级的评价标准,即根据对客户信用资料的调查分析,确定评价信用优劣的数量标准。

(2)利用既有或潜在客户的财务报表数据计算各自的指标值,并与设定的标准比较。

(3)进行风险排队,并确定各有关客户的信用等级。对于不同信用等级的客户,分别采取不同的信用对策,包括拒绝或接受客户信用订单,以及给予不同的信用优惠条件或附加某些限制条款等。

【案例 9—3—2】 STY 企业通过对客户的信用调查确定赊销可能发生的坏账损失率及其相应的信用等级,如表 9—3—1 所示:

表 9—3—1　坏账损失率与信用等级

坏账损失率(%)	0	0～0.5	0.5～1	1～2	2～5	5～10	10～20	20 以上
信用等级	1	2	3	4	5	6	7	8

确定客户信用等级后,还要考虑赊账信用额度,就是顾客在一定期间内可以赊欠商品的最大限额。根据坏账损失率与信用等级标准,企业经测算后规定:对信用等级 1～5 级的顾客采用一般的信用条件,对 6～7 级的顾客采用较严格的信用条件,对于 8 级的顾客则不予赊销。

(二)信用条件

信用条件是指企业要求顾客支付赊销款项的条件,包括信用期限、现金折扣和折扣期限。

(1)信用期限,即企业允许客户从购货到付款之间的时间,或者说企业给予客户的付款时间。例如,若某企业允许客户在30天内付款,则信用期限即为30天。信用期过短,往往不足以吸引客户。信用期越长,对销售额的增加越有利,但企业需要在应收账款上垫付更多的资金。

(2)现金折扣,是指企业为了提前收回货款,往往给予客户一定的现金折扣。

(3)折扣期限,是指规定顾客可享受现金折扣的付款时间。如账单中的"2/10,*n*/30"就是一项信用条件,它规定如果在发票开出后10天内付款,可享受2%的现金折扣;如果不想取得折扣,这笔货款必须在30天内付清。在这里,30天为信用期限,10天为折扣期限,2%为现金折扣率。提供比较优惠的信用条件能增加销售量,但也会带来额外的负担,如增加应收账款机会成本、坏账成本、现金折扣成本等。

【案例9—3—3】 某公司预测20×5年度的赊销额为3 600万元,其信用条件是"*n*/30",变动成本率为70%,资本成本率为20%。假设公司收账政策不变,固定成本总额不变,该公司准备3个方案:A方案,维持"*n*/30"的信用条件,收账费用为20万元;B方案,将信用条件放宽到"*n*/60",销售收入将增加20%,增加的销售收入中将发生坏账损失2%,但为了加速应收账款的回收,决定给对方"2/10,1/20"的现金折扣,估计约有60%的客户(按赊销额计算)会利用2%的折扣,20%的客户将利用1%的折扣,收账费用为40万元;C方案,将信用条件放宽至"*n*/90",销售收入将增加40%,为了加速回收,决定给对方"3/10,1/30"的现金折扣,估计约有75%的客户(按赊销额计算)会利用3%的折扣,15%的客户将利用1%的折扣,销售收入中的3%发生坏账,收账费用为70万元。

根据以上资料,计算指标如表9—3—2所示:

表9—3—2　　赊销方案计算比较表　　单位:万元

项目 \ 方案和信用条件	A方案	B方案	C方案
	n/30	2/10,1/20,*n*/60	3/10,1/30,*n*/90
年赊销额	3 600	3 600×(1+20%)=4 320	3 600×(1+40%)=5 040
减:现金折扣		4 320×(2%×60%+1%×20%)=60.48	5 040×(3%×75%+1%×15%)=120.96
年赊销净额	3 600	4 320−60.48=4 259.52	5 040−120.96=4 919.04
变动成本	3 600×70%=2 520	4 320×70%=3 024	5 040×70%=3 528
信用成本前收益	3 600−2 520=1 080	4 259.52−3 024=1 235.52	4 919.04−3 528=1 391.04
信用成本			
应收账款平均收款天数	30	10×60%+20×20%+60×20%=22	10×75%+30×15%+90×10%=21

续表

项目 \ 方案和信用条件	A方案	B方案	C方案
	$n/30$	$2/10,1/20,n/60$	$3/10,1/30,n/90$
应收账款平均余额	3 600÷360×30=300	4 320÷360×22=264	5 040÷360×21=294
维持赊销业务所需资金	300×70%=210	264×70%=184.8	294×70%=205.8
应收账款机会成本	210×20%=42	184.8×20%=36.96	205.8×20%=41.16
坏账损失		3 600×20%×2%=14.4	5 040×3%=151.2
收账费用	20	40	70
小　计	42+20=62	36.96+14.4+40=91.36	41.16+151.2+70=262.36
信用成本后收益	1 080−62=1 018	1 235.52−91.36=1 144.16	1 391.01−262.36=1 128.68

根据表 9—3—2 中的资料可知，在这三个方案中，B 方案的获利最大，比 A 方案增加 126.16 万元，比 C 方案增加 15.48 万元，因此，在其他条件不变的情况下，应选择 B 方案。

(三)收款政策

收款政策也称收款方针，是指当客户违反信用条件，拖欠甚至拒付账款时企业所采取的收账策略与措施，主要包括收账程序、收账方式等。企业制定收账政策时，要注意把握宽严程度，针对不同的客户采取相应的措施，以尽量确保在不丧失客户的情况下收回账款，减少收款费用和坏账损失。

四、应收账款的管理

对于已经发生的应收账款，企业还应进一步强化日常管理工作，采取有力的措施进行分析、控制，及时发现问题，提前采取对策。应收账款收账期分为两个时间段：一是从企业赊销产品开始至客户付款开出支票(或其他结算单据)这段时间，二是从客户开出支票到货款划入企业开户行存款账户这段时间。

为缩短从客户开出支票到款项划入企业开户行账户这段时间，企业应尽量让客户选用一种速度较快的结算方式，将款项及早划入企业开户行账户。当企业收到客户的支票或其他结算单据时，应及时送交开户行。

(一)应收账款追踪分析

应收账款一旦为客户所欠，赊销企业就必须考虑如何按期足额收回的问题。要达到这一目的，赊销企业就有必要在收账之前，对该项应收账款的运行过程进行追踪分析。

(二)应收账款账龄分析

应收账款账龄分析就是考察研究应收账款的账龄结构，是指各账龄应收账款的余额占应收账款总计余额的比重。

(三)应收账款收现保证率分析

应收账款收现保证率是为了适应企业现金收支匹配关系的需要,所确定出的有效收现的账款应占全部应收账款的百分比,是两者应当保持的最低比例。其计算公式为:

$$\text{应收账款收现保证率}=\left(\text{当期必要现金支付总额}-\text{当期其他稳定可靠的现金流入总额}\right)\div\text{当期应收账款总计金额}$$

第四节 存货的管理

一、存货的分类与功能

存货是指企业在日常活动中持有以备出售的产成品或商品,处在生产过程中的在产品,在生产过程或提供劳务过程中耗用的材料和物料等。它是流动资产循环周转的主要内容,在流动资产中占有较大份额。

(一)存货的分类

存货可按照不同的标准进行分类:

1. 按照存货的经济内容

存货可分为商品、产成品、自制半成品、在产品、材料、包装物、低值易耗品。

2. 按照存货的存放地点

存货可分为库存存货、在途存货、在制存货、寄存存货、委托外单位代销存货。

3. 按照存货的取得来源

存货可分为外购的存货、自制的存货、委托加工的存货、投资者投入的存货、接受捐赠的存货、接受抵债取得的存货、非货币性交易换入的存货和盘盈的存货等。

(二)存货的功能

企业持有存货的主要功能包括:

1. 防止停工待料

适量的存货能有效防止停工待料事件的发生,维持生产的连续性。

2. 适应市场变化

存货储备能增强企业在生产和销售方面的机动性以及适应市场变化的能力。

3. 降低进货成本

企业采取大批量购货方式,可获得较多的商业折扣,同时可以减少购货次数,降低采购费用支出,有助于降低购货成本,只要购货成本的降低额大于因存货增加而导致的储存等各项费用的增加额,购货方案就是可行的。

4. 维持均衡生产

对于那些属于季节性生产的产品,企业生产所需材料的供应具有季节性,为实行均衡生产,降低生产成本,就必须适当储备一定的半成品存货或保持一定的原材料存货,以缓冲生产水平的高低变化对企业生产活动及盈利能力的影响。

二、存货成本

存货成本主要包括以下内容：

1. 进货成本

进货成本主要由存货的进价成本、进货费用及采购税金(如进项税额)三方面构成。其中，进价成本又称购置成本，是指存货本身的价值，等于采购单价与采购数量的乘积。在一定时期进货总量既定的条件下，无论企业采购次数如何变动，存货的进价成本通常是保持相对稳定的(假设物价不变且无采购数量折扣)，因而属于决策无关成本。进货费用又称订货成本，是指企业为组织进货而开支的费用。进货费用有一部分与订货次数有关，这类变动性进货费用属于决策的相关成本；另一部分与订货次数无关，这类固定性进货费用则属于决策的无关成本。采购税金是指存货采购时包含在采购价格中的税金，如增值税进项税额。

2. 储存成本

储存成本，即企业为持有存货而发生的费用。与进货费用一样，储存成本可以按照与储存数额的关系分为变动性储存成本和固定性储存成本两类。其中，固定性储存成本与存货储存数额的多少没有直接的联系，这类成本属于决策的无关成本；而变动性储存成本则随着存货储存数额的增减成正比例变动关系，这类成本属于决策的相关成本。

3. 缺货成本

缺货成本是指因存货不足而给企业造成的停产损失、延误发货的信誉损失及丧失销售机会的损失等。缺货成本能否作为决策的相关成本，应视企业是否允许出现存货短缺的不同情形而定。若允许缺货，则缺货成本便与存货数量反向相关，即属于决策相关成本；反之，若企业不允许发生缺货情形，此时缺货成本为零，也就无须加以考虑。

三、存货总成本的分析

确定存货的最优水平，关键在于如何做到既能满足生产(销售)需要，又能使存货上所耗费的总成本达到最低水平。

存货上所耗费的总成本，主要包括取得成本、储存成本和缺货成本三个部分。

(一)取得成本

取得成本是指为取得某种存货而支出的成本，常用 TC_a 来表示。其中又分为订货成本和购置成本。

1. 订货成本

订货成本是指取得订单的成本，如办公费、差旅费、邮资、电话费等支出。订货成本中有一部分与订货次数无关，如常设采购机构的基本开支等，称为订货的固定成本，用 F_1 表示。另一部分与订货次数有关，如差旅费、邮资等，称为订货的变动成本。每次订货的变动成本用 K 表示。订货次数等于存货年需要量 D 与每次进货批量 Q 之比。订货成本的计算为：

$$订货成本=F_1+\frac{D}{Q}\times K$$

在实际分析决策时，订货的固定成本一般可以不加考虑，因为其属于共同成本，或无关成本。订货的相关成本公式可简写为：

$$订货成本=\frac{D}{Q}\times K$$

2. 购置成本

购置成本是指存货本身的价值，经常用数量与单价的乘积来确定。年需要量用 D 表示，单价用 U 表示，于是购置成本为 DU。

订货成本加上购置成本，就等于存货的取得成本。其用公式可表示为：

取得成本＝订货成本＋购置成本

＝订货固定成本＋订货变动成本＋购置成本

即：

$$TC_a=F_1+\frac{D}{Q}\times K+DU$$

(二)储存成本

储存成本是指为保持存货而发生的成本，包括存货占用资金所应计的利息(若企业用现有现金购买存货，便失去了现金存放银行或投资于证券本应取得的利息，即为“放弃利息”；若企业借款购买存货，便要支付利息费用，即为“付出利息”)、仓库费用、保险费用、存货破损和变质损失等，通常用 TC_c 来表示。

储存成本也分为固定成本和变动成本。固定成本与存货数量的多少无关，如仓库折旧、仓库职工的固定月工资等，常用 F_2 表示。变动成本与存货的数量有关，如存货资金的应计利息、存货的破损和变质损失、存货的保险费用等，用 K_c 表示。用公式表达的储存成本为：

储存成本＝储存固定成本＋储存变动成本

即：

$$TC_c=F_2+K_c\times\frac{Q}{2}$$

储存成本中的固定成本部分与订货成本的固定成本一样属于与决策无关的成本，因此也可把公式简写为：

$$TC_c=K_c\times\frac{Q}{2}$$

(三)缺货成本

缺货成本是指由于存货供应中断而造成的损失，包括材料供应中断造成的停工损失、产成品库存缺货造成的拖欠发货损失和丧失销售机会的损失(还应包括需要主观估计的商誉损失)，如果生产企业紧急采购代用材料解决库存材料中断之急，那么缺货成本表现为紧急额外购入成本(紧急额外购入的开支会大于正常采购的开支)。缺货成本用 TC_s 表示。

如果以 TC 来表示储备存货的总成本，它的计算公式则为：

$$TC=TC_a+TC_c+TC_s=F_1+\frac{D}{Q}\times k+DU+F_2+K_c\times\frac{Q}{2}+TC_s$$

企业存货的最优化，即是使上式 TC 值最小。

四、存货经济订货量的确定

按照存货管理的目的，需要通过合理的进货批量和进货时间，使存货的总成本最低。这个批量称经济订货量或经济批量。有了经济订货量，可以很容易地找出最适宜的进货时间。

与存货总成本有关的变量（即影响总成本的因素）很多，为了解决比较复杂的问题，有必要简化或舍弃一些变量，先研究解决简单的问题，然后扩展到复杂的问题。这需要设立一些假设，在此基础上建设经济订货量的基本模型。

（一）经济订货量的基本模型

1. 经济订货量基本模型需要设立的假定条件

（1）企业能够及时补充存货，即需要订货时便可以立即取得存货；

（2）能集中到货，而不是陆续入库；

（3）不允许缺货，即无缺货成本，TC_s 为零，这是因为良好的存货管理本来就不应该出现缺货成本；

（4）需要量确定，即 D 为已知常量；

（5）存货单价不变，不考虑现金折扣，即 U 为已知常量；

（6）企业现金充足，不会因现金短缺而影响进货；

（7）所需存货市场供应充足，不会因买不到需要的存货而影响其他。

2. 基本模型的确立及其相关指标的计算

设立了上述假设后，存货总成本的公式可以简化为：

$$TC=F_1+\frac{D}{Q}\times k+DU+F_2+K_c\times\frac{Q}{2}$$

当 F_1、K、D、U、F_2、K_c 为常数时，TC 的大小取决于 Q。为了求出 TC 的极小值，对其进行求导演算，可得出下列公式：

$$Q=\sqrt{2DK/K_c}$$

上式称为经济订货量基本模型，求出的每次订货批量可使 TC 达到最小值。

【案例 9—4—1】 假设萨克森公司生产某种葡萄酒配件，每年耗用某种材料 3 600 千克，该材料单位成本 10 元，单位存储成本为 2 元，一次订货成本 25 元。则：

$$Q=\sqrt{\frac{2DK}{K_c}}=\sqrt{\frac{2\times 3\ 600\times 25}{2}}=300(\text{千克})$$

经济订货量也可以用图解法求得。其方法为：先计算出一系列不同批量的各种有关成本，然后在坐标图上描出由各有关成本构成的订货成本线、储存成本线和总成本线，总成本的最低点（或者是订货成本线和储存成本线的交接点）相应的批量，即为经济订货量。

根据【案例 9—4—1】的资料，不同批量下的有关成本指标如表 9—4—1 所示：

表 9—4—1　　不同批量下的有关成本指标

项　目	订货批量					
	100	200	300	400	500	600
平均存量	50	100	150	200	250	300
储存成本	100	200	300	400	500	600
订货次数	36	18	12	9	7.2	6
订货成本	900	450	300	225	180	150
总成本	1 000	650	600	625	680	750

不同批量的有关成本指标如图 9—4—1 所示：

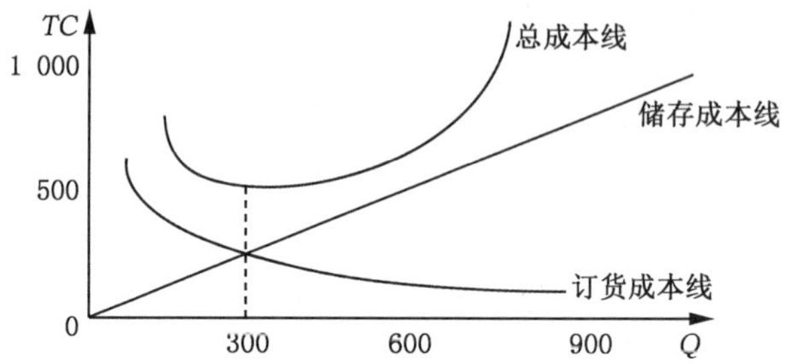

图 9—4—1　不同批量下的有关成本指标图

从以上成本指标的计算和图形可以很清楚地看出，当订货批量为 300 千克时，总成本最低；小于或超过这一批量，都是不合算的。

由图 9—4—1 还可以看出，总成本最低的经济订货量是订货成本和储存成本相等的批量点，经济订货量的基本模型也可按下列公式关系加以推导：

订货成本＝储存成本

$$\frac{D}{Q}\times k=K_c\times\frac{Q}{2}$$

则经济订货量 Q 可以推导如下：

$$Q^2=\sqrt{\frac{2DK}{K_c}}$$

$$Q=\sqrt{\frac{2DK}{K_c}}$$

3. 相关指标的计算

根据经济订货量的基本模型公式，可以得出如下几个相关指标：每年最佳订货次数、经济订货量的总成本、最佳订货周期和经济订货量占用资金。

(1)每年最佳订货次数。

如果事先计算出经济订货量，即每次的订货量，则在全年存货需求量一定的情况下，便可计算出每年最佳订货次数。其计算公式为：

$$订货次数=\frac{存货全年需要量}{经济订货量}$$

即：

$$N=\frac{D}{Q}$$

(2)经济订货量的总成本。

经济订货量和每年最佳订货次数确定以后，即可据此确定经济订货量的总成本。其计算公式为：

经济订货量的总成本＝全年订货成本＋全年储存成本

即：

$$TC_Q=K\times N+K_c\times\frac{Q}{2}$$

经济订货量的总成本＝单位储存成本×经济订货量

即：

$$TC_Q=2K_c\times\frac{Q}{2}=K_c\times Q$$

(3)最佳订货周期。

最佳订货周期用公式表示为：

$$\text{最佳订货周期}=\frac{\text{计算期天数}}{\text{全年订货次数}}$$

即：

$$t=\frac{1\text{年}}{N}$$

(4)经济订货量占用资金。

经济订货量占用资金是指最高订货量与最低订货量占用资金的平均数。其计算公式为：

经济订货量占用资金＝平均经济订货量×产品单价

即：

$$G=\frac{Q}{2}\times u$$

【案例9—4—2】 根据【案例9—4—1】的资料，相关指标计算如下：

$$N=\frac{D}{Q}=\frac{3\ 600}{300}=12(\text{次})$$

$$TC_Q=K_c\times Q=2\times 300=600(\text{元})$$

$$T=\frac{1\text{年}}{N}=\frac{12\text{个月}}{12}=1$$

$$G=\frac{Q}{2}\times u=\frac{300}{2}\times 10=1\ 500(\text{元})$$

(二)经济订货量基本模型的扩展

经济订货量的基本模型是在前述各假设条件下建立的，但现实生活中能够满足这些假设条件的情况十分罕见。为使模型更接近于实际情况，具有较高的可用性，需逐一放宽假设，同时改进模型。

1. 订货提前期

一般情况下，企业的存货不能做到随时补充，因此不能等存货用完再去订货，而需要在没有用完前提前订货。提前订货的情况下，企业再次发出订货单时，尚有存货的库存量称为再订货点，用R表示。它的数量等于交货时间(L)和每日平均需求量(d)的乘积。

【案例9—4—3】 根据【案例9—4—1】和【案例9—4—2】的资料，萨克森公司订货日至到货期的时间为10天，每日存货需求量10千克，那么：

$R=L\times d=10\times 10=100$(千克)

即企业在尚存100千克存货时，就应当再次订货，等到下批订货到达时(发出再次订货单10天后)，原有库存刚好用完。此时，有关存货的每次订货批量、订货次数、订货间隔时间等并无变化，与瞬间补充时相同。

这就是说，订货提前期对经济订货量并无影响，可以按原来瞬时补充情况下的300千克为订货批量，只不过在达到再订货点（库存100千克)时即发出订货单罢了。

2. 存货陆续供应和使用

在建立基本模型时，是假设存货一次全部入库，故存货增加时存量变化为一条垂直的直线。事实上，各批存货可能陆续入库，使存量陆续增加。尤其是产成品入库和在产品的转移，几乎总是陆续供应和陆续耗用的。在这种情况下，需要对基本模型做一些修改。

【案例9—4—4】 A零件年需求量(D)为3 600件，每日送货量(p)为30件，每日耗用量(d)为10件，单价(U)为10元，一次订货成本(生产准备成本)(K)为25元，单位储存变动成本(K_c)为2元。

设每批订货数为Q，由于每日送货量为p，故该批货全部送达所需日数为$\frac{Q}{p}$，称为送货期。

因零件每日耗用量为d，故送货期内的全部耗用量为$\frac{Q}{p}\times d$。

由于零件边送边用，所以每批送完时，最高库存量为$Q-\frac{Q}{p}\times d$；平均存量则为$\frac{1}{2}(Q-\frac{Q}{p}\times d)$。

这样，与批量有关的总成本为：

$$TC_Q=\frac{D}{Q}\times K+\frac{1}{2}(Q-\frac{Q}{p}\times d)\times K_c=\frac{D}{Q}\times K+\frac{Q}{2}(1-\frac{d}{p})\times K_c$$

在订货变动成本与储存变动成本相等时，TC_Q有最小值，故存货陆续供应和使用的经济订货量公式为：

$$\frac{D}{Q}\times K=\frac{Q}{2}(1-\frac{d}{p})\times K_c$$

$$Q=\sqrt{\frac{2DK}{K_c}\times(\frac{p}{p-d})}$$

将这一公式代入上述TC_Q公式中，可得出存货陆续供应和使用的经济订货量的总成本公式：

$$TC_Q=\sqrt{2DK\times K_c\times(1-\frac{d}{p})}$$

将本例中的数据代入上式，得：

$$Q=\sqrt{\frac{2\times 25\times 3\ 600}{2}\times\frac{30}{30-10}}=367(\text{件})$$

$$TC_Q=\sqrt{2\times 25\times 3\ 600\times 2\times(1-\frac{10}{30})}=490(\text{元})$$

陆续供应和使用的经济订货量模型，还可以用于自制和外购的选择决策。自制零件属于边送边用的情况，平均存量较少，单位成本可能很低，但每批零件投产的生产准备成本比一次外购零件的订货成本可能高出许多。外购零件的单位成本可能较高，平均存量较高，但订货成本可能比较低。要在自制零件和外购零件之间做出选择，需要全面衡量它们各自的总成本，才能得出正确的结论。

3. 保险储备

之前讨论，假定存货的供需稳定且确知，即每日需求量不变、交货时间也固定不变。实际上，每日需求量可能变化，交货时间也可能变化。按照某一订货批量（如经济订货批量）和再订货点发出订单后，如果需求增大或送货延迟，就会发生缺货或供货中断。为防止由此造成的损失，需要多储备一些存货，以备应急之需，称为保险储备（安全存量）。这些存货在正常情况下不动用，只有当存货过量使用或送货延迟时才动用。

【案例 9—4—5】 根据【案例 9—4—4】的资料，保险储备如图 9—4—2 所示：

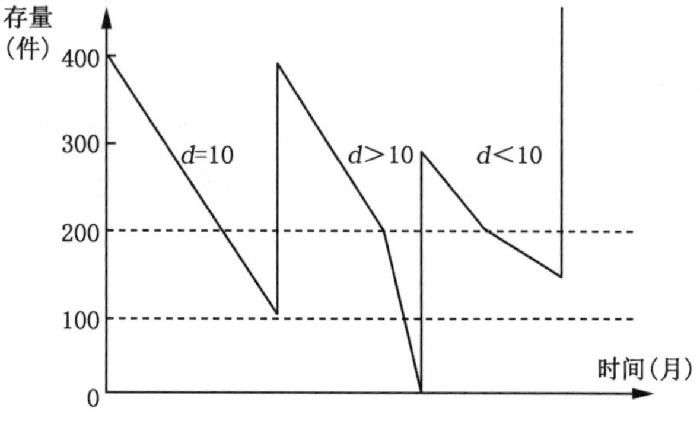

图 9—4—2　保险储备示意图

图 9—4—2 中，年需求量(D)为 3 600 件，已知算出的经济订货量为 300 件，每年订货 12 次。又知全年平均日需求量(d)为 10 件，平均每次交货时间(L)为 10 天。为防止需求变化引起缺货损失，该保险储备量(B)为 100 件，再订货点 R 由此而相应提高为：

R ＝交货时间×平均日需求量＋保险储备

$\quad=L\times d+B=10\times 10+100=200$(件)

在第一个订货周期里，$d=10$，不需要动用保险储备；在第二个订货周期内，$d>10$，需求量大于供应量，需要动用保险储备；第三个订货周期内，$d<10$，不仅不需动用保险储备，正常储备也未用完，下次订货即已送到。

建立保险储备，固然可以使企业避免缺货或供应中断造成的损失，但存货平均储备量加大却会使储备成本升高。研究保险储备的目的，就是要找出合理的保险储备量，使缺货或供应中断损失和储备成本之和最小。在方法上，可先计算出各个不同保险储备量下的总成本，然后再对总成本进行比较，选定其中最低的。

如果设与此有关的总成本为 $TC(S,B)$，缺货成本为 C_s，保险储备成本为 C_B，则：

$$TC(S,B)=C_s+C_B$$

设单位缺货成本为 K_n，一次订货缺货量为 S，年订货次数为 N，保险储备量为 B，单位存货存储成本为 K_n，则：

$$C_s=K_n\times S\times N$$

$$C_B=B\times K_c$$

$$TC(S,B)=K_n\times S\times N+B\times K_c$$

在现实中，缺货量具有随机性，其概率可根据历史经验估计得出，保险储备量 B 可选样。

【案例 9—4—6】 根据【案例 9—4—4】的资料，假定 $D=3\ 600$（件），$K_c=2$（元），$K_n=4$（元），交货时间 $L=10$（天）；已经计算出经济订货量 $Q=300$（件），每年订货次数 $N=12$（次）。交货期的存货需要量及其概率分布如表 9—4—2 所示：

表 9—4—2　　不同保险储备量的总成本

需求量（$10\times d$）	70	80	90	100	110	120	130
概率（P）	0.01	0.04	0.20	0.50	0.20	0.40	0.01

先计算不同保险储备量的总成本：

(1)不设置保险储备量。

即令 $B=0$，仍以 100 件为再订货点。此种情况下，当需求量为 110 件或者以下时，不会发生缺货，其概率为 0.75（0.01+0.04+0.20+ 0.50）；当需求量为 110 件时，缺货 10 件（110—100），其概率为 0.20；当需求量为 120 件时，缺货 20 件（120—100），其概率为 0.04；当需求量为 130 件时，缺货 30 件（130—100），其概率为 0.01。因此，$B=0$ 时缺货的期望值 S_0、总成本 $T(S,B)$ 可计算如下：

$S_o=(110-100)\times 0.2+(120-100)\times 0.04+(130-100)\times 0.01=3.1$（件）

$TC(S,B)=K_n\times S_0\times N+B\times K_c=4\times 3.1\times 12+0\times 2=148.8$（元）

(2)保险储备量为 10 件。

即 $B=10$，以 110 件为再订货点。此种情况下，当需求量为 110 件或者以下时，不会发生缺货，其概率为 0.95（0.01+0.04+0.20+0.50+0.20）；当需求量为 120 件时，缺货 10 件（120—110），其概率为 0.04；当需求量为 130 件时，缺货 20 件（130—110），其概率为 0.01。因此，$B=10$ 时缺货的期望值 S_{10}、总成本 $TC(S,B)$ 可计算如下：

$S_{10}=(120-110)\times 0.04+(130-110)\times 0.01=0.6$（件）

$TC(S,B)=K_n\times S_{10}\times N+B\times K_c=4\times 0.6\times 12+10\times 2=48.8$（元）

(3)保险储备量为 20 件。

同样运用以上方法，可计算 S_{20}、$TC(S,B)$ 为：

$S_{20}=(130-120)\times 0.01=0.1$（件）

$TC(S,B)=4\times 0.1\times 12+20\times 2=44.8$（元）

(4)保险储备量为 30 件。

即 $B=30$ 件，再订货点 130 件。此种情况下可满足最大需求，不会发生缺货，因此：

$S_{30}=0$(件)

$TC(S,B)=4\times0\times12+30\times2=60$(元)

然后，比较上述不同保险储备量的总成本，以其低者为最佳。

当 $B=20$(件)时，总成本为 44.8 元，是各总成本中最低的，故应确定保险储备量为 20 件，或者说应确定以 120 件为再订货点。

本例中解决的是由于需求量变化引起的缺货问题。至于由于延迟交货引起的缺货，也可以通过建立保险储备量的方法来解决。其保险储备量的确定，可将延迟的天数折算为增加的需求量，其余计算过程与前述方法相同。如在本例，若企业延迟到货 3 天的概率为 0.01。则可认为缺货 30 件(3×10)或者交货期内需求量为 130 件($10\times10+30$)的概率为 0.01。这样就把交货延迟问题换算成了需求过量问题。

(三)存货评价

对企业存货状况的评价可以通过一些综合性指标的计算与分析进行。

1. 存货周转率

存货周转率是衡量企业购、产、销平衡的一种尺度，它是销售成本被平均存货所除而得的比率。其计算公式为：

$$存货周转率=\frac{销售成本}{平均存货}$$

公式中的分母为存货的平均值，即(期初存货＋期末存货)÷2。这是因为分子销售成本是一定时期内发生的，而如果分母简单地用某一特定时点的存货价值(如某一天的存货余额)，就会使构成两者的时间基础有差异。这是在使用这一指标时应当注意的。

一般来说，存货周转速度越快，存货的占用水平越低，流动性就越强，即存货转换为现金或应收账款的速度越快，存货管理的业绩越好。但是，也不能完全忽视存货批量的因素。在存货批量(包括材料采购批量和产成品生产批量)很小的情况下，存货会很快地转换；但批量过小，订货成本或生产准备成本便会上升，甚至造成缺货成本，反而使总成本增大，产生负效应。因此，财务人员应正确地运用这一指标，不可绝对地认为存货周转率越快越好。实际上，对任何财务问题，都应当全面、辩证地处理，这样才能取得满意的总体效益。

存货周转率的快慢，要与其他企业或行业平均水平比较而定。高于行业平均水平(或有代表性的典型企业的平均水平)，表明企业的存货管理效果好；否则，表明企业的存货管理效果尚未达到一般的应有程度，存在较多有待改进的方面。

2. 存货周转天数

存货周转天数是存货周转率的时间表现，表明在正常的存货周转率下，存货转换为现金或应收账款所需要的天数。其计算公式为：

$$存货周转天数=\frac{360}{存货周转率}$$

当存货周转率高时，存货周转天数就少；当存货周转率低时，存货周转天数就多。一般来说，存货周转天数越短，说明企业的存货管理越佳；反之，则说明企业的存货管理越差。

(四)及时生产的存货系统

及时生产系统(Just-in-Time System,JIT)是指通过合理规划企业的产、供、销过程,使从原材料采购回到产成品销售每个环节都能紧密衔接,减少制造过程中不增加价值的作业,减少库存、消除浪费,从而降低成本、提高产品质量,最终实现企业效益最大化。

1. 及时生产的存货系统的基本原理

及时生产的存货系统的基本原理是:只有在使用之前才从供应商处进货,从而将原材料或配件的库存数量减少到最小;只有在出现需求或接到订单时才开始生产,从而避免产成品的库存。及时生产的存货系统要求企业在生产经营的需要与材料物资的供应之间实现同步,使物资传送与作业加工速度处于同一节拍,最终将存货降低到最小限度,甚至零库存。

2. 及时生产的存货系统运行的基本条件

一般而言,采用及时生产的存货系统需要具备以下基本条件:(1)地理位置集中;(2)可靠的质量;(3)可以管理的供应商网络;(4)较小的生产批量和较大的生产弹性;(5)管理层的积极参与。

3. 及时生产的存货系统的优缺点

及时生产的存货系统的优点为:降低库存成本,减少从订货到交货的加工等待时间,提高生产效率;降低废品率、再加工和担保成本。

及时生产的存货系统的缺点为:及时生产的存货系统要求企业内外部全面协调与配合,一旦供应链破坏,或企业不能在很短的时间内根据客户需求调整生产,企业生产经营的稳定性将会受到影响,经营风险加大。此外,为了保证能够按合同频繁小量配送,供应商可能要求额外加价,企业因此丧失了从其他供应商那里获得更低价格的机会收益。

第五节 营运资金政策

营运资金政策包括营运资金持有政策和营运资金筹集政策,它们分别解决如何确定营运资金持有量和如何筹集营运资金两个方面的问题。

一、营运资金持有政策

(一)资产组合策略

如前所述,广义的营运资金是指企业流动资产投资总额,流动资产随企业业务量的变化而变化,业务量越大,其所需的流动资产越多。但它们之间并非呈线性关系,由于规模经济、使用效率等方面的原因,流动资产以递减的比率随业务量增长,这就产生了如何把握流动资产投资量的问题。

营运资金持有量的高低,影响着企业的收益和风险。较高的营运资金持有量意味着在固定资产、流动负债和业务量一定的情况下流动资产额较高,即企业拥有较多的现金、有价证券和较高保险储备量的存货。这会使企业有较大的把握按时支付到期债务,及时供应生产用材料和准时向客户提供产品,从而保证经营活动平稳地进行,风险性较小。但是由于流动资产的收益性一般低于固定资产，所以较高的流动资产比重会降低企业的收益性。而较低的营运资金持有量带来的后果正好相反。因为较低的流动资产比重会使企业的收益率较高，但较少的现金、有价证券量和较低的存货保险储备量会降低企业的偿债能力和采购支付能力，造成信用损失、材料供应中断或生产阻塞、不能准时供货而失去客户，这些都会加大企业的风险。

从以上分析可以看出，营运资金持有量的确定就是在收益与风险之间进行权衡的结果。对于既定的固定资产规模，将持有较高的营运资金称为宽松的营运资金政策，而将持有较低的营运资金称为紧缩的营运资金政策。前者的收益和风险均较低，后者的收益和风险均较高。介于两者之间的是适中的营运资金政策。在适中的营运资金政策下，营运资金的持有量不过高也不过低，现金恰好足以应付支付之需，存货足够满足生产和销售所用，除非利息高于资本成本（这种情况不大可能发生），一般企业不保留有价证券。从以上三种政策来看，适中的营运资金政策最贴近股东财富最大化的财务管理目标。然而，在现实经济生活中却很难定量描述适中政策的营运资金持有量。这是因为营运资金水平是多种因素共同作用的结果，所以各企业应当根据自身情况和环境条件，按照适中营运资金政策的指导原则，确定适当的营运资金持有量。

上面讨论了企业在既定固定资产规模前提下，如何合理选择流动资产的资金投入规模。其实，企业在做出这方面的政策选择之后，在流动资产内部各项目之间的资金投入规模也需做出合理选择。这种选择同样需要依据对各类资产的收益与风险所进行的权衡。从风险的角度考虑，流动资产中各项资产的流动性由强到弱依次为：现金、有价证券、应收账款及存货。考虑到应收账款和存货对于企业主营业务经营的作用及其为企业带来的潜在盈利能力，流动资产中各项目的收益性由强到弱依次为：存货、应收账款、有价证券及现金。管理者可以选择高收益、高风险的政策，也可以选择低收益、低风险的政策，或者是折中的政策。这方面政策选择的影响因素与营运资金持有量确定时的有关影响因素大体相同。

（二）影响资产组合的因素

对于一个特定的企业而言，究竟应该选择哪种类型的营运资金持有政策及流动资产内各项目的组合策略，需要从以下几方面考虑：

1. 企业营业周期的长短

营业周期越长，企业在产品、产成品及应收账款等项目上占用的资金越多，因而不适宜采用紧缩的营运资金政策。

2. 企业销售收入和现金流量的波动性

销售收入和现金流量的波动较大，则企业流动资产规模相对较大。

3. 偿债能力比率的行业标准

不同行业的偿债能力比率（如流动比率等）往往有较大差异，若企业所在行业的偿债能力比率标准较低，则通常应选择趋于紧缩的营运资金政策。

4. 存货政策

采用较高存货保险储备量的企业，显然与宽松的营运资金持有政策相适应。

5. 信用政策

采用较为宽松的信用政策必然导致较高的应收账款余额，因而要求企业选择宽松的营运资金持有政策。

6. 企业流动资产管理效率

若企业流动资产管理效率较低，则不适合选择紧缩的营运资金持有政策。

7. 管理者对风险的态度

究竟选择哪种政策，最终需要由管理者做出选择。激进的管理者一般会选择紧缩的营运资金政策，而保守的管理者则通常可能选择宽松的营运资金政策。

8. 企业在业务经营、财务和其他方面的风险

对于在业务经营、财务和其他方面要承受较高风险，并希望限制任何营运资金方面风险的公司而言，宽松的营运资金持有政策是适宜之计。

二、营运资金筹集政策

(一)筹资组合策略

营运资金筹集政策是营运资金政策的研究重点。研究营运资金的筹集政策，首先需要对构成营运资金的两个要素——流动资产和流动负债进行分析，然后再考虑两者之间的匹配。

1. 流动资产和流动负债的分析

一般来说，经常按照周转时间的长短对企业的资产进行分类，即周转时间在一年以下的为流动资产，包括货币资金、短期投资、应收账款、应收票据、存货等；周转时间在一年以上的为长期资产，包括长期投资、固定资产、无形资产等。对于流动资产，如果按照用途再做区分，则可以分为临时性流动资产和永久性流动资产。临时性流动资产是指那些受季节性、周期性影响的流动资产，如季节性存货、销售和经营旺季的应收账款。永久性流动资产则是指那些即使企业处于经营低谷也仍然需要保留的，用于满足企业长期稳定需要的流动资产。

企业的负债则按照债务时间的长短，以一年为界限，分为短期负债和长期负债。短期负债包括短期借款、应付账款、应付票据等，长期负债包括长期借款、长期债券等。短期负债容易取得，筹资速度快，筹资成本较低且富有弹性，不过由于短期负债需要在短期内偿还且短期负债利率的波动性较大，因而筹资风险较高。与流动资产按照用途划分的方法相对应，流动负债可分为临时性负债和自发性负债。临时性负债是指为了满足临时性流动资金的需要而发生的负债，如企业在销售旺季为满足销售需要而超量购入货物所举借的债务。自发性负债则是指直接产生于企业持续经营中的负债，如商业信用筹资和日常运营中产生的其他应付款，以及应付工资、应付利息、应交税费等。

2. 流动资产和流动负债的匹配

营运资金筹集政策主要是就如何安排临时性流动资产和永久性流动资产的资金来源而言的，一般可划分为三种，即配合型筹资政策、激进型筹资政策和稳健型筹资政策。

(1)配合型筹资政策。

配合型筹资政策的特点：对于临时性流动资产，运用临时性负债筹集资金满足其资金需要；对于永久性流动资产和固定资产(以下统称为永久性资产)，运用长期负债、自发性负债和权益资本筹集资金满足其资金需求。配合型筹资政策如图 9—5—1 所示：

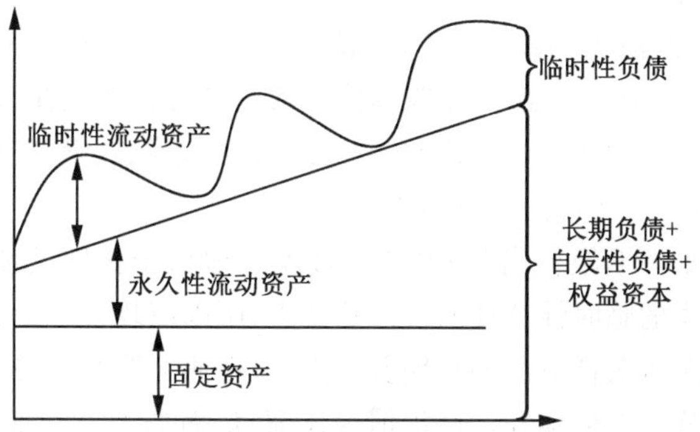

图 9—5—1　配合型筹资政策

配合型筹资政策要求企业临时负债筹资计划严密，实现现金流动与预期安排相一致。在季节性低谷时，企业应当除了自发性负债外没有其他流动负债；只有在临时性流动资产的需求高峰期时，企业才举借各种临时性债务。

【案例 9—5—1】 假设某企业在生产经营的淡季需占用 300 万元的流动资产和 700 万元的固定资产，据预测，生产经营高峰期会额外增加 400 万元的季节性存货需求。若公司采取配合型筹资政策，则对在任何时候都需要的 1 000 万元应通过长期负债、自发性负债和权益资本筹集资金，而只在经营高峰期才借入 400 万元的短期借款。

配合型筹资策略的基本思想是将资产与负债的期间相匹配，以降低企业不能偿还到期债务的风险和尽可能降低债务的资本成本。但是，事实上诸多不确定因素的存在往往使资产与负债很难达到完全的匹配。如上例所述，一旦企业生产经营高峰期内的销售不理想，未能取得现金销售收入，便会发生偿还临时性负债的困难。因此，配合型筹资政策是一种理想的、对企业有着较高资金使用要求的营运资金筹集政策。

(2)激进型筹资政策。

激进型筹资政策的特点：临时性负债不但融通临时性流动资产的资金需要，而且解决部分永久性资产的资金需要。激进型筹资政策如图 9—5—2 所示：

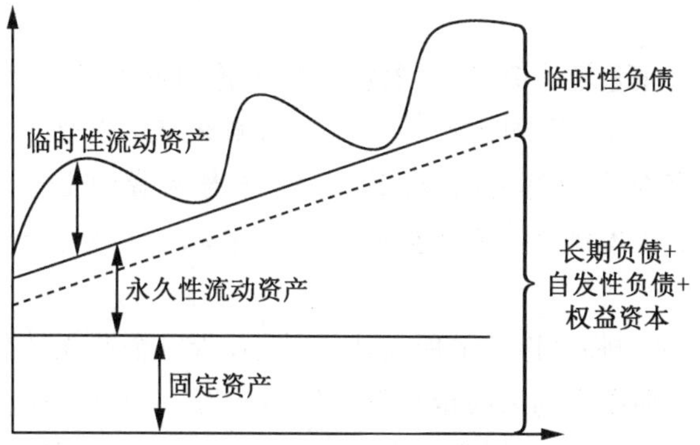

图 9—5—2　激进型筹资政策

从图 9—5—2 中可以看出，激进型筹资政策中的临时性负债在企业全部资金来源中所占比重大于配合型筹资政策。

【案例 9—5—2】 根据【案例 9—5—1】的资料，若企业权益资本、长期负债和自发性负债的筹资额低于 1 000 万元(即低于正常经营期的流动资产占用与固定资产占用之和)，比如只有 900 万元，则有 100 万元的永久性资产和 400 万元的临时性流动资产需要由临时性负债筹资来解决。这就表明企业实行的是激进型筹资政策。

由于临时性负债(如短期银行借款)的资本成本一般低于长期负债和权益资本的资本成本，而激进型筹资政策中的临时性负债所占比重较大，所以该政策下企业的资本成本较低。但从另一方面来看，为满足永久性资产的长期资金需要，企业必然要在临时性负债到期后重新举债或申请债务展期，这样企业便会经常地举债和还债，从而加大筹资难度和风险，并且可能面临由于短期负债利率的变动而增加企业资本成本的风险。所以，激进型筹资政策是一种收益性和风险性均较高的营运资金筹集政策。

(3)稳健型筹资政策。

稳健型筹资政策的特点是，临时性负债只融通部分临时性流动资产的资金需要，另一部分临时性流动资产和永久性资产则由长期负债、自发性负债和权益资本作为资金来源。稳健型筹资政策如图 9—5—3 所示：

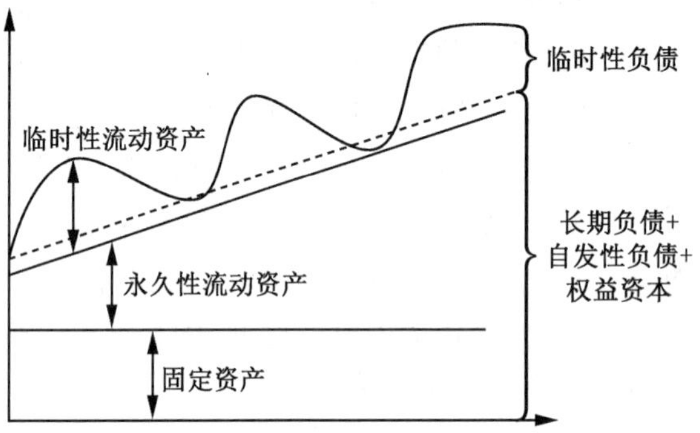

图 9—5—3 稳健型筹资政策

从图 9—5—3 中可以看到，与配合型筹资政策相比，稳健型筹资政策中临时负债占企业全部资金来源的比重较小。

【案例 9—5—3】 根据【案例 9—5—1】的资料，无论何时的长期负债、自发性负债和权益资本之和总是高于 1 000 万元，比如达到 1 100 万元，则旺季季节性存货的资金需要只有一部分(300 万元)靠当时的短期借款解决，其余部分的季节性存货和全部永久性资金则要由长期负债、自发性负债和权益资本提供。而在生产经营的淡季，企业可将闲置资金(100 万元)投资于短期有价证券。

由于稳健型筹资政策中临时性负债所占比重较小，所以企业无法偿还到期债务的风险较低，同时遭受短期利率变动损失的风险也较低。但是从另一方面来看，稳健型筹资政策会因长期负债资本成本高于临时性负债的资本成本以及在经营淡季时仍需负担长期负债利息而降低收益。所以，稳健型筹资政策是一种风险性和收益性均较低的营运资金筹集政策。

上面讨论了短期筹资与长期筹资之间的关系。企业在进行营运资金管理时，除了需要考虑短期筹资与长期筹资之间的关系以外，还要考虑短期筹资各种方式之间的关系，即将银行货币信贷、货币市场工具及自发性筹资等方式合理配合使用。不同的短期筹资方式的资本成本及偿还期限各不相同，它们对风险和收益的影响也有一定的差别。

(二)影响筹资组合的因素

根据前面的分析知道，配合型筹资政策是一种理想的营运资金筹集政策。在现实的经济生活中企业往往会依据自身条件和外部环境来选择筹资方式，从而形成或趋于激进或趋于稳健的各种不同类型的营运资金筹集政策。影响企业筹资组合的因素主要包括以下几个方面：

1. 利率的期限结构

管理者在决定借款期限时应考虑收益曲线的形状。若收益曲线向上倾斜，则表明未来利率将上升，此时获得短期浮动利率借款或固定利率的长期借款可能较为适宜，应避免借入浮动利率的长期借款；若收益曲线向下倾斜，则表明未来利率将下降(这种情况较少，但并非绝对没有)，此时应避免借入固定利率的长期借款。

2. 企业的资本结构

报表分析者在考虑企业借入资金与自有资金的比例时，常常关注企业的长期借入资金。因此，若企业欲保持较低的资产负债率(当负债部分按长期负债计算时)，则可能采用激进型的营运资金筹集政策。当然，若分析人员注意到企业有部分短期负债持续用于支持长期性资产项目时，应考虑资产负债率的计算方法是否合适。

3. 企业取得长期资金的难易程度

一般来说，信用级别高的大企业更易获得权益资本、长期债券等长期资金，而小企业则较难获得这些来源的资金，银行短期贷款可能是较为现实的途径。

4. 企业管理层对待风险的态度

保守的管理者自然倾向选择稳健型的营运资金筹集政策；相反，具有冒险精神的管理者则倾向于选择激进型的营运资金筹集政策。

本章小结

营运资金又称营运资本，是一个企业维持日常经营所需的资金。营运资金有广义和狭义之分。广义的营运资金又称毛营运资金，是指企业流动资产总额。狭义的营运资金又称净营运资金，通常是指流动资产减去流动负债后的余额。营运资金是流动资产的一个有机组成部分，是企业短期偿债能力强弱的重要标志。企业要在风险和收益率两者之间进行权衡，合理确定流动资产与流动负债、流动资产与长期资产的比例关系，以及流动资产各项目的合理配置，处理好短期筹资的有关问题，制定出符合企业特点的营运资金管理政策。

现金是流动性最好的流动资产，现金有广义和狭义之分。本章采用广义现金观。企业持有现金的动机是要满足交易性、预防性和投机性需要。持有现金是有成本的，这些成本包括持有成本(机会成本)、转换成本、短缺成本和管理成本。在现金的管理决策中，主要在于确定最佳资金余额,这个决策可通过成本分析模式和存货模型等加以确定。

应收账款是企业因对外赊销产品、材料、提供劳务等面向购货或接受劳务单位收取的款项。企业持有应收账好处很多,但也要付出代价,包括机会成本、管理成本、坏账成本。应收账款管理的目标是:通过合理的信用政策,在增加的收益与发生的成本之间进行权衡比较,做出取舍。企业的信用政策包括信用标准、信用条件和收款政策三个方面。

存货是企业重要的流动资产,是企业进行正常生产经营活动的基础和条件。企业要储备适量存货以维持业务的正常进行。但存货占用了企业资金,持有它要付出相应的成本,包括采购成本、订购成本和储存成本。为了使存货成本最小,要对存货的需求量和订购量制订计划,并采用经济批量的管理方法。

复习思考题

1. 什么叫营运资金? 营运资金管理包括哪些内容?
2. 企业持有现金的动机是什么? 现金管理的内容有哪些?
3. 企业为什么要持有应收账款? 应收账款管理的主要内容有哪些?
4. 什么是经济批量? 如何确定经济批量?

自测题

一、单项选择题

1. 根据营运资金管理理论,下列各项中,不属于企业应收账款成本内容的是(　　)。

A. 机会成本　　B. 管理成本　　C. 短缺成本　　D. 坏账成本

2. 在营运资金管理中,企业将“从收到尚未付款的材料开始,到以现金支付该货之间所用的时间”称为(　　)。

A. 现金周转期　　B. 应付账款周转期

C. 存货周转期　　D. 应收账款周转期

3. 以下各项与存货有关的成本费用中,不影响经济进货批量的是(　　)。

A. 专设采购机构的基本开支　　B. 采购员的差旅费

C. 存货资金占用费　　D. 存货的保险费

4. 假设某企业预测的年赊销额为 2 000 万元,应收账款平均收账天数为 45 天,变动成本率为 60%,资本成本率为 8%,一年按 360 天计算,则应收账款的机会成本为(　　)万元。

A. 250　　B. 200　　C. 15　　D. 12

5. 下列各项中,属于现金支出管理方法的是(　　)。

A. 银行业务集中法　　B. 合理运用“浮游量”

C. 账龄分析法　　D. 邮政信箱法

6. 企业以赊销方式卖给客户甲产品 100 万元,为了客户能够尽快付款,企业给予客户的信用条件是“10/10,5/30,n/60”,则下面描述中,正确的是(　　)。

A. 信用条件中的10、30、60是信用期限

B. n表示折旧率，由买卖双方协商确定

C. 客户只要在60天以内付款就能享受现金折扣优惠

D. 客户只要在10天以内付款就能享受10%的现金折扣优惠

7. 某公司20×0年的应收账款总额为450万元，必要现金支付总额为200万元，其他稳定可靠的现金流入总额为50万元，则应收账款收现保证率为(　　)。

A. 33%　　B. 200%　　C. 500%　　D. 67%

二、多项选择题

1. 运用成本分析模式确定最佳现金持有量时，持有现金的相关成本包括(　　)。

A. 机会成本　　B. 转换成本　　C. 短缺成本　　D. 管理成本

2. 赊销在企业生产经营中所发挥的作用有(　　)。

A. 增加现金　　B. 减少存货　　C. 促进销售　　D. 减少借款

3. 在存货陆续供应和使用的情况下，导致经济批量降低的因素有(　　)。

A. 存货年需要量增加　　B. 一次订货成本增加

C. 每日耗用量增加　　D. 每日耗用量降低

E. 单位储存变动成本增加

4. 引起缺货问题的原因主要有(　　)。

A. 需求量的变化　　B. 交货期日需求量增大

C. 延迟交货　　D. 存货过量使用

三、判断题

1. 企业之所以持有一定数量的现金，主要是因为出于交易动机、预防动机和投机动机。(　　)

2. 订货提前期对存货每次的订货数量、订货次数、订货间隔时间并无影响。(　　)

3. 经济订货批量越大，进货周期越长。(　　)

四、计算分析题

1. 某企业每年需耗用A材料45 000件，单位材料年存储成本20元，平均每次进货费用为180元，A材料全年平均单价为240元。假定不存在数量折扣，不会出现陆续到货和缺货的现象。

要求：

(1)计算A材料的经济进货批量；

(2)计算A材料年度最佳进货批数；

(3)计算A材料的相关进货成本；

(4)计算A材料的相关存储成本；

(5)计算A材料经济进货批量平均占用资金。

2. 某企业预测20×5年度销售收入净额为4 500万元，现销与赊销比例为1∶4，应收账

款平均收账天数为 60 天，变动成本率为 50%，企业的资本成本率为 10%。一年按 360 天计算。

要求：

(1)计算 20×5 年度赊销额；

(2)计算 20×5 年度应收账款的平均余额；

(3)计算 20×5 年度维持赊销业务所需要的资金额；

(4)计算 20×5 年度应收账款的机会成本额；

(5)若 20×5 年应收账款需要控制在 400 万元，在其他因素不变的条件下，应收账款平均收账天数应调整为多少天？

3. 某企业生产的产品单价为 100 元，单位变动成本为 90 元。该企业目前采取的是较为严格的信用政策，年销售收入为 2 000 元，现有客户平均付款期为一个月。该企业现在考虑实行较为宽松的信用政策，预计年销售额将增至 23 000 000 万元，所争取到的新客户的平均付款期为两个月，而原有客户的付款习惯保持不变，平均付款期仍为一个月。另外，已知应收账款的机会成本为 10%。

要求：该企业是否实行较为宽松的信用政策？

第十章　公司利润与股利政策

我们赖以生存的经济社会的突出问题，是不能提供充分就业和武断而又不公平地分配财富和收入。

——约翰·梅纳德·凯恩斯

(John Maynard Keynes)

学习目标

◇　了解公司利润的构成与分配程序；

◇　掌握股利理论；

◇　掌握各种股利政策的基本原理、优缺点和适用范围；

◇　掌握股利分配方案的确定；

◇　熟悉股票股利的含义和优点；

◇　熟悉股票分割的含义、特点及作用；

◇　熟悉股票回购的含义、动机、方式及对股东的影响。

引导案例

美国微软公司 2004 年 7 月宣布，将拿出 750 亿美元的现金分配给公司股东。微软公司表示，将在未来 4 年的时间内从股东手中回购价值 300 亿美元的股票，并派发 320 亿美元的一次性现金股利，合每股 3 美元。该公司还表示将把全年现金股利分配额提高一倍至每股 32 美分。这将是微软历史上最大一笔现金支出，也创造了美国企业史上现金分红的最高纪录，同时将掀起高科技产业的现金分配浪潮。依照华尔街的惯例，一般是成熟产业中的企业才会定期向投资者分配红利，而像微软这类技术公司通常是将利润用于新产品开发或业务扩张。一些分析师据此断言：微软公司已从增长型公司进入成熟型公司行列。

微软的这一举动手笔大得惊人，对高科技公司的分红政策影响深远。据标准普尔统计，大型的高科技公司手头上均持有大量现金，英特尔、戴尔、思科和甲骨文持有的账面现金分别高达 131 亿美元、53 亿美元、89 亿美元和 80 亿美元。就在微软公司宣布大规模向股东发放股息后，全球最大的半导体制造商英特尔公司也在积极考虑将巨额现金储备中的一部分返还给股东。该公司表示,可能会选择加快股票回购计划、增加每季现金股利或者是像微软那样派发一次性现金股利的方式。一家持有微软股票的高科技成长型基金经理赫斯科夫兹认为其他公司仿效微软的做法只是早晚的问题。所有公司都会走向成熟,所以进行现金分配是迟早的事。他预测,未来的几年里将有越来越多的大型科技公司开始分配可观的现金股利。

外界认为,高科技公司已经度过了高增长阶段,日趋成为价值公司,应该把现金分配给股东了。摩根富林明资产管理公司一位分析师说:"公司管理者现在应重新考虑把分配红利看作增加投资者信心的重要手段,因为它可以向投资者昭示公司盈利前景稳定。"总而言之,一个公司利润如何分配,取决于多方面的因素,究竟采取怎样的股利分配政策,每个公司都应该根据各自所处的生命周期和发展形势来确定。

本章我们就要讨论关于公司盈利后如何选择股利分配政策以及如何利用分配政策来为公司的长远目标服务。

第一节　公司利润的构成与分配程序

一、利润的构成

(一)利润的含义

作为企业利润分配的对象——企业利润,有两层含义:一是利润总额,二是所得税后利润。以前,国有企业利润分配的对象一直被认为应该是利润总额,企业上交的所得税自然成为利润分配的一个内容。但从理论上和现行利税分流的财政体制和现行税收制度来讲,所得税是国家作为整个社会的管理者强制收取的一项税收,任何企业,不管其所有制、企业性质如何都必须无偿上交。从这一点看,任何企业的财务管理均对此无任何控制权,也无任何取舍权。因此,企业上交的所得税是一项必须支出的社会费用,企业真正的利润分配行为,应该从企业的税后利润开始。

(二)利润总额

利润总额用公式表示为:

利润总额＝营业利润＋营业外收入－营业外支出

式中,营业外收入(或支出)是指企业发生的与日常活动无直接关系的各项利得(或损失)。营业利润是公司利润的主要来源,利润总额包含了营业利润。

1. 营业利润

营业利润用公式表示为:

营业利润＝营业收入－营业成本－税金及附加－销售费用－管理费用－财务费用－资产减值损失＋公允价值变动收益(－公允价值变动损失)＋投资收益(－投资损失)

式中,营业收入是指企业经营业务所确定的收入总额,包括主营业务收入和其他业务收入;营业成本是指企业经营业务所发生的实际成本总额,包括主营业务成本和其他业务成本;

资产减值损失是指企业计算各项资产减值准备所形成的损失；公允价值变动收益（或损失）是指形成的应计入当期损益的利得（或损失）；投资收益（或损失）是指企业以各种方式对外投资所取得的收益（或发生的损失）。

2. 营业外收支净额

营业外收支净额是指与企业生产经营无直接关系的各项营业外收入减去各项营业外支出后的余额。

（三）净利润和应纳税所得额

企业利润总额扣除上交所得税后，才能作为利润分配的依据。企业会计核算的利润总额与计算所得税的利润总额因会计准则和税法在收入费用的确认范围、时间和标准上可能不一致而有差异，前者称净利润，后者称应纳税所得额，两者产生差异的主要原因有永久性差异和时间性差异。

二、利润分配的基本原则

分配活动是财务活动的重要一环，企业通过经营活动赚取收益，并将其在相关各方之间进行分配。企业的收益分配有广义的和狭义的两种：广义的收益分配是指对企业收入和收益总额进行分配的过程，狭义的收益分配则是指企业净收益的分配。由于税法具有强制性和严肃性，缴纳税款是企业必须履行的义务，从这个意义上来看，财务管理中的利润分配应当集中在企业净收益的分配上。本章主要讨论企业净收益的分配。

作为一项重要的财务活动，企业的收益分配应当遵循以下原则：

（一）依法分配原则

公司利润分配必须依法进行。企业的收益分配涉及国家、企业、股东、债权人、职工等多方面的利益。正确处理各方面间的利益关系，协调各方的利益矛盾，是进行收益分配的重要方面。为了规范企业的收益分配行为，国家颁布了相关法规，这些法规规定了企业收益分配的基本要求、一般程序和重大比例，企业应当认真执行，不得违反。

（二）资本保全原则

公司利润分配必须以资本保全为前提。公司利润分配是对投资者投入资本的增值部分所进行的，不是投资者资本金的返还。以企业的资本金进行的分配，属于一种清算行为，而不是收益的分配。企业必须在有可供分配留存收益的情况下进行收益分配，不允许用资本金分配，只有这样才能充分保护投资者的利益。

（三）兼顾各方面利益原则

公司利润分配必须兼顾各方的利益。企业是经济社会的基本单元，公司利润分配直接关系到各方的切身利益。企业除依法纳税外，投资者作为资本投入者、企业的所有者，依法享有净收益的分配权。企业的债权人，在向企业投入资金的同时也承担了一定的风险，企业的收益分配中应当体现出对债权人利益的充分保护，不能伤害债权人的利益。另外，企业的员工是企业净收益的直接创造者，企业的收益分配应当考虑到员工的长远利益。因此，企业进行收益分配时，应当统筹兼顾，维护各利益相关团体的合法权益。

（四）分配与积累并重原则

公司利润分配必须坚持分配与积累并重的原则。企业赚取的净收益，一部分对投资者进行分配，一部分形成企业的积累。企业积累起来的留存收益仍归企业所有者拥有，只是暂时未做分配。积累的留存收益不仅为企业扩大再生产筹措了资金，还增强了企业抵抗风险的能力，提高了企业经营的稳定性和安全性，有利于所有者的长远利益。正确处理分配与积累间的关系，留存一部分净收益以供未来分配之需，还可以达到以丰补歉、平抑收益分配数额波动、稳定投资报酬率的效果。因此，企业在进行收益分配时，应当正确处理分配与积累的关系。

（五）投资与收益对等原则

通常而言，公司利润分配必须遵循投资与收益对等的原则，即企业进行收益分配应当体现“谁投资谁收益、收益大小与投资比例相适应”的原则。投资与收益对等原则是正确处理投资者利益关系的关键。投资者因其投资行为而享有收益权，投资收益应同其投资比例对等。企业在向投资者分配收益时，应本着平等一致的原则，按照投资者投入资本的比例来进行分配，不允许发生任何一方随意多分多占的现象。这样才能从根本上实现收益分配中的公开、公平、公正，保护投资者的利益，增强投资者的积极性。

三、利润分配程序

根据我国《公司法》的规定，公司进行利润分配涉及的项目包括盈余公积和股利两部分。公司税后利润分配的顺序如下：

（一）弥补企业以前年度亏损

公司的法定公积金不足以弥补以前年度亏损的，在提取法定公积金之前，应先用当年利润弥补亏损。

（二）提取法定盈余公积金

根据我国《公司法》的规定，法定盈余公积金的提取比例为当年税后利润（弥补亏损后）的10%。法定盈余公积金已达注册资本的50%时，可不再提取。法定盈余公积金可用于弥补亏损、扩大公司生产经营或转增资本，但企业用盈余公积金转增资本后，法定盈余公积金的余额不得低于转增前公司注册资本的25%。

（三）提取任意盈余公积金

根据我国《公司法》的规定，公司从税后利润中提取法定盈余公积金后，经股东会或者股东大会决议，还可以从税后利润中提取任意盈余公积金。

（四）向股东（投资者）分配股利（利润）

根据我国《公司法》的规定，公司弥补亏损和提取盈余公积金后所余税后利润，可以向股东

(投资者)分配股利(利润),其中有限责任公司股东按照实缴的出资比例分取红利,全体股东约定不按照出资比例分取红利的除外;股份有限公司按照股东持有的股份比例分配,但股份有限公司章程规定不按持股比例分配的除外。

根据我国《公司法》的规定,股东会、股东大会或者董事会违反相关规定,在公司弥补亏损和提取法定盈余公积金之前向股东分配利润的,股东必须将违反规定分配的利润退还公司。另外,公司持有的本公司股份不得分配利润。

四、股利分配方案的确定

确定股利分配方案需要考虑以下几个方面的内容:

(一)选择股利政策

股利政策不仅会影响股东的利益,还会影响公司的正常运营以及未来的发展,因此,制定恰当的股利政策就显得尤为重要。由于各种股利政策各有利弊,所以公司在进行股利政策决策时,要综合考虑公司面临的各种具体影响因素,适当遵循收益分配的各项原则,以保证不偏离公司目标。另外,每家公司都有自己的发展历程,就规模和盈利来讲,涉及初创阶段、增长阶段、稳定阶段、成熟阶段和衰退阶段等,公司在制定股利政策时还要与其所处的发展阶段相适应。

(二)确定股利支付水平

股利支付水平通常用股利支付率来衡量。股利支付率是当年发放股利与当年净利润之比,或每股股利除以每股收益。股利支付率的制定往往使公司处于两难境地。低股利支付率政策虽然有利于公司对收益的留存,有利于扩大投资规模和未来的持续发展,但显然在资本市场上对投资者的吸引力会大大降低,进而影响公司未来的增资扩股;而高股利支付率政策有利于增强公司股票的吸引力,有助于公司在公开市场上筹措资金,但由于留存收益的减少,又会给企业资金周转带来影响,加重公司财务负担。

是否对股东派发股利以及股利支付高低的确定,取决于企业对下列因素的权衡:(1)企业所处的成长周期;(2)企业的投资机会;(3)企业的筹资能力及筹资成本;(4)企业的资本结构;(5)股利的信号传递功能;(6)借款协议及法律限制;(7)股东偏好;(8)通货膨胀等因素。

(三)确定股利支付形式

按照股份有限公司对其股东支付股利的不同方式,股利可以分为不同的种类。其中,常见的有以下四类:

1. 现金股利

现金股利是以现金支付的股利,它是股利支付最常见的方式。发放现金股利将同时减少公司资产负债表上的留存收益和现金,所以公司选择支付现金股利时,除了要有足够的留存收益之外,还要有足够的现金。而充足的现金往往会成为公司发放现金股利的主要制约因素。

2. 财产股利

财产股利是以现金以外的其他资产支付的股利,主要是以公司所拥有的其他有价证券,如公司债券、公司股票等，作为股利发放给股东。

3. 负债股利

负债股利是以负债方式支付的股利，通常以公司的应付票据支付给股东，有时也以发行公司债券的方式支付股利。

财产股利和负债股利实际上都是现金股利的替代方式，但目前这两种股利方式在我国公司实务中极少使用。

4. 股票股利

股票股利是公司以增发股票的方式所支付的股利，我国实务中通常也称其为“红股”。股票股利对公司来说，并没有现金流出企业，也不会导致公司的财产减少，而只是将公司的留存收益转化为股本。但股票股利会增加流通在外的股票数量，同时降低股票的每股价值。它不会改变公司股东权益总额，但会改变股东权益的构成。

公司发放股票股利的优点主要有：

(1)发放股票股利既不需要向股东支付现金，又可以在心理上给股东以从公司取得投资回报的感觉。因此，股票股利有派发股利之“名”，又无派发股利之“实”，可谓一举两得，在再投资机会较多的情况下，公司就可以为再投资提供成本较低的资金，从而有利于公司的发展；如果公司资金紧张，没有多余的现金派发股利，而又面临市场或股东要求分派股利的压力时，股票股利不失为一种好选择。

(2)发放股票股利可以降低公司股票的市场价格，一些公司在其股票价格较高，不利于股票交易和流通时，通过发放股票股利来适当降低股价水平，促进公司股票的交易和流通。

(3)发放股票股利，可以降低股价水平，如果日后公司将要以发行股票方式筹资，则可以降低发行价格，有利于吸引投资者。

(4)发放股票股利可以传递公司未来发展前景良好的信息，增强投资者的信息。

(5)股票股利降低每股市价的时候，会吸引更多的投资者成为公司的股东，从而可以使股权更为分散，有效地防止公司被恶意控制。

五、股利的发放

公司在选择了股利政策、确定了股利支付水平和方式后，应当进行股利的发放。公司股利的发放必须遵循相关的要求，按照日程安排来进行。一般来说，股利的支付需要按照下列日程来进行：

(一)预案公布日

上市公司分派股利时，首先要由公司董事会制订分红预案，包括本次分红的数量、分红的方式，股东大会召开的时间、地点及表决方式等，以上内容由公司董事会向社会公开发布。

(二)宣布日

董事会制订的分红预案必须经过股东大会讨论。只有讨论通过之后，才能公布正式分红方案及实施的时间。

(三)股权登记日

这是由公司在宣布分红方案时确定的一个具体日期。凡是在此指定日期收盘之前取得了公司股票,成为公司在册股东的投资者,都可以作为股东享受公司分派的股利。在此日之后取得股票的股东,则无权享受已宣布的股利。

(四)除息日

在除息日,股票的所有权和领取股息的权利分离,股利权利不再从属于股票,所以在这一天购入公司股票的投资者不能享有已宣布发放的股利。另外,由于失去了"附息"的权利,除息日的股价会下跌,下跌的幅度约等于分派的股息。

(五)股利发放日

在这一天,公司按公布的分红方案向股权登记日在册的股东实际支付股利。

第二节 股利政策与企业价值

股利理论主要研究两个问题:一是股利的支付是否影响企业价值;二是股利的支付若会影响企业价值,使企业价值最大化的股利支付率是多少。在这个问题上,存在着不同的观点,形成了不同的股利理论。

一、股利政策与企业价值无关论

该理论始于20世纪60年代初,美国财务学家莫迪利安尼和米勒在关于资本结构与企业价值的MM理论中指出,在满足一定假设的前提下,企业的资本结构与其价值无关。实际上,MM理论同时还指出,在满足类似假设的前提下,企业的股利政策(即无论是用剩余现金流量支付的股利是多还是少)同样与其价值无关。MM理论是以四项基本假设为前提:

(1)不存在个人和公司所得税,即股票价格上涨的资本利得和股票股利的现金所得之间没有所得税差异。

(2)不存在股票发行费和交易费。证券市场是完全有效的资本市场,投资者和管理者一样可以公平地免费获得相同的信息,各种证券无限分散,任何投资者都不可能控制证券价格。

(3)公司的投资政策独立于股利政策。

(4)关于未来的投资机会,投资者和企业管理者之间信息是对称的。

在这些特定的假设条件下,MM理论认为,假如某一家企业发放给股东以较高的股利,那么它们就必须发行更多的股票,其数额正好等于企业的股利。也就是说,在不改变投资决策和目标资本结构的条件下,企业若要增发股利,唯一的方法是靠增发新股的方式筹得投资所需资金。在完善的市场条件下,新股东购买股票愿付的价格必须与企业价值相一致。因此,这个活动的结果是新老股东之间的价值转移,即老股东将自己拥有的一部分资产转让给新股东,新股东则把同等价值的现金交付给老股东,企业价值保持不变。

对具有理性的投资者来说,对股利和资本利得的选择上并无明显的偏好,无论从企业或股东的角度来看，根本没有最佳股利政策的存在，企业的价值完全取决于投资决策的成败。虽然MM理论与实际情况相距甚远，但它为股利理论研究奠定了基础。

二、股利政策与企业价值相关论

MM理论关于股利政策与企业价值无关的讨论与关于资本结构与企业价值无关的讨论一样，都是建立在一系列理想的假设之上的。但现实世界与MM理论假设的理想情景有很大的差异，MM理论的一些假设得不到很好地满足，事实上股利政策就可能对企业价值产生某种程度的影响。对此，许多财务学者和有关研究人员做了许多讨论，主要有以下四种理论：

1.“在手之鸟”理论

“在手之鸟”理论来源于英国的格言“双鸟在林，不如一鸟在手”。该理论认为，投资者对于股利与资本利得这两种形式的收入具有不同的偏好，投资者更喜欢近期有确定收入的股利，而不喜欢远期且不确定的资本利得。股利可视为投资者的既得利益，好比“在手之鸟”；而股票价格的升降具有很大的不确定性，犹如“林中之鸟”，不一定能得到。因此，资本利得的风险要远远高于股利收入的风险。为此，投资者更愿意购买派发高股利的股票，从而导致该类股票股价的上涨。

“在手之鸟”理论的主要代表人物有戈登、杜兰特和林特纳等人。戈登指出，对于风险厌恶型的股东来说，由于股利是定期、确定的收益，而未来的资本利得则缺乏确定性，因此，股东们更喜欢股利，对未来资本利得的允诺兴趣不大。据此，戈登认为，股利的支付可以减少投资者的不确定性，并使他们愿意按较低的普通股必要收益率来对企业的未来盈利加以折现，从而使企业的价值得到提高。

相反，不发放股利或降低股利支付率，而多留存企业的盈利进行再投资，以获得更多未来的资本利得，却会增大投资者的不确定性。因此，戈登和林特纳主张，就像还停留在丛林中尚未被抓到的两只小鸟比不上一只已抓在手中的鸟一样，发生在未来的资本利得其风险高于目前已握在手中的股利。所以，为了使资本成本能降到最低、企业价值最大化，企业应维持高股利支付率的股利政策。

但这一理论对股利政策的解释存在一定的疑问。从长远来看，不论是现金股利，还是资本利得，都需要有企业的实际业绩支撑才能真正实现。因此，尽管企业可以在短期内依靠资金的调度和安排满足既定数额的现金股利的发放，但如果没有长期盈利的业绩支持，必然会在某一时期无法保证优于以往的现金股利发放。相反，如果企业能够长期保持良好的盈利业绩，尽管市场在一段时间可能未能充分估计企业股票的价值而导致其价格被低估，但从长远看企业的实际价值一定会在股票价格上表现出来。因此，如果股票市场在较长时期内是一个有效率的市场，就不存在现金股利的风险一定低于资本利得的风险的结论，现金股利也就不一定优于资本利得。

2. 信号传递理论

MM理论关于股利政策与企业价值的讨论得以成立的基本假设之一，是投资者和公司的管理人员对企业的未来发展和收益情况有相同的了解和预期。但实际上，投资者对企业的实际状况和未来前途的了解远不如企业管理人员清晰，在这两者之间存在着信息不对称的情况。

信号传递理论认为，在信息不对称的情况下，企业可以通过股利政策向市场传递有关企业未来盈利能力的信息。一般来说,高质量的企业往往愿意通过相对较高的股利支付率把自己同低质量的企业区别开来,以吸引更多的投资者。对市场上的投资者来说,股利政策的差异或许是反映企业质量差异的极有价值的信号。如果企业连续保持较为稳定的股利支付率,那么,投资者就可能对企业未来的盈利能力与现金流量抱有较为乐观的预期。不过,企业以支付现金股利的方式向市场传递信息,通常也要付出较为高昂的代价。这些代价包括:(1)较高的所得税负担;(2)一旦企业因分派现金股利造成现金流量短缺,就有可能被迫重返资本市场发行新股,而这一方面会随之产生必不可少的交易成本,另一方面又会扩大股本,摊薄每股的税后盈利,对企业的市场价值产生不利影响;(3)如果企业因分派现金股利造成投资不足,并丧失有利的投资机会,还会产生一定的机会成本。尽管以派现方式向市场传递利好信号需要付出很高的成本,但为什么企业仍要选择派现作为企业股利支付的主要方式呢?这个难以破解的理论问题被布莱克称为“股利分配之谜”。

围绕“股利分配之谜”,经济学家们做出了各种各样的解释。其中,较有说服力的观点有四种:一是声誉激励理论。该理论认为,由于企业未来的现金流量具有很大的不确定性,因此,为了在将来能够以较为有利的条件在资本市场上融资,企业必须在事先建立起不剥夺股东利益的良好声誉。建立“善待股东”这一良好声誉的有效方式之一就是派现。二是逆向选择理论。该理论认为,相对于现金股利而言,股票回购的主要缺陷在于,如果某些股东拥有关于企业实际价值的信息,那么,他们就可能在股票回购过程中,充分利用这一信息优势。当股票的实际价值超过企业的回购价格时,他们就会大量竞买价值被低估的股票;反之,当股票的实际价值低于企业的回购价格时,他们就会极力回避价值被高估的股票。于是,便产生了逆向选择问题,而派发现金股利则不存在这类问题。三是交易成本理论。该理论认为,市场上有相当一部分投资者出于消费等原因,希望从投资中定期获得稳定的现金流量。对于这类投资者来说,选择稳定派现的股票也许是达到上述目的最廉价的方式。这是因为:倘若投资者以出售所持股票的方式来套现,就可能因时机选择不当而蒙受损失。况且,选择在何时以何种价位出售股票还需要投入许多时间和精力,这些交易成本的存在使得投资者更加偏好现金股利。四是制度约束理论。该理论认为,企业之所以选择支付现金股利,是因为“谨慎人”起的作用。所谓“谨慎人”,是指信托基金、保险基金、养老基金等机构投资者出于降低风险的考虑,法律通常要求这些机构投资者只能持有支付现金股利的股票,并获得股利收入。如果企业不派现,那么,这种股票就会被排除在机构投资者的投资对象之外。

虽然股利分配的信号传递理论已为人们广泛接受,但也有一些学者对此持不同看法。他们的主要观点是:第一,企业目前的股利分配并不能帮助投资者预测企业未来的盈利能力;第二,高派现的企业向市场传递的并不是企业具有较好前景的利好消息,相反则是企业当前没有正现值的投资项目,或企业缺乏较好投资机会的利空消息。不过,由于上述反对意见缺乏实证考察的支持,因此未能引起人们过多的关注。

3. 税差理论

在不存在税收因素的情况下,企业选择何种股利支付方式并不重要。但是,如果对现金红利和来自股票回购的资本利得课以不同的税赋(如现金股利的税赋高于资本利得的税赋),那么,在企业及投资者看来,支付现金股利就不再是最优的股利分配政策。由此可见,在存在差别税赋的前提下,企业选择不同的股利支付方式,不仅会对企业的市场价值产生不同的影响,而且也会使企业(及个人)的税收负担出现差异。诚然如此,从逻辑上讲,一个好的股利政策除了应使融资成本和代理成本最小化之外,还应使税收成本最小化。在国外,投资者取得的股利和资本利得这两种形式的收入所适用的所得税税率是不相同的,资本利得的个人所得税税率通常要低于股利收入的税率(在我国,目前个人投资股票所获得的资本利得无须缴纳个人所得税),这就使得企业保留盈余对投资者更有利,因此税差理论认为企业应当采取低支付率的股利政策,以实现资本成本最小化和企业价值最大化。此外,资本利得税要递延到股票真正出售时才发生,实际上是在企业保留盈余而不支付股利的时候,给了投资者一个有价值的时机选择权,可以获得延迟纳税的好处。因此,即使政府对股利和资本利得这两种所得征收的税率相同,实际的资本利得税(以现值形式)也比股利收入税率要低。

税差理论的结论主要有两点:一是股票价格与股利支付率成反比,二是权益资本成本与股利支付率成正比。按照税差理论,企业在制定股利政策时必须采取低股利支付率政策,才能使企业价值最大化。

但是,这种理论也存在缺陷。因国外的投资者家庭年收入不同,其个人所得税税率也有很大的差异,低收入家庭的现金股利收益可能只需缴纳税率很低的个人所得税,甚至根本不需要缴纳个人所得税,因此,那些个人所得税税率较低的投资者就可以也愿意选择发放现金股利较多的企业进行投资,而那些个人所得税税率较高的投资者可以选择发放少甚至不发现金股利的企业进行投资。只要各类投资者的数量足够多,大家就可以找到合适的投资对象,企业也可以找到相应稳定的筹资对象。如果是这样,就不存在现金股利与资本利得孰优孰劣的问题。

在我国,上市企业向股东派发现金股利要按照20%税率代扣代缴个人所得税。因此,股东得到现金股利必须缴纳个人所得税。由于目前我国尚未建立起针对资本利得征收个人所得税的税收规定,如果股东出售股票获得资本利得只需支付必要的交易费用和印花税,不必缴纳个人所得税,所以,从税收的角度讲,在我国向股东分派现金股利对股东而言是不利的。

4. 股利分配的代理理论

股利分配的代理理论认为,股利政策实际上体现的是企业内部人与外部股东之间的代理问题。在存在代理问题的前提下,适当的股利政策有助于保证经理们按照股东的利益行事。而所谓"适当的股利政策",是指企业的利润应当更多地支付给股东。否则,这些利润就有可能被企业的内部人所滥用。较多地派发现金股利至少具有以下几点好处:一是企业管理者要将企业的很大一部分盈利返还给投资者,于是其可以支配的"闲余现金流量"就相应减少了,而这又可在一定程度上抑制公司管理者过度地扩大投资或进行特权消费,进而保护外部投资者的利益;二是较多地派发现金股利,可能迫使企业重返资本市场进行新的融资,如再次发行股票。这一方面使得企业更容易受到市场参与者的广泛监督,另一方面,再次发行股票不仅为外部投资者借股份结构的变化对"内部人"进行控制提供了可能,而且再次发行股票后,企业的每股税后盈利被摊薄,企业要维持较高的股利支付率,则需要付出更大的努力。因此,高水平的股利分配政策有助于缓解代理问题,并降低代理成本,但同时也增加了企业的外部融资成本。

一般而言,保持股利的稳定,并根据收益状况增加股利发放,可使投资者提高对企业的信任,有利于提高企业的财务形象,从而引起股价的上升;反之,则会引起股价的下跌。一般投资者根据股价变动来判断是否对企业进行投资,因而股价的升降将对企业产生重大影响,股利政策实际上将影响企业价值。

第三节　股利分配政策的选择

股利政策是指在法律允许的范围内，企业是否发放股利、发放多少股利以及何时发放股利的方针。公司实现的净收益可以支付给股东，也可以留存在公司内部，股利政策的关键问题是确定分配和留存的比例。通常对供选择的股利政策包括剩余股利政策、固定或稳定增长的股利政策、固定股利支付率政策及低正常股利加额外股利政策。

一、剩余股利政策

当公司有良好的投资机会时，根据一定的目标资本结构（最佳资本结构）测算出投资所需的权益资本，先从盈余中留用，然后将剩余的盈利作为股利予以分配。分配步骤为：(1)设定目标资本结构，此结构下资本成本最低；(2)确定目标资本结构下投资所需的权益资金额；(3)最大限度地使用保留盈余满足目标资本结构下的权益资金需求额；(4)对剩余利润进行分配。

【案例 10—3—1】 公司税后净利润 600 万元，下半年新投资项目需资金 800 万元，目标资本结构为权益资本，负债资本＝60％，则：

权益资金需求额＝800×60％＝480（万元）

剩余股利＝600－480＝120（万元）

采用剩余股利政策的理由是保持理想的资本结构，使综合资本成本最低。

二、固定或稳定增长的股利政策

(一)分配方案的确定

该政策是将每年发放的股利保持在固定的水平上并在较长时期内不变，只有当公司未来的盈余将会显著地不可逆转地增长时，才提高股利的发放额。在通货膨胀时期，公司盈余会提高，多数股东希望公司能提供足以抵消通货膨胀影响的股利。

(二)采用本政策的理由

(1)稳定的股利向市场传递着公司正常发展的信息，有利于树立公司良好的形象，增强投资者对公司的信心，稳定股票的价格。

(2)稳定的股利额有利于投资者安排股利收入和支出，特别是那些对股利有着很强依赖性的股东。而股利忽高忽低的股票，则不会受这些股东的欢迎，股票价格会因此下降。

(3)稳定的股利政策可能会不符合剩余股利理论，但考虑到股票市场会受到多种因素的影响，其中包括股东的心理状态和其他要求，因此为了将股利维持在稳定的水平上，即使推迟某些投资方案或者暂时偏离目标资本结构，也可能要比降低股利或降低股利增长率更为有利。该股利政策的缺点在于股利的支付与盈余相脱节，当盈余较低时，仍要支付固定的股利，这可能导致资金短缺，财务状况恶化，同时不能像剩余股利政策那样保持较低的资本成本。

三、固定股利支付率政策

(一)分配方案的确定

固定股利支付率政策是公司确定一个股利占盈余的比例,长期按此比率支付股利的政策。在这一股利政策下,各年股利额随公司经营的好坏而上下波动,获得盈余多的年份股利额高;获得盈余少的年份股利额低。这种政策适用于盈余比较稳定,且内部职工持股比例较大的企业。

(二)采用本政策的理由

主张实行固定股利支付率的人认为,这样做能使股利与公司盈余紧密地配合,以体现多盈多分、少盈少分、不盈不分的原则,才算真正公平地对待了每一位股东。但是,在这种政策下各年的股利变动较大,极易造成公司不稳定的感觉,对于稳定股票价格不利。

四、低正常股利加额外股利政策

(一)分配方案的确定

低正常股利加额外股利政策是公司一般情况下每年只支付一个固定的、数额较低的股利,在盈余较多的年份,再根据实际情况向股东发放额外股利。但额外股利不固定化,并不意味着公司永久地提高了规定的股利率。各年盈余变化较大且现金流量较难把握的企业适用于本政策。

(二)采用本政策的理由

采用低正常股利加额外股利政策,出于以下考虑:(1)这种股利政策使公司具有较大的灵活性,当公司盈余较少或投资需用较多资金时,可维持设定的较低但正常的股利,股东不会有股利跌落感;而当盈余有较大幅度增加时,则可适度增发股利,把经济繁荣的部分利益分配给股东,使他们增强对公司的信心,这有利于稳定股票的价格。(2)这种股利政策可使那些依靠股利度日的股东每年至少可以得到虽然较低,但比较稳定的股利收入,从而吸引住这部分股东。

以上各种股利政策各有所长,公司在分配股利时应借鉴其基本确定思想,制定最适合具体实际情况的股利政策。

【案例 10-3-2】 萨克森公司发行在外的普通股为 30 万股,该公司 20×0 年的税后利润为 300 万元,20×1 年的税后利润为 500 万元。该公司准备在 20×2 年再投资 250 万元,目前的资金结构为最佳资金结构,资金总额为 10 000 万元,其中,权益资金为 6 000 万元,负债资金为 4 000 万元。另外已知该企业 20×0 年的每股股利为 4.8 元。

要求:(1)如果该公司采用剩余股利政策,则其在 20×1 年每股的股利为多少?

(2)如果该公司采用固定股利政策,则其在 20×1 年的每股股利为多少?

(3)如果该公司采用固定股利支付率政策,则其在 20×1 年的每股股利为多少?

解:(1)采用剩余股利政策。

设定目标资金结构如下:

权益资本占总资本的比率=6 000÷10 000×100%=60%

负债资本占总资本的比率=4 000÷10 000×100%=40%

目标资金结构下投资所需的股东权益数额=250×60%=150(万元)

用于股利发放的剩余盈余=500—150=350(万元)

每股发放的股利=350÷30=11.67(元)

(2)采用固定股利政策。

固定股利政策是将每年发放的股利固定在一个固定的水平上,并在较长的时期内保持不变,只有当公司认为未来盈余将会显著地、不可逆转地增长时,才提高年度的股利发放额。所以,20×1年每股发放的股利应该和20×0年每股发放的股利相等。20×1年每股发放的股利为4.8元。

(3)采用固定股利支付率政策。

采用固定股利支付率政策是公司确定一个股利占盈余的比例,长期按此比例支付股利的政策。计算如下:

20×0年每股盈余=300÷30=10(元/股)

20×0年股利占盈余的比例=4.8÷10×100%=48%

20×1年发放的股利=500×48%=240(万元)

20×1年每股发放的股利=240÷30=8(元)

第四节　股票股利、股票分割和股票回购

一、股票股利

股票股利(Stock Dividend)是公司以发放的股票作为股利的支付方式。股票股利的具体办法有送股与配股两种。

送股是指公司将红利或公积金转为股本,按增加的股票比例派送给股东,如4%的股票股利是指持100股的股东可无偿分到4股。送股具体又分两种:一种是以红利送股,即红股;另一种是以公积金送股。

配股是指公司在增发股票时,以一定比例按优惠价格配给老股东股票。配股有时也可以作为公司再次筹资发行新股时采取的一种发行方法。

配股和送股的区别在于:(1)配股是有偿的,送股是无偿的;(2)配股成功会使公司现金增加;(3)配股实质上是给予老股东的补偿,是给予他们一种优惠购买股票的权利。这种做法的目的在于保护原有股东对公司的控制权。

股票股利不直接增加股东的财富,不导致公司资产的流出或负债的增加,同时也不增加公司的财产,但是会引起所有者权益各项目的结构发生变化。

【案例10—4—1】　某公司在发放股票股利前,股东权益情况如表10—4—1所示:

表 10—4—1 某公司股东权益情况表 单位:元

普通股(面值1元,已发行200 000股)	200 000
资本公积	400 000
未分配利润	2 000 000
股东权益合计	2 600 000

假定该公司宣布按市价发放10%的股票股利,即发放20 000股普通股股票,并规定现有股东每持10股可得1股新发放股票。若该股票当时市价为20元,随着股票股利的发放,需从"未分配利润"项目划转出的资金为:

20×200 000×10%=400 000(元)

由于股票面额(1元)不变,发放20 000股,普通股只应增加"普通股"项目20 000元,其余的380 000元(400 000—20 000)应作为股票溢价转至"资本公积"项目,而公司股东权益总额保持不变。发放股票股利后,公司股东权益情况如表10—4—2所示:

表 10—4—2 某公司股东权益情况表 单位:元

普通股(面值1元,已发行220 000股)	220 000
资本公积	780 000
未分配利润	1600 000
股东权益合计	2 600 000

可见,发放股票股利,不会对公司股东权益总额产生影响,但会发生资金在各股东权益项目间的再分配。

【案例 10—4—2】 某公司在20×6年发放股票股利前,其资产负债表上的股东权益情况如表10—4—3所示:

表 10—4—3 某公司股东权益情况表 单位:万元

普通股(面值1元,已发行200 000股)	2 000
资本公积	4 000
盈余公积	2 000
未分配利润	3 000
股东权益合计	11 000

假设该公司宣布按面值发放30%的股票股利,现有股东每持有10股,即可获得赠送的3股普通股。该公司发放的股票股利为600万股,随着股票股利发放,未分配利润中有600万元的资金要转移到普通股的股本账户上去,因而普通股股本由原来的2 000万元增加到2 600万元,而未分配利润的余额由3 000万元减少至2 400万元,但该公司的股东权益总额并未发生改变,仍是11 000万元。股票股利发放之后资产负债表上股东权益情况如表10—4—4所示:

表 10—4—4　　某公司股东权益情况表　　单位：万元

普通股（面值 1 元，已发行 2 600 万股）	2 600
资本公积	4 000
盈余公积	2 000
未分配利润	2 400
股东权益合计	11 000

假设一位股东派发股票股利之前持有公司的普通股 3 000 股，那么其拥有的股权比例为：

3 000 股÷2 000 万股＝0.015％

派发股利之后，其拥有的股票数量和股份比例为：

3 000 股＋900 股＝3 900（股）

3 900 股÷2 600 万股＝0.015％

通过本例可以说明，由于公司的净资产不变，而股票股利派发前后每一位股东的持股比例也不发生变化，那么他们各自持股所代表的净资产也不会改变。需要指出的是【案例 10—4—1】中以市价计算股票股利价格的做法，是很多西方国家通行的，除此之外，也有的按股票面值计算股票股利，我国目前即采用这种做法，如【案例 10—4—2】中发放股票股利后，如果盈利总额和市盈率不变，会由于普通股股数增加而引起每股收益和每股市价的下降；但又由于股东所持股份的比例不变，每位股东所持股票的市场价值总额仍保持不变。

（一）股票股利对股价的影响

在上市公司分红时，我国股票投资者普遍都偏好送红股。对于股东来说，采取送红股的形式分配利润将优于不分配利润。这种方式不会改变股东的持股比例，也不增减股票的含金量，但送红股却有可能提高股票投资者的经济效益。其原因如下：

（1）按照我国的现行规定，上市公司的股东不论是自然人还是法人都要依法承担纳税义务，持股人必须缴纳股票收益（股息红利）所得税，缴纳额为股息红利的 20％。这样，在每次分红时要征收的税额是：

所得税＝每股红利×20％

而上市公司发放股票股利时，股东不必承担纳税义务。

（2）在股票供不应求阶段，送红股增加了股东的股票数量，在市场炒作下有利于股价的上涨，从而有助于提高股民的价差收入。

（3）送红股以后，股票的数量增加了，同时由于除权降低了股票的价格，就降低了购买这种股票的门槛，改变了股票的供求关系。

【案例 10—4—3】　某只股票在股权登记日的收盘价为 15 元，拟定的分配方案为每股送 0.8 股，计算除权价。

除权价＝股权登记日的收盘价/（1＋每股送股率）

　　＝15/（1＋0.8）＝8.33（元）

该股票除权日的开盘价理论上就由 15 元降到 8.33 元，股东如果需要现金，可以通过卖出股票获得。如果该股票的股价由 8.33 元继续上涨，称为股价填权。虽然绝对股价下降，但相对股价上升，如果上升至15元，则称为填满权。如果该股票的股价由8.33元下降，则称为股价贴权。

由此可见，发放股票股利能达到降低公司绝对股价的目的。

(二)股票股利的意义

1. 股票股利对股东而言

股票股利尽管不直接增加股东的财富，也不增加企业的价值，但对股东和企业都有特殊意义。

(1)获得股票价值相对上升的利益。公司发放股票股利后其股价一般并不成比例下降，一般在发放少量股票股利(如2%～3%)后，大体不会引起股价的立即变化。这可使股东得到股票价值相对上升的好处，即填权好处，否则就会发生贴权。成长或发展中的公司发放股票股利同时还结合现金股利，股东会因所持股数增加而得到更多的现金。因此，发放股票股利能为投资者带来更多收益的这种心理影响，往往有利于股价的上升。例如，公司宣布发放10%的股票股利，然后每股再支付现金股利2元，某投资者拥有100股，可得现金股利为220元[2×100×(1+10%)]，而若先不发放股票股利，该股东所得现金股利只有200元。

(2)发放股票股利通常由成长中的公司所为，因此投资者往往认为发放股票股利预示着公司将会有较大发展，利润将大幅度增长，足以抵消增发股票带来的消极影响，这种心理会稳定住股价甚至导致股价上升。

(3)在股东需要现金时，还可以将分得的股票股利出售，有些国家税法规定出售股票所需交缴税率比收到现金股利所需缴纳的税率低，这使得股东可以从中获得纳税上的好处。

(4)发放股票股利后，由于增加了股份数，每股净资产会下降。与此同时，如果股票市场价格下跌幅度大于每股净资产下降的幅度，则会给股东造成实质性的损失，这就是股票股利对股东而言的最大缺点。

2. 股票股利对企业而言

(1)发放股票股利一方面可以使股东享受企业盈余的好处，另一方面使企业留存了大量现金，便于进行再投资，这有利于企业长远发展。

(2)发放股票股利可以降低每股市场价格，在企业盈余和现金股利不变的情况下，会吸引更多的投资者。

(3)发放股票股利往往会向投资者传递企业将会继续发展的信息，从而提高投资者对企业的信心，在一定程度上稳定股票价格。

(4)股票股利对企业而言的主要缺点是它的管理费用比现金股利高得多。从理论角度看，这笔管理费用是股东的损失，因为企业不分配股票股利，节约的管理费用就会使企业的利润有所增加。另外，企业采用股票股利支付形式，有可能被认为是企业现金周转不灵的征兆。特别是当企业财务报表所反映的投资收益率低于投资者的预期或投资项目运转不良时尤其如此，从而会影响到企业的财务形象和再筹资能力，降低投资者对企业的信心，导致企业股价下跌。

二、股票分割

(一)股票分割的概念

股票分割(Stock Split)又称拆股，是指股份公司用某一特定数额的新股按一定比例交换一定数额的流通在外的股份的行为。例如，将原来的 1 股股票交换成 5 股股票。

股票分割不属于某种股利方式，但其所产生的效果与发放股票股利近似，因而在此一并介绍。

从会计的角度看，股票分割对公司的资本结构、资产的账面价值、股东权益的各账户(普通股、资本公积、留存收益等)等都不产生影响，只是使公司发行在外的股票总数增加，每股股票代表的账面价值降低，因此，股票分割与发放股票股利的作用非常相似，都是在不增加股东权益的情况下增加股票的数量。所不同的是股票分割导致的股票数量的增加量可以远大于发放股票股利，而且在会计处理上也有所不同。从实务上看，由于股票分割与股票股利非常接近，所以一般要根据证券管理部门的具体规定对两者加以区分。有的国家证券交易机构规定，发放 25%以上的股票股利即属于股票分割。

(二)股票分割的意义

1. 降低公司股票价格

由于股票分割是在不增加股东权益的情况下增加流通中的股票数量，分割后每股股票所代表的股东权益的价值将降低，每股股票的市场价格也将相应降低。当股票的市场价格过高时，股票交易会因每手交易所需的资金量太大而受到影响，特别是许多小户、散户，因资金实力有限而难以入市交易，使这类股票的流通性降低，股东人数减少。因此，许多公司在其股价过高时采用股票分割的方法降低股票的交易价格，提高公司股票的流通性，使公司的股东更为广泛。

2. 传递远期良好信号

一般而言，股票分割往往是成长中的公司所为，因此，公司进行股票分割往往被视为一种利好消息而影响其股票价格，这样公司股东就能从股份数量和股票价格中获得相对收益。

3. 增加股东的现金股利

股票分割在有些情况下也会增加股东的现金股利。尽管股票分割后各股东持有的股数增加，但持股比例不变，持有股票的总价值不变。不过，只要股票分割后每股现金股利的下降幅度小于股票分割幅度，股东仍能多获现金股利。例如，假定某企业股票分割前每股现金股利 3 元，某股东持有 100 股，可分得现金股利 300 元；企业按 1 换 2 的比例进行股票分割后，该股东股数增为 200 股，若现金股利降为每股 1.8 元，该股东可得现金股利 360 元，仍大于其股票分割前所得的现金股利。

4. 有助于公司购并的实施

在购并另一个公司之前，首先将自己的股票分割，可以提高对被购并方股东的吸引力。

5. 为新股发行做准备

在新股发行之前利用股票分割降低股价，有利于提高股票的可转让性和促进市场交易活动，由此增加投资者对股票的兴趣，促进新发行股票的畅销。

尽管股票分割与发放股票股利都能达到降低企业股价的目的，但一般来讲，只有在企业股价剧涨且预期难以下降时，才采用股票分割的办法降低股价，而在企业股价上涨幅度不大时，往往通过发放股票股利将股价维持在理想的范围之内。

与股票分割相反，企业有时也进行股票合并操作。股票合并又称合股、逆向分割或反分割，即公司用1股新股换取1股以上的旧股(如1股换2股)。显然，股票合并将减少流通在外的股票数量，提高每股股票的面值和其所代表的净资产的数额，进而提高股票的市场价格。股票合并通常是一些业绩不佳，股价过低的公司进行的，他们希望通过这种操作来提高股票价格，使之达到一个合理的交易价格水平。公司实行股票合并一般认为是承认自己处于财务困境，因此，在实际中，除公司兼并之外，很少有股票合并的现象。

三、股票回购

(一)股票回购的含义

股票回购(Stock Repurchase)，是指上市公司出资将其发行的流通在外的股票以一定价格购买回来予以注销或作为库存股的一种资本运作方式。

(二)股票回购的法律规定

我国《公司法》规定，公司不得收购本公司股份。但是，有下列情形之一的除外：

(1)减少公司注册资本；

(2)与持有本公司股份的其他公司合并；

(3)将股份奖励给本公司职工；

(4)股东因对股东大会做出的公司合并、分立决议持异议，要求公司收购其股份的。

(三)股票回购的动机

在证券市场上，股票回购的动机主要有以下几点：

1. 现金股利的替代

对公司来讲，派发现金股利会对公司产生未来的派现压力，而股票回购属于非正常股利政策，不会对公司产生未来的派现压力。对股东来讲，需要现金的股东可以选择出售股票，不需要现金的股东可以选择继续持有股票。因此，当公司有富余资金，但又不希望通过派现方式进行分配的时候，股票回购可以作为现金股利的一种替代。

2. 提高每股收益

由于财务上的每股收益指标是以流通在外的股份数作为计算基础，有些公司由于自身形象、上市需求和投资人渴望高回报等原因，采取股票回购的方式来减少实际支付股利的股份数，从而提高每股收益指标。

3. 改变公司的资本结构

股票回购可以改变公司的资本结构，提高财务杠杆水平。无论是用现金回购还是举债回购股份，都会提高财务杠杆水平，改变公司的资本结构。在现金回购方式下，假定公司的负债规模不变，那么股票回购之后的权益资本在公司资本结构中的比重下降，公司财务杠杆水平提高；而在举债回购股份的情况下，一方面公司负债规模增加，另一方面权益资本比重下降，公司财务杠杆水平会更明显提高。因此，公司认为权益资本在资本结构中所占比例较大时，会为了调整资本结构而进行股票回购，从而在一定程度上降低整体资本成本。

4. 传递公司的信息以稳定或提高公司的股价

由于信息不对称和预期差异，证券市场上的公司股票价格可能被低估，而过低的股价将会对公司产生负面影响。因此，如果公司认为公司的股价被低估时，可以进行股票回购，以向市场和投资者传递公司真实的投资价值，稳定或提高公司的股价。这时，股票回购就是公司管理层向市场和投资者传递公司内部信息的一种手段。一般情况下，投资者会认为股票回购意味着公司认为其股票价值被低估而采取的应对措施。

5. 巩固既定控制权或转移公司控制权

许多股份公司的大股东为了保证其所代表股份公司的控制权不被改变，往往采取直接或间接的方式回购股票，从而巩固既有的控制权。另外，有些公司的法定代表人并不是公司大股东的代表，为了保证不改变在公司中的地位，也为了能在公司中实现自己的意志，往往也采取股票回购的方式分散或削弱原控股股东的控制权，以实现控制权的转移。

6. 防止敌意收购

股票回购有助于公司管理者避开竞争对手企图收购的威胁，因为它可以使公司流通在外的股份数变少，股价上升，从而使收购方要获得控制公司的法定股份比例变得更为困难。而且，股票回购可能会使公司的流动资金大大减少，财务状况恶化，这样的结果也会减少对方收购公司的兴趣。

7. 满足认股权的行使

在企业发行可转换债券、认股权证或施行经理人员股票期权计划及员工持股计划的情况下，采取股票回购的方式既不会稀释每股收益，又能满足认股权的行使。

8. 满足企业兼并与收购的需要

在进行企业兼并与收购时，产权交换的实现方式包括现金购买及换股两种。如果公司有库藏股，则可以用公司的库藏股来交换被并购公司的股权，减少公司的现金支出。

(四)股票回购的影响

1. 股票回购对上市公司的影响

(1)股票回购需要大量资金支付回购的成本，容易造成资金紧张，资产流动性降低，影响公司的后续发展。公司进行股票回购必须以拥有资金实力为前提，如果公司负债率较高，再进行股票回购，将使公司的资产流动性恶化，偿债能力的降低，将会使公司面临巨大的偿债压力，公司正常的生产经营活动及后续发展将会受到影响。

(2)公司进行股票回购，无异于股东退股和公司资本的减少，在一定程度上削弱了对债权人利益的保障。

(3)股票回购可能使公司的发起人股东更注重创业利润的兑现，而忽视公司长远的发展，损害公司的根本利益。

(4)股票回购容易导致公司操纵股价。公司回购自己的股票，容易导致其利用内幕消息进行炒作，或操纵财务信息，加剧公司行为的非规范化，使投资者蒙受损失。

2. 股票回购对股东的影响

对于投资者来说，与现金股利相比，股票回购不仅可以节约个人税收，而且具有更大的灵活性。因为股东公司派发的现金股利没有是否接受的可选择性，而对股票回购则具有可选择性，需要现金的股东可选择卖出股票，而不需要现金的股东则可继续持有股票。如果公司急于回购相当数量的股票，而对股票回购的出价太高，以致偏离均衡价格，那么结果会不利于选择继续持有股票的股东，因为回购行动过后，股票价格会出现回归性下跌。

(五)股票回购的方式

股票回购包括公开市场回购、要约回购及协议回购三种方式：

1. 公开市场回购

公开市场回购是指公司在股票的公开交易市场上以等同于任何潜在投资者的地位，按照公司股票当前市场价格回购股票。这种方式的缺点是在公开市场回购时很容易推高股价，从而增加回购成本，另外交易税和交易佣金也是不可忽视的成本。

2. 要约回购

要约回购是指公司在特定期间向市场发出的以高出股票当前市场价格的某一价格，回购既定数量股票的要约。这种方式赋予所有股东向公司出售其所持股票的均等机会。与公开市场回购相比，要约回购通常被市场认为是更积极的信号，原因在于要约价格存在高出股票当前价格的溢价。但是，溢价的存在也使得回购要约的执行成本较高。

3. 协议回购

协议回购是指公司以协议价格直接向一个或几个主要股东回购股票。协议价格一般低于当前的股票市场价格，尤其是在卖方首先提出的情况下。但是有时公司也会以超常溢价向其认为有潜在威胁的非控股股东回购股票，显然，这种过高的回购价格将损害继续持有股票的股东的利益，公司有可能为此而涉及法律诉讼。

【案例 10—4—4】 某公司 20×6 年的有关资料如下：(1)息税前利润 800 万元；(2)所得税税率为 30%；(3)总负债 200 万元，平均成本率为 10%；(4)普通股期望收益率为 15%；(5)发行普通股，股数为 60 万股(每股面值 1 元)，账面价值 10 元。

现在该公司可以增加 400 万元债务，以便以现行市价购回股票。假设该项措施使得负债平均成本率上升至 12%，普通股预期收益率上升了 1%。

要求：计算该方案是否可行？

解：税前利润＝800－200×10%＝780(万元)

税后利润＝780×(1－30%)＝546(万元)

每股盈余＝546÷60＝9.1(元)

股票市价＝9.1÷15%＝60.67(元)

若实行了该股票回购方案，则：

税前利润＝800－(200＋400)×12%＝728 (万元)

税后利润＝728×(1－30%)＝509.6(万元)

剩余的股份数额＝600 000－(4 000 000÷60.67)＝534 070(股)

新的每股收益＝5 096 000÷534 070＝9.54(元)

新的股票价格＝9.54÷0.16＝59.62(元)

显然，公司回购股票会使股票的价格降低，即公司的总价值会降低，所以该方案是不可行的。

总之，虽然从各种法规上看，股票回购不一定可行，但是从理论上讲，它确实是股份公司可以采用的一种股利支付、调整资本结构、筹集资金、企业兼并和掌握控制权的有效方法，因此，仍需深入细致地研究它。

本章小结

收益分配是根据企业所有权的归属及各权益者占有的比例，对企业实现的利润进行划分，它是一种利用财务手段确保利润的合理归属和正确分配的管理过程。股利支付方式可以采用现金股利、股票股利、财产股利和负债股利 4 种方式，前两种比较常见，后两种在实务中较少采用。股利支付要经过股利宣告日、股权登记日、除息日、股利发放日 4 个阶段。关于股利政策对企业价值是否有影响有两类观点：股利无关论和股利相关论。这些理论为公司制定股利政策提供了一种理论依据。

股利政策的种类有剩余股利政策、固定股利政策、固定股利支付率政策及低正常股利加额外股利政策，股票股利并不会使企业资产和权益减少，只是股东权益内部结构发生变化，即企业股本将增加，未分配利润减少，但总的股东权益不变。股票分割是将大面值股票分割成小面值股票的过程，股票分割的主要目的是便于股票的流通转让。股票回购是指公司出资购回其自身所发行的流通在外股票，是替代现金股利的一种方法。

复习思考题

1. 公司利润由哪些部分组成？
2. 股利理论主要有哪几种观点，其主要内容是什么？
3. 股利政策有哪几种类型，各有哪些优缺点？
4. 公司在制定股利政策时应考虑哪些因素？
5. 公司进行股票分割的目的是什么？
6. 公司为什么要进行股票回购？

自测题

一、单项选择题

1. 在下列各项中，能够增加普通股股票发行在外股数，但不改变公司资本结构的行为是(　　)。

A. 支付现金股利　　B. 增发普通股

C. 股票分割　　D. 股票回购

2. 在下列股利分配政策中，能保持股利与收益之间一定的比例关系，并体现多盈多分、少盈少分、无盈不分原则的是(　　)。

A. 剩余股利政策　　B. 固定或稳定增长股利政策

C. 固定股利支付率政策　　D. 低正常股利加额外股利政策

3. 下列各项中，计算结果等于股利支付率的是(　　)。

A. 每股收益除以每股股利　　B. 每股股利除以每股收益

C. 每股股利除以每股市价　　D. 每股收益除以每股市价

4. 某企业在选择股利政策时，以代理成本和外部融资成本之和最小化为标准。该企业所依据的股利理论是(　　)。

A. "在手之鸟"理论　　B. 信号传递理论

C. MM 理论　　D. 代理理论

5. 下列各项中，不属于股票回购方式的是(　　)。

A. 用本公司普通股股票换回优先股

B. 与少数大股东协商购买本公司普通股股票

C. 在市场上直接购买本公司普通股股票

D. 向股东标购本公司普通股股票

6. 某公司提取了公积金后的税后利润为 50 万元，公司的目标资本结构为 1∶1，假定该公司第二年投资计划所需资金 60 万元，当年流通在外普通股 10 万股，若采用剩余股利政策，该年度股东可获每股股利为(　　)元。

A. 1　　B. 2　　C. 3　　D. 5

7. 某公司现有发行在外的普通股 100 万股，每股面值 1 元，资本公积 300 万元，未分配利润 800 万元，股票市价 20 元，若按 10%的比例发放股票股利并按市价折算，公司资本公积的报表列示将为(　　)万元。

A. 190　　B. 290　　C. 490　　D. 300

二、多项选择题

1. 发放股票股利后，不会(　　)。

A. 改变股东的股权比例

B. 增加企业的资产

C. 引起每股盈余和每股市价发生变化

D. 引起股东权益各项目的结构发生变化

2. 目前我国上市公司的股利支付方式主要有(　　)。

A. 现金股利　　B. 负债股利　　C. 财产股利　　D. 股票股利

3. 采用正常股利加额外股利政策的理由有(　　)。

A. 有利于保持最优资本结构

B. 使企业具有较大的灵活性

C. 保持理想的资本结构，降低资本成本

D. 吸引住那些依靠股利度日的股东

4. 主要依靠股利维持生活的股东和养老基金管理人赞成的股利政策有(　　)。

A. 剩余股利政策　　B. 固定股利政策

C. 正常股利加额外股利政策　　D. 固定股利比率政策

三、判断题

1. 在除息日之前，股利权利从属于股票；从除息日开始，新购入股票的投资者不能分享本次已宣告发放的股利。(　　)

2. 与发放现金股利相比，股票回购可以提高每股收益，使股价上升或将股价维持在一个合理的水平上。(　　)

3. 股票分割不仅有利于促进股票流通和交易，而且还助于公司并购政策的实施。(　　)

四、计算分析题

1. M公司19×4年开业，历年的税前利润如下(假设无其他纳税调整事项，所得税税率为25%)：

19×4年	亏损	100 000元
19×5年	利润	40 000元
19×6年	亏损	30 000元
19×7年	利润	10 000元
19×8年	利润	10 000元
19×9年	利润	10 000元
20×0年	利润	10 000元
20×1年	利润	40 000元
20×2年	利润	20 000元

要求：

(1)计算20×0年应否缴纳所得税，应否提取盈余公积金。

(2)计算20×1年应否缴纳所得税，应否提取盈余公积金。

(3)计算20×2年应否提取盈余公积金，可否给股东分配股利。

2. N公司20×1年的税后利润为260万元，目前最佳资本结构为资产负债率45%，执行20%的固定股利支付率政策，因产品销路稳定，20×2年拟投资600万元扩大生产能力。

要求：

(1)计算公司需留存利润。

(2)计算公司外部权益资本筹资额。

3. 某公司的本年税后利润为300万元，下年拟投资一新项目，需投资400万元，公司的目标资本结构为负债与权益之比2∶3，公司流通在外的普通股为200万股，公司采用剩余股利政策。

要求：

(1)计算公司本年可发放的股利额。

(2)计算股利支付率。

(3)计算每股股利。

4. 某企业20×2年实现销售收入2 480万元，全年固定成本570万元，变动成本率55%，所得税税率为25%。20×2年应用税后利润弥补上年度亏损40万元，按10%提取盈余公积金，向投资者分配利润的比率为可供投资者分配利润的40%。

要求：

(1)计算20×2年税后利润。

(2)计算20×2年提取的盈余公积金和未分配利润。

第十一章　国际企业财务管理

我们的晚餐并非来自屠宰商、酿酒师和面包师的恩惠，而是来自他们对自身利益的关切。

——亚当·史密斯

（Adam Smith）

学习目标

◇　了解国际企业外汇风险的概念及类型；

◇　熟悉外汇风险防范策略；

◇　了解国际企业投资的含义、分类及主要投资方式；

◇　了解国际企业融资的主要方式及其特点；

◇　了解国际企业营运资金管理的内容和特点。

引导案例

1999年1月1日，一种新货币诞生了，它就是欧元(Euro)。欧元变成欧洲经济与货币联盟(EMU)的11个欧洲国家的通行货币。在这个重大的转变中，这11个国家有效地把它们的法定货币以及对货币政策的控制权移交给新的欧洲中央银行。新体制的主要支持者中有一些是这11个国家的企业，它们当中的很多感觉到这个联盟对于提高像美国这样的国家的竞争力而言很有必要。最终，德国马克、法国法郎等货币都将变成历史的注脚，这使得消费者更容易跨越国境比较所有类型的商品价格。

在本章中，我们将讨论货币和汇率所起到的作用，以及在国际财务中引发的很多问题。同时也探讨外汇风险应该如何防范等问题。

第一节　国际企业财务管理概述

当代高新技术的蓬勃发展促进了社会经济的重大变革，并使整个世界经济日益朝着一体化的方向发展。这种新的国际经济环境，使各国经济再也不可能孤立地发展，而是越来越多地依赖国际的经济联系和合作。在资本与生产日益国际化的条件下，各国都在促进本国企业的国际化，跨国公司由此应运而生。作为现代企业发展到高级阶段的产物，它们把企业的组织体系和经济活动延伸到了国际舞台，由此而产生了公司理财的国际化问题，也就是公司理财必须树立国际化观念，以国际化的视野立足于国际金融市场，从事企业的现金流量安排。一方面，国际企业或跨国公司只不过是股份有限公司的延伸，它是股份有限公司发展到高级阶段的产物，公司财务管理的基本原理仍然适用于跨国企业，它们要把公司理财的基本理论与方法推广到具体的跨国公司财务中，是延伸和丰富公司理财的外延；另一方面，由于其所面临的环境不同，国际企业理财还是有其独特之处，它们还必须考虑许多并不会对纯粹的国内企业产生直接影响的财务因素，其中包括外币汇率、各国不同的利率、国外经营所用的复杂会计方法、外国税率和外国政府的干涉等。

一、国际企业财务管理的特点

作为财务范畴，国际财务管理与国内财务管理的基本原理、目的和方法等有共同之处，但两者也存在显著的差异。与国内财务管理相比，国际财务管理具有以下特征：

(一)国际财务管理目标具有全球战略性

这一特征是由国际企业生产经营的全球战略性所决定的。因为国际企业以全世界为市场来安排投资、生产、销售等活动，利用其遍布于全球的分支机构，根据需要把生产、销售、采购和资本从一国转到另一国，在世界范围内实施资源配置，充分利用各国的优势，保证公司取得最佳的经济效益。当国际企业的利益与经营所在国的利益发生冲突时，国际企业为了长远的、整体的收益，甚至还必须暂时放弃或牺牲眼前的、局部的收益，以确保企业整体的长期利益。同时，某一子公司利益的最大化并不一定能导致企业总体利益的最大化，在子公司利益与企业总体利益发生冲突时，必须考虑企业的总体利益，如何使企业的合并收益最大。作为国际企业经营管理核心部分的财务管理也必须立足于全球，其管理目标也具有全球战略性，表现在：(1)在财务管理决策权的配置上，必须考虑加强总部的集权管理，以利于总部对全球生产经营的控制；(2)在资金管理上，必须从全球战略出发建立国际的资本调拨体制，使国际企业能及时融通资金，充分利用国际资本市场中条件优惠、成本低廉的资金，并建立统一的现金管理制度；(3)在财务控制系统的建立上，要求控制系统能使总部取得必要的信息，进行全球性协调工作，确保各部门和子公司的生产经营符合公司的整体利益；(4)在财务策略上，采取与全球经营战略相配合的策略，如所有权策略和转移价格策略。

(二)国际财务管理环境的复杂性

国际企业的运行机制是开放型的，其众多分支机构遍布于世界各地，既要在母公司所在国从事生产经营活动，其海外子公司也要在其他国家从事生产经营活动，因此国际企业的经营环境既包括母国的经营环境，又包括东道国的经营环境，也就是面临的是国际环境，需要与其他有关国家的企业、银行、证券市场、税务机关以及个人等发生财务关系。不同国家的政治、经济、法律、文化教育等环境是千差万别的。从政治环境来看，各国社会制度、思想政治观念、实行的政策、法律制度等都是不同的。从经济环境来看，各国经济发展情况不同，使用的货币不同，外汇管制、银行信贷、证券市场、税法和会计制度都有比较大的差别。此外，各国语言、文字不同，风俗习惯也不同。由此，国际企业母国的经营环境与众多东道国的经营环境中的各种因素就会相互交叉、相互作用，形成相当复杂的国际经营环境，国际企业就处于这样的国际经营环境之中。这就要求国际企业在从事国际财务管理时，不仅要考虑本国各方面的理财背景，而且还要遵循国际惯例，执行有关国家的法律、政策、制度；使用外国货币，要了解有关国家的利率、税率、汇率、通货膨胀率等的变化，要分析汇率等因素对财务收益的影响。这就要求从事国际财务管理的人员具有更高的素质，在复杂的财务环境下，准确地进行财务预测和决策。

（三）国际企业财务风险管理的特殊性

这是由国际企业理财环境的复杂性决定的。由于国际企业所处的经营环境极其复杂，因此理财环境就显得更为不确定、难以控制，这就给国际企业带来了新的、更大的风险，即包括由政治方面的原因使企业资财发生损失风险的政治风险，由汇率发生变动而对企业财务收支和成果发生影响的外汇风险，由于东道国经济不景气及市场购买力下降而影响企业的收入和效益的国外经营风险。这就要求在财务管理中企业财务人员应对这些风险合理预测，以避免不利影响，采取一些国内企业财务管理未曾采用的对策和方法来回避、防范和减少这些风险，尽力设法保持资产的增值率，在可能发生风险的情况下保持自己的盈利能力。

（四）国际企业财务管理方式的独特性

由于国际企业的财务活动涉及许多国家，各国的政治、经济情况不同，税种有多有少，税率和利率有高有低，劳动力和商品价格有差距，外汇和外贸管制有宽有严，因而企业在经营和财务管理方面比较复杂，在国际上有许多可选择之处，有更多的获利机会。在筹资方面，国际企业的筹资渠道比一般国内企业有更多的选择，既可以利用母国和东道国的资金，还可以向国际金融机构和国际金融市场筹资，这样企业可以利用国外众多的资金市场，从资本成本率最低的国家筹集资金，向利润率最高和税率最低的国家投资。从投资方面看，可根据东道国的投资环境，包括税收优惠条件，提供廉价或免费的土地，优惠的贷款，廉价的水、电、气等来对东道国进行选择，以及选择是独资经营、合资经营还是合作经营等不同的所有者结构。此外，还可以考虑从原材料价格最低的国家进口原材料，生产产品运到价格最高的国家销售；到劳动力和原材料价格低廉的国家建厂，就地生产和销售，以获取更多的利润。

二、国际企业财务管理的内容

（一）外汇风险管理

国际企业的经营范围涉及许多国家，这些国家货币币值的变动本身就可能导致国际企业已有的或未来的资产价值、负债价值、收入、费用、利润发生变动，引起国际企业发生或可能发生损失或收益。这种由于不同国家货币币值的变动引起的风险就是外汇风险。为了控制外汇风险，需要利用一系列金融工具和技术，在减少外汇风险给国际企业带来损失的同时，设法利用币值的变动取得收益，这是国际财务管理最基本的内容，也是与国内财务管理的根本区别。

外汇风险可以分为三类,即交易风险、折算风险和经济风险。外汇汇率的波动可能会给企业带来收益,也可能造成重大损失,国际企业的财务人员必须先了解有关外汇币值的知识,掌握外汇风险管理的程序和方法,以便为企业增加收益,减少损失。

(二)国际筹资管理

国际企业的筹资渠道范围比国内企业宽阔得多,筹资的方式也更灵活多样,尤其是货币和资本市场全球一体化进程的进一步加快,为国际企业在筹资风险和成本的组合上提供了更多选择,不仅可以从本国筹措资金,而且还可以从外国和国际金融市场筹措资金。因此从总体上讲,通过国际筹资风险和成本组合的管理,国际企业可以获得比国内企业综合资本成本更低的资金,国际企业有更多的资金来源,主要包括国际股权融资、国际证券融资、国际信贷融资、国际补偿贸易和国际融资租赁等。国际企业的筹资管理涉及如何有效利用世界范围内的各种资金来源渠道,正确选择筹资方式及母公司以何种形式向子公司供应资金,以较小的成本和风险保证生产经营对资金的需要,特别是保证海外子公司的资金供应。

(三)国际投资管理

国际投资是指把筹集到的资金用于国际企业生产活动,以获取收益。国际企业的经营活动范围涉及全球,各个国家的税制不同,利率有高有低,劳动力、生产资料价格存在明显的差异,商品的价格也不相同,再加上各国产品和劳务市场需求更具多样性,这些都为国际企业提供了比国内企业更具优势的投资获利机会。按投资方式,国际企业投资可分为直接投资和间接投资。从事国际直接投资活动是国际企业运用资金的主要形式,进行国际直接投资就是要在国外投资办实体。投资的类型主要有独资企业、合资企业和合作企业等,国际企业采用何种形式取决于自身的条件和国际投资环境。因此,国际企业在对外投资时,事前必须对海外投资环境进行评估,对投资项目的经济效益和现金收支进行预测和决策。

(四)国际营运资金管理

营运资金又称流动资金,是指维持公司正常生产经营活动所需经常性支出的资金,其数额等于流动资产减去流动负债。国际营运资金管理是对国际企业日常性理财活动的管理,包括营运资金的流量管理和存量管理。国际营运资金流量管理主要是指国际企业利用内部资金转移机制实现资金的最佳配置,包括流动资金的币种、所持流量资金的地点等,而国际企业营运资金的存量管理则在于保持流动资金余额与流动负债的合理构成和最佳结构。国际企业的子公司和分部分散在全球各地,利用全球不同国家和地区的资源优势、市场差异、税率差别等取得高过国内经营的收益,实现国际企业的总体目标,这种经营全球化给国际企业带来的好处需要通过资金的转移来实现。营运资金管理的具体内容包括转移价格的设定、特许权使用费和管理费的管理、子公司间信用账户支付时间的管理、内部交易计价货币的选择以及冻结资金的管理等。

第二节　外汇风险管理

外汇风险(Foreign Exchange Risk)也称汇率风险(Exchange Rate Risk),是指在不同货币

之间的相互兑换和折算中，因汇率在一定时间内发生始料未及的变动，致使有关国际金融主体的实际收益与预期收益或实际成本与预期成本发生背离，从而蒙受经济损失的可能性。当然，汇率变动必然对企业以外币计价的资产、负债和经营成果发生影响，这种影响是双向的，既可能是有利影响，使资产和经营成果增加、负债减少，也可能是不利影响，使资产和经营成果减少、负债增加。这种由汇率变动引起的不确定性可能带给企业的影响，被称为外汇风险。

【案例 11－2－1】 一家美国公司向英国客户出口商品，3 月后将收到 20 000 英镑的外汇。当前即期汇率是 1 英镑＝1.387 5 美元，那么出口货款应为 38 000 美元。但是，除非该公司采取抵补措施，3 个月后当英国客户支付货款时公司的实际美元收入将取决于当时英镑与美元的汇率。这意味着 3 个月后，美国公司这笔出口收入可能少于也可能多于 38 000 美元。

一、外汇风险的类型

外汇风险可以分为交易风险、折算风险和经济风险三种类型。

(一)交易风险

交易风险(Transaction Exposure)又称业务风险，是汇率变化使外币表示的借贷、买卖、采购和销售等出现不利变化的风险。交易风险是指汇率变动对将来现金流量的直接影响而引起外汇损失的可能性，也就是说，在达成外币交易时的货币数目与实际完成交易时的货币数目可能是不一致的，它是国际企业一种最主要的汇率风险。例如，一出口厂商若持有外币应收账款就会因外币对本国货币贬值而损失，而持有外币应付账款的进口厂商则会因外币对本国货币升值而损失。所以，交易风险是外币交易的净交易量，其结算结果受汇率变化的影响。具体来说，某企业进口物资，货款 100 万美元，成交日 20×7 年 3 月 19 日的汇率为 US＄1＝RMB￥7.735 1，折合人民币 773.51 万元，但到 7 月 11 日实际支付货款时的汇率为 US＄1＝RMB￥7.571 2，折合人民币 757.12 万元，由于交易日与结算日的汇率不同，从而使该企业的货款少支付 16.39 万元。

能造成交易风险的经营活动包括：一是依据商业信用购买或销售商品或服务，合同金额以外币计价；二是借入或贷出外国货币资金；三是成为还未交割的远期外汇合约的一方；四是其他获得外币资产或带来外币债务的交易活动。

交易风险主要表现在以下几个方面：一是以即期或延期付款为支付条件的商品或劳务的进出口在货物装运或劳务提供后，而贷款或劳务费用尚未收支这一期间，外汇汇率变化所发生的风险；二是以外币计价和国际信贷活动在债权债务未偿清前所存在的风险；三是待交割的远期外汇合同的一方在该合同到期时由于外汇汇率变化，交易的一方可能要拿出更多或较少货币去换取另一种货币的风险。

(二)折算风险

折算风险(Translation Exposure)又称会计风险、会计翻译风险或转换风险，是指跨国公司的海外子公司以外币表示的财务报表用母公司本国的货币来换算，并进行报表合并时，因汇率在记账期间发生变动而致使跨国公司蒙受账面资产损失的可能性。例如，英国一家跨国公司在美国设立一子公司，那么该跨国公司就拥有美元资产。如果没有足够的美元债务来抵消美元资产，则它就面临折算风险。美元对英镑贬值时，英国母公司在资产平衡表中对美国子公司的评价就会降低，因为母公司的财务报表是以英镑计算的；如果美元对英镑升值，则母公司的总资产会升值。

【案例 11—2—2】 某公司年初在国外有银行存款 200 万美元，当时汇率为 US＄1＝RMB￥8.365 3，则在国内公司的财务报表中这笔银行存款为人民币 1 673.06 万元。一年后，该公司在做年度报表时，汇率变为 US＄1＝RMB￥8.279 1，该公司在国外的这笔银行存款 200 万美元经折算为人民币 1 655.82 万元。在该公司两个不同时期的财务报表中，同样的 200 万美元，由于汇率的变动，折算成人民币折算价值减少了 17.24 万元。

在进行会计报表折算时，主要使用两种汇率：一是海外子公司的资产与负债最初发生时的汇率，称为历史汇率；二是对海外子公司的资产与负债进行折算时的汇率，称为现汇汇率。跨国公司在对子公司报表进行折算时通常有三种方法，即现汇汇率方法、货币性/非货币性项目方法和经常性/非经常性项目方法，有时这几种方法也混合使用。这三种方法的差异集中在存货、固定资产等的换算上。

（三）经济风险

经济风险（Economic Exposure）是指由于汇率变动对企业产销数量、价格、成本等经济指标产生影响，从而使企业未来一定时期内利润和现金净流量减少或增加，引起企业价值变化的一种潜在风险。

经济风险取决于公司投入产出市场的竞争结构以及这些市场如何受汇率变动的影响。而这种影响又取决于一系列的经济因素，如产品的价格弹性、来自国外的竞争、汇率变动对市场的直接影响（通过价格）及间接影响（通过收入）。

经济风险比前两类风险更复杂，它涉及企业的财务、销售、供应、生产等诸多部门，是引起国际企业未来收益变化的一种潜在的风险。因此，管理经济风险是整个企业管理承担的责任，而交易风险和折算风险的管理一般由财务人员来承担。

二、外汇风险防范策略

评估完外汇风险之后，如果确定需要用某些方法来防止外汇风险，则需要对这些方法进行比较，选取其中最合适的方法。与银行相比，企业防范外汇风险的形式更灵活和多样，因为企业不是以赚取汇差为目的，而是从自己的经营战略出发，通过汇率预测，选择最恰当的保值措施来获取经营利润的。

一般涉及交易风险的防范、折算风险的防范及经济风险的防范。

（一）交易风险的防范策略

交易风险对企业利润的影响是最直接的。在浮动汇率的条件下，只要企业存在跨越时间的外汇收支业务，就会存在交易风险。因此，企业对外汇风险管理的重点就放在交易风险管理方面。防范交易风险的措施主要有两类，即利用外汇市场上的金融工具和利用企业的经营决策。

1. 利用外汇市场上的金融工具

利用外汇市场上的金融工具管理外汇风险是利用外汇市场上的金融工具的交易,将汇率固定在一个较小的变化幅度内。经常用来管理外汇风险的金融工具有外汇即期交易、外汇远期交易、外汇掉期交易、外汇期货交易和外汇期权交易。

(1)外汇即期交易。

外汇即期交易是采用外汇市场上的即期汇率将外汇转换成本币,由于这种交易一般是在交易日结束后立即交付外汇的,因此,汇率以后再发生变化不会影响到企业。利用外汇即期交易可以使企业免受汇率变化而遭到损失,但同时,企业也不能得到由于汇率变化而使企业获得意外的收益。

(2)外汇远期交易。

外汇远期交易的金额一般比较大,是大型国际企业普遍采用的保值方法。由于外汇远期交易在签订合同时就已经规定了买卖货币的汇率,因此企业可以肯定地预知将来收到或支付的货币价值,从而排除未来现金流不稳定的风险。当企业拥有外汇债权时,可以通过出售远期外汇保证将来的本币流入金额;反之,当企业拥有外汇债务时,则可以通过购买远期外汇锁定支付的本币。但是,企业为此可能要承担外汇远期交易本身带来的交易风险。

(3)外汇掉期交易。

外汇掉期交易也称掉期合同法,在签订买进或卖出即期外汇的同时,再卖出或买进远期外汇合同,同样是消除时间与价值风险的一种方法,它是指同一种类、同一数额的外汇在不同的到期日之间进行调换或在不同利率之间进行调换的一种交易。在避免外汇风险时,掉期交易往往与即期交易或远期交易结合使用,即按照事先确定好的汇率既买入又卖出外汇,但买入和卖出的时间是不相同的。

(4)外汇期货交易。

外汇期货交易也称货币期货合同法,在金融期货市场上,根据标准化原则与清算公司或经纪人签订货币期货合同,也是防止外汇风险的一种方法。外汇期货交易是利用外汇期货合约进行的交易,外汇期货合约是具有法律约束力的缔约,它要求在将来规定的日期、地点和价格,买进或卖出规定数量的外汇。外汇期货合约是一种标准合约,利用它来避免外汇的货币种类有限,一般涉及的货币有英镑、欧元、日元、澳大利亚元、加拿大元,每种货币都是与美元进行交易的,其标价是以单位外币表示的美元数量。

(5)外汇期权交易。

签订期权合同也是防止外汇风险的一种方法。期权合同的保值防险作用在对外贸易的投标(Bid)业务中尤其突出。外汇期权交易是利用外汇期权合约进行的交易,外汇期权合约是给予持有者在规定时间内按规定的价格出售或购进一定数量外币的选择权,合约的持有者可以根据需要或者履行合约,或者放弃合约。外汇期权合约是给买方的一种权利,在合约有效期内,期权购买者有充分的自由,他可以根据此间的市场汇率变动决定是否行使合约中赋予他买入或卖出外汇的权利。如果市场汇率的变动对他履约有利,他便行使权利,买入或卖出外汇;反之,市场汇率的变动对他履约不利时,可放弃期权而听任合约过期作废。

2. 利用企业的经营决策

使用外汇市场中的金融工具来抵补外汇风险需要付一定的手续费,实际上,有些外汇风险在企业做出经营决策时就可以避免，不用花费任何代价。利用经营决策抵补外汇风险常用以下几种方法：

(1)选择货币法。

① 选择有利的计价货币。在国际金融市场上，有硬货币与软货币之分。硬货币是指货币汇率比较稳定，并且有上浮趋势的货币；软货币是指汇率不稳定，且有下浮趋势的货币。企业在交易过程中，选择合适的计价货币，也是防范外汇风险的重要方法。企业在与供应商或销售商签订合同时，往往对合同的计价货币做约定，可以是本币也可以是外币。通常来说，本国企业应选择本国货币计价。因为汇率的变动不会给企业带来交易风险，而由贸易的另一方承担了交易风险。但是，这一方法只适用于货币可以自由兑换的国家。一般情况下，出口商或债权人选择硬货币(即预期会升值的货币)计价，在收到货款时可以因货币升值而获利；进口商或债务人选择软货币(即预期会贬值的货币)计价，在付出货款时可以支付较少的货币。这需要企业对汇率的变动方向做出预测。

② 提前或延期结汇法。提前或延期结汇法是指在国际收支中，企业通过预测支付货币汇率的变动趋势，提前或延迟收付外汇款项，以达到抵补外汇风险的目的。当企业预测将来付出的外币将要发生升值时，应尽量提前支付外币；而外币将贬值时，应尽量拖延付款时间；反之，当企业将来有一笔应收的外币时，预测外币升值时，应拖延收款；而预测外币将贬值时，应尽量提前收回外币，从而避免汇率的变动给企业带来损失或成本上升。但是，提前或延后结汇要建立在企业能够对汇率的变动有准确的估计上，否则，一旦企业估计错误，提前或延后结汇反而会给企业带来损失。

③ 多种货币组合法。多种货币组合法也称一揽子货币计价法，意指在进出口合同中使用两种以上的货币来计价以消除外汇汇率波动的风险。当公司进口或出口货物时，假如其中一种货币发生升值或贬值，而其他货币的价值不变，则该货币价值的改变不会给公司带来很大的外汇风险，或者说风险因分散开来而减轻；若计价货币中几种货币升值，另外几种货币贬值，则升值的货币所带来的收益可以抵消贬值的货币所带来的损失，从而减轻外汇风险或消除外汇风险。常用的方法包括：软硬货币组合法，即贸易额一半用软货币计价，一半用硬货币计价；特别提款权法，但特别提款权只是一种计账符号，不能用来作为实际支付的货币。

④ 货币风险保险法。货币风险保险法是指企业向保险机构缴纳保险费，投保货币汇率风险保险的一种方法。在汇率波动大于一定幅度时，汇率风险的损失由保险公司赔偿，汇率风险的收益也归保险公司所有。货币风险保险法的不足之处是企业运用这种方法避免外汇风险的成本很高。

(2)货币保值措施。

货币保值措施是指买卖双方交易谈判时，经协商，在交易合同中订立适当的保值条款，以防止汇率变化的风险。常用的有黄金保值条款、硬货币保值条款和一揽子货币保值条款。

① 黄金保值条款是指订立贸易合同时，按当时的黄金市场价格将应支付货币的金额折合成若干黄金，到实际支付日时，如果黄金价格变动，则支付的货币金额也相应地增加或减少。

② 硬货币保值条款是指在交易合同中明确以硬货币计价，以软货币支付并标明两种货币当时的汇率。在合同执行过程中，如果支付货币汇率下浮，则合同金额要等比例地进行调整，按照支付的汇率计算，使实收的计价货币价值与签订交易合同时相同，它在交易合同中规定货

款用某种软货币结算，用某种硬货币保值，在合同中载明两种货币当时的汇率。到收付货款时，如果结算货币贬值超过合同规定幅度，则按结算货币与保值货币的新汇率将货款加以调整。

③ 一揽子货币保值条款是指交易双方在合同中明确用支付货币与多种货币组成的一揽子货币的综合价值挂钩的保值条款，即订立合同时确定支付货币与一揽子货币中各种货币的汇率，并规定汇率变化的调整幅度。如到期支付时，汇率变动超过规定的幅度，则按支付当时的汇率调整，以达到保值的目的。“一揽子”由多种货币组成，由于各种货币的汇率有升有降，其综合汇率相对稳定，因此，用“一揽子”货币保值，可以有效地避免或减少风险，把汇率风险限制在一定的幅度内。在国际支付中，特别是对一些长期合同，用“特别提款权”等“一揽子”货币保值比较普遍。

(二)折算风险的防范策略

由于在报表折算过程中，折算损失在资产负债表或利润表中体现从而影响当期净利润。企业提供贷款的银行和企业潜在投资者在考虑向企业提供贷款或进行投资时大多以企业资产负债表和利润表作为分析依据。因此，折算损失可能对企业筹措资金造成不利影响。国际上，大多数跨国企业对于折算风险非常重视，采取积极措施来规避折算风险。

1. 资产负债表避险法

当国际企业确定了折算方式后，就可以依据该折算方式下净暴露资产的风险程度进行资产负债表保值，其具体的保值方式与交易风险的保值方式相同，其原理也是通过进行另一笔正好抵消净暴露资产的交易使得企业没有资产或负债暴露在外汇风险之下。资产负债表避险法的核心思想是：如果企业的风险资产与风险负债相等即风险净资产为零，那么企业的折算风险为零。资产负债表避险可以通过资产承担的汇率风险与负债承担的汇率风险相抵消达到折算风险最低的目的。这时，不管汇率如何变动，企业都不承担折算风险。

2. 远期外汇市场避险法

对利润表折算风险的管理也可以通过对汇率变化方向的预测采取各种保值方式，例如，如果担心折算利润因外币贬值而减少，可以进行一笔外汇远期交易，卖出与利润相当的外币，保证利润的本币价值尽可能地稳定。

3. 货币市场避险法

货币市场避险法与远期外汇市场避险法的原理相同。通过借入风险货币换回本币存入银行得到的本利和与还款时所需本币的差额来抵消折算风险。

(三)经济风险的防范策略

对经济风险管理的目的是在未预料的汇率发生变化而影响未来现金流量时能预先做出处理。汇率变化对国际企业未来的利润和现金流量具有长期而持续的影响，汇率发生对国际企业不利的变化时，国际企业的整个经营活动都可能受到影响。经济风险的管理是在汇率发生变动后，企业采取应对措施来减少企业可能发生的损失。因此，企业应对汇率的变动做好充分的准备。在可能发生汇率变动的情况下预先设计好应急方案。当汇率实际发生变动时，企业可以最快的速度调整策略。经济风险涉及企业的供、产、销各个环节，仅靠财务人员是无法控制的，控制经济风险需要企业高层管理者的全面参与。一般来说，企业经济风险管理从三个方面进行：一是分散经营管理，使经营多样化；二是企业经营重构，平衡汇率变动；三是财务分散管理，使资金来源分散化。

1. 分散经营管理

根据分散风险的原理，企业从事的业务种类越多、经营的范围越广，分散风险的能力就越强。多元化经营安排正是这个原理的应用。多元化经营安排不仅指在不同的业务领域经营，比如在不同行业经营或生产和销售多种产品，更重要的是指企业可以在全球范围内分散其生产地、生产投入来源地以及销售市场，从而当汇率变动时，减少企业可能产生的损失。当国际企业在全球范围内分散其经营时，某个国家汇率变化对该国子公司的不利影响可能被在其他国家受到汇率变化的有利影响所抵消，整个企业的经济风险就可以相对减小。同时，企业通过分散经营，可以及时了解各地市场上原材料、人力资本、同行业产品价格的变动，当汇率实际变动时，企业可以选择在生产成本低的地区进行生产，在利润高的国家进行销售。

2. 企业经营重构

企业经营重构是指对受到汇率变化严重影响的子公司的业务流程进行重新构建，平衡业务流程中各项目对汇率变化的敏感性，从而降低整个业务的经济风险。企业在对经济风险的计算结果基础上进行分析，可以发现各个项目对汇率变化的不同敏感程度。根据各项目敏感度的差异，企业可以采取不同的措施调整这些项目的敏感性，使之达到相对平衡，避免最后利润或现金流量的剧烈波动。

当企业在不同国家、不同行业的业务领域中经营时，如果汇率发生变化，可以通过比较其产品价格、生产成本、销售量等因素调整经营策略。对于经营所在国货币汇率的变化，如果销售收入比销售成本和费用更加敏感，则减少对其他国家的销售，增加在经营所在地的销售；或是增加从其他国家原材料的进口，减少从经营所在地取得原材料；更多地使用其他国家的债务资金以增加利息支付的敏感性。

3. 财务分散管理

财务分散管理包括两个方面：资金来源分散化和投资分散化。企业借款或筹资往往以软货币为首要考虑的货币，但是还款期的长短不一以及国际金融环境的不确定性使得还款时汇率的变动对企业产生一定的经济风险。因此，企业可以运用多种金融工具在不同金融市场或从多个国家筹集资金分散风险。同样地，企业在投资上也可以利用多种金融工具通过不同的金融市场进行投资组合，这样也可以减少投资产生的汇率风险。

第三节　国际企业的投资管理

一、国际企业投资的含义

国际企业投资是指投资者跨越国界投入一定数量的资金或其他生产要素，即企业将资本投放到母国以外的国家和地区，以求获得比国内更高利润的一种投资。国际企业投资的资本从广义上来说可以是实物资产、无形资产以及各类金融资产。

二、国际企业投资的分类

1. 按照投资是否跨越国界,分为国内投资和国际投资

国内投资是指国际企业把筹集的资金投放于母公司所在国及母公司内部从事生产经营活动;国际投资是指国际企业把筹集的资金投放于母公司所在国以外的国家和地区。

2. 按照投资者对被投资企业是否享有控制权,分为直接投资和间接投资

国际直接投资是指投资者以利润为目的,将资金、技术、设备、管理等投到东道国,通过经商办厂进行投资的活动,国际直接投资的投资者直接参与所投资的国外企业的经营活动和管理活动。国际间接投资是指投资者通过资本市场购买外国企业的股票和其他有价证券以及中长期国际信贷,以获取息差来达到资本增值的投资。一般不涉及生产经营的控制权,投资活动主要在国际金融市场进行,其中以国际证券投资为主要对象。国际直接投资和国际间接投资的划分并不是绝对的,它们的主要区别在于是否获得生产经营的控制权。

三、国际直接投资的方式

(一)独资投资

国际独资投资是指通过在国外设立独资企业的形式所进行的投资。独资企业一般采用有限责任公司形式。因为这种形式由外国投资者提供全部资本,独立经营、自负风险和盈亏,以设立企业时的注册资本为限来承担债务责任,能减少风险。外国投资者独资企业的东道国通常拥有丰富的资源、廉价的劳动力、广阔的市场,吸引外国投资者对其进行投资。外国投资者往往会带来先进的技术设备和管理经验。

独资投资的优点:国际独资经营可以确保公司的控制权和经营管理权,不会因为合资或合作经营的各方利益而产生纠纷,确保投资方的利益;同时,进行国际独资投资可利用各国税率的不同,通过内部转移价格的形式进行合理避税。

独资投资的缺点:一是很多国家都对外商独资企业有所限制,比如,军事、通信等行业一般不允许外国投资者独资经营,各国的具体限制条件又有所不同,发达国家限制较少,发展中国家限制相对较多;二是进行国际独资投资要承担较大的风险,独资投资的外国投资者在其经营过程中往往不能很快融入东道国的社会文化氛围中,容易对其投资的人文环境缺乏客观了解,做出错误决策,因而投资者承担的风险较大。

(二)合资投资

国际合资投资是指通过组建合资经营(或称股权式经营)企业的形式所进行的投资,是国外投资者与东道国投资者共同投资创办企业,并且共同经营、共负盈亏、共担风险,按照股权分享收益的一种直接投资方式。通常是由国外投资者提供先进技术、先进设备、管理经验和外汇资金,东道国投资者主要提供土地使用权、厂房、部分设备及全部劳动力。合资经营是国际直接投资中最常见的形式。

合资投资的优点:首先,进行国际合资投资可以减少或避免企业的投资风险。在合资企业中,东道国的投资者拥有股份,它们对自己国家的情况较为了解,可以减少经营上的风险。由于合资经营的合作一方是东道国的投资者，可以减少因东道国政策变化而面临的被征用风险，因为东道国在实行这种极端政策时不得不考虑本国投资者或政府在合资企业中的利益。其次，合资投资往往可以享受东道国对外国投资者的特别优惠政策，由于合资公司中有东道国的利益所在，甚至能够享受到东道国对本国企业的优惠政策。最后，进行合资投资，能迅速了解东道国的政治、社会、经济、文化等情况，并能学习当地投资者的先进管理经验，有利于加强企业管理，提高经济效益。

合资投资的缺点：一是进行国际合资投资所需时间较长。一般来说，进行合资投资必须寻找合适的投资伙伴，但这比较困难，需要较长的时间。另外，设立合资企业的审批手续比较复杂，需要时间也较长，有时会因此错过有利的商机。二是很多国家都规定外资股权须在50%以下，所以国外投资者往往不能对合资企业进行完全的控制，造成在管理、收益分配过程中的摩擦，不能从国际企业母公司的角度出发及时转移利润实行合理的国际避税策略。

（三）合作投资

国际合作投资是指通过组建合作经营（或称契约式经营）企业的形式所进行的投资，是国外投资者与东道国投资者通过协商，签订合同，规定各方的责任、权利、义务，据以开展经营活动的一种经营方式。合作投资的各方不一定都是经济实体，所以未必都有法人地位。合作投资与合资投资最大的区别是合作经营企业的投资和服务等不计算股份和股权，企业各方的权利和义务不是根据股权确定的，而是通过合同规定的；而合资投资企业各方的权利和义务主要按合资各方的出资比例来确定。

合作投资的优点：一是进行国际合作投资所需时间较短。举办合作企业申请、审批程序比较简便。二是进行国际合作投资比较灵活。合作企业的条件、管理形式、收益分配方法以及双方的责任、权利、义务都比较灵活，均可根据不同情况，由合作各方协商在合同中加以规定。因而这种形式的国际直接投资具有相对灵活性。

合作投资的缺点：这种投资方式不像合资投资那样规范，合作者在合作过程中容易对合同中的条款发生争议，影响合作企业的正常发展。

（四）合作开发

合作开发的投资方式多用于海上石油开发、矿产资源的开采以及新开发区的开发。合作开发多是通过东道国采用招标方式与中标的外国投资者签订开发合同，明确各方的权利、责任，组成联合开发公司进行项目开发的一种国际经济技术合作的经营方式。

（五）跨国收购

跨国收购是指企业通过收购现有的国外企业的方式所进行的国际直接投资。近年来，越来越多的国际直接投资采用这种方式。

四、国际间接投资的方式

国际证券投资是跨国企业作为资金供应者参与国际证券市场的投资行为，是指投资者在国际金融市场上购买其他国家政府、金融机构和企业公司发行的债券、股票以及其他金融工具及有价证券，如期权、期货、股指期货等金融衍生工具。这种以获得资本增值而进行的投资活动，由于投资者并不是为了获得公司的控制权和管理决策权，只是为了通过证券的买卖赚取差价利润、获得股利或债券利息等投资收益，因此称为间接投资。

(一)债券

债券投资是指投资者购买债券以取得资金收益的一种投资活动。债券是政府、金融机构、工商企业等机构直接从社会上借债以筹措资金时向投资者发行，并且承诺按照规定利率支付利息，按照约定条件偿还本金的一种债权债务凭证。国际债券是由借款人在国际市场以外国货币为面值发行的债券，主要指政府债券、金融债券和公司债券。投资国际债券，可使投资人提高证券投资收益水平，降低证券投资风险，增强证券变现能力。国际证券是国际资本市场的长期信用工具，购买国际债权是对外投资的重要方式之一。

(二)股票

股票投资是指投资者通过股票买卖获取收益的投资行为。股票是一种有价证券，是经股份公司签发的，证明持有者拥有公司的股份，并按其所持股份享有权利和承担义务的书面凭证。国际股票作为跨越国界发行和流通的股票，打破了一国的地域限制，可以使国际企业在世界范围内及时、就地从事股票筹资和投资业务。

(三)可转让存单

可转让存单是可以在市场上转让的在商业银行以特定的期限存放特定数额的存款证明。可转让存单的利息率因为金融市场情况、存单的到期日及发行银行的规模与财务信誉不同而不同，利率比一般的政府债券要高。可转让存单的交易市场比较活跃，流动性较强。

(四)期货交易

期货投资是指投资者通过买卖期货合约规避价格风险或赚取利润的一种投资方式。所谓“期货”，是指交易双方在期货交易所内以公开竞价的方式成交后，承诺在未来某一固定日期或某一段时期之内，以事先约定的价格交付某种特定数量商品或金融工具的标准合约。双方在成交后并不马上进行交割。期货交易包括了商品期货、黄金期货以及证券期货等。期货交易始于1848年的芝加哥，在国际市场上早已成为一种成熟的投资手段，它既能套期保值，又能获得正常的投资收益。

(五)期权交易

期权投资是指为了实现盈利目的或规避风险而进行期权买卖的一种投资方式。期权是一种选择权，是买卖双方的一种契约，它赋予契约持有者在一特定的时日或之前以事先约定的价格买进或卖出某种资产的权利。期权交易又称选择权交易，它不属于实物交易，仅是一种权利的买卖，国际证券的期权交易其实是给予投资者以投资的选择权。投资者在支付期权费，购买期权合约之后，合约是否执行完全由投资者决定。若投资者放弃期权，损失的仅限于期权费，所以期权投资的风险小于期货投资。这种投资方式目前在国际投资中是一种越来越流行的国际投资方式。

(六)股指期货交易

股指期货交易是指一种以股票价格指数作为标的物的金融期货合约。利用股指期货进行套期保值的原理是根据股票指数和股票价格变动的同方向趋势,在股票的现货市场和股票指数的期货市场上做相反的操作来抵消股价变动的风险。股指期货合约的价格等于某种股票指数的点数乘以规定的每点价格。投资者根据市场价格总体趋势做出预期判断,在合约到期时,并不进行证券交割,而是以现金交割。投资者进行这项投资时,需要了解国民经济宏观形势、金融市场利率和汇率的变化趋势,以获取投资收益,同时投资者可以避免在个股上的投资风险。

第四节　国际企业的融资管理

国际企业的巨大成功与其庞大复杂的融资系统的有效运行密切相关。国际融资的成功与否,对国际企业投资决策、对外投资的成本和日常的财务管理都有影响。国际企业的融资活动既为其他经营活动服务,又对其他经营活动有制约作用。

一、国际企业的资金来源

(一)公司内源性融资

国际企业的各个经营实体在日常经营活动中可能产生或获得大量的有效资金,从而构成了内部资金的广泛来源。这些来源包括母公司或子公司本身的分配利润和折旧基金,公司集团内部相互提供的资金。在生产经营国际化初期,子公司所需的资金大多来自公司内部,主要有以下三个方面:

1. 投资入股

母公司主要利用未分配的利润向子公司进行再投资,一方面可利用其控制子公司,另一方面可按股取得分红。

2. 提供内部贷款

母公司利用内部资金,直接或间接向子公司提供贷款。以贷款方式提供资金可以减少子公司在东道国的税负。

3. 往来结算款项

海外子公司应定期向母公司支付管理费、专利费、股息和利息等应付款项,在没有实际支付前子公司可以短期占用。

(二)公司外源性融资

随着国际资本流动规模的迅速扩大和生产经营国际化的深入发展,公司外部资金已逐步成为国际企业资金的重要来源,主要有以下三个方面:

1. 母国金融市场

国际企业的母公司可以利用它与本国经济发展的密切联系，从母公司本国的金融机构和有关政府组织获取资金。国际企业从母国金融市场上筹资的主要途径有三个：一是从母国银行或金融机构获得贷款，二是在母国金融市场上发行有价证券，三是争取到母国政府的优惠贷款或促进对外直接投资资金等。

2. 子公司东道国金融市场

从东道国金融市场上融资取决于东道国对外资企业的金融政策和东道国资本市场的发达程度。通常，多数子公司都在当地借款，在很多国家金融机构对当地企业贷款的方式同样适用于外资企业。在当地借款既可弥补投资不足，又是预防和减少风险的有力措施。一般来说，子公司设立在发达国家的，融资相对较容易，因为发达国家的资本市场较为完善有效，而且管制较松。子公司可以从东道国的银行和金融机构获得贷款和融资，有的还可以在当地金融市场上发行股票和债券。

3. 国际资金来源

国际企业获得的除公司内部、总公司本土国、子公司东道国以外的任何第三国或第三方提供的资金，都可称为国际资金，主要包括以下四个方面：一是向第三国银行借款。这种借款一般限于获取出口信贷。当子公司向第三国购买机器设备、原材料、半成品和最终产品时，就可以设法争取贸易信贷。二是在第三国资本市场上发行股票和有价证券。如美国、日本等国际企业在欧洲的子公司常常到瑞士资本市场上出售债券，一般通过一家瑞士银行来进行，只需缴纳约1.75％的管理费和少量税金，费用一般较低。三是在国际金融市场上出售证券。四是从国际金融机构获取贷款。比较重要的国际金融机构是世界银行，它的主要任务是为协议成员国提供长期贷款。一些私人或公司的投资项目若得到政府担保，也可能从世界银行获得贷款。此外，还有国际金融公司、美洲开发银行、欧洲投资银行和亚洲开发银行等。

二、国际企业的融资方式

（一）股权融资

国际企业的绝大部分股权资本来自本国的投资者，但国际企业可以利用以下几种方式向世界各地的投资者销售股票，扩大资本来源：

一般企业只能在本国发行股票，但国际企业可以通过在国外的子公司直接到外国股票交易所挂牌上市销售其股票以筹集资金。另外，国际企业还可以利用较大规模的国际股票分销业务，首先由投资银行等金融机构承购新发行的股票，然后通过广泛的通信网络、承购辛迪加或销售集团，向世界各地的投资者分销。

目前，国际企业从海外筹集的大部分股权资本仍然是通过在欧洲债券市场发行可转换债券和附认股权证债券而获得的。可转换债券允许投资者随时或在一定时候以某一特定的价格把它兑换为普通股票。附认股权证债券在发行时按金额比例附有一定数量的认股证，给予投资者在一定时期内按照预定价格购买公司普通股票的权利。

股权融资的优点主要包括：一是能迅速筹集外汇资金，扩大了宣传，提高了知名度，有利于企业以更快的速度向国际化发展；二是对投资者来说，股票可以自由买卖，有偿转让，国外投资者可以随时转让股票,实现资本转移;三是股份公司的产权具有永久性,通过股票融资比发行债券和补偿贸易等方式吸收外资具有更大的吸引力;四是发行股票具有广泛性和灵活性,股票金额小,可以从多方面吸收国外分散的小额资金。

其缺点主要是发行国际股票必须遵循国际惯例,遵守有关国家的金融法规。因此,发行程序复杂,发行费用较高。

(二)债券融资

国际企业可以通过在本国市场上发行债券得到长期资金,此外,国际企业还可以在国际债券市场发行债券得到长期资金。国际债券是指债券发行者在国外金融市场发行的以某种货币为面值的债券。国际债券可分为外国债券和欧洲债券两类。

1. 外国债券

外国债券是指一国政府、金融机构、公司等在某一外国债券市场上发行的以发行所在国的货币为面值的债券。例如,一家美国公司可以发行以德国马克标价的债券,它可以卖给德国的投资者。外国债券主要集中在美国(纽约)、瑞士(苏黎世)、德国(法兰克福)和日本(东京)的金融市场上发行。由于发行外国债券要跨越国界,既要受本国外汇管理法规的约束,又要得到市场所在国的批准,所以在法律手续上比较烦琐。

2. 欧洲债券

欧洲债券是指一国政府、金融机构、公司等在本国以外的债券市场上发行的不是以发行所在国的货币为面值的债券。欧洲债券在债券标价货币之外的国家出售,它一般同时在两个或两个以上国家的境外市场上发行,且不在任何特定的资本市场注册,由国际辛迪加包销。例如,日本企业在法国债券市场上发行的美元债券,便属于欧洲债券。欧洲债券的种类很多,有固定利率债券、浮动利率债券、可转换债券及多种货币债券等,它可以给融资者更多的选择,而且因为欧洲债券市场是一个境外市场,不受各国金融政策、法令的约束,对发行债券的审批手续、资料提供、评级条件的掌握不如其他债券市场严格,所以对借款人有很大的吸引力。

(三)贷款融资

贷款按照来源地可以分为国内贷款和国外贷款。国内贷款主要是国际企业母公司从当地获得的贷款,国外贷款则是从国际金融市场上获得的贷款。欧洲货币市场是国际金融市场的核心,在欧洲货币市场上,资金供应比较充足,而且贷款的种类多,方式也比较灵活,是很好的融资场所。

贷款按照贷款人可分为银行贷款、政府贷款及国际金融机构贷款。政府贷款和国际金融机构的贷款一般比银行贷款要优惠,但对项目的要求比较高。

1. 外国政府贷款

外国政府贷款又称政府贷款,是指一国政府利用财政资金向另一国政府以特定的协议方式而提供的优惠性贷款,这种贷款方式常常是根据国家之间的双边协定和双边关系而提供的。如发达国家对发展中国家的一些经济援助就属于外国政府贷款。

2. 国际货币基金组织贷款

国际货币基金组织(International Monetary Fund,IMF)是政府间的国际金融组织,是根据1944年7月在美国新罕布什尔州布雷顿森林召开联合国和联盟国家的国际货币金融会议上通过的《国际货币基金协定》而建立起来的。IMF的宗旨是作为一个常设机构在国际金融问题上进行协商与协作,促进国际货币合作;促进国际贸易的扩大和平衡发展;促进和保持成员国的就业,生产资源的发展和实际收入的高水平;促进国际汇兑的稳定,在成员国之间保持有秩序的汇价安排,防止竞争性的货币贬值;协助成员国在经常项目交易中建立多边支付制度,消除成员国临时提供普通资金,使其纠正国际收支的失调,而不采取危害本国或国际繁荣的措施,缩短成员国国际收支不平衡的时间,减轻不平衡的程度。

3. 世界银行贷款

世界银行(World Bank)也称国际复兴开发银行(International Bank for Reconstruction and Development,IBRD),它是根据1944年7月联合国金融会议的决议与国际货币基金组织同时成立的。世界银行成立的宗旨是通过对生产事业的投资,资助成员国的复兴和开发工作;通过对贷款的保证或参与贷款及其他私人投资的方式促进外国私人投资,当成员国不能在合理的条件下获得私人资本时,则在适当条件下以银行本身资金或筹集的资金及其他资金给予成员国直接贷款来补充私人投资的不足;通过鼓励国际投资,开发成员国的生产资源,提供技术咨询和提高生产能力,以促进成员国国际贸易的均衡增长及国际收支状况的改善。

4. 国际金融公司贷款

国际金融公司(International Financial Corporation,IFC)是专门向经济不发达的会员国的私营企业提供贷款和投资的国际性金融组织。其宗旨是促进发展中国家私营部门的可持续投资,从而减少贫困,改善人民生活。IFC利用自有资源和在国际金融市场上筹集的资金为项目融资,同时还向政府和企业提供技术援助和咨询。IFC建立于1957年,是世界银行的另一个附属机构。IFC主要是为发展中国家的私营项目提供融资,帮助发展中国家的私营公司在国际金融市场上筹集资金,向企业和政府提供咨询和技术援助。

5. 国际商业贷款

国际商业贷款是指借款人(金融机构、公司等)向国外的银行及其他金融机构、企业、个人和在本国境内的外资银行与金融机构筹借,并承担契约性偿还义务的外汇贷款,它主要包括国际商业银行贷款和出口信贷两种类型。

(1)国际商业银行贷款。

国际商业银行贷款是国际大商业银行向国际企业提供的中长期贷款,贷款期限一般为3至5年,也有10年以上的。国际商业银行对贷款的资金使用一般不做限制,企业可以自由使用贷款资金。

国际商业银行贷款的方式主要有两种:一种是独家银行贷款,即由一家银行全部承担对借款人的贷款;另一种是银团贷款,即由议价银行牵头,若干家银行参加,按共同的条件对某一借款人提供贷款。银团贷款的特点是金额较大、期限较长、手续繁杂及附加费用较高。

国际商业银行贷款要求企业有较高的信誉,尤其是银团贷款,只有少数信誉极佳的著名国际企业才能够得到;另外,国际商业银行贷款利率较高,增加了企业的资本成本。当然,国际商业银行贷款对资金使用不加限制,企业可以自由调动资金。

(2)出口信贷。

出口信贷是国家政府为支持和扩大本国产品出口和加强国际竞争力,通过提供利息补贴和信贷担保的方法,鼓励本国银行向本国出口商或外国进口商提供的一种中长期信贷。国际贸易中的短期贷款只能满足商品周转较快、成交金额不大的资金需要,而一些大型机械、成套设备的成交金额较大、周转期长,进出口商需要期限较长的信贷支持。为了满足这一需要,许多国家的银行对本国的出口商或外国的进口商(或银行)发放1至5年或5年以上的中长期贷款——出口信贷,以促进本国大型机械、成套设备等的出口。出口信贷包括卖方信贷和买方信贷两种形式。

①卖方信贷是指出口方银行向出口商提供的信贷。由于能得到银行的贷款支持,出口商可以向进口商提供商业信用,即可以允许进口商分期支付货款,从而增强商品出口的竞争力。这是指在大型机械或成套设备贸易中,为便于出口商以分期付款方式出卖设备而由出口商所在地银行向出口商(卖方)提供贷款。这实际上是出口商从出口商银行支取中、长期贷款后,再向进口商提供延期付款的商业信用,以便扩大产品出口。出口商付给银行的利息和其他费用,有的包括在货价内,有的在货价外另加。

②买方信贷是指在大型机械设备或成套设备贸易中,由出口商所在国银行贷款给外国进口商或进口商所在地的银行的信贷。这种信贷有利于进口商迅速筹集资金,扩大出口商出口。一般提供的买方信贷都对贷款的使用范围、利率等做了规定,进口商在规定的期限内逐次将贷款偿还银行,并支付相应的利息。

(四)其他方式

相比国内企业,国际企业还有一些特殊的筹资方式,如国际贸易融资、国际项目融资及国际融资租赁等。

1. 国际贸易融资

国际贸易融资事实上是进出口厂商之间提供的一种商业信用。从出口商出售货物到进口商支付货款存在时间和空间的差距,无论是出口厂商或进口厂商,还是进出口双方都需要取得对方或第三方提供的信用,以利于资金的周转。国际贸易融资的方式有赊销、承兑交单、付款交单、信用证和预付款五种主要的方式。值得指出的是,由于利益是对立的,进出口厂商双方总是极力地选择对自己有利的支付方式与信用贷款。双方通常是在一般惯例的基础上,通过谈判达成协议。

2. 国际项目融资

国际项目融资是指一些大型建设项目,特别是从事矿产、能源开发、交通运输、电力、通信和水利等基础设施建设项目,在实施时由国际金融机构提供贷款的融资方式。大型建设项目所需资金的数额十分巨大,在发展中国家利用传统的融资方式不能满足这类大型项目的融资要求,它需要大型跨国金融机构的支持,专门为大型建设项目提供资金。目前,项目融资已成为国际企业筹建大型项目的一种特殊融资方式。

3. 国际融资租赁

国际融资租赁是指跨越国境的租赁业务,即在一定时期内,一个国家的出租人把租赁物件租给另一个国家的承租人使用,承租人分期支付相当于租赁物件总价值(指价款、运输费、保险费等项合计)加利息、利润的租金。租赁期满后,租金支付完毕,租赁物件原则上归出租人所有,由其收回后继续向别的承租人出租,但也可以在承租人支付物件的象征性价格后,转归承租人所有。

第五节　国际企业的营运资金管理

营运资金管理是国际企业财务管理中至关重要的一环。由于国际理财环境的复杂性和特殊性，与单纯的国内企业相比，国际企业的财务人员在营运资金管理方面必须具备更强的风险意识和更高的应变能力。营运资金的定义有两种：一是毛营运资金是指企业的流动资产总额，包括现金、短期证券、应收账款、存货等项目；二是净营运资金是指流动资产减流动负债后的净额。本节以第一种定义方式为主，针对现金管理、应收账款管理、存货管理和国际资金转移管理四个方面具体介绍国际企业中国际营运资金管理的内容。

一、现金管理

受汇率和利率经常波动、组织结构和经营活动越发复杂等因素的影响，国际企业通常都会选择高度集中的现金管理体制。集中式的管理模式，即设立全球性或区域性的现金管理中心，负责统一协调、组织各子公司的现金供需，它是国际企业中唯一有权决定现金持有形式和持有币种的现金管理机构。在该模式下，各子公司及分支机构平时只需保留进行日常经营活动所需的最低现金余额，其余部分均转移至现金管理中心的账户加以统一调度和运用。现金集中管理是将各子公司的现金来源和现金使用统一在母公司进行管理。其包括以下主要优点：

（一）规模经营优势

由于将各子公司现金集中于本部，有利于公司有充足资金投资于大型项目，抓住有利时机占领市场。通过集中现金管理，可以使整个国际企业现金持有量达到最低，增强了资金利用率。

（二）信息优势

由于现金管理中心专门从事现金调度，所以有充足的行业信息，而且能够提供在各种货币市场上进行操作的经验。可将一个子公司多余的现金及时调拨给另一个现金短缺的子公司，以此降低资本成本。可及时做好短缺现金的补充工作，因此可最大限度地减少资金短缺成本。还可充分利用先进的计算机技术、遍布全球的网络信息提高现金的管理效益。

（三）全局性优势

管理中心在现金管理上能从全局考虑问题，防止各子公司的次优化观点。通过集中现金管理，所有的决策都是以国际企业总体利益最佳为指导原则做出的。可及时做好多余现金的投资工作，因此可最大限度地减少资金的机会成本，提高资金的使用效率。

二、应收账款管理

应收账款是企业生产经营过程中应收未收的款项，是企业营运资金的重要组成部分。国际企业的应收账款有两种类型：一是国际企业母公司或各国子公司与国际企业外的独立法人之间在经济往来过程中形成的应收账款；二是国际企业内部各国子公司之间以及母公司与子公司之间因商品、劳务、技术等生产要素的转移所形成的应收账款。

(一)独立客户的应收账款管理

1. 信用政策决策

国际企业执行赊销政策的目的在于扩大销售、吸引客户、减少存货,或在激烈的竞争中保持和开拓市场。应收账款的成本包括机会成本、管理成本、坏账成本和汇率变动的风险等。国际企业应收账款管理中更应增强风险意识,权衡延长信用政策的预期成本和收益,以便做出正确的选择。

2. 结算币种与付款条件

结算币种与付款条件是国际企业应收账款管理中需要决策的两个关键因素。在国际商业实践中,销售结算可以采用出口方货币、进口方货币或者第三国的货币。一般来说,出口方愿意采用硬通货结算,而进口方希望采用软通货支付到期款项。销售商为了获得硬通货,往往在价格和付款条件上做一定让步。如果采用软通货支付,则销售商希望付款越早越好,以最大限度地减少在销售日与付款日之间的汇兑损失,而以硬通货结算支付的则可能被允许延长付款期。

3. 付款期限

国际企业应收账款付款期限的确定主要应考虑交易币种、购货方资信等级、东道国政局状况以及企业自身资金状况等问题。如果购货方资信等级较高,那么应收账款期限可以长一些;反之,应缩短期限。东道国政局稳定,能够保证应收账款的安全性,期限可以长一些;反之,应缩短期限。企业自身资金状况比较宽松,给对方的期限可以长一些,如果自身资金比较紧张,则必须缩短期限。

4. 应收账款的让售与折现

应收账款的让售是指企业将应收账款出售给银行或其他有关单位,立即收到现款。虽然企业在让售过程中要付出一定的代价,但一方面免去了坏账损失的风险,另一方面企业可以采用当地商业习惯上使用的付款期,有利于开展竞争,销售时不必对客户提出更高的要求。应收账款的折现是指用应收账款作为抵押品,从银行或其他金融机构获得现款。国际企业在亟须资金时可以采用这种方法。

(二)国际企业内部的应收账款管理

国际企业内部的应收账款与独立客户的应收账款差别有二:一是前者无须考虑资信问题;二是付款时间不完全取决于商业习惯,而主要取决于国际企业的全球战略。国际企业内部应收账款管理中常用的方法主要有以下几种:

1. 提前或延迟付款

国际企业内部应收账款的提前或延迟付款是国际企业转移资金的常见手段,是指国际企业通过改变企业内部应收账款的信用期限来调剂资金。运用这种手段的原因在于付款方与收款方的资金机会成本不同。提前或延迟付款作为一种应收账款管理手段,在国际企业中得到了普遍应用,它有利于减少外汇风险,提高国际企业的整体偿债能力。但要有效执行这一手段,必须及时掌握相关信息,如公司间应收应付账款结算资料、各国外汇管理法规、各国税收法规、各公司营运资金情况、当地存贷款利率和预计外汇变动等。

2. 再开票中心

再开票中心是国际企业资金管理部门设立的贸易中介公司。当国际企业内部成员之间从事贸易活动时，商品和劳务直接由出口商提供给进口商，但有关货款的收支结算通过再开票中心进行。再开票中心一般设立在低税管辖区，由于在当地不进行购销业务，因而可以取得非居民资格，不必在当地纳税。再开票中心不仅可以起到避税的作用，而且在其他业务方面也可以提供便利。当企业希望提前或延迟收回应收账款时，便可通过再开票中心进行。

三、存货管理

存货通常包括原材料、在制品和产成品。由于存货所占用的资金占公司总资产的比重较大，存货管理效率的高低对整个公司的财务状况影响很大。与国内企业存货管理相类似，国际企业存货管理的目标依然是降低存货成本，同时防止缺货成本上升，即在充分发挥存货功能以保证公司生产经营需求的前提下，控制存货水平以减低存货成本，提高存货周转率。

（一）存货的超前购置

存货超前购置是指国际企业将多余的资金预先购置将来所需要的存货。超前购置的机会成本是可以用当地货币进行证券投资而获得的报酬，在制定存货超前购置决策时，要对其成本收益进行权衡。在许多发展中国家，外币期货合约受到限制或者根本不存在；除此之外，还可能有各种政策限制外汇汇款，从而限制国际企业将多余的资金转换成硬通货。在这种情况下，弥补手段之一便是超前购置存货，尤其是需要从国外进口存货。当预计国际市场某项存货供求关系将发生重大变化，该项存货的需求量和价格将大幅上扬时，超前购置存货能以较低的代价获得将来所需存货，从而有利于降低存货成本。例如，一家美国国际企业可以提前购置那些以当地货币标价将要涨价的存货，以便在当地货币贬值时，以美元标价的资产仍然维持原值。

（二）反通货膨胀策略

国际企业的许多子公司通常在通货膨胀环境下从事生产经营活动，因此，子公司所在国的物价上涨和货币贬值将会给国际企业的存货管理带来严重影响。如果子公司主要从当地购置存货，在预期当地货币贬值的情况下应尽量降低原材料、半产品等的存货水准。因为如果当地货币贬值实际发生，会大大减少以母公司所在国货币表示的当地存货的价值。如果子公司既从国外进货，又在当地购货，在预期当地货币贬值的情况下，应努力减少当地存货的存量，同时超前购置进口存货。如果不能精确地预见货币贬值的幅度和时间，那么子公司应设法保持同量的进口存货和当地存货，以避免外汇风险。

四、国际资金转移管理

国际企业从事国际经营活动，能够通过其内部财务机制将资金与利润在公司内部进行跨国转移，以实现资金的最优配置，这就引发了国际资金转移管理问题。国际企业的资金流动有三种类型，即母公司向子公司流动、子公司向母公司流动、子公司之间流动。其中母公司向子公司流动的资金包括：开创子公司的初始投资，子公司经营过程中的追加投资、贷款资金；按转移价格购进商品等。子公司向母公司流动的资金包括股利、贷款利息、专利权使用费、许可证费、管理费,母公司抽回部分投资的资金,支付按转移价格收进的货物等。子公司之间流动的资金包括相互借贷的发放与回收,利息的收入和支付,允许按转移价格买卖货物时转移的资金。国际企业内部资金转移的手段有很多,如转移定价、股利、特许权费、服务费与管理费、提前或延迟付款、内部信贷等。

因此涉及内部转移价格制定、股利汇付以及特许权使用费安排等具体内容。

(一)合理确定内部转移价格

健全的转移价格是从一个子公司到另一个子公司或母公司转移收益的有效办法。尽管转移价格是国际企业实现其全球战略及财务目标的重要手段,但这并不意味着国际企业可随心所欲地确定或调整内部转移价格。因为就外部而言,转移价格必须为东道国所接受;就内部而言,转移价格应当为国际企业各下属企业所接受,同时也应当有利于企业内部业绩的核定和评估,以促进各下属企业的有效经营。

(二)合理安排股利汇付

股利汇付是国际企业资金转移最常见的政策,但也最容易受到有关国家的限制。因此,国际企业可以尽量减少母公司对子公司的股本投资,而采取贷款的方式对子公司投资,因为贷款利息的支付比较容易获准。

(三)合理安排特许权使用费及其他费用的支付

特许权使用费及其他费用的支付也是资金转移的有效手法,但应注意这些费用的分摊应尽量合理,以利于增加国际企业整体财富。

本章小结

国际企业财务管理是股份有限公司财务管理的延伸和发展,其特点包括管理目标具有全球战略性、管理环境的复杂性、财务风险管理的特殊性、财务管理方式的独特性,国际企业财务管理的内容包括外汇风险管理、国际融资管理、国际投资管理、国际营运资金管理四个方面。

外汇风险可以分为交易风险、折算风险和经济风险三种类型。国际企业投资是指投资者跨越国界投入一定数量的资金或其他生产要素,即公司将资本投放到母国以外的国家和地区,以求获得比国内更高利润的一种投资。按照投资者对被投资企业是否享有控制权可以分为直接投资和间接投资两种方式。国际直接投资方式包括独资投资、合资投资、合作投资、合作开发和跨国收购。国际间接投资的方式包括债券、股票、可转让存单、期货交易、期权交易和股指期货交易。

国际企业的筹资方式包括股权筹资、债券筹资(外国债券、欧洲债券)、贷款筹资(外国政府贷款、国际货币基金组织贷款、世界银行贷款、国际金融公司贷款和国际商业贷款等)。

国际企业营运资金管理包括现金管理、应收账款管理、存货管理和国际资金转移管理。国际企业对现金主要采用现金集中管理模式，即将各子公司的现金来源和现金使用统一在母公司进行管理，其优点主要包括规模经营优势、信息优势、全局性优势。

复习思考题

1. 外汇风险有哪几种类型？防范经济风险的主要措施有哪些？
2. 如何利用外汇市场上的金融工具防范交易风险？
3. 国际企业有哪些主要的国际直接投资方式？
4. 国际企业有哪些主要的国际间接投资方式？
5. 国际企业有哪些主要的筹资方式？
6. 国际企业营运资金管理包括哪些内容？
7. 现金集中管理的优点有哪些？
8. 国际企业内部的应收账款管理与独立客户的应收账款管理有何不同？

自测题

一、单项选择题

1. 外汇风险也称（　　），是指在不同货币之间的相互汇兑和折算中，因汇率在一定时间内发生始料未及的变动，致使有关国际金融主体的实际收益与预期收益或实际成本与预期成本发生背离，从而蒙受经济损失的可能性。

A. 场外风险　　B. 汇率风险　　C. 市场风险　　D. 系统性风险

2. 交易风险又称（　　），是汇率变化使外币表示的借贷、买卖、采购和销售等出现不利变化的风险。

A. 业务风险　　B. 汇率风险　　C. 利率风险　　D. 市场风险

3. 资产负债表避险法的核心思想是，如果企业的风险资产与风险负债相等，即风险净资产为零，那么企业的折算风险为（　　）。

A. 零　　B. 100%　　C. 负数　　D. 正数

4. 对经济风险管理的目的是在未预料的汇率发生变化而影响未来（　　）时能预先做出处理。

A. 净利润　　B. 税前利润　　C. 现金流量　　D. 毛利

5. 国际企业营运资金管理包括（　　）、应收账款管理、存货管理和国际资金转移管理。

A. 银行存款管理　　B. 现金管理

C. 内部管理　　D. 内控管理

二、多项选择题

1. 国际企业财务管理的内容包括（　　）。

A. 外汇风险管理　　B. 国际融资管理

C. 国际投资管理　　　　　　　　D. 国际营运资金管理

2. 外汇风险可以分为(　　)。

A. 交易风险　　B. 折算风险　　C. 经济风险　　D. 政治风险

3. 国际直接投资方式包括(　　)。

A. 独资投资　　B. 合资投资　　C. 合作投资　　D. 跨国收购

4. 国际间接投资方式包括(　　)。

A. 股票与债券　　B. 期货交易　　C. 期权交易　　D. 股指期货

5. 国际企业融资方式包括(　　)。

A. 股权融资　　B. 债券融资　　C. 贷款融资　　D. 企业内部融资

三、判断题

1. 国际财务管理的目标具有全球战略性的特征。(　　)

2. 外汇汇率的波动不会给企业带来收益与损失。(　　)

3. 国际企业对外汇风险管理的重点应该放在交易风险管理方面。(　　)

4. 国际企业投资的资本从广义上讲只能是金融资产。(　　)

5. 国际企业的营运资金管理包括现金、应收账款、存货的管理以及国际资金转移的管理。(　　)

四、计算分析题

1. 中国某企业拟从银行取得一笔价值100 000美元的一年期外汇贷款，有美元和港元两种货币可供选择。年利率：借美元10%，借港元7%，期满一次还本付息。借款时汇率：1美元=7.787 3港元，1美元=8.173 77元人民币，1港元=1.061 5元人民币。预测还款时汇率：1美元=7.734 5港元，1美元=8.383 5元人民币，1港元=1.089 4元人民币。

要求：为该企业选择借款货币。

2. 设在A国的m企业，某年获取总所得2 000万美元，其中包括在A国国内所得1 500万美元，和设在B国的分公司所得500万美元，分公司已按B国规定的25%的所得税税率缴纳了企业所得税。A国的所得税税率为30%。

要求：计算A国向m企业征收的所得税税额。

3. 某国际企业在甲国的子公司与在乙国的子公司的存款和贷款利率见下表：

某国际企业在不同国家子公司的存款和贷款利率

子公司	银行存款利率(%)	银行贷款利率(%)
甲国	7.2	8.8
乙国	8.5	9.8

假设甲国子公司向乙国子公司购入8 000万美元的商品，赊销期可视情况前置或落后60天。

要求：根据两国的资金余缺情况进行组合。

附　录

一、复利终值系数表

$F=P\cdot(1+i)n$ 或 $F=P(F/P,i,n)$

n \ i	1%	2%	3%	4%	5%	6%	7%	8%	9%	10%	11%
1	1.0100	1.0200	1.0300	1.0400	1.0500	1.0600	1.0700	1.0800	1.0900	1.1000	1.1100
2	1.0201	1.0404	1.0609	1.0816	1.1025	1.1236	1.1449	1.1664	1.1881	1.2100	1.2321
3	1.0303	1.0612	1.0927	1.1249	1.1576	1.1910	1.2250	1.2597	1.2950	1.3310	1.3676
4	1.0406	1.0824	1.1255	1.1699	1.2155	1.2625	1.3108	1.3605	1.4116	1.4641	1.5181
5	1.0510	1.1041	1.1593	1.2167	1.2763	1.3382	1.4026	1.4693	1.5386	1.6105	1.6851
6	1.0615	1.1262	1.1941	1.2653	1.3401	1.4185	1.5007	1.5869	1.6771	1.7716	1.8704
7	1.0721	1.1487	1.2299	1.3159	1.4071	1.5036	1.6058	1.7138	1.8280	1.9487	2.0762
8	1.0829	1.1717	1.2668	1.3686	1.4775	1.5938	1.7182	1.8509	1.9926	2.1436	2.3045
9	1.0937	1.1951	1.3048	1.4233	1.5513	1.6895	1.8385	1.9990	2.1719	2.3579	2.5580
10	1.1046	1.2190	1.3439	1.4802	1.6289	1.7908	1.9672	2.1589	2.3674	2.5937	2.8394
11	1.1157	1.2434	1.3842	1.5395	1.7103	1.8983	2.1049	2.3316	2.5804	2.8531	3.1518
12	1.1268	1.2682	1.4258	1.6010	1.7959	2.0122	2.2522	2.5182	2.8127	3.1384	3.4985
13	1.1381	1.2936	1.4685	1.6651	1.8856	2.1329	2.4098	2.7196	3.0658	3.4523	3.8833
14	1.1495	1.3195	1.5126	1.7317	1.9799	2.2609	2.5785	2.9372	3.3417	3.7975	4.3104
15	1.1610	1.3459	1.5580	1.8009	2.0789	2.3966	2.7590	3.1722	3.6425	4.1772	4.7846
16	1.1726	1.3728	1.6047	1.8730	2.1829	2.5404	2.9522	3.4259	3.9703	4.5950	5.3109
17	1.1843	1.4002	1.6528	1.9479	2.2920	2.6928	3.1588	3.7000	4.3276	5.0545	5.8951
18	1.1961	1.4282	1.7024	2.0258	2.4066	2.8543	3.3799	3.9960	4.7171	5.5599	6.5436
19	1.2081	1.4568	1.7535	2.1068	2.5270	3.0256	3.6165	4.3157	5.1417	6.1159	7.2633
20	1.2202	1.4859	1.8061	2.1911	2.6533	3.2071	3.8697	4.6610	5.6044	6.7275	8.0623
21	1.2324	1.5157	1.8603	2.2788	2.7860	3.3996	4.1406	5.0338	6.1088	7.4002	8.9492
22	1.2447	1.5460	1.9161	2.3699	2.9253	3.6035	4.4304	5.4365	6.6586	8.1403	9.9336
23	1.2572	1.5769	1.9736	2.4647	3.0715	3.8197	4.7405	5.8715	7.2579	8.9543	11.0263
24	1.2697	1.6084	2.0328	2.5633	3.2251	4.0489	5.0724	6.3412	7.9111	9.8497	12.2392
25	1.2824	1.6406	2.0938	2.6658	3.3864	4.2919	5.4274	6.8485	8.6231	10.8347	13.5855
26	1.2953	1.6734	2.1566	2.7725	3.5557	4.5494	5.8074	7.3964	9.3992	11.9182	15.0799
27	1.3082	1.7069	2.2213	2.8834	3.7335	4.8223	6.2139	7.9881	10.2451	13.1100	16.7386
28	1.3213	1.7410	2.2879	2.9987	3.9201	5.1117	6.6488	8.6271	11.1671	14.4210	18.5799
29	1.3345	1.7758	2.3566	3.1187	4.1161	5.4184	7.1143	9.3173	12.1722	15.8631	20.6237
30	1.3478	1.8114	2.4273	3.2434	4.3219	5.7435	7.6123	10.0627	13.2677	17.4494	22.8923

续表

n \ i	12%	13%	14%	15%	16%	17%	18%	19%	20%	21%	22%
1	1.1200	1.1300	1.1400	1.1500	1.1600	1.1700	1.1800	1.1900	1.2000	1.2100	1.2200
2	1.2544	1.2769	1.2996	1.3225	1.3456	1.3689	1.3924	1.4161	1.4400	1.4641	1.4884
3	1.4049	1.4429	1.4815	1.5209	1.5609	1.6016	1.6430	1.6852	1.7280	1.7716	1.8158
4	1.5735	1.6305	1.6890	1.7490	1.8106	1.8739	1.9388	2.0053	2.0736	2.1436	2.2153
5	1.7623	1.8424	1.9254	2.0114	2.1003	2.1924	2.2878	2.3864	2.4883	2.5937	2.7027
6	1.9738	2.0820	2.1950	2.3131	2.4364	2.5652	2.6996	2.8398	2.9860	3.1384	3.2973
7	2.2107	2.3526	2.5023	2.6600	2.8262	3.0012	3.1855	3.3793	3.5832	3.7975	4.0227
8	2.4760	2.6584	2.8526	3.0590	3.2784	3.5115	3.7589	4.0214	4.2998	4.5950	4.9077
9	2.7731	3.0040	3.2519	3.5179	3.8030	4.1084	4.4355	4.7854	5.1598	5.5599	5.9874
10	3.1058	3.3946	3.7072	4.0456	4.4114	4.8068	5.2338	5.6947	6.1917	6.7275	7.3046
11	3.4785	3.8359	4.2262	4.6524	5.1173	5.6240	6.1759	6.7767	7.4301	8.1403	8.9117
12	3.8960	4.3345	4.8179	5.3503	5.9360	6.5801	7.2876	8.0642	8.9161	9.8497	10.8722
13	4.3635	4.8980	5.4924	6.1528	6.8858	7.6987	8.5994	9.5964	10.6993	11.9182	13.2641
14	4.8871	5.5348	6.2613	7.0757	7.9875	9.0075	10.1472	11.4198	12.8392	14.4210	16.1822
15	5.4736	6.2543	7.1379	8.1371	9.2655	10.5387	11.9737	13.5895	15.4070	17.4494	19.7423
16	6.1304	7.0673	8.1372	9.3576	10.7480	12.3303	14.1290	16.1715	18.4884	21.1138	24.0856
17	6.8660	7.9861	9.2765	10.7613	12.4677	14.4265	16.6722	19.2441	22.1861	25.5477	29.3844
18	7.6900	9.0243	10.5752	12.3755	14.4625	16.8790	19.6733	22.9005	26.6233	30.9127	35.8490
19	8.6128	10.1974	12.0557	14.2318	16.7765	19.7484	23.2144	27.2516	31.9480	37.4043	43.7358
20	9.6463	11.5231	13.7435	16.3665	19.4608	23.1056	27.3930	32.4294	38.3376	45.2593	53.3576
21	10.8038	13.0211	15.6676	18.8215	22.5745	27.0336	32.3238	38.5910	46.0051	54.7637	65.0963
22	12.1003	14.7138	17.8610	21.6447	26.1864	31.6293	38.1421	45.9233	55.2061	66.2641	79.4175
23	13.5523	16.6266	20.3616	24.8915	30.3762	37.0062	45.0076	54.6487	66.2474	80.1795	96.8894
24	15.1786	18.7881	23.2122	28.6252	35.2364	43.2973	53.1090	65.0320	79.4968	97.0172	118.2050
25	17.0001	21.2305	26.4619	32.9190	40.8742	50.6578	62.6686	77.3881	95.3962	117.3909	144.2101
26	19.0401	23.9905	30.1666	37.8568	47.4141	59.2697	73.9490	92.0918	114.4755	142.0429	175.9364
27	21.3249	27.1093	34.3899	43.5353	55.0004	69.3455	87.2598	109.5893	137.3706	171.8719	214.6424
28	23.8839	30.6335	39.2045	50.0656	63.8004	81.1342	102.9666	130.4112	164.8447	207.9651	261.8637
29	26.7499	34.6158	44.6931	57.5755	74.0085	94.9271	121.5005	155.1893	197.8136	251.6377	319.4737
30	29.9599	39.1159	50.9502	66.2118	85.8499	111.0647	143.3706	184.6753	237.3763	304.4816	389.7579

n \ i	23%	24%	25%	26%	27%	28%	29%	30%	31%	32%	33%
1	1.2300	1.2400	1.2500	1.2600	1.2700	1.2800	1.2900	1.3000	1.3100	1.3200	1.3300
2	1.5129	1.5376	1.5625	1.5876	1.6129	1.6384	1.6641	1.6900	1.7161	1.7424	1.7689
3	1.8609	1.9066	1.9531	2.0004	2.0484	2.0972	2.1467	2.1970	2.2481	2.3000	2.3526
4	2.2889	2.3642	2.4414	2.5205	2.6014	2.6844	2.7692	2.8561	2.9450	3.0360	3.1290
5	2.8153	2.9316	3.0518	3.1758	3.3038	3.4360	3.5723	3.7129	3.8579	4.0075	4.1616
6	3.4628	3.6352	3.8147	4.0015	4.1959	4.3980	4.6083	4.8268	5.0539	5.2899	5.5349
7	4.2593	4.5077	4.7684	5.0419	5.3288	5.6295	5.9447	6.2749	6.6206	6.9826	7.3614
8	5.2389	5.5895	5.9605	6.3528	6.7675	7.2058	7.6686	8.1573	8.6730	9.2170	9.7907
9	6.4439	6.9310	7.4506	8.0045	8.5948	9.2234	9.8925	10.6045	11.3617	12.1665	13.0216
10	7.9259	8.5944	9.3132	10.0857	10.9153	11.8059	12.7614	13.7858	14.8838	16.0598	17.3187
11	9.7489	10.6571	11.6415	12.7080	13.8625	15.1116	16.4622	17.9216	19.4977	21.1989	23.0339
12	11.9912	13.2148	14.5519	16.0120	17.6053	19.3428	21.2362	23.2981	25.5420	27.9825	30.6351
13	14.7491	16.3863	18.1899	20.1752	22.3588	24.7588	27.3947	30.2875	33.4601	36.9370	40.7447
14	18.1414	20.3191	22.7374	25.4207	28.3957	31.6913	35.3391	39.3738	43.8327	48.7568	54.1905
15	22.3140	25.1956	28.4217	32.0301	36.0625	40.5648	45.5875	51.1859	57.4208	64.3590	72.0733

续表

n \ i	23%	24%	25%	26%	27%	28%	29%	30%	31%	32%	33%
16	27.4462	31.2426	35.5271	40.3579	45.7994	51.9230	58.8079	66.5417	75.2213	84.9538	95.8575
17	33.7588	38.7408	44.4089	50.8510	58.1652	66.4614	75.8621	86.5042	98.5399	112.1390	127.4905
18	41.5233	48.0386	55.5112	64.0722	73.8698	85.0706	97.8622	112.4554	129.0872	148.0235	169.5624
19	51.0737	59.5679	69.3889	80.7310	93.8147	108.8904	126.2422	146.1920	169.1043	195.3911	225.5180
20	62.8206	73.8641	86.7362	101.7211	119.1446	139.3797	162.8524	190.0496	221.5266	257.9162	299.9389
21	77.2694	91.5915	108.4202	128.1685	151.3137	178.4060	210.0796	247.0645	290.1999	340.4494	398.9188
22	95.0413	113.5735	135.5253	161.4924	192.1683	228.3596	271.0027	321.1839	380.1618	449.3932	530.5620
23	116.9008	140.8312	169.4066	203.4804	244.0538	292.3003	349.5935	417.5391	498.0120	593.1990	705.6474
24	143.7880	174.6306	211.7582	256.3853	309.9483	374.1444	450.9756	542.8008	652.3957	783.0227	938.5110
25	176.8593	216.5420	264.6978	323.0454	393.6344	478.9049	581.7585	705.6410	854.6384	1033.5900	1248.2197
26	217.5369	268.5121	330.8722	407.0373	499.9157	612.9982	750.4685	917.3333	1119.5763	1364.3387	1660.1322
27	267.5704	332.9550	413.5903	512.8670	634.8929	784.6377	968.1044	1192.5333	1466.6449	1800.9271	2207.9758
28	329.1115	412.8642	516.9879	646.2124	806.3140	1004.3363	1248.8546	1550.2933	1921.3048	2377.2238	2936.6078
29	404.8072	511.9516	646.2349	814.2276	1024.0187	1285.5504	1611.0225	2015.3813	2516.9093	3137.9354	3905.6884
30	497.9129	634.8199	807.7936	1025.9267	1300.5038	1645.5046	2078.2190	2619.9956	3297.1512	4142.0748	5194.5655

n \ i	34%	35%	36%	37%	38%	39%	40%	45%	50%		
1	1.3400	1.3500	1.3600	1.3700	1.3800	1.3900	1.4000	1.4500	1.5000		
2	1.7956	1.8225	1.8496	1.8769	1.9044	1.9321	1.9600	2.1025	2.2500		
3	2.4061	2.4604	2.5155	2.5714	2.6281	2.6856	2.7440	3.0486	3.3750		
4	3.2242	3.3215	3.4210	3.5228	3.6267	3.7330	3.8416	4.4205	5.0625		
5	4.3204	4.4840	4.6526	4.8262	5.0049	5.1889	5.3782	6.4097	7.5938		
6	5.7893	6.0534	6.3275	6.6119	6.9068	7.2125	7.5295	9.2941	11.3906		
7	7.7577	8.1722	8.6054	9.0582	9.5313	10.0254	10.5414	13.4765	17.0859		
8	10.3953	11.0324	11.7034	12.4098	13.1532	13.9354	14.7579	19.5409	25.6289		
9	13.9297	14.8937	15.9166	17.0014	18.1515	19.3702	20.6610	28.3343	38.4434		
10	18.6659	20.1066	21.6466	23.2919	25.0490	26.9245	28.9255	41.0847	57.6650		
11	25.0123	27.1439	29.4393	31.9100	34.5677	37.4251	40.4957	59.5728	86.4976		
12	33.5164	36.6442	40.0375	43.7166	47.7034	52.0209	56.6939	86.3806	129.7463		
13	44.9120	49.4697	54.4510	59.8918	65.8306	72.3090	79.3715	125.2518	194.6195		
14	60.1821	66.7841	74.0534	82.0518	90.8463	100.5095	111.1201	181.6151	291.9293		
15	80.6440	90.1585	100.7126	112.4109	125.3679	139.7082	155.5681	263.3419	437.8939		
16	108.0629	121.7139	136.9691	154.0030	173.0077	194.1944	217.7953	381.8458	656.8408		
17	144.8043	164.3138	186.2779	210.9841	238.7506	269.9303	304.9135	553.6764	985.2613		
18	194.0378	221.8236	253.3380	289.0482	329.4758	375.2031	426.8789	802.8308	1477.8919		
19	260.0107	299.4619	344.5397	395.9960	454.6766	521.5323	597.6304	1164.1047	2216.8378		
20	348.4143	404.2736	468.5740	542.5145	627.4538	724.9299	836.6826	1687.9518	3325.2567		
21	466.8752	545.7693	637.2606	743.2449	865.8862	1007.6525	1171.3556	2447.5301	4987.8851		
22	625.6127	736.7886	866.6744	1018.2454	1194.9229	1400.6370	1639.8978	3548.9187	7481.8276		
23	838.3210	994.6646	1178.6772	1394.9963	1648.9937	1946.8855	2295.8569	5145.9321	11222.7415		
24	1123.3502	1342.7973	1603.0010	1911.1449	2275.6113	2706.1708	3214.1997	7461.6015	16834.1122		
25	1505.2892	1812.7763	2180.0814	2618.2685	3140.3435	3761.5774	4499.8796	10819.3222	25251.1683		
26	2017.0876	2447.2480	2964.9107	3587.0278	4333.6741	5228.5926	6299.8314	15688.0172	37876.7524		
27	2702.8974	3303.7848	4032.2786	4914.2281	5980.4702	7267.7438	8819.7640	22747.6250	56815.1287		
28	3621.8825	4460.1095	5483.8988	6732.4925	8253.0489	10102.1638	12347.6696	32984.0563	85222.6930		
29	4853.3225	6021.1478	7458.1024	9223.5148	11389.2075	14042.0077	17286.7374	47826.8816	127834.0395		
30	6503.4522	8128.5495	10143.0193	12636.2152	15717.1064	19518.3907	24201.4324	69348.9783	191751.0592		

二、复利现值系数表

$$P=F\cdot\frac{1}{(1+i)^n}\text{或}P=F\cdot(P/F,i,n)$$

n \ i	1%	2%	3%	4%	5%	6%	7%	8%	9%	10%	11%
1	0.9901	0.9804	0.9709	0.9615	0.9524	0.9434	0.9346	0.9259	0.9174	0.9091	0.9009
2	0.9803	0.9712	0.9426	0.9246	0.9070	0.8900	0.8734	0.8573	0.8417	0.8264	0.8116
3	0.9706	0.9423	0.9151	0.8890	0.8638	0.8396	0.8613	0.7938	0.7722	0.7513	0.7312
4	0.9610	0.9238	0.8885	0.8548	0.8227	0.7921	0.7629	0.7350	0.7084	0.6830	0.6587
5	0.9515	0.9057	0.8626	0.8219	0.7835	0.7473	0.7130	0.6806	0.6499	0.6209	0.5935
6	0.9420	0.8880	0.8375	0.7903	0.7462	0.7050	0.6663	0.6302	0.5963	0.5645	0.5346
7	0.9327	0.8606	0.8131	0.7600	0.7107	0.6651	0.6227	0.5835	0.5470	0.5132	0.4817
8	0.9235	0.8535	0.7874	0.7307	0.6768	0.6274	0.5820	0.5403	0.5019	0.4665	0.4339
9	0.9143	0.8368	0.7664	0.7026	0.6446	0.5919	0.5439	0.5002	0.4604	0.4241	0.3909
10	0.9053	0.8203	0.7441	0.6756	0.6139	0.5584	0.5083	0.4632	0.4224	0.3855	0.3522
11	0.8963	0.8043	0.7224	0.6496	0.5847	0.5268	0.4751	0.4289	0.3875	0.3505	0.3173
12	0.8874	0.7885	0.7014	0.6246	0.5568	0.4970	0.4440	0.3971	0.3555	0.3186	0.2858
13	0.8787	0.7730	0.6810	0.6006	0.5303	0.4688	0.4150	0.3677	0.3262	0.2897	0.2575
14	0.8700	0.7579	0.6611	0.5775	0.5051	0.4423	0.3878	0.3405	0.2992	0.2633	0.2320
15	0.8613	0.7430	0.6419	0.5553	0.4810	0.4173	0.3624	0.3152	0.2745	0.2394	0.2090
16	0.8528	0.7284	0.6232	0.5339	0.4581	0.3936	0.3387	0.2919	0.2519	0.2176	0.1883
17	0.8444	0.7142	0.6050	0.5134	0.4363	0.3714	0.3166	0.2703	0.2311	0.1978	0.1696
18	0.8360	0.7002	0.5874	0.4936	0.4155	0.3503	0.2959	0.2502	0.2120	0.1799	0.1528
19	0.8277	0.6864	0.5703	0.4746	0.3957	0.3305	0.2765	0.2317	0.1945	0.1635	0.1377
20	0.8195	0.6730	0.5537	0.4564	0.3769	0.3118	0.2584	0.2145	0.1784	0.1486	0.1240
21	0.8114	0.6598	0.5375	0.4388	0.3589	0.2942	0.2415	0.1987	0.1637	0.1351	0.1117
22	0.8034	0.6468	0.5219	0.4220	0.3418	0.2775	0.2257	0.1839	0.1502	0.1228	0.1007
23	0.7954	0.6342	0.5067	0.4057	0.3256	0.2618	0.2109	0.1703	0.1378	0.1117	0.0907
24	0.7876	0.6217	0.4919	0.3901	0.3101	0.2470	0.1971	0.1577	0.1264	0.1015	0.0817
25	0.7798	0.6095	0.4776	0.3751	0.2953	0.2330	0.1842	0.1460	0.1160	0.0923	0.0736
26	0.7720	0.5976	0.4637	0.3604	0.2812	0.2198	0.1722	0.1352	0.1064	0.0839	0.0663
27	0.7644	0.5859	0.4502	0.3468	0.2678	0.2074	0.1609	0.1252	0.0760	0.0763	0.0597
28	0.7568	0.5744	0.4371	0.3335	0.2551	0.1956	0.1504	0.1159	0.0895	0.0693	0.0538
29	0.7493	0.5631	0.4243	0.3207	0.2424	0.1846	0.1406	0.1073	0.0822	0.0630	0.0485
30	0.7419	0.5521	0.4120	0.3083	0.2314	0.1741	0.1314	0.0994	0.0754	0.0573	0.0437
35	0.7059	0.5000	0.3554	0.2534	0.1813	0.1301	0.0937	0.0676	0.0490	0.0356	0.0259
40	0.6717	0.4529	0.3066	0.2083	0.1420	0.0972	0.0668	0.0460	0.0318	0.0221	0.0154
45	0.6391	0.4102	0.2644	0.1712	0.1113	0.0727	0.0476	0.0313	0.0207	0.0137	0.0091
50	0.6080	0.3715	0.2281	0.1407	0.0872	0.0543	0.0339	0.0213	0.0134	0.0085	0.0054
55	0.5785	0.3365	0.1968	0.1157	0.0683	0.0406	0.0242	0.0145	0.0087	0.0053	0.0032

n \ i	12%	13%	14%	15%	16%	18%	20%	24%	28%	32%	36%
1	0.8929	0.8850	0.8772	0.8696	0.8621	0.8475	0.8333	0.8065	0.7813	0.7576	0.7353
2	0.7972	0.7831	0.7695	0.7561	0.7432	0.7182	0.6944	0.6504	0.6104	0.5739	0.5407
3	0.7118	0.6931	0.6750	0.6575	0.6407	0.6086	0.5787	0.5245	0.4768	0.4348	0.3975
4	0.6355	0.6133	0.5921	0.5718	0.5523	0.5158	0.4823	0.4230	0.3725	0.3294	0.2923
5	0.5674	0.5428	0.5194	0.4972	0.4762	0.4371	0.4019	0.3411	0.2910	0.2495	0.2149
6	0.5066	0.4803	0.4556	0.4323	0.4104	0.3704	0.3349	0.2751	0.2274	0.1890	0.1580
7	0.4523	0.4251	0.3996	0.3759	0.3538	0.3139	0.2791	0.2218	0.1776	0.1432	0.1162
8	0.4039	0.3762	0.3506	0.3269	0.3050	0.2660	0.2326	0.1789	0.1388	0.1085	0.0854
9	0.3606	0.3329	0.3075	0.2843	0.2620	0.2255	0.1938	0.1443	0.1084	0.0822	0.0628
10	0.3220	0.2946	0.2697	0.2472	0.2267	0.1911	0.1615	0.1164	0.0847	0.0623	0.0462
11	0.2875	0.2607	0.2366	0.2149	0.1954	0.1619	0.1346	0.0938	0.0662	0.0472	0.0340
12	0.2567	0.2307	0.2076	0.1869	0.1685	0.1373	0.1122	0.0757	0.0517	0.0357	0.0250
13	0.2292	0.2042	0.1821	0.1625	0.1452	0.1163	0.0935	0.0610	0.0404	0.0271	0.0184
14	0.2046	0.1807	0.1597	0.1413	0.1252	0.0985	0.0779	0.0492	0.0316	0.0205	0.0135
15	0.1827	0.1599	0.1401	0.1229	0.1079	0.0835	0.0649	0.0397	0.0247	0.0155	0.0099

续表

i / n	12%	13%	14%	15%	16%	18%	20%	24%	28%	32%	36%
16	0.1631	0.1415	0.1229	0.1069	0.0980	0.0709	0.0541	0.0320	0.0193	0.0118	0.0073
17	0.1456	0.1252	0.1078	0.0929	0.0802	0.0600	0.0451	0.0259	0.0140	0.0089	0.0054
18	0.1300	0.1108	0.0946	0.0808	0.0691	0.0508	0.0376	0.0208	0.0118	0.0068	0.0039
19	0.1161	0.0981	0.0829	0.0703	0.0596	0.0431	0.0313	0.0168	0.0092	0.0051	0.0029
20	0.1037	0.0868	0.0728	0.0611	0.0514	0.0365	0.0261	0.0135	0.0072	0.0039	0.0021
21	0.0926	0.0768	0.0638	0.0531	0.0443	0.0309	0.0217	0.0109	0.0056	0.0029	0.0016
22	0.0826	0.0680	0.0560	0.0462	0.0382	0.0262	0.0181	0.0088	0.0044	0.0022	0.0012
23	0.0738	0.0601	0.0491	0.0402	0.0329	0.0222	0.0151	0.0071	0.0034	0.0017	0.0008
24	0.0659	0.0532	0.0431	0.0349	0.0284	0.0188	0.0126	0.0057	0.0027	0.0013	0.0006
25	0.0588	0.0471	0.0378	0.0304	0.0245	0.0160	0.0105	0.0046	0.0021	0.0010	0.0005
26	0.0525	0.0417	0.0331	0.0264	0.0211	0.0135	0.0087	0.0037	0.0016	0.0007	0.0003
27	0.0469	0.0369	0.0291	0.0230	0.0182	0.0115	0.0073	0.0030	0.0013	0.0006	0.0002
28	0.0419	0.0326	0.0255	0.0200	0.0157	0.0097	0.0061	0.0024	0.0010	0.0004	0.0002
29	0.0374	0.0289	0.0224	0.0174	0.0135	0.0082	0.0051	0.0020	0.0008	0.0003	0.0001
30	0.0334	0.0256	0.0196	0.0151	0.0116	0.0070	0.0042	0.0016	0.0006	0.0002	0.0001
35	0.0189	0.0139	0.0102	0.0075	0.0055	0.0030	0.0017	0.0005	0.0002	0.0001	*
40	0.0107	0.0075	0.0053	0.0037	0.0026	0.0013	0.0007	0.0002	0.0001	*	*
45	0.0061	0.0041	0.0027	0.0019	0.0013	0.0006	0.0003	0.0001	*	*	*
50	0.0035	0.0022	0.0014	0.0009	0.0006	0.0003	0.0001	*	*	*	*
55	0.0020	0.0012	0.0007	0.0005	0.0003	0.0001	*	*	*	*	*
i / n	37%	38%	39%	40%	45%	50%					
1	0.7299	0.7246	0.7194	0.7143	0.6897	0.6667					
2	0.5328	0.5251	0.5176	0.5102	0.4756	0.4444					
3	0.3889	0.3805	0.3724	0.3644	0.3280	0.2963					
4	0.2839	0.2757	0.2679	0.2603	0.2262	0.1975					
5	0.2072	0.1998	0.1927	0.1859	0.1560	0.1317					
6	0.1512	0.1448	0.1386	0.1328	0.1076	0.0878					
7	0.1104	0.1049	0.0997	0.0949	0.0742	0.0585					
8	0.0806	0.0760	0.0718	0.0678	0.0512	0.0390					
9	0.0588	0.0551	0.0516	0.0484	0.0353	0.0260					
10	0.0429	0.0399	0.0371	0.0346	0.0243	0.0173					
11	0.0313	0.0289	0.0267	0.0247	0.0168	0.0116					
12	0.0229	0.0210	0.0192	0.0176	0.0116	0.0077					
13	0.0167	0.0152	0.0138	0.0126	0.0080	0.0051					
14	0.0122	0.0110	0.0099	0.0090	0.0055	0.0034					
15	0.0089	0.0080	0.0072	0.0064	0.0038	0.0023					
16	0.0065	0.0058	0.0051	0.0046	0.0026	0.0015					
17	0.0047	0.0042	0.0037	0.0033	0.0018	0.0010					
18	0.0035	0.0030	0.0027	0.0023	0.0012	0.0007					
19	0.0025	0.0022	0.0019	0.0017	0.0009	0.0005					
20	0.0018	0.0016	0.0014	0.0012	0.0006	0.0003					
21	0.0013	0.0012	0.0010	0.0009	0.0004	0.0002					
22	0.0010	0.0008	0.0007	0.0006	0.0003	0.0001					
23	0.0007	0.0006	0.0005	0.0004	0.0002	*					
24	0.0005	0.0004	0.0004	0.0003	0.0001	*					
25	0.0004	0.0003	0.0003	0.0002	*	*					
						*					
26	0.0003	0.0002	0.0002	0.0002	*	*					
27	0.0002	0.0002	0.0001	0.0001	*	*					
28	0.0001	0.0001	*	*	*	*					
29	*	*	*	*	*	*					
30	*	*	*	*	*	*					
						*					
35	*	*	*	*	*	*					
40	*	*	*	*	*	*					
45	*	*	*	*	*	*					
50	*	*	*	*	*	*					
55	*	*	*	*	*	*					

三、年金终值系数表

$$F=A\cdot\left[\frac{(1+i)^{n}-1}{i}\right]\text{或}F=A\cdot(F/A,i,n)$$

n \ i	1%	2%	3%	4%	5%	6%	7%	8%	9%	10%	11%
1	1.0000	1.0000	1.0000	1.0000	1.0000	1.0000	1.0000	1.0000	1.0000	1.0000	1.0000
2	2.0100	2.0200	2.0300	2.0400	2.0500	2.0600	2.0700	2.0800	2.0900	2.1000	2.1100
3	3.0301	3.0604	3.0909	3.1216	3.1525	3.1836	3.2149	3.2464	3.2781	3.3100	3.3421
4	4.0604	4.1216	4.1836	4.2465	4.3101	4.3746	4.4399	4.5061	4.5731	4.6410	4.7097
5	5.1010	5.2040	5.3091	5.4163	5.5256	5.6371	5.7507	5.8666	5.9847	6.1051	6.2278
6	6.1520	6.3081	6.4684	6.6330	6.8019	6.9753	7.1533	7.3359	7.5233	7.7156	7.9129
7	7.2135	7.4343	7.6625	7.8983	8.1420	8.3938	8.6540	8.9228	9.2004	9.4872	9.7833
8	8.2857	8.5830	8.8923	9.2142	9.5491	9.8975	10.2598	10.6366	11.0285	11.4359	11.8594
9	9.3685	9.7546	10.1591	10.5828	11.0266	11.4913	11.9780	12.4876	13.0210	13.5795	14.1640
10	10.4622	10.9497	11.4639	12.0061	12.5779	13.1808	13.8164	14.4866	15.1929	15.9374	16.7220
11	11.5668	12.1687	12.8078	13.4864	14.2068	14.9716	15.7836	16.6455	17.5603	18.5312	19.5614
12	12.6825	13.4121	14.1920	15.0258	15.9171	16.8699	17.8885	18.9771	20.1407	21.3843	22.7132
13	13.8093	14.6803	15.6178	16.6268	17.7130	18.8821	20.1406	21.4953	22.9534	24.5227	26.2116
14	14.9474	15.9739	17.0863	18.2919	19.5986	21.0151	22.5505	24.2149	26.0192	27.9750	30.0949
15	16.0969	17.2934	18.5989	20.0236	21.5786	23.2760	25.1290	27.1521	29.3609	31.7725	34.4054
16	17.2579	18.6393	20.1569	21.8245	23.6575	25.6725	27.8881	30.3243	33.0034	35.9497	39.1899
17	18.4304	20.0121	21.7616	23.6975	25.8404	28.2129	30.8402	33.7502	36.9737	40.5447	44.5008
18	19.6147	21.4123	23.4144	25.6454	28.1324	30.9057	33.9990	37.4502	41.3013	45.5992	50.3959
19	20.8109	22.8406	25.1169	27.6712	30.5390	33.7600	37.3790	41.4463	46.0185	51.1591	56.9395
20	22.0190	24.2974	26.8704	29.7781	33.0660	36.7856	40.9955	45.7620	51.1601	57.2750	64.2028
21	23.2392	25.7833	28.6765	31.9692	35.7193	39.9927	44.8652	50.4229	56.7645	64.0025	72.2651
22	24.4716	27.2990	30.5368	34.2480	38.5052	43.3923	49.0057	55.4568	62.8733	71.4027	81.2143
23	25.7163	28.8450	32.4529	36.6179	41.4305	46.9958	53.4361	60.8933	69.5319	79.5430	91.1479
24	26.9735	30.4219	34.4265	39.0826	44.5020	50.8156	58.1767	66.7648	76.7898	88.4973	102.1742
25	28.2432	32.0303	36.4593	41.6459	47.7271	54.8645	63.2490	73.1059	84.7009	98.3471	114.4133
26	29.5256	33.6709	38.5530	44.3117	51.1135	59.1564	68.6765	79.9544	93.3240	109.1818	127.9988
27	30.8209	35.3443	40.7096	47.0842	54.6691	63.7058	74.4838	87.3508	102.7231	121.0999	143.0786
28	32.1291	37.0512	42.9309	49.9676	58.4026	68.5281	80.6977	95.3388	112.9682	134.2099	159.8173
29	33.4504	38.7922	45.2189	52.9663	62.3227	73.6398	87.3465	103.9659	124.1354	148.6309	178.3972
30	34.7849	40.5681	47.5754	56.0849	66.4388	79.0582	94.4608	113.2832	136.3075	164.4940	199.0209

n \ i	12%	13%	14%	15%	16%	17%	18%	19%	20%	21%	22%
1	1.0000	1.0000	1.0000	1.0000	1.0000	1.0000	1.0000	1.0000	1.0000	1.0000	1.0000
2	2.1200	2.1300	2.1400	2.1500	2.1600	2.1700	2.1800	2.1900	2.2000	2.2100	2.2200
3	3.3744	3.4069	3.4396	3.4725	3.5056	3.5389	3.5724	3.6061	3.6400	3.6741	3.7084
4	4.7793	4.8498	4.9211	4.9934	5.0665	5.1405	5.2154	5.2913	5.3680	5.4457	5.5242
5	6.3528	6.4803	6.6101	6.7424	6.8771	7.0144	7.1542	7.2966	7.4416	7.5892	7.7396
6	8.1152	8.3227	8.5355	8.7537	8.9775	9.2068	9.4420	9.6830	9.9299	10.1830	10.4423
7	10.0890	10.4047	10.7305	11.0668	11.4139	11.7720	12.1415	12.5227	12.9159	13.3214	13.7396
8	12.2997	12.7573	13.2328	13.7268	14.2401	14.7733	15.3270	15.9020	16.4991	17.1189	17.7623
9	14.7757	15.4157	16.0853	16.7858	17.5185	18.2847	19.0859	19.9234	20.7989	21.7139	22.6700
10	17.5487	18.4197	19.3373	20.3037	21.3215	22.3931	23.5213	24.7089	25.9587	27.2738	28.6574

续表

i / n	12%	13%	14%	15%	16%	17%	18%	19%	20%	21%	22%
11	20.6546	21.8143	23.0445	24.3493	25.7329	27.1999	28.7551	30.4035	32.1504	34.0013	35.9620
12	24.1331	25.6502	27.2707	29.0017	30.8502	32.8239	34.9311	37.1802	39.5805	42.1416	44.8737
13	28.0291	29.9847	32.0887	34.3519	36.7862	39.4040	42.2187	45.2445	48.4966	51.9913	55.7459
14	32.3926	34.8827	37.5811	40.5047	43.6720	47.1027	50.8180	54.8409	59.1959	63.9095	69.0100
15	37.2797	40.4175	43.8424	47.5804	51.6595	56.1101	60.9653	66.2607	72.0351	78.3305	85.1922
16	42.7533	46.6717	50.9804	55.7175	60.9250	66.6488	72.9390	79.8502	87.4421	95.7799	104.9345
17	48.8837	53.7391	59.1176	65.0751	71.6730	78.9792	87.0680	96.0218	105.9306	116.8937	129.0201
18	55.7497	61.7251	68.3941	75.8364	84.1407	93.4056	103.7403	115.2659	128.1167	142.4413	158.4045
19	63.4397	70.7494	78.9692	88.2118	98.6032	110.2846	123.4135	138.1664	154.7400	173.3540	194.2535
20	72.0524	80.9468	91.0249	102.4436	115.3797	130.0329	146.6280	165.4180	186.6880	210.7584	237.9893
21	81.6987	92.4699	104.7684	118.8101	134.8405	153.1385	174.0210	197.8474	225.0256	256.0176	291.3469
22	92.5026	105.4910	120.4360	137.6316	157.4150	180.1721	206.3448	236.4385	271.0307	310.7813	356.4432
23	104.6029	120.2048	138.2970	159.2764	183.6014	211.8013	244.4868	282.3618	326.2369	377.0454	435.8607
24	118.1552	136.8315	158.6586	184.1678	213.9776	248.8076	289.4945	337.0105	392.4842	457.2249	532.7501
25	133.3339	155.6196	181.8708	212.7930	249.2140	292.1049	342.6035	402.0425	471.9811	554.2422	650.9551
26	150.3339	176.8501	208.3327	245.7120	290.0883	342.7627	405.2721	479.4306	567.3773	671.6330	795.1653
27	169.3740	200.8406	238.4993	283.5688	337.5024	402.0323	479.2211	571.5224	681.8528	813.6759	971.1016
28	190.6989	227.9499	272.8892	327.1041	392.5028	471.3778	566.4809	681.1116	819.2233	985.5479	1185.7440
29	214.5828	258.5834	312.0937	377.1697	456.3032	552.5121	669.4475	811.5228	984.0680	1193.5129	1447.6077
30	241.3327	293.1992	356.7868	434.7451	530.3117	647.4391	790.9480	966.7122	1181.8816	1445.1507	1767.0813

i / n	23%	24%	25%	26%	27%	28%	29%	30%	31%	32%	33%
1	1.0000	1.0000	1.0000	1.0000	1.0000	1.0000	1.0000	1.0000	1.0000	1.0000	1.0000
2	2.2300	2.2400	2.2500	2.2600	2.2700	2.2800	2.2900	2.3000	2.3100	2.3200	2.3300
3	3.7429	3.7776	3.8125	3.8476	3.8829	3.9184	3.9541	3.9900	4.0261	4.0624	4.0989
4	5.6038	5.6842	5.7656	5.8480	5.9313	6.0156	6.1008	6.1870	6.2742	6.3624	6.4515
5	7.8926	8.0484	8.2070	8.3684	8.5327	8.6999	8.8700	9.0431	9.2192	9.3983	9.5805
6	10.7079	10.9801	11.2588	11.5442	11.8366	12.1359	12.4423	12.7560	13.0771	13.4058	13.7421
7	14.1708	14.6153	15.0735	15.5458	16.0324	16.5339	17.0506	17.5828	18.1311	18.6956	19.2770
8	18.4300	19.1229	19.8419	20.5876	21.3612	22.1634	22.9953	23.8577	24.7517	25.6782	26.6384
9	23.6690	24.7125	25.8023	26.9404	28.1287	29.3692	30.6639	32.0150	33.4247	34.8953	36.4291
10	30.1128	31.6434	33.2529	34.9449	36.7235	38.5926	40.5564	42.6195	44.7864	47.0618	49.4507
11	38.0388	40.2379	42.5661	45.0306	47.6388	50.3985	53.3178	56.4053	59.6701	63.1215	66.7695
12	47.7877	50.8950	54.2077	57.7386	61.5013	65.5100	69.7800	74.3270	79.1679	84.3204	89.8034
13	59.7788	64.1097	68.7596	73.7506	79.1066	84.8529	91.0161	97.6250	104.7099	112.3030	120.4385
14	74.5280	80.4961	86.9495	93.9258	101.4654	109.6117	118.4108	127.9125	138.1700	149.2399	161.1833
15	92.6694	100.8151	109.6868	119.3465	129.8611	141.3029	153.7500	167.2863	182.0027	197.9967	215.3737
16	114.9834	126.0108	138.1085	151.3766	165.9236	181.8677	199.3374	218.4722	239.4235	262.3557	287.4471
17	142.4295	157.2534	173.6357	191.7345	211.7230	233.7907	258.1453	285.0139	314.6448	347.3095	383.3046
18	176.1883	195.9942	218.0446	242.5855	269.8882	300.2521	334.0074	371.5180	413.1847	459.4485	510.7951
19	217.7116	244.0328	273.5558	306.6577	343.7580	385.3227	431.8696	483.9734	542.2719	607.4721	680.3575
20	268.7853	303.6006	342.9447	387.3887	437.5726	494.2131	558.1118	630.1655	711.3762	802.8631	905.8755
21	331.6059	377.4648	429.6809	489.1098	556.7173	633.5927	720.9642	820.2151	932.9028	1060.7793	1205.8144
22	408.8753	469.0563	538.1011	617.2783	708.0309	811.9987	931.0438	1067.2796	1223.1027	1401.2287	1604.7332
23	503.9166	582.6298	673.6264	778.7707	900.1993	1040.3583	1202.0465	1388.4635	1603.2645	1850.6219	2135.2951
24	620.8174	723.4610	843.0329	982.2511	1144.2531	1332.6586	1551.6400	1806.0026	2101.2765	2443.8209	2840.9425
25	764.6054	898.0916	1054.7912	1238.6363	1454.2014	1706.8031	2002.6156	2348.8033	2753.6722	3226.8436	3779.4536

续表

n \ i	23%	24%	25%	26%	27%	28%	29%	30%	31%	32%	33%
26	941.4647	1114.6336	1319.4890	1561.6818	1847.8358	2185.7079	2584.3741	3054.4443	3608.3106	4260.4336	5027.6732
27	1159.0016	1383.1457	1650.3612	1968.7191	2347.7515	2798.7061	3334.8426	3971.7776	4727.8868	5624.7723	6687.8054
28	1426.5719	1716.1007	2063.9515	2481.5860	2982.6444	3583.3438	4302.9470	5164.3109	6194.5318	7425.6994	8895.7812
29	1755.6835	2128.9648	2580.9394	3127.7984	3788.9583	4587.6801	5551.8016	6714.6042	8115.8366	9802.9233	11832.3890
30	2160.4907	2640.9164	3227.1743	3942.0260	4812.9771	5873.2306	7162.8241	8729.9855	10632.7460	12940.8587	15738.0774

n \ i	34%	35%	36%	37%	38%	39%	40%	45%	50%		
1	1.0000	1.0000	1.0000	1.0000	1.0000	1.0000	1.0000	1.0000	1.0000		
2	2.3400	2.3500	2.3600	2.3700	2.3800	2.3900	2.4000	2.4500	2.5000		
3	4.1356	4.1725	4.2096	4.2469	4.2844	4.3221	4.3600	4.5525	4.7500		
4	6.5417	6.6329	6.7251	6.8183	6.9125	7.0077	7.1040	7.6011	8.1250		
5	9.7659	9.9544	10.1461	10.3410	10.5392	10.7407	10.9456	12.0216	13.1875		
6	14.0863	14.4384	14.7987	15.1672	15.5441	15.9296	16.3238	18.4314	20.7813		
7	19.8756	20.4919	21.1262	21.7790	22.4509	23.1422	23.8534	27.7255	32.1719		
8	27.6333	28.6640	29.7316	30.8373	31.9822	33.1676	34.3947	41.2019	49.2578		
9	38.0287	39.6964	41.4350	43.2471	45.1354	47.1030	49.1526	60.7428	74.8867		
10	51.9584	54.5902	57.3516	60.2485	63.2869	66.4731	69.8137	89.0771	113.3301		
11	70.6243	74.6967	78.9982	83.5404	88.3359	93.3977	98.7391	130.1618	170.9951		
12	95.6365	101.8406	108.4375	115.4504	122.9036	130.8227	139.2348	189.7346	257.4927		
13	129.1529	138.4848	148.4750	159.1670	170.6070	182.8436	195.9287	276.1151	387.2390		
14	174.0649	187.9544	202.9260	219.0588	236.4376	255.1526	275.3002	401.3670	581.8585		
15	234.2470	254.7385	276.9793	301.1106	327.2839	355.6621	386.4202	582.9821	873.7878		
16	314.8910	344.8970	377.6919	413.5215	452.6518	495.3704	541.9883	846.3240	1311.6817		
17	422.9539	466.6109	514.6610	567.5245	625.6595	689.5648	759.7837	1228.1699	1968.5225		
18	567.7583	630.9247	700.9389	778.5085	864.4101	959.4951	1064.6971	1781.8463	2953.7838		
19	761.7961	852.7483	954.2769	1067.5567	1193.8859	1334.6982	1491.5760	2584.6771	4431.6756		
20	1021.8068	1152.2103	1298.8166	1463.5527	1648.5625	1856.2305	2089.2064	3748.7818	6648.5135		
21	1370.2211	1556.4838	1767.3906	2006.0672	2276.0163	2581.1604	2925.8889	5436.7336	9973.7702		
22	1837.0962	2102.2532	2404.6512	2749.3120	3141.9025	3588.8129	4097.2445	7884.2638	14961.6553		
23	2462.7089	2839.0418	3271.3256	3767.5575	4336.8254	4989.4499	5737.1423	11433.1824	22443.4829		
24	3301.0300	3833.7064	4450.0029	5162.5537	5985.8191	6936.3354	8032.9993	16579.1145	33666.2244		
25	4424.3801	5176.5037	6053.0039	7073.6986	8261.4304	9642.5062	11247.1990	24040.7161	50500.3366		
26	5929.6694	6989.2800	8233.0853	9691.9671	11401.7739	13404.0837	15747.0785	34860.0383	75751.5049		
27	7946.7570	9436.5280	11197.9960	13278.9949	15735.4480	18632.6763	22046.9099	50548.0556	113628.2573		
28	10649.6543	12740.3128	15230.2745	18193.2231	21715.9182	25900.4201	30866.6739	73295.6806	170443.3860		
29	14271.5368	17200.4222	20714.1734	24925.7156	29968.9671	36002.5839	43214.3435	106279.7368	255666.0790		
30	19124.8593	23221.5700	28172.2758	34149.2304	41358.1746	50044.5916	60501.0809	154106.6184	383500.1185		

四、年金现值系数表

$$P=A\cdot\left[\frac{1-(1+i)^{-n}}{i}\right]\text{或}P=A\cdot(P/A,i,n)$$

n \ i	1%	2%	3%	4%	5%	6%	7%	8%	9%
1	0.9901	0.9804	0.9709	0.9615	0.9524	0.9434	0.9346	0.9259	0.9174
2	1.9704	1.9416	1.9135	1.8861	1.8594	1.8334	1.8080	1.7833	1.7591
3	2.9410	2.8839	2.8286	2.7751	2.7232	2.6730	2.6243	2.5771	2.5313
4	3.9020	3.8077	3.7171	3.6299	3.5460	3.4651	3.3872	3.3121	3.2397
5	4.8534	4.7135	4.5797	4.4518	4.3295	4.2124	4.1002	3.9927	3.8897
6	5.7955	5.6014	5.4172	5.2421	5.0757	4.9173	4.7665	4.6229	4.4859
7	6.7282	6.4720	6.2303	6.0021	5.7864	5.5824	5.3893	5.2064	5.0330
8	7.6517	7.3255	7.0197	6.7327	6.4632	6.2098	5.9713	5.7466	5.5348
9	8.5660	8.1622	7.7861	7.4353	7.1078	6.8017	6.5152	6.2469	5.9952
10	9.4713	8.9826	8.5302	8.1109	7.7217	7.3601	7.0236	6.7101	6.4177
11	10.3676	9.7868	9.2526	8.7605	8.3064	7.8869	7.4987	7.1390	6.8052
12	11.2551	10.5753	9.9540	9.3851	8.8633	8.3838	7.9427	7.5361	7.1607
13	12.1337	11.3484	10.6350	9.9856	9.3936	8.8527	8.3577	7.9038	7.4869
14	13.0037	12.1062	11.2961	10.5631	9.8986	9.2950	8.7455	8.2442	7.7862
15	13.8651	12.8493	11.9379	11.1184	10.3797	9.7122	9.1079	8.5595	8.0607
16	14.7179	13.5777	12.5611	11.6523	10.8378	10.1059	9.4466	8.8514	8.3126
17	15.5623	14.2919	13.1661	12.1657	11.2741	10.4773	9.7632	9.1216	8.5436
18	16.3983	14.9920	13.7535	12.6593	11.6896	10.8276	10.0591	9.3719	8.7556
19	17.2260	15.6785	14.3238	13.1339	12.0853	11.1581	10.3356	9.6036	8.9501
20	18.0456	16.3514	14.8775	13.5903	12.4622	11.4699	10.5940	9.8181	9.1285
21	18.8570	17.0112	15.4150	14.0292	12.8212	11.7641	10.8355	10.0168	9.2922
22	19.6604	17.6580	15.9369	14.4511	13.1630	12.0416	11.0612	10.2007	9.4424
23	20.4558	18.2922	16.4436	14.8568	13.4886	12.3034	11.2722	10.3711	9.5802
24	21.2434	18.9139	16.9355	15.2470	13.7986	12.5504	11.4693	10.5288	9.7066
25	22.0232	19.5235	17.4131	15.6221	14.0939	12.7834	11.6536	10.6748	9.8226
26	22.7952	20.1210	17.8768	15.9828	14.3752	13.0032	11.8258	10.8100	9.9290
27	23.5596	20.7069	18.3270	16.3296	14.6430	13.2105	11.9867	10.9352	10.0266
28	24.3164	21.2813	18.7641	16.6631	14.8981	13.4062	12.1371	11.0511	10.1161
29	25.0658	21.8444	19.1885	16.9837	15.1411	13.5907	12.2777	11.1584	10.1983
30	25.8077	22.3965	19.6004	17.2920	15.3725	13.7648	12.4090	11.2578	10.2737

n \ i	10%	11%	12%	13%	14%	15%	16%	17%	18%
1	0.9091	0.9009	0.8929	0.8850	0.8772	0.8696	0.8621	0.8547	0.8475
2	1.7355	1.7125	1.6901	1.6681	1.6467	1.6257	1.6052	1.5852	1.5656
3	2.4869	2.4437	2.4018	2.3612	2.3216	2.2832	2.2459	2.2096	2.1743
4	3.1699	3.1024	3.0373	2.9745	2.9137	2.8550	2.7982	2.7432	2.6901
5	3.7908	3.6959	3.6048	3.5172	3.4331	3.3522	3.2743	3.1993	3.1272
6	4.3553	4.2305	4.1114	3.9975	3.8887	3.7845	3.6847	3.5892	3.4976
7	4.8684	4.7122	4.5638	4.4226	4.2883	4.1604	4.0386	3.9224	3.8115
8	5.3349	5.1461	4.9676	4.7988	4.6389	4.4873	4.3436	4.2072	4.0776
9	5.7590	5.5370	5.3282	5.1317	4.9464	4.7716	4.6065	4.4506	4.3030
10	6.1446	5.8892	5.6502	5.4262	5.2161	5.0188	4.8332	4.6586	4.4941
11	6.4951	6.2065	5.9377	5.6869	5.4527	5.2337	5.0286	4.8364	4.6560
12	6.8137	6.4924	6.1944	5.9176	5.6603	5.4206	5.1971	4.9884	4.7932
13	7.1034	6.7499	6.4235	6.1218	5.8424	5.5831	5.3423	5.1183	4.9095
14	7.3667	6.9819	6.6282	6.3025	6.0021	5.7245	5.4675	5.2293	5.0081
15	7.6061	7.1909	6.8109	6.4624	6.1422	5.8474	5.5755	5.3242	5.0916
16	7.8237	7.3792	6.9740	6.6039	6.2651	5.9542	5.6685	5.4053	5.1624
17	8.0216	7.5488	7.1196	6.7291	6.3729	6.0472	5.7487	5.4746	5.2223
18	8.2014	7.7016	7.2497	6.8399	6.4674	6.1280	5.8178	5.5339	5.2732
19	8.3649	7.8393	7.3658	6.9380	6.5504	6.1982	5.8775	5.5845	5.3162
20	8.5136	7.9633	7.4694	7.0248	6.6231	6.2593	5.9288	5.6278	5.3527

续表

n \ i	10%	11%	12%	13%	14%	15%	16%	17%	18%
21	8.6487	8.0751	7.5620	7.1016	6.6870	6.3125	5.9731	5.6648	5.3837
22	8.7715	8.1757	7.6446	7.1695	6.7429	6.3587	6.0113	5.6964	5.4099
23	8.8832	8.2664	7.7184	7.2297	6.7921	6.3988	6.0442	5.7234	5.4321
24	8.9847	8.3481	7.7843	7.2829	6.8351	6.4338	6.0726	5.7465	5.4509
25	9.0770	8.4217	7.8431	7.3300	6.8729	6.4641	6.0971	5.7662	5.4669
26	9.1609	8.4881	7.8957	7.3717	6.9061	6.4906	6.1182	5.7831	5.4804
27	9.2372	8.5478	7.9426	7.4086	6.9352	6.5135	6.1364	5.7975	5.4919
28	9.3066	8.6016	7.9844	7.4412	6.9607	6.5335	6.1520	5.8099	5.5016
29	9.3696	8.6501	8.0218	7.4701	6.9830	6.5509	6.1656	5.8204	5.5098
30	9.4269	8.6938	8.0552	7.4957	7.0027	6.5660	6.1772	5.8294	5.5168

n \ i	19%	20%	21%	22%	23%	24%	25%	26%	27%
1	0.8403	0.8333	0.8264	0.8197	0.8130	0.8065	0.8000	0.7937	0.7874
2	1.5465	1.5278	1.5095	1.4915	1.4740	1.4568	1.4400	1.4235	1.4074
3	2.1399	2.1065	2.0739	2.0422	2.0114	1.9813	1.9520	1.9234	1.8956
4	2.6386	2.5887	2.5404	2.4936	2.4483	2.4043	2.3616	2.3202	2.2800
5	3.0576	2.9906	2.9260	2.8636	2.8035	2.7454	2.6893	2.6351	2.5827
6	3.4098	3.3255	3.2446	3.1669	3.0923	3.0205	2.9514	2.8850	2.8210
7	3.7057	3.6046	3.5079	3.4155	3.3270	3.2423	3.1611	3.0833	3.0087
8	3.9544	3.8372	3.7256	3.6193	3.5179	3.4212	3.3289	3.2407	3.1564
9	4.1633	4.0310	3.9054	3.7863	3.6731	3.5655	3.4631	3.3657	3.2728
10	4.3389	4.1925	4.0541	3.9232	3.7993	3.6819	3.5705	3.4648	3.3644
11	4.4865	4.3271	4.1769	4.0354	3.9018	3.7757	3.6564	3.5435	3.4365
12	4.6105	4.4392	4.2784	4.1274	3.9852	3.8514	3.7251	3.6059	3.4933
13	4.7147	4.5327	4.3624	4.2028	4.0530	3.9124	3.7801	3.6555	3.5381
14	4.8023	4.6106	4.4317	4.2646	4.1082	3.9616	3.8241	3.6949	3.5733
15	4.8759	4.6755	4.4890	4.3152	4.1530	4.0013	3.8593	3.7261	3.6010
16	4.9377	4.7296	4.5364	4.3567	4.1894	4.0333	3.8874	3.7509	3.6228
17	4.9897	4.7746	4.5755	4.3908	4.2190	4.0591	3.9099	3.7705	3.6400
18	5.0333	4.8122	4.6079	4.4187	4.2431	4.0799	3.9279	3.7861	3.6536
19	5.0700	4.8435	4.6346	4.4415	4.2627	4.0967	3.9424	3.7985	3.6642
20	5.1009	4.8696	4.6567	4.4603	4.2786	4.1103	3.9539	3.8083	3.6726
21	5.1268	4.8913	4.6750	4.4756	4.2916	4.1212	3.9631	3.8161	3.6792
22	5.1486	4.9094	4.6900	4.4882	4.3021	4.1300	3.9705	3.8223	3.6844
23	5.1668	4.9245	4.7025	4.4985	4.3106	4.1371	3.9764	3.8273	3.6885
24	5.1822	4.9371	4.7128	4.5070	4.3176	4.1428	3.9811	3.8312	3.6918
25	5.1951	4.9476	4.7213	4.5139	4.3232	4.1474	3.9849	3.8342	3.6943
26	5.2060	4.9563	4.7284	4.5196	4.3278	4.1511	3.9879	3.8367	3.6963
27	5.2151	4.9636	4.7342	4.5243	4.3316	4.1542	3.9903	3.8387	3.6979
28	5.2228	4.9697	4.7390	4.5281	4.3346	4.1566	3.9923	3.8402	3.6991
29	5.2292	4.9747	4.7430	4.5312	4.3371	4.1585	3.9938	3.8414	3.7001
30	5.2347	4.9789	4.7463	4.5338	4.3391	4.1601	3.9950	3.8424	3.7009

n \ i	28%	29%	30%	31%	32%	33%	34%	35%	36%
1	0.7813	0.7752	0.7692	0.7634	0.7576	0.7519	0.7463	0.7407	0.7353
2	1.3916	1.3761	1.3609	1.3461	1.3315	1.3172	1.3032	1.2894	1.2760
3	1.8684	1.8420	1.8161	1.7909	1.7663	1.7423	1.7188	1.6959	1.6735
4	2.2410	2.2031	2.1662	2.1305	2.0957	2.0618	2.0290	1.9969	1.9658
5	2.5320	2.4830	2.4356	2.3897	2.3452	2.3021	2.2604	2.2200	2.1807
6	2.7594	2.7000	2.6427	2.5875	2.5342	2.4828	2.4331	2.3852	2.3388
7	2.9370	2.8682	2.8021	2.7386	2.6775	2.6187	2.5620	2.5075	2.4550
8	3.0758	2.9986	2.9247	2.8539	2.7860	2.7208	2.6582	2.5982	2.5404
9	3.1842	3.0997	3.0190	2.9419	2.8681	2.7976	2.7300	2.6653	2.6033
10	3.2689	3.1781	3.0915	3.0091	2.9304	2.8553	2.7836	2.7150	2.6495
11	3.3351	3.2388	3.1473	3.0604	2.9776	2.8987	2.8236	2.7519	2.6834
12	3.3868	3.2859	3.1903	3.0995	3.0133	2.9314	2.8534	2.7792	2.7084
13	3.4272	3.3224	3.2233	3.1294	3.0404	2.9559	2.8757	2.7994	2.7268
14	3.4587	3.3507	3.2487	3.1522	3.0609	2.9744	2.8923	2.8144	2.7403
15	3.4834	3.3726	3.2682	3.1696	3.0764	2.9883	2.9047	2.8255	2.7502